中国侗族研究丛书　　丛书主编　龙宇晓

侗语语音语法及名物的多视角研究

石林　著

The Kam Language in Multiperspectives:
Phonetics, Grammar and Onomastics

中国社会科学出版社

图书在版编目（CIP）数据

侗语语音语法及名物的多视角研究 / 石林著. —北京：中国社会科学出版社，2019.9
ISBN 978-7-5161-8548-3

Ⅰ.①侗… Ⅱ.①石… Ⅲ.①侗语—语音—研究
②侗语—语法—研究 Ⅳ.①H272

中国版本图书馆 CIP 数据核字（2016）第 157854 号

出 版 人	赵剑英
责任编辑	刘　艳
责任校对	陈　晨
责任印制	戴　宽

出　　版	中国社会科学出版社
社　　址	北京鼓楼西大街甲 158 号
邮　　编	100720
网　　址	http://www.csspw.cn
发 行 部	010-84083685
门 市 部	010-84029450
经　　销	新华书店及其他书店
印　　刷	北京明恒达印务有限公司
装　　订	廊坊市广阳区广增装订厂
版　　次	2019 年 9 月第 1 版
印　　次	2019 年 9 月第 1 次印刷

开　　本	710×1000　1/16
印　　张	23.25
插　　页	2
字　　数	379 千字
定　　价	99.00 元

凡购买中国社会科学出版社图书，如有质量问题请与本社营销中心联系调换
电话：010-84083683
版权所有　侵权必究

中国侗族研究丛书编委会

编委会主任：

石培新

编委会委员：

郁钟铭　余维祥　严　肃　肖振猛　郭　文　邬卫东
熊世桓　王平瑞　李　佩　余乐正　石　林　龙宇晓
石含洲　吴亚平　陈志永　李生柱　秦秀强　王章基

主持单位：

贵州师范学院贵州山地研究院山地人文社科部

丛书主编：

龙宇晓

迈向中国侗族研究的新境域
——"中国侗族研究丛书"总序

龙宇晓

中国是一个多民族国家，正是各地方民族文化的千姿百态，共同造就了整个中华文化的博大精深和丰富多彩，从而使中华民族共同体拥有了得天独厚的文化多样性底蕴和由此形成的文化资源软实力。而侗族作为中华民族大家庭的一员，一方面创造、发展和传承了具有鲜明特色的民族文化，另一方面则早就在历史的长河中与周边其他民族形成了"我中有你、你中有我"的共生依存关系。尽管语言学界对于侗族语言系属还存在着不同的观点，但侗族是我国古代百越族系后裔这一点，却是民族学和历史学界都一致公认的学术定论；无论是从其百越先民时期还是从首次出现本族特有族称记载（"仡伶""仡榄"）的北宋时代算起，侗族这个群体其实都早已与神州大地上的其他民族形成密切互动和交融的关系，对中华民族共同体的缔造做出了自己的贡献。正如著名人类学家和民族学家梁钊韬先生在《百越对缔造中华民族的贡献》（《中山大学学报》社会科学版1981年第2期）一文中所说的，"数千年来，百越民族与羌彝系统诸民族、苗瑶系统诸民族不断交往，相互融合、混血，成为中华民族的成员民族，为缔造中华民族文化及保卫我国边疆作出了伟大的贡献。"从这个角度出发，显而易见，今天我们深入研究侗族的历史和文化，无论是对于侗族人民提升文化自觉和文化自信，还是对于增强少数民族的国家认同、进一步铸牢中华民族共同体意识，无疑都有十分重要的学术价值和现实意义。

在漫长的帝制时代里，帝国皇权的空间演化不断重塑着政治的和文化的边界，侗族所在的区域从自在自为的"蛮荒"或"化外之地"逐渐被吸纳为边陲；而随着时间的推移，这些边陲又不断地非边陲化。但是，贯穿了这条历史长河的帝国主流文化话语体系却似乎从来就不曾承认过边陲族群存在的合法性或正当性。对于那些被纳入了版籍的边陲族群而言，尽管他们继续存在，可他们的文化连同其族群身份一道，常常会被官儒们表述呈现为没有主体意识的奇风异俗，总是以一种妖魔化和野蛮化的形象出现在主流话语里。只有新中国民族平等政策和民族区域自治制度的到来，才扭转了这业已延续千年的历史轨迹，使多民族共生发展的认知成为一种共识，使民族身份的认同表达成为社会常态，让许多茧封和遮蔽在深山偏隅里的族群文化得以被知晓、激活而获得了新生。

如果不是 1950 年代初中央民族访问团和少数民族社会历史调查队的到来解除了来自以往一元化帝国历史的厚重的话语遮蔽，如果不是新政权的民族平等政策彻底颠覆了由上千年的受歧视压迫经历积压而成的深深的族群疑惧，很难想像现在称之为"侗族"的这群"蛮夷"同胞会如此毫不畏缩且十分自豪地将他们那尘封多年的民族身份亮出来，并使之成为自己所属国家公民身份的核心组成部分。

据此我相信，侗族作为一个族体乃是一种本体论意义上（ontological）的存在，不仅有着一系列的文化特质和时空关系结构作为物性的依托与标帜，也有着相同的集体境遇记忆和厚重的历史谱系作为亲缘感的基础，而且更是侗族精英代表在民族区域自治的制度框架下发挥主体性和能动性，与政府互动协商、与其他相关力量博弈共进的结果。西方一些人类学学者不分青红皂白地一味将中国的少数民族加以"解构"，斥之为目的论意义上（teleological）的威权政治创造物，显然有失偏颇，甚至恰恰可能有着难以言说的意识形态偏见或目的论。我十分赞同潘蛟教授在《解构中国少数民族：去东方学化还是再东方学化》（《广西民族大学学报》2009 年第 2 期）中作出的批判，那种把中国少数民族想象成完全没有主体性和能动力、任人摆布和任意组构之玩偶或创造物的观点，不过是对中国少数民族再东方学化的畅想，根本经不起迪尔凯姆和莫斯社会人类学意义上的民族志"社会事实"（*Facto Social/Facto Social Total*）的检验。

谈到侗族的本体存在，便不由自主地想起费孝通先生提出的"多元一体"学说。1988 年秋，这位享誉全球学术界的中国民族学大师在著名的"坦纳讲座"（Tanner Lectures）上首次明确而系统地阐述了中华民族多元一体格局的理论，不仅为中华各民族认同与贡献的客位论述提供了指导性的学术框架，也给不同民族在这个格局中的自我文化表述赋予了话语正当性。按我的理解，他所说的中华民族多元一体格局至少应包括两个层面上的内容：不仅中华民族这个整体是多个民族在近现代民族国家建设的框架下整合而形成的超级共同体，就连中华民族的各个具体成员族群也几乎都是多元一体的民族单位。

以侗族为例来说，其内部不仅有南北两个方言区，而且各方言区里还有许多不同的支系，有的自称为 Gaeml 或 Geml，有的则自称 Jeml。譬如，湘黔桂边区的三省坡一带侗族就有 Jeml Laox、Jeml Tanx、Jeml Jaox 等不同支系之分，贵州黎平和从江等地的侗族则又有"天府侗"、"河边侗"、"高山侗"之别。这些不同支系之间在方言土语、文化习俗等方面有异有同，究竟是什么样的因素和何等的机制使得他们能够求同存异，一方面顽强地保持如此多样化的文化自在、另一方面却维系着如此执着而同一的民族认同呢？对这一问题的解答，还有待于我们对侗族进行跨方言、跨支系、跨区域的多学科比较研究。揭示侗族内部的文化多样性及其与民族认同一致性之间的关系，不仅能够促进对于侗族这个族体形成过程和机理的认识，而且有助于深化我们对于中华民族多元一体格局理论的理解。毕竟，正是由于有着像侗族这样一个个支系纷繁的多元一体民族的存在，才构成了中华民族多元一体的整体格局，使中华文明充满了丰富的内涵。这似乎也正好应验了人类学巨匠列维-施特劳斯在其经典著作《结构人类学》中写下的那句名言："文明意味着具有最大限度多样性的文化之间的共存。文明甚至就是这种共存本身。世界文明不是别的，只能是保持着自身特点的各种文化在世界范围内的联盟。"

但是，在当今我们所处的这样一个复杂多变、各种机遇与风险并存的全球化生境中，一个民族要想实现可持续发展，就再也不能仅仅满足于保持文化自在与认同，而必须实现从文化自在到文化自觉的跨越。文化自觉，诚如费孝通先生晚年所指出的，"是指生活在一定社会中的人对其文化有'自知之明'，明白它的来历、形成过程、所具的特色和它发展的趋向，……。自知之明是为了加强文化转型的自主能力。"开展对侗族的全方位、多视角、跨学科的研究，正是推动侗族文化自觉的必由之路。

近现代学术意义上的侗族研究起步较晚，论及侗族的人类学民族学论著虽然可以追溯到 20 世纪初年，但最早专门研究侗族的成果却只有 20 世纪三四十年代李方桂的侗台语调查报告、陈国钧《侗家中的鼓楼》（1942）和梁瓯第的《车寨社区调查》（1947）等文。而专门对侗族开展较大规模的调查研究，则是新中国成立之后才出现的事情。值得注意的是，与民国时期侗族语言文化论述作者均为"他者"的情形不同，在 20 世纪五六十年代国家组织开展全国少数民族社会历史调查期间，侗族社会历史调查小组的骨干成员中，身为侗族的知识分子占了绝大部分，包括来自贵州侗区的向零、伍华谋、张民、周昌武、张士良，来自广西侗区的石若屏、陈衣、陈维刚，来自湖南侗区的杨权、吴万源，杨成权，等等。侗族知识分子们积极参与国家组织的侗族社会历史的调查研究，并编著了一批颇有影响的论著（如《侗族简史》），算不算是一种文化自觉的践行或其良好的开端呢？我认为答案是肯定的。

如果说上世纪中叶这场以重新发现和建构历史为主旨的侗族知识生产活动带有过于浓重的"国家在场"痕迹且还局限于人数不多的侗族精英的话，那么 1987 年以来一系列侗族学术社团的成立及其所开展的活动则表明侗族人在文化自觉方面的努力已经拓展到了更为广泛的范围，进入了一个新的阶段。1987 年成立的侗族文学学会（中国少数民族文学学会侗族文学分会）、1989 年成立的贵州省侗学研究会、2006 年成立的湖南省侗学研究会、2007 年成立的广西侗学研究会，以及一些地州县先后成立的侗学研究会，都凝聚了大批有志于探讨侗族历史、侗族语言与侗族文化的侗汉等各族人士，旨在"明白它的来历、形成过程、所具的特色和它发展的趋向"。

改革开放以来，我国侗族研究成果在数量上的显著增长，在研究深度和广度上的不断提高，都有目共睹。中国知网和读秀等文献库的检索数据显示，目前以侗族为题的期刊论文数目至少在 6000 篇以上，著作至少 700 部以上，硕博学位论文近 500 篇，尽管相比壮族、苗族或彝族的研究而言还显得薄弱，但就自身的纵向发展而言已蔚为可观——近年来每年的发文量都在 200 篇以上，而上世纪 80 年代每年平均发文量还不到 30 篇。纵观近百年的侗族研究，特别是近一二十年来的侗族相关著述，成绩固然可嘉，但也存在一些值得注意的问题。除了学科方法还比较单一、跨学科交叉的力度还有待大力加强之外，有些或多或少具有一定普遍性的倾向更令我感到不安。对于这几种论述范式或话语倾向，姑且可将之概括为"六化"：原始化、浪漫化、同一化（刻板化）、单一化、溯古化、应时化。

首先，说一说"原始化"和"浪漫化"的问题。这里所谓的"原始化"，就是深受古典单线进化论的影响，将侗族的某些习俗或元素（如尊重女性、萨玛女神崇拜、"不落夫家"、舅权、夏威夷型亲属称谓）解释为原始社会的残余或表征，将早期人类学关于原始社会的论述套到侗族身上，或选取一些侗族文化现象来对所谓原始社会进行演绎。这种时空穿越式的论述倾向在上世纪 80 年代比较普遍，近来已不多见，但还是不时出现。而所谓"浪漫化"，就是把侗族传统文化的一切都描述成美轮美奂的生活图式、浪漫优雅的田园牧歌，譬如有些学者将侗族老人怀旧想象中作为传统社会理想类型的"款组织"当成了社会事实、建构了自己对侗族社会秩序模型的浪漫学术想象，而有人则将侗族传统生态知识的意义过度夸大、想象成了当代环境治理的浪漫神器，这些浪漫化的论述，有如欧洲启蒙运动时期思想家卢梭等人对于"高尚野蛮人"（*Noble Savages*）的想象一样，看似可以增强文化自信，实则脱离现实，不过是作者对自己心里的"他者"理想类型的学术想象和建构而已。

其次，谈一谈"同一化"和"单一化"的倾向。"同一化"，其实也可称为"刻板化"，这是近年来侗族研究中比较突出的一种倾向。众所周知，鼓楼、风雨桥、大歌是侗族文化中比较重要的关键符号，但事实上并不是所有地区的侗族或侗族支系都有这些文化事象，譬如北侗就既无大歌也已没有鼓楼。然而目前侗族研究的很多著述都是言必称鼓楼或大歌，眼睛总是只聚焦于有鼓楼和大歌的地区，而忽略了侗族其它地区许许多多的丰富文化内涵。这对于全面了解侗族、推动侗族研究深入发展显然十分不利，甚至还严重误导了不少侗族地区的文化遗产保护、乡村发展规划和旅游开发走向。周大鸣教授在《行政的边缘　文化的中心：湖南通道上岩坪寨田野调查报告》（民族出版社，2014）一书"总结与反思"章里对侗族地区村寨规划与研究中的这种严重"同一化"的倾向提出了批评，并郑重地提醒我们"侗文化本身就是多样化的"；我个人认为这是十分中肯而有益的意见，值得侗族研究界注意和采纳。而所谓"单一化"，则包括两个方面的倾向，一是研究中的单一民族化，二是研究视角的单一化。侗族地区与其他民族长期交流和融合，形成了犬牙交错的分布格局，在村寨社区层级范围之外的很多地方，其实都处于侗族与其他民族共居共建的状态，但许多论著却没有把那些与侗族水乳交融的周边民族及其文化考虑进来，而只是孤立地就侗族谈侗族，使研究脱离了实际的多族互动语境。与此同时，一些文化事象根本就不是侗族独有的（譬如冲傩仪式），但不少论文却倾向于将其作为侗族特有之物来论述，而没有放置到多民族共有的文化这一框架下来进行比较分析和理解。此外，研究视角的单一化也是长期存在的问题之一，许多关于侗族特定文化事象的著述，缺乏整体论、跨学科、多方位或主客位交互的视角，局限于就某事象而谈某事象，不与其它事象联系起来考量，因而难以全面深入地揭示其内涵和意义。

最后，讲一讲"溯古化"和"应时化"的倾向。这里的"溯古化"有两层涵义，其一是目前关于侗族文化的不少论著似乎都过于偏重所谓的传统文化，倾向于对已经逝去的传统进行浓墨重彩的梳理性和建构性论述，而轻视对当下活着且演化中的侗族文化实践的深描记述，好似侗族文化就静态地停滞在传统之中、不再向前演化一样。其二是动辄就要为侗族的某种文化事象去寻找一个越古越好的起源，要么攀附到秦汉隋唐名人望族，要么不惜笼统地追溯到所谓的"原始氏族社会"，这往往与前边提到的"原始化"倾向交织在一起。其实，由于史料匮乏，侗族绝大多数社会文化事象的起源都并不可考；那些关于侗族姓氏和家族起源的汉字家谱内容里充斥着许许多多的攀附虚托之物；叙事史诗《美道》中的"破姓开亲"故事也不可能是什么原始社会氏族外婚制度的历史写照，而很可能只是对该史诗流传地区侗族聚落世系群发生半偶（moitiés）分裂而导致婚姻圈变化所作的"宪章式"合理化解释而已。与"溯古化"相对的另一个极端就是"应时化"；应时应景炒作是当前很多学科领域的通病，侗族研究也不例外。学术为现实和发展服务，达到经世致用的目的，是学术界天经地义的最高理想追求之一；但遗憾的是，一些论文并没有将时代精神贯彻到侗族实际问题的调查研究中去发现新问题并提出解答，只是将各个新时期的时髦词句和话语套到侗族身上来炒炒冷饭、发发议论、喊喊口号而已，对于认识侗族社会文化新动向、促进侗族社会发展毫无裨益。

侗族研究的现状及其以上这些不足之处，说明这个领域远未进入成熟期，尚处在科学学家普莱斯（Derek J. de Solla Price）所说的学科领域初期发展阶段。换言之即，侗族研究还有很大的发展空间，许多研究主题上的空白还需要我们去填补，许多学术问题还需要我们去分析和解答，许多的不足之处还亟待我们去弥补和超越。我和贵州山地研究院人文社科部的中国山地民族研究中心之所以会响应侗族研究界一批资深专家学者的建议，主持编写出版这套"中国侗族研究丛书"，就是希望借助新时代赐予的良机，在前人成就的基础上，尽力推动这个研究领域快速而稳步地走向纵深发展。

基于对国内外学术动向和上述问题的思考，"中国侗族研究丛书"在著作选题上优先选择了之前没人调查研究过的侗族社区或侗族文化事象，在研究方法上则优先支持那些具有整体论、跨学科、多视角、深度描述等研究取向的选题。丛书首批书目计划中的《侗语语音语法及名物的多视角研究》《记忆的狂欢：瑶白侗寨摆古节的民族志研究》《侗族武术文化传承之道：两个"侗拳之乡"的比较研究》《中国侗族大歌的生态记录与研究》《河运码头侗寨的石刻记忆：三门塘等地濒危碑刻的抢救性整理研究》《侗族山地林业史》《侗医指号学：侗语对疾病和医药的命名与分类》《侗族传统手工技艺资源调查·黎平卷》《北侗生活世界中的礼与俗》《追寻本体的身影：百年侗族论著的知识图谱分析》等，基本上都是作者基于自己的长期田野调查或对第一手资料的扎实把握而写成的学术专著，就研究主题而言都是研前人之所未研、发前人之所未发，称得上是填补空白之作。希望这些成果的出版能够有助于丰富侗族研究的内涵、增强侗族研究的深度、提升侗民族的文化自觉，在推动侗族研究迈向更高学术新境域的同时，也为我们铸牢中华民族共同体的伟大实践奠定更加深厚的知识根基。

序 一

黄 行
（中国社会科学院民族学与人类学研究所）

得知石林先生的《侗语语音语法及名物的多视角研究》即将出版，作为几十年的同行朋友，我甚感欣慰。他让我写个序，我难以推却，正好借此机会谈谈自己读了书稿之后的一些收获和感受。石先生一生致力于侗语研究，著述颇丰，取得了很大成绩，得到了学界的肯定。他关于侗语语音、语法和名物研究的这部著作，一如既往地体现了其潜心治学的精神，视野开阔、方法多样、理论新锐、观点独到，不仅是侗族研究领域里的一大贡献，对于民族语言学界也是一件幸事。

石林先生是贵州锦屏侗族人，母语属侗语北部方言。南北部方言差别较大，语言交际较难，经多年学习他也掌握了侗语南部方言，这对他的研究无疑是十分有益的。侗语是侗台语族中人口较多的一种很有特点的语言。侗语在新中国成立之前几乎无人研究，仅李方桂先生有所涉猎，但他并没有专门调查过侗语。20世纪五十年代中后期，国家组织各地学者对侗族进行过普查，但直至改革开放前正式发表或编印出版的专门关于侗语的论著，就只有一篇论文、一本《侗汉简明词典》和一部《侗族语言文字问题科学讨论会汇刊》。20世纪八十年代中期以后，侗语研究的文章才开始逐渐多了起来，这与石林先生这一批侗族研究者的成长直接相关。石先生上世纪八十年代初在南开研究生毕业后，赶上了国家改革开放的好时光，能够专心致力于母语侗语的研究，发挥了其母语研究的特长。语言的一些细微差异，非母语人难以感知，但如若母语人缺乏学术悟性，对语言的一些细微特点也是难以发觉的。即使是母语人也要有扎实的语言理论功底和研究方法，以及丰富的语言经验资源积淀，才能从母语中发现闪光的语言特点，写出有民族特色和见地的文章。这在石先生关于侗语数词变化和量词"数"变化的研究中即可看得出来，非母语人是难以觉察出这些微小变化和变化规律及变化后的语义的。

石林先生一直关注国内外语言学的学术动态，每一期的《中国语文》、《民族语文》、《方言》、《国外语言学》（现名《当代语言学》）都要过目，遇到有好的文章就会反复研读，从中吸取经验和新理论新方法，从中受到启迪。他还特别注意从别人的汉语研究中得到启发，从与汉语的比较研究中看到侗语在语音语法方面的不同，也由此探讨侗语与汉语的关系。石先生在侗语语法语序研究中，发现名词和动词的修饰语与汉语不同，修饰语侗语一般置后，汉语置前，他从而得出这是两种语序不同的语言的认识。在与汉语基本词汇进行比较研究后，他发现二者的不同源，认为侗语与汉语没有发生学关系，而与南岛语有发生学的关系；同时也正是基于这样的比较研究，他认为侗语是在与汉语的长期接触中，受到强势汉语的剧烈影响，才致使侗语由无声调、多音节语言变成有声调、单音节的语言的。

语言研究不应固步自封、闭门造车，否则是没有前途的。坦率地说，我们的语言学理论还比较薄弱，不少的研究理论都是从国外借入引进的。石先生在侗族研究中就很注意借鉴和运用国内外一些较新的语言学理论。譬如，他指出，侗语是世界上声调最多演变最快调型最复杂的语言，历经五次历史演变 [0＞2＞4＞8＞12＞15（章鲁）]，是平上去入凹凸等调型众多的语言。石先生关于侗语声调的这一研究成果是参阅了国内外声调研究的大量论著、对各地侗语进行多年调查研究之后得出的结论，是与世界学术交流对话接轨的结果。

分布广、人口多的语言大都有方言土语的差异，对其进行方言土语的划分是必需的。石先生在多年对各地侗语方言土语进行调研的基础上指出，由于调研上的遗漏、划分标准的不科学、记音不够准等原因，过往对侗语方言土语划分存在不准确、不正确的地方。譬如，他认为把居于北部方言区域内的启蒙土语、报京土语划到南部方言是无根据、错误的，因而提出了应将侗语南部方言划为 3 个土语、北部方言划为 5 个土语、启蒙和报京各为北部方言的一个土语的看法。他还运用世界少数民族语文研究院（SIL）倡导的通解度理论对侗语进行了调研（他可能是国内第一个把通解度分析法用于民族语方言土语调研的学者），其调查结果也证明以往把启蒙、报京土语划到南部方言是错误的。石先生这种较真的治学精神、不因循守旧的学术态度，着实令人钦佩。

尤其让我感到耳目一新的是，石林先生在这部书稿中采用自然地理学、民族生物学、人类学与语言学相结合的理论方法，对已陷入严重濒危状态的侗语自然名物和社会名物进行了抢救性的研究。由于自然环境和社会环境以及人类观念的急剧变化，很多动植物物种、传统地名和人名命名法、社会事象在少数民族生活中日益淡出或甚至已经消亡或濒临消亡；有的物种和事象虽然存在，但中青年人长期在城市打工或读书，他们已经不知晓它们的民族语名称了，不免令人遗憾和担忧。在人类的认知世界里，种类繁多的世界万物都有其名，是人类经过对事物长期的观察、辨认、分析，用自己的母语将其命名记录下来的。世界上的这些万千物名，是人类智慧的结晶，是全人类宝贵的知识遗产；每个民族的名物都是该民族的智慧结晶，也是人类宝贵知识遗产的一部分。我们知道，名词是构成语言的基础，是语言的词汇中词量最大的词类，而作为事物名称词的名物系统则是名词中最为核心的部分，若一种语言的名物词大量减少或消失，其所承载的知识体系就会空心化，必然导致该语言走向濒危或消亡。可见，对少数民族语言中处于日益濒危状态的名物系统开展抢救性的调查记录、整理和研究，已是不容忽视的一项重要学术任务。石先生在这方面的研究显然具有开拓性和引领性的意义，虽然只限于侗语的名物，但对于推动其他民族名物的语言学研究无疑会有重要的启示和较高的借鉴价值。

总之，此书是石林先生长期辛勤耕耘中的又一高水平成果，是他对民族语言学的又一重要贡献，其学术价值值得肯定，其治学精神堪称楷模。石先生虽然年事已高，但身体康健，精神矍铄，思维清晰，笔耕不辍，仍继续工作在侗族语言文化调查研究的一线，实为侗族之幸、民族语言学之幸。天道酬勤，地道酬实，我们期待着看到他在不久的将来又有新成果问世。

序 二

纳日碧力戈
（复旦大学民族研究中心）

石林先生是侗族，研究侗语数十年如一日，取得很大成绩，是国内外知名专家。

石先生本科毕业于中央民族大学民语系，研究生毕业于南开大学中文系，师从邢公畹教授。邢先生要求学生甚严，德才兼备，不可或缺。石先生是邢先生属意留校的学生，深得其真传，继承了邢先生的良好学风，严于做人。汉语研究与民族语研究相结合，共时研究与历时研究相结合，传统理论研究与现代理论研究相结合，是邢公畹先生的研究风格，博采众长，中西合璧，取得了骄人成就。石先生循着邢先生"三结合"研究之路，风尘仆仆，锲而不舍，成果中多有邢先生风范的映象。

石先生的故乡在贵州锦屏，是侗语北部方言区人，但他在侗语南部方言区工作生活过十年，所以他对侗族南北部方言区的语言文化都比较熟悉，这是他的优长之处。对侗族语言文化的研究，石林先生往往独辟蹊径，慧眼独具，总能捕捉到侗语和侗族文化内部结构及其发展规律的脉络，原因就在于他熟知侗族语言文化及具有母语侗语的语感，以及对语言文化资料价值的良好悟性、对语言理论及语言文化资料的经年积累、对"三结合"方法的精到把握。

总的来说，石先生的《侗语语音语法及名物的多视角研究》一书走在侗语研究的前列，有的方面也走在民族语研究的前沿。

经过多年的研究，石先生掌握了各地四十余处语言调查点的侗语声调语料，经认真比较研究后提出，侗语是世界声调语言中声调发展演变的活化石，是世界声调语言中声调最多、调型最丰富、声调演变次数最多的语言；侗语有15个声调（其中调位有10个，调类15个）；侗语的调型，平调有的多达5个，升调3个，降调3个，曲调2个；侗语的声调经过了五次历史演变。

0 ⟶ 2　　由无声调演变成 2 个声调；
2 ⟶ 4　　由 2 个声调演变成 4 个声调；
4 ⟶ 8　　由 4 个声调演变成 8 个声调；
8 ⟶ 10　由 8 个声调演变成 10 个声调；
10 ⟶ 15　由 10 个声调演变成 15 个声调。

石先生的这一见解得到学界的公认，也是他用历史比较语言学与统计语言学相结合的研究方法取得的成绩。与此同时，他还在民族语学界，第一次用区别特征理论对各地侗语的声调进行了研究，找到了各地侗语声调的区别特征。

石先生在本书中对侗语量词的音变现象等进行了全面深入的调查研究，不仅找到了侗语量词的演变规律及在各地的分布范围，并把其定位为"数的范畴"，同时也纠正了前人把侗语量词作为侗语方言土语划分标准之一的不当做法。因为量词的音变现象在南北侗语中都存在，北侗方言中大多有此音变但也有例外的；而南部方言大多没有，但有的土语也有此类音变现象。

石先生调查研究的足迹遍及黔、湘、桂、鄂的近 40 个侗语方言土语点，其中很多语言点前人从未调查过，并运用区别特征理论，对侗语的方言土语重新进行了划分。后来石先生用语言通解度理论，对侗语的方言土语进行了通解度调查，得出的结果与此前他对侗语方言土语的划分基本吻合，可见此理论对于方言土语的划分是很有参考价值的，而过去我国学者很少将该理论运用于对方言土语的划分。石先生也运用通解度理论方法对侗语的方言土语进行了调研，取得了很好的效果，这方面的研究石先生也走在了前面。

语言的语序结构具有民族性和地域性特征，但我国语言学者过往鲜用该理论对我国的语言进行调查分析。石先生用这一理论对侗语的语法进行了尝试性研究，并且有了新的收获。石先生经过研究得出侗语的语序类型是：

SVO/Pr/NG/NA

而汉语的语序类型是：

SVO/Pr/GN/AN

很显然这是两种不同语序类型的语言，侗语是顺行结构语序型语言，比较符合人类瞬间思维模式，而汉语是逆行结构语序型语言，不大符合人类瞬间思维模式，这已为心理学家的实验所证明。而这与许多人的看法不同，他们误认为"侗族说倒话"。若据此说，说倒话的该是汉族而不是侗族。

一般认为汉藏语系的语言，除了藏缅语族的语法存在一些形态变化现象外，侗台语、苗瑶语的语法没有形态学的变化。石先生的研究发现侗语的名词变动词，动词的命令式、生动式、持久式重叠，名词、量词、形容词等都通过重叠等形态变化来表现不同的语法意义。

石先生在对汉藏语辅音韵尾进行研究后指出，汉藏语的音节结构在世界语言中独具特色，汉语、藏缅语、苗瑶语和侗台语又各不相同，汉藏语辅音韵尾的发展演变可以说是汉藏语语音发展演变的代表，而侗语方言土语中辅音韵尾的发展演变错综复杂，形式多样，可以说是汉藏语辅音韵尾发展演变的活化石。石先生的研究还揭示了汉藏语辅音韵尾发展演变现状、演变规律、演变的自身原因及外部影响。

石先生也对侗族的民族名物进行了研究。他在对侗语的山地地名进行研究后认为，侗语的山地命名具有民族性和地域性，是侗族当地自然地理特征与侗族历史文化内涵的反映，学界的任意命名、摹状命名和历史文化因果命名理论，均可在侗语地名的命名中得到印证，从中也可看出不同的学术理论互有优劣，应互为补充，不可互相排斥。

分布于湘、黔、桂毗邻地区的草苗，因地处偏僻，人迹罕至，山高谷深，交通闭塞，之前未曾有学者对其进行过认真的调研。石先生多次对这个被称为"说侗语唱汉歌"的苗族支系进行田野调查，揭开了其神秘的语言文化面纱。草苗说的侗语是带有北侗语言底层词汇及一些北侗语法特征的南侗侗语。草苗的婚姻圈十分狭窄，仅与草苗同支系同阶层的人通婚；草苗的婚姻分为三个阶层：上层亲（senl banc ul）、中层亲（senl banc dav）、下层亲（senl banc dees），阶层间严禁通婚。

侗台语不仅在语言上有同源关系，在民歌韵律方面也有同源关系。民歌的韵律具有民族和地域特征，民歌的韵律是民族属性的关键符号。通过对侗台语民歌的比较研究，石先生指出：大多数侗台语的民歌都押腰脚韵（上句歌词的末音节韵母，与下句句中音节的韵母相同），这种独特的韵律是侗台语民歌共同的韵律特征。

以上是石林先生在侗语和侗台语研究中取得的成绩，可喜可贺，令人敬佩。

石林先生是我的师兄，他的导师邢公畹教授和我的博士生导师马学良教授，是被喻为"非汉语研究之父"的李方桂教授的同门弟子，也是终生的挚友。石林先生已近古稀之年，但身心健康，精神矍铄，笔耕不辍。他年愈七十，我年过六旬，抚今追昔，往事依稀，虽久远，却亲近。他和我都是爱好学问的人，愿做形与神之间的灵媒；传通，勾连，是生活方式；苦思冥想，喜怒哀乐，油盐酱醋，多重生活。他让我写序，我便欣然应允，同类相感而已。来日方长，祝石先生健康长寿，深信他一定会有更多的新成果奉献给大家。

目　　录

第一章　绪论：侗族与侗语概述 …………………………………………（1）

第二章　侗语语音时空格局分析 …………………………………………（17）
　　第一节　侗语的复辅音声母 ……………………………………………（17）
　　第二节　侗台语原始 m-、n-声母的类别 ……………………………（24）
　　第三节　侗语新汉语借词的读音 ………………………………………（30）
　　第四节　侗台语分化的年代学分析 ……………………………………（49）
　　第五节　侗语方言土语的新划分 ………………………………………（67）
　　第六节　侗语方言土语间的通解度调查 ………………………………（76）

第三章　侗台语汉藏语辅音韵尾流变分析 ………………………………（88）
　　第一节　侗台语辅音韵尾的发展演变 …………………………………（88）
　　第二节　汉藏语系语言鼻音韵尾的发展演变 …………………………（99）
　　第三节　论汉藏语系语言塞音韵尾的发展演变 ………………………（109）

第四章　侗语声调的共时与历时分析 ……………………………………（126）
　　第一节　高坝侗语五个平调的实验分析 ………………………………（126）
　　第二节　侗语声调的共时表现与历时演变 ……………………………（139）
　　第三节　侗语声调的区别性特征 ………………………………………（151）
　　第四节　侗语的变音变调现象 …………………………………………（156）

第五章　侗语语法的多视角分析 …………………………………………（167）
　　第一节　侗语语法的形态学特征 ………………………………………（167）
　　第二节　侗语形容词的语法结构 ………………………………………（177）

第三节　侗语代词研究 ……………………………………………（196）
　　第四节　报京侗语的 mjin⁶ 的比较分析 …………………………（209）

第六章　侗族名物及民歌的语言人类学分析 …………………………（220）
　　第一节　江山作主人为客
　　　　　　——侗语对于山地的分类与命名 ………………………（220）
　　第二节　侗语地名的结构、得名和汉译 …………………………（229）
　　第三节　少数民族人名结构及其语言文化内涵
　　　　　　——侗台语族和我国其他各族传统人名比较研究 ………（244）
　　第四节　侗语植物名物系统的初步探索 …………………………（256）
　　第五节　侗台语族民歌共同的韵律特征 …………………………（272）
　　第六节　北部侗歌独特的韵律特征 ………………………………（293）
　　第七节　天府侗民歌韵律的区域特色 ……………………………（302）

第七章　草苗话、那溪话、本地话与侗语的关系 ……………………（310）
　　第一节　那溪话是侗语的一个方言岛 ……………………………（310）
　　第二节　三省坡草苗的语言及其系属 ……………………………（318）
　　第三节　湖南通道本地话（平话）音系 …………………………（328）

参考文献 ………………………………………………………………（340）

后记 ……………………………………………………………………（345）

第一章 绪论：侗族与侗语概述

一 侗族的人口分布

侗族是我国人口比较多、分布比较广的少数民族。据国家最近公布的几次人口普查结果，1990年全国第四次人口普查结果侗族有2514014人，2000年第五次人口普查结果侗族有2960293人，2010年第六次人口普查结果侗族有2879974人。侗族主要分布在贵州东南部的镇远、岑巩、玉屏、万山、铜仁、石阡、剑河、三穗、天柱、锦屏、黎平、榕江、从江，湖南西南部的新晃、芷江、会同、靖县、绥宁、通道、城步、新宁、洪江、安江，广西北部的三江、龙胜、融水、融安、罗城，湖北西部的恩施、宣恩等县市，以及越南的宣光省。侗族的分布从古至今都比较集中固定。虽然侗族分布在不同的省区，但是在地理上基本连成一片。这是侗族语言文化得以长期保留的主要原因之一。

二 族称

人类从最初的发祥地到火的发明而足迹遍布全球，生息繁衍至今已有几百万年的历史。恩格斯说：人是最合群的动物。最初，人类以血缘纽带为基础结合为一个个游群，后来经过氏族—胞族—部落—村落公社的不同阶段的发展，随着社会和人类自身的不断发展进步，人类共同体不断分化，不断重新组合，从血缘走向地缘，从低级阶段走向高级阶段，最后结合成统一的民族。

现今世界上各个民族共同体，都是古代各种不同共同体不断分化、融合、演进的结果。一般来说，每个民族共同体都有自己统一的民族自称。这种民族自称往往与该共同体所处的地理环境，以及政治、经济、历史、生活习俗、意识形态等方面的发展有直接关系。民族自称是民族内部的认同符号，也是每个民族区别于其他民族的标记。因此，有的国外学者把有无共同的民族自称作为划分民族的一个重要因素。

各民族的族称不外乎有自称和他称两种。有的民族以自称作为本族的族称；有的民族以他称作为本族的族称；也有的民族在族内以自称作为族称，在族外以他称作为族称。族称的由来犹如人的名字一样，也是异彩纷呈的。我国有的民族以山川等地理环境为名。例如，怒族（居于怒江流域）、独龙族（居于独龙江流域）、东乡族（居于东乡地区）、保安族（居于保安地区）、鄂温克族（意思是山里人）等。有的民族以过去的生业为族称。例如：拉祜族意为"烤虎肉人"，可见拉祜族人曾以狩猎为生；羌族的"羌"字从羊从人，可见他们过去是从事畜牧业的民族；畲族因过去过着刀耕火种的游耕生活而得名。有的民族族称反映了该民族的意志和愿望。例如，维吾尔族的"维吾尔"是"联合、团结"的意思。

三　侗族的自称

侗族是一个民族自称相当一致的民族。侗族的自称大多数地方叫 kɐm¹ 或 kəm¹。但由于各地方言土语的差异，各地侗族的自称在语言方面也有一些变化：

kɐm¹——榕江、黎平、从江、罗城等；

kəm¹——天柱、锦屏、剑河、三穗、会同、靖县（一部分）等；

kəŋ¹——镇远；

tɕɐm¹——三江、通道、龙胜、融水等；

tɕəŋ¹——新晃、玉屏、万山、芷江等。

从侗语语音的演变规律来看，侗族最古老的自称是 kɐm¹，各地不同的自称都是按照一定的语言演变规律变来的。天柱等侗语北部方言区 ɐ 后低元音消失后变为央元音 ə，所以 kɐm¹ 变为 kəm¹。镇远报京的 ɐ 也变为央元音 ə，闭鼻音 -m 变为后开鼻音 -ŋ，所以现在自称为 kəŋ¹。新晃等地的舌根声母 k- 前移变为舌面声母 tɕ-，ɐ 变为央元音 ə，-m 尾变为后开鼻音韵尾 -ŋ，所以现在自称变为 tɕəŋ¹。三江等地的 k- 前移为 tɕ-，ɐ 和 -m 尾保留，所以现在自称为 tɕɐm¹。

侗族为什么自称为 kɐm¹ 有不同的说法。有的说 kɐm¹ 在南侗的部分地区是"遮盖"之意，由于侗族先民居住在树荫掩映的深山老林之中，因此而得名。有的认为"赣"古音读 kam，与侗族的自称 kɐm¹ 相近，加上侗族民间又有来自江西的传说，故认为 kɐm¹ 来自于"赣"。我们认为这些说法不免有以偏概全和望文生义之嫌。kəm¹ 在北侗的一些地方的含义与"金子""碓窝"相同，难道我们就能因此说侗族的来源与"金子""碓窝"有关吗？我们认为不能这样去理解。总之，侗族自称 kɐm¹ 的含义至今仍然是个谜。侗语有很多的地名和人名对我们现代人来说是无意义的（现代侗族的很多人的名字也是无意义的），侗族的自称 kɐm¹ 或许也是如此，原先可能是一个无意义的音节。

侗族自称 kɐm¹ 的记载最早见于宋代陆游的《老学庵笔记》："辰、沅、靖州等地有仡伶、仡缆、仡佬……"这里的"仡缆"的反切音与侗族的自称比较接近，但"仡"是疑母字，与侗族的自称见母（k-）不大相符。在《宋史·李浩传》等中又有"佶览"的说法，"佶"为见母，"览"的韵母为 -am，"佶览"的反切音为 kam，与侗族的自称十分接近。宋代以后，以"佶缆"来称呼侗族的记载已很难见到，而是以他称"侗"来称呼侗族。以"峒"来称呼侗族始见于《唐书》："唐元和六年（公元 811 年），黔州大水，坏城郭，观察使窦群发峒蛮治城，督促太急，于是辰、叙二州蛮张伯靖等反，群讨之不能定。"但是，直至明代以后"峒"或"狪"才成为侗族比较固定的专称。

侗语、水语、仫佬语、毛南语、莫话、锦话、佯僙话的发生学关系已得到公认，操这些语言的民族的共同族源关系也已得到史学界的认可。一般来说，凡有共同族源关系的民族都应有一个共同的民族自称。那么，原始侗水语民族共同的民族自称是什么呢？我们先来看看这些民族的一些自称和他称：

kɐm¹ 或 tɐm¹——侗族自称

kjam¹ 或 lam¹——仫佬族自称

tɐm¹——锦家自称（现定为布依族，居住在贵州荔波县境内）

tai⁴ku³——苗族对侗族、水族的称呼

sui³ 或 kam¹ sui³——水族自称

mau⁴nan⁶——毛南族自称

kam¹——布依族对佯僙人的他称，佯僙人自称为 jin²rau¹ 或 ai¹ then¹，居住在贵州平塘县、惠水县和独山县境内

tam¹——布依族对莫家的他称，莫家自称为 mak⁸，居住在荔波县境内

有的族群由于种种原因丢掉了古老的自称而改用了新的族称，而古老的族群自称却保留在其他民族的他称中，佯僙人、水族、莫家的族称可能就是如此。

从以上侗水语支各族的自称和他称中可以看出，他们的族称是很接近的（鉴于苗语的闭口鼻辅音尾 -m 已消失，苗语对侗族的族称 ku 无疑来源于 kam）。侗水语支各族的原始族称可能为 klam¹，其演变过程可能是这样的：

klam¹ 原始侗水族→kjam¹：①→ȶam¹→ȶan¹→ȶən¹ 侗族
　　　　　　　　　　②→kam¹→kan¹
　　　　　　　　　　→kjam¹→lam¹ 仫佬族
　　　　　　　　　　→kjam¹→ȶam¹ 锦家
　　　　　　　　　　→kjam¹→ȶam¹→mak⁸ 莫家
　　　　　　　　　　→kjəm¹→sui³ 水族
　　　　　　　　　　→kjam¹→mau⁴nan⁶ 毛南族

在我国的湖南、广西、云南、海南岛和泰国、老挝以及缅甸东北部、越南北部、印度的阿萨姆邦分布着一个有发生学关系的语族——侗台语族。"学会傣文和傣话，走遍东南亚"这句民谚不仅反映了侗台语族的广泛分布，而且反映了这些语言间亲密的同源关系。那么原始侗台语民族的自称是什么呢？民族是历史发展到一定阶段的产物，是在历史发展过程中形成的人们共同体，有其产生、发展和消亡的过程。民族的族称也是如此，也有其产生、发展和消亡的过程。我们可以假定原始侗台语的族称为 dai²，其依据来自这些民族的自称和他称：

thai²——泰国（自称）
tai²——傣族（自称）
dai²/thai²——壮族布依族（一部分自称）
dai¹——黎族（自称）
tai⁴ku³——侗水族（他称）

我们可以看出，侗族的民族自称经历了这样一个演变过程：

dai²→tai²klam¹→tai²kjam¹→tai²kam¹→kam¹→ȶam¹→ȶan¹

四　侗语的方言土语

侗语属侗台语族侗水语支。与同语族其他语言相比，侗语在语音上存在着一些差异：在声母方面，其他语言一般都带有先喉塞音的浊塞音声母 ʔb-、ʔd-，有的还带有鼻冠音的浊塞音声母 mb-、nd-，而侗语的这两套浊塞音声母都已消失，变为 m-、l-。例如：

词义	壮	布依	傣	侗	水
眼睛	ta¹	ta¹	ta¹	ta¹	nda¹
短	tin³	tin³	sen³	thən³'	ndjən³
年	ȵi¹	pi¹	pi¹	ȵin²	mbe¹
栽	ʔdam¹	ʔdam¹	som³	mia²	mbja¹
天	ʔbɯn¹	ʔbɯn¹	fa⁴	mən¹	ʔbən¹
井	ʔbo⁵	ʔbo⁵	bo⁵	mən⁵	ʔbən⁵
胆	ʔbəi¹	ʔbo⁵	ʔbi¹	po⁵	ʔbən⁵
簸箕	ʔdong³	ʔdong⁴	ʔdong³	long³	ʔdong³

水语还有三套鼻音声母，而侗语除了黎平、新晃等地有两套鼻音声母外，绝大部分地区只有一套鼻音声母。例如：

词义	傣	壮	侗	水
树	mai⁴	mai⁴	məi⁴	mai⁴
有	mi²	mi²	me²	me²
菜	—	—	ma¹	ʔma¹
软	—	—	ma³	ʔma³
来	ma²	ma¹	ma¹	m̥a¹
狗	ma¹	ma¹	ŋwa¹（ma¹）	m̥a¹
猪	mu¹	mu¹	ŋu⁵（mu⁵）	mu¹
弟妹	nong⁴	nung⁴	nong⁴	nu⁴
睡	non²	non²	nun²	nun²
厚	na¹	na¹	na¹	ʔna¹
脸	na³	na³	na³	ʔna³
鼠	nu¹	nu¹	no³	n̥o³
弓	na³	na⁵	na³	n̥a³
鼻	daŋ¹	naŋ¹	naŋ¹	ʔnaŋ¹
黑	dam³	nam¹	nam¹	ʔnam¹

在韵母方面，其他语言的元音不仅 a 分长短，而且其他元音也分长短，而

侗语除了黎平等地外，一般只有 a 分长短，侗语北部方言甚至所有的元音都已不分长短；本语族的其他语言还有一个展唇的元音 ɯ，侗语没有这个元音；侗台语族的绝大部分语言的声调因声母清浊的不同分化为 8 个声调，而侗语除了黎平以外，其余的又因声母的送气和入声中因长短元音的对立而分化为 15 个声调。这是侗语同本语族其他语言在声、韵、调方面的主要区别。

在词汇方面，侗语除了与同语族的其他语言有较多的同源词外，也有一部分自己特有的词。例如：

词义	壮	布依	傣	侗	水
村子	ban^3	ban^4	ban^3	ɕai^6	ʔban^3
嘴	pak^7	pa^5	pak^9	əp^7（pak^9）	pak^7
舌头	lin^4	lin^1	lin^4	ma^2	ma^2
鸡胗	taɯ^1	taɯ^1	tai^1	jam^1	ha^1
蛙	kop^7	kop^7	kop^7	je^1	kəp^7
虫	neŋ^2	non^1	miŋ^2	nui^2	ta^1
药	ʔjɯ^1	ʔje^1	ja^1	əm^3（sa^2）	ha^2
鬼	faŋ^2	faŋ^2	phi^1	ʨui^3	maŋ^2
个（人）	pou^4	pu^4	ko^4	muŋ^4（pu^1）	ai^1
红	diŋ^1	diŋ^1	liŋ^1	ja$^{5'}$	han^3
贵	peŋ^2	peŋ^2	peŋ^2	ʨui^5	biŋ^1

在语法方面，侗台语族的语法都比较一致。

一般来说，人口比较多、分布比较广的语言都有方言土语的差别。侗语分布的范围不仅十分广泛和分散，同时又处在汉语、苗语、水语、壮语等多语种混杂的语言环境中，可想而知侗语的方言差异是比较大的。侗语分为南北两个方言，在明代以前侗族基本上连为一片，明代以后，因明政府派遣大批屯垦军民把居住于黎平、锦屏交界的中黄、新化、欧阳、亮司、龙里、敖市、隆里等平坝地区的侗族驱赶出去，这些地方遂被屯垦军民霸占为永久居住地。从此将侗族分割为互不往来的南北两个居住区，久而久之，侗语就演变为南北两个互相不能通话的方言，二者间的交流必须靠汉语来沟通。但是方言内差别较小，大都可以用侗语通话，但也有例外的，如镇远报京侗语、新晃侗语和融水大荣侗语这三个土语,同任何地方的侗语都不能通话。

1956年下半年到1957年年初,国家组织中央和地方有关单位的语文工作者对侗语进行了比较全面的普查,在普查的基础上,对侗语的方言土语进行了划分。当时,把侗语划分为南北两个方言,每个方言内又各包括三个土语:

侗语
- 南部方言
  - 第一土语:榕江、通道、龙胜、三江(独洞)、锦屏(启蒙)
  - 第二土语:黎平、从江、三江(和里)
  - 第三土语:融水、镇远
- 北部方言
  - 第一土语:天柱(石洞)、三穗、剑河
  - 第二土语:天柱(注溪)、新晃
  - 第三土语:锦屏(大同)、靖县

侗语方言土语的划分标准跟汉语一样,应以语音为标准,因为侗语各方言土语差异最大、最具语感的是语音。当时对侗语方言的划分在语音上有三个标准:(1)元音是否分长短:元音分长短的(至少 a 分长短)为南部方言,不分长短的为北部方言;(2)-k 尾的存留情况:-k 尾丢失或变为喉塞音韵尾 -ʔ 的为北部方言;(3)数词和量词是否有条件音变:无音变的为南部方言,有音变的为北部方言。

我们认为方言划分应以区别性特征作为标准,这一标准应具有普遍的代表性,也是检验方言土语划分正确与否的尺度。但是,上述三条标准与此不尽相符;而且,当我们用上述三条标准来检验衡量原来所划分的方言土语时会产生矛盾和交叉。

我们先来看第一个标准——元音分长短的问题。锦屏启蒙侗语和镇远报京侗语原来划为南部方言(这两个侗语在北部方言的地理范围内,启蒙侗语在北部方言的最南端,报京侗语在北部方言的最北端),按理元音应分长短。但据我们调查,这两个点的元音跟北部方言的其他方言点一样,并没有分长短(短 a 大都已与央元音 ə 合并,而南部方言短 a 与 ə 分得很清楚)。例如:

词义	榕江	启蒙	报京
鱼池	tam^1	təm^1	tən^1
斗笠	təm^1	təm^1	tin^1
早	sam^1	səm^1	sən^1
心	səm^1	səm^1	sin^1

续表

词义	榕江	启蒙	报京
侗族	kam^1	$kəm^1$	$kən^1$
碓	$kəm^1$	$kəm^1$	$kən^1$
穿（衣）	$tɐn^3$	$tən^3$	$tən^3$
根（源）	$tɐn^3$	$tən^3$	$tən^3$
磨（刀）	$pɐn^3$	$pən^3$	$pən^3$
盆	$pɐn^3$	$pən^3$	$pən^3$

再来看第二个标准——-k 尾的存留情况。同理，报京侗语和启蒙侗语的-k 尾应无一例外地与南部方言一样保留着，但是，我们在调查时发现这两个点的-k 尾也与北部方言的其他土语一样丢失了。其中报京的-k 尾有的丢失，有的并入-t 尾：在 a 元音后丢失，在 o 元音后一部分丢失，一部分并入-t 尾，在其他元音后都并入-t 尾。例如：

词义	榕江	报京
大	mak^9	ma^3
软	ma^3	$m{\Lambda}^3$
额头	$pjak^9$	pja^3
雷	pja^3	$pj{\Lambda}^3$
舂（米）	sak^9	sa^3
百	pek^9	pet^9
八	pet^9	pet^9
鲫鱼	pik^{10}	pit^{10}
扁豆	pit^{10}	pit^{10}
墨	mak^8	mut^8
蚂蚁	$mət^8$	mut^8
泡沫	puk^{10}	put^{10}

启蒙侗语的-k 尾也已全部丢失。-k 尾丢失后其入声调变成了舒声调，7 调变为 5 调，8 调变为 4 调（不送气声母变为送气声母），9 调变为 6 调，10 调变为 4 调。例如：

土语	场所	妇女	洗（衣）	休息	湿	田	胸	中
榕江	sak^{10}	sa^4	sak^7	sa^5	jak^7	ja^5	tak^7	ta^5
启蒙	sa^4	sa^4	sa^5	sa^5	ja^5	ja^5	ta^5	ta^5

最后看第三条标准——数词和量词的条件音变。秀洞侗语属北部方言，按理也应有数词和量词的条件音变现象，但据我们调查，它也没有这类变化。例如：

土语	三	十三	四	十四	（二）个	（一）个
高坝	ham$^{1'}$	çi^{37} z̧am$^{1'}$	hi^5	çi^3 z̧i$^{5'}$	nən^1	z̧ən$^{1'}$
秀洞	sam$^{1'}$	çi^3 sam$^{1'}$	si^5	çi^3 si$^{5'}$	nən^1	nən^1

从上述可以看出，用原来这三条语音标准来衡量原来所划分的南北方言都会有参差现象：有的特征不仅北部方言有，南部方言有的也存在（如元音不分长短、-k 尾丢失）；有的现象不仅南部方言没有，北部方言有的也没有（如数词、量词的条件音变）。这就说明，这些标准不能作为侗语方言划分的标准，同时也说明了原来所划分的方言土语有些是不当的，需要做适当的调整。

方言间的差距通过一定的形式（语音的或词汇的或语法的）表现出来，这种表现形式就是方言的区别性特征。方言的区别性特征是多方面的，不是单一的，只要选择其中一条或数条作为方言划分的标准就够了，但这个标准要具有普遍的代表性，即应是一定的方言所特有而为别的方言所没有的。

因此，我们把-k 尾的存留情况作为划分侗语南北方言的标准：保留-k 尾的为南部方言，丢失-k 尾的为北部方言。用这条标准来衡量和检验我们所划分的侗语方言土语不会有参差现象。凡是南部方言，不管是哪个土语-k 尾都保留着；凡是北部方言，不管是哪个土语-k 尾都无一例外地丢失了。例如：

词义	章鲁	岩洞	大荣	高坝	秀洞	李树	启蒙	报京
百	pek^9	pek^9	pek^9	pet^9	pe^3	pe^6	pe^6	pet^9
八	pet^9	pet^9	pet^9	pet^9	pet^9	pe^6	pet^9	pet^9
喜鹊	çak^9	çak^9	çak^9	ça^3	ça^3	ja^3	ça^3	ça^3

续表

词义	章鲁	岩洞	大荣	高坝	秀洞	李树	启蒙	报京
纺	ça^3	ça^3	ça^3	ça^3	ça^3	ça^3	ça^3	ça^3
出	uk^9	ok^9	uk^7	u^3	u^3	u^6	u^6	o^3
故事	ku^6	sa^6	kau^5	u^3	u^3	ku^3	qu^6	qu^3
泡沫	puk^{10}	puk^{10}	pok^{10}	pu^4	pu^4	wu^4	po^5	put^{10}
父亲	pu^4	pu^4	pu^4	pu^4	pu^4	pu^4	pu^4	pu^4
洗（衣）	sak^7	sak^7	sak^7	ha^5	sa^7	ẓa^5	sa^5	set^7
休息	sa^5	sa^5	dwa^5	ha^5	sa^5	ẓa^5	sa^5	sʌ^5

以-k尾的有无作为标准，我们对原来划分的侗语方言土语进行了适当的调整。侗语还是分为南北两个方言，南部方言基本上保留原来的三个土语，北部方言由三个土语增加为五个土语，把原先错划为南部方言的锦屏启蒙侗语和镇远报京侗语分别划分为北部方言的第四、第五土语。

南部方言
- 第一土语：榕江、通道、龙胜、三江（独洞）、靖州（哨团村）、黎平（洪州）
- 第二土语：黎平（洪州除外）、从江、融安、三江（和里）、融水（中寨、寨怀、大年、安太）、罗城
- 第三土语：融水（大荣、汪洞、杆洞）

北部方言
- 第一土语：锦屏（九寨）、天柱（石洞、高酿）、剑河、三穗
- 第二土语：锦屏（大同、秀洞）、靖州（新街）、会同、天柱（三门塘）
- 第三土语：天柱（邦洞）、新晃、芷江、玉屏、万山、靖州（木桐寨）
- 第四土语：锦屏（启蒙）
- 第五土语：镇远（报京）

侗语方言内土语的划分我们以声调的异同来作为标准。凡声调数相同、声调调值相同或相近的为同一土语。以此来划分土语与侗语说者的语感最为接近，因为调值是最具语感性的。我们以此标准划分出来的土语，与各个土语在

地理上的分布也是吻合的。北部方言第一至第五土语的声调数分别是：9、10、7、8、6，南部方言第一至第三土语的声调数分别是：9、6、9（阳去分出送气调这是其他土语所没有的）。土语的划分当然也要考虑词汇、文化、地理等多方面的因素，但是土语间差别最显著的是语音上的差异，而语音中最显著的差别是声调上的差异。所以，我们以声调来作为侗语土语划分的依据。下面是侗语南北方言各土语声调异同表。

	1 章鲁	2 岩洞	3 大荣	1 高坝	2 秀洞	3 李树	4 启蒙	5 报京
1	55	31	44	45	13	55	45	22
1′	35	31	34	11	22	13	213	22
2	22	121	13	22	42	13	412	31
3	323	55	323	33	323	33	33	33
3′	13	55	323	13	23	33	33	33
4	31	13	21	31	212	22	31	55
5	53	51	45	55	45	53	55	13
5′	343	51	24	24	24	24	343	13
6	33	22	53	44	44	31	43	44
6′			453					
7	55	42	55	55	55	55	55	55
7′	35	42	24	24	24	55	343	55
9	323	55	33	33	33	33	43	33
9′	13	55	33	13	23	31	43	33
8	22	12	13	13	31	33	31	33
10	31	13	21	31	23	22	31	55
声调数	9	6	9	9	10	7	8	6

方言土语除了语音上的差异外，在词汇方面也肯定存在差异。由于彼此间没有来往或来往很少，随着时间的推移，有些共同的词汇有的方言可能慢慢地丢失了，有的可能从别的语言借入了新的词汇。这样，就自然而然地形成了方言间的词汇差别。下面我们以斯瓦迪士（M. Swadesh）的百词表来衡量侗语方

言土语词汇的保留情况。斯瓦迪士认为百词表中的这些词是"世界共同的、非文化方面的、容易辨认的广阔概念,在多数语言中有一个单词可以对应的"。由于词汇具有显著的民族、地域和时代的特征,所以想找到两个语言中词义和语法完全对等的词是很难的。如百词表中英语的 earth(地),侗语与之对应的有三个词:ti^6 地(汉语借词)、mak^9(湿地)、nam^6(干地);又如英语 big(大),侗语也有三个词与其对应:mak^9、lau^4、$ləi^2$。反之,英语分"兽皮"skin、"树皮"bark 而侗语不管兽皮、树皮诸如此类的东西都叫 pi^2。虽然斯瓦迪士的百词表中的少部分词存在诸如此类的问题,但绝大部分词还是适用的。

下面是斯瓦迪士的百词表在侗语方言中的对应情形。

	章鲁	岩洞	大荣	石洞	秀洞	李树	启蒙	报京
1. I 我	jau^2	jau^2	jau^2	jau^2	jau^2	jau^2	jau^2	jao^2
2. You 你	$ȵa^2$	$ȵa^2$	$ȵa^2$	$ȵa^2$	$ȵa^2$	$ȵa^2$	$ȵa^2$	$ȵa^2$
3. We 我们	tiu^1	$tjiu^1$	$ɖau^1$	tau^1	tau^1	lau^1	$tjau^1$	to^1
4. This 这	nai^6	nai^6	ai^6	nai^6	nai^6	nai^6	nai^6	ne^6
5. That 那	ta^5	ta^5	ta^1	ta^5	ta^1	ta^5	ta^5	ta^5
6. Who 谁	$nəu^2$	nu^2	nu^1	$nəu^2$	$nəu^2$	$ȵəu^2$	$nəu^2$	$ȵəu^2$
7. What 什么	$maŋ^2$	$maŋ^2$	$dhoŋ^{6'}$	$maŋ^2$	$maŋ^2$	$maŋ^2$	$maŋ^2$	$muŋ^2$
8. Not 不	me^2	kwe^2	me^2	kwe^2	$ŋe^2$	kwe^2	me^2	me^2
9. all 全	$çet^{9'}$	$çet^{9'}$	$pəŋ^3$	$hau^{5'}$	$hau^{5'}$		sau^5	tu^3
10. Many 多	$kuŋ^2$	$kuŋ^2$	$tuŋ^2$	$kwaŋ^4$	$uŋ^2$	$koŋ^2$	$kuŋ^2$	$koŋ^2$
11. One 一	$lau^{3'}$	ji^3	i^3	ji^1	ji^1	$ji^{1'}$	$ji^{1'}$	i^1
12. Two 二	ja^2	ja^2	ha^2	ja^2	ja^2	a^2	ja^2	ja^2
13. Big 大	mak^9	mak^9	lau^4	ma^4	ma^9	ma^6	ma^6	ma^3
14. Long 长	jai^3	jai^3	$jhai^3$	jai^3	jai^3	$ʑai^3$	jai^3	jai^3
15. Small 小	$si^{5'}$	$çhi^5$	ti^3	ni^5	ni^5	si^5	ni^5	$çi^5$
16. Woman 女	$mjek^9$	$mjek^9$	mak^9	$miet^9$	$ȵe^{3'}$	je^6	mja^6	$mjet^9$
17. Man 男	pan^1	pan^1	ban^1	wan^1	pan^1	man^1	pan^1	pan^1
18. Person 人	$ȵən^2$	$ȵən^2$	$ɖun^2$	$kən^2$	$ən^2$	$ən^2$	kun^2	kun^2
19. Fish 鱼	pa^1	pet^{10}	$məm^6$	ta^1	a^1	tja^1	pa^1	$ɬa^1$

续表

	章鲁	岩洞	大荣	石洞	秀洞	李树	启蒙	报京
20. Bird 鸟	nok^8	mok^8	nhok^8	no^4	no^2	ȵho^6	mo^4	mot^8
21. Dog 狗	ŋwa$^{1'}$	ŋhwa^1	ma$^{1'}$	kwa$^{1'}$	ma$^{1'}$	wha$^{1'}$	kwa$^{1'}$	wo^1
22. Louse 虱	nɐn^1	nɐn^1	nɐn^1	nən^1	nən^1	ȵən^1	mən^1	mən^1
23. Tree 树	məi^4	məi^4	məi^4	məi^4	məi^4	məi^4	məi^4	məi^4
24. Seed 种子	pan^1	ȶoŋ^3	pun^3	ɕoŋ^3	səŋ^3	ȶoŋ^3	ɕoŋ^3	ɬaŋ^3
25. Leaf 叶子	pa^5	pa^5	pa^5	pa^5	pa^5	wa^5	pa^5	pa^5
26. Root 根	saŋ$^{1'}$	shaŋ^1	saŋ^1	saŋ$^{1'}$	saŋ$^{1'}$	saŋ^1	saŋ$^{1'}$	saŋ^1
27. Bark 树皮	pi^2	pi^2	ta^1	a^{1}la^1	ȶi^1	pji^2	pi^2	
28. Skin 动物皮	pi^2	pi^2	ta^1	a^{1}la^1	ȶi^1	pji^2		ȶi^2
29. Flesh 肉	nan^4	nan^4	nan^2	nan^4	nan^4	nan^4	nan^4	nan^4
30. Blood 血	phat^9	phat^9	phet^9	tat$^{9'}$	khat$^{9'}$	tjat$^{9'}$	phat^9	sa^3
31. Bone 骨头	lak^9	lak^9	lak^9	la^4	la$^{3'}$	la^6	lha^6	la^3
32. Grease 脂肪	lau^2	lau^2	ŋa^2	ju^2	ju^2	ju^2	lau^2	jiu^2
33. Egg 蛋	kəi^5	kəi^5	ȶəi^5	kəi^5	kəi^5	ȶəi^5	po^4	kəi^5
34. Horn 兽角	pau^1	kwau^1	kau^1	ŋau^1	pau^1	wau^1	pau^1	qo^1
35. Tail 尾	sət^7	sət^7	sut^7	set^7	set^7	tset^7	sut^7	sut^7
36. Feather 毛	pjən^1	pjən^1	pjəm^1	pjəm^1	ȶəm^1	jən^1	ȶun^1	ȶun^1
37. Hair 头发	pjɐm^1	ȵui^5	pjɐm^1	pjəm^1	ȶəm^1	tjaŋ^1	pjəm^1	pjin^1
38. Head 头	kau^3	kau^3	ku^3	kau^3	kau^3	ȶau^3	kau^3	ko^3
39. Ear 耳朵	kha$^{1'}$	kha^1	ȶha^1	ka^1	ka^1	ȶha$^{1'}$	ka$^{1'}$	kha^1
40. Eye 眼睛	ta^1	ta^1	da^1	ta^1	ta^1	na^1	ta^1	ta^1
41. Nose 鼻子	naŋ^1	naŋ^1	naŋ^1	naŋ^1	nəŋ^1	nəŋ^1	nəŋ^1	nəŋ^1
42. Mouth 嘴	əp^7	mup^7	pak^9	mu^5	mu^7		mu^5	mut^7
43. Tooth 牙	pjan^1	pjan^2	pjan^1	pjən^1	ȶən^1	jən^1	ŋe^2	ŋe^2
44. Tongue 舌	ma^2	ma^2	ma^2	ma^2	ma^2	ma^2	ma^2	ma^2
45. Claw 爪	ȵəp^7	njəp^7	ljəp^7	ȵip^7	ȵap^7	ȶhet$^{9'}$	njəp$^{7'}$	ni^4
46. Foot 脚	tin^1	ten^1	tən^1	tin^1	tin^1	tin^1	tin^1	tin^1
47. Knee 膝盖	kwau^5	kwau^5	ku^5	kwau^5	kau^5	kwau^5	kwəu^5	ɬo^5
48. Hand 手	mja^2	mja^2	mja^2	mja^2	ȵa^2	ja^2	mja^2	mja^2

续表

	章鲁	岩洞	大荣	石洞	秀洞	李树	启蒙	报京
49. Belly 肚子	loŋ²	loŋ²	loŋ²	tu³	tu³	tu³	tu³	tu³
50. Neck 脖子	u²	qu²	lun²	o³	o²	wo²	qo²	qu²
51. Breasts 乳房	mi³	me³	no⁵′	me¹	me⁵′	mji³	mi³	məu⁵
52. Heart 心	səm¹′	shəm¹	ɬim¹′	səm¹′	səm¹′	sən¹	səm¹′	sin¹
53. Liver 肝	tap⁷	tap⁷	tap⁷	səm¹′	tap⁷	lhaŋ¹′	səm¹′	sin¹
54. Drink 喝	wum⁴	wum⁴	jəm⁴	jəm⁴	jot⁹′	jut⁹	jhot⁹	jən⁴
55. Eat 吃	ʨi¹	ʨi¹	ʨe¹	ʨe¹	ʨi¹	ʨan¹	ʨi¹	ʨi¹
56. Bite 咬	it¹⁰	qet¹⁰	ŋai·¹⁰	kit¹⁰	it⁹	jit⁷′	qit⁸	ket⁷
57. See 看见	nu⁵	nu⁵, naŋ²	do³	nu⁵	nu⁵	nu⁵, tjəi·³	nu⁵	nu⁵
58. Hear 听	ʨhiŋ⁵′	thjiŋ⁵	li¹	jiŋ⁵′	ʨhiŋ⁵′	thjiŋ⁵	thjiŋ⁵′	ʨhin⁵
59. Know 知道	wo⁴	wo⁴	jo⁴	wo⁴	jo⁴	zo⁴	jo⁴	ju⁴
60. Sleep 睡	nak⁷′	nhak⁷	nun²	na⁵′	na⁵′	na⁵′	nha⁵′	ɬa⁴
61. Die 死	təi¹	təi¹	təi¹	təi¹	təi¹	təi¹	təi¹	təi¹
62. Kill 杀	sa³	sha³	ha³	sa³	sa³	sa³	sa³	sa³
63. Swim 游泳	ap⁹	ap⁹	ap⁹	ɕu⁴	ɕu⁴	at⁹′	ɕu⁴	at⁹
64. Fly 飞	pən³	pan³	fən⁴	pən⁴	phən⁴	wən⁴	phən³	pin⁴
65. Walk 走	ʨham³′	ʨham³	ɕam³	ʨam³′	ʨham³	ʨhan³	ʨham³	ʨhan³
66. Come 来	ma¹′, tang¹	mha¹	ma¹	ma¹	ma¹′	mha¹	ma¹′	ma¹
67. Lie 躺	nun²	nun²	nun²	na⁵′	na⁵′	nha⁵′	nha⁵′	ɕa⁴
68. Sit 坐	sui⁵	sui⁵	sui⁵	sui⁵	sui⁵	tsui⁵	sui⁵	sui⁵
69. Stand 站	ʨən²	ʨən²	səŋ⁶	jun¹	jun¹	jun¹	jun¹	jun¹
70. Give 给	sai¹′	shai¹	ɬai¹	sai¹′	hai¹′	sai¹	sai¹	hai¹
71. Say 说	sok⁹′	ɕhok⁹	hau¹	ɕot⁹	ɕot⁹′	kang³	ɕot⁹′	ɕot⁹′
72. Sun 太阳	-mɐn¹	-mɐn¹	fən²	-wən¹	-pən¹	-wən¹	-pən¹	-pən¹
73. Moon 月亮	mjan¹	mjan¹	njen¹	mjan¹	ȵan¹	ljan¹	mjan¹	mjan¹
74. Star 星星	ɕət⁷	ʨət⁷	dət⁷	sət⁷	sət⁷	zət⁷	ɕit⁷	ɕit⁷
75. Water 水	nɐm⁴	nɐm⁴	nɐm⁴	nəm⁴	nəm⁴	nəŋ⁴	nəm⁴	nəŋ⁴

续表

	章鲁	岩洞	大荣	石洞	秀洞	李树	启蒙	报京
76. Rain 雨	pjən¹	pjin¹	pun¹	mjən¹	ȵən¹	ȵən¹	pjən¹	pjin¹
77. Stone 石头	tin¹	tjin¹	tən²	tin¹	tin¹	tin¹	tjin¹	pja¹
78. Sand 沙子	ɕe¹	ɕhe¹		sa¹′		sa¹		ɕi¹
79. Earth 土	nam⁶	nam⁶	nam⁶	ən³	ən³	nhan⁶	en³	ən³
80. Cloud 云	ma³	ma³	ma³	kwa³	pa³	wa³	pa³	mun²
81. Smoke 烟	kwɐn²	kwɐn²	kwɐn²	ən²	kwən²	wən²	wən²	ɕən²
82. Fire 火	pui¹	pi¹	pi²	wi¹	pji¹	wi¹	pi¹	pui¹
83. Ash 灰	phuk⁹	phuk⁹	phuk⁸	pu³′	phu³′	wu⁶	phu⁶	phut⁹
84. Burn 烧	ljo⁶	tau³	tau³	ljo⁶	to³	ljo⁶	to³	lju⁶
85. Path 路	khwən¹′	khwən¹	khun¹	kən¹′	khən¹′	thən¹′	qun¹′	khun¹
86. Mountain 山	tən²	tin²	tən²	tən²	tən²	tən²	tən²	tin²
87. Red 红	ja⁵′	jha⁵′	lhən³	ja⁵′	ja⁵′	ɕa⁵	jha⁵′	ɕa⁵
88. Green 绿	su¹′	shu¹′	kam⁵	siu¹′	siu¹′	lu⁵	siu¹′	siu¹
89. Yellow 黄	man³	mhan³	ŋhan³	man³′	man³′	mhan³	mhan³	man³
90. White 白	pak¹⁰	pak¹⁰	pak¹⁰	pa⁴	pa⁴	pa⁴	pa⁴	pa⁴
91. Black 黑	nɐm¹	nɐm¹	nɐm¹	nəm¹	nəm¹	nəŋ¹	nəm¹	nəŋ¹
92. Night 夜	ȵɐm⁵	ȵɐm⁵	ȵɐm⁵	ȵəm⁵	ȵəm⁵	ȵəŋ⁵	ȵəm⁵	ȵən⁵
93. Hot 热	tun¹	tun¹	tun¹	tun¹	tun¹	tun¹	tun¹	tun¹
94. Cold 冷	ljak⁷′	lhjak⁷	ŋaŋ⁵	lja⁵′	lja⁵′	no²	lhja⁵′	ʂet⁷
95. Full 满	tik⁹	tek⁹		mon⁴				
96. New 新	məi⁵′	mhəi⁵	məi⁵′	məi⁵′	məi⁵′	mhəi⁵′	mhəi⁵′	məi⁵
97. Good 好	lai¹	lai¹	lai¹	lai¹	lai¹	lai¹	lai¹	lai¹
98. Round 圆	ton²	ton²	ton²	ton²	ton²	kwon²	ton²	ʐon²
99. Dry 干（燥）	so³	sho³	ɬo³	so³′	so³′	so³	so³	su³
100. Name 名字	kwan¹	kwan¹	lan¹	tan¹	an¹	kwan¹	qan¹	ʂan¹

通过对上表的统计，得出侗语南北方言各个土语百词表的保留率是：

章鲁	94%
岩洞	94%
大荣	80%
石洞	89%
秀洞	89%
李树	88%
启蒙	88%
报京	88%

从上表可以看出，侗语各个土语百词表的保留率大约在90%，保留率最高的是章鲁和岩洞为94%，最低的是大荣只有80%。斯瓦迪士通过对印欧语的比较研究后认为，经过一千年后语言的百词表平均保留率为81%左右。以此来看，侗语各土语从原始侗语分化出来已有五百余年了。前面我们已指出，侗语分为南北方言，是因明代屯垦军民进入侗族地区后，把侗族分割为南北两大不相邻的居住区而形成的。明初到现在已有六百年了，这与斯瓦迪士年代学的计算大致接近。大荣从原始侗语分化的时间要早得多，已经有一千余年了。

第二章 侗语语音时空格局分析

第一节 侗语的复辅音声母

一 侗语与台语的亲属关系

侗族现有近 300 万人，集中居住在黔、湘、桂三省毗邻的几十个县市及湖北恩施的几个县市中。各地侗语自称基本相同，北部叫 kəm¹ 或 tɕəm¹，南部叫kɐm¹ 或 tɕɐm¹。关于侗语的亲属关系，李方桂先生早在 1943 年写的《莫话记略》里就指出它属于侗台语族①。

我们随便举些词例，就足以说明侗语与台语的亲属关系是毋庸置疑的②：

方言	章鲁	程阳	高坝	水语	仫佬	毛南	莫语	佯僙	布依	傣语	龙州	剥隘	泰语	老挝
去	pai¹	pai¹	pai¹	paːi¹	paːi¹	paːi¹	paːi¹	paːi¹	pai¹	pai¹	pai¹	pa¹	pai¹	pai¹
脸	na³	na³	na³	na³	na³	na³	na³	na³	na³	na³	na³	na³	na³	na³′
薯	man²	man²	mən²	man²	man²	man²	man²	man²	man²	man²	man²	man²	man²	man²
树	məi⁴	məi⁴	məi⁴	mai⁴	mai⁴	mai⁴	mai⁴	mai⁴	mai⁴	mai⁴	mai⁴	mai⁴	mai⁴	mai⁴
死	təi¹	təi¹	təi¹	tai¹	tai¹	tai¹	tai¹	taːi¹	taːi¹	taːi¹	taːi¹	taːi¹	taːi¹	taːi¹
凳	taŋ⁵	taŋ⁵	taːŋ⁵	taŋ⁵	taŋ⁵	taŋ⁵	taŋ⁵	taŋ⁵	taŋ⁵	taŋ⁵	taŋ⁵	taŋ⁵	taŋ⁵	taŋ⁵
风	ləm²	ləm²	ləm²	zum¹	ləm²	ləm²	lum²	zem²	zum²	lum²	lum²	lum²	lom²	lom²
门	to¹	to¹	to¹	to¹	to¹	to¹	to¹	to¹	to¹	tu¹	tu¹	tu¹	tu¹	tu¹

---

① 侗台语包括台语和侗水语等语支（群）。台语（Tai language）支（群）包括泰语（Siamese）、老挝语（Lao）、掸语（Shan）、傣语（Lu）、侬语（Nung）、土语（Tho）、壮语、布依语等。侗水语（Kam-Sui language）支（群）包括侗语、水语、莫语（Mak）、佯僙语（Then）、毛南语、仫佬语等。

② 章鲁、程阳、高坝指侗语的三个方言。章鲁在贵州省榕江县。高坝在贵州省剑河县、锦屏县的交界处，分属两县管辖。程阳在广西壮族自治区三江县。龙州、剥隘指壮语的两个方言，都在广西壮族自治区境内。

续表

方言	章鲁	程阳	高坝	水语	仫佬	毛南	莫语	佯僙	布依	傣语	龙州	剥隘	泰语	老挝
厚	na^1	na^1	na^1	$ʔna^1$	na^1	na^1	na^1	na^1	na^1	na^1	na^1	na^1	na^1	na^1
脚	tin^1	tin^1	tin^1	tin^1	tin^1	$tien^1$	tin^1	tin^1	tin^1	tin^1	tin^1	tin^1	tin^1	tin^1
鼻涕	muk^8	muk^8	mu^4	muk^8	muk^8	muk^8	muk^8	muk^8	muk^8	muk^8	muk^8	muk^8	muk^8	$muːk^{10}$

侗语分为南北两个方言，两个方言在语音上有较大的差异。据笔者对 2500 多个基本词的比较，同源词占 53% 左右，非同源词占 47%；其中声、韵、调完全相同的不超过 35%。因此，两地通话较为困难。侗语的声母大都能对应，但有的差异也较大，例如：

侗语	叶子	腿	鱼	（牛）角	砍伐	火	枕头	竹
章鲁	pa^5	pa^1	pa^1	pau^1	pam^3	pui^1	pun^1	pan^1
高坝	pa^5	pa^1	ta^1	$ŋau^1$	$təm^3$	wi^1	mun^1	$kwən^1$

侗语与台语既然有发生学的关系，那就意味着它们原先是同一种语言，以后才分化为侗语与台语，后来侗语又分化为章鲁方言、高坝方言和其他方言。语言的发展变化也是不平衡的，有的保存了较古的音韵面貌，有的保存较少，有的也许已经面目全非了。但只要我们能用历史音韵比较语言学的科学方法进行比较研究，就能探索到一种语言的原始共同体，从而找到共时语言语音差异的原因。

二 侗语复辅音声母例证

原始汉藏语可能有过复辅音声母。一些语言学家把古汉语字书上的部分"谐声"字（例如：格 k、洛 l—kl，绿 l、剥 p—pl，贪 t、今 k—kt，更 k、丙 p—pk，甸 t、勺 p—pt，犀 s、尾 m—sm，列 k、岁 s—ks，所 s、户 ɣ—sɣ，史 s、吏 l—sl，数 s、娄 l—sl，絮 s、如 n—sn，李 s、蛮 m—sm，赐 s、剔 t—st）、"读若"（例如：枪 l 读若屯 t—tl，覕 l 读若池 d—dl，绺 k 读若柳 l—kl 等）、"重文"（例如：冰 p 又为凝 ŋ—pŋ，命 m 又为令 l—ml，及 g 又为逮 d—gd 等）视为古汉语存在复辅音声母的例证。与汉语有密切的发生学关系的泰语和壮语至今仍然保留着部分复辅音声母，泰语 13 世纪时的文字也反映了当时它有复辅音声母存在的事实。然而，就现在汉藏语系的大多数语言来说复辅音声母已经消失了。侗语复辅音声母现在虽然同样消失了，但我们可以设想，古侗语也是有过复辅音声母的。本节就古侗语可能存在过复辅音声母的问题进行初步探索。

侗语是一种没有本民族传统文字的语言，使我们不能从历史文献上去考证它是否存在过复辅音声母。侗语的方言比较研究仅显示了其声母的差异，并不能说明其历史上是否有过复辅音声母。但我们从侗语与亲属语的比较研究中发现了这样一种现象：当台语表现为单辅音声母时，侗语南北方言的声母往往能与台语的声母对应，而当台语表现为复辅音声母时，侗语的声母往往有参差的现象。因此，我们认为，侗语声母的这一参差现象，可视为古复辅音声母存留的痕迹。下面是一些例证。

（一）下面几例词的声母可能来源于 *pl-或 *phl-①。"去""口"等词的声母章鲁、高坝与亲属语都为 p-；"鱼""尾梢""血""砍伐""岩石""雷""头发""额头"等词的声母亲属语为 pl-或 pj-或 pɣ-，章鲁这些词的声母为 p-或 pj-，而高坝则为 t-或 tj-，这可能是古辅音声母前后部分在两地留下的痕迹②。

方言	章鲁	高坝	款场	中寨	水语	仫佬	毛南	莫语	佯僙	泰语	老挝	龙州	田林
去	pai¹	pai¹	pai¹	pai¹	paːi¹	paːi¹	paːi¹	paːi¹	paːi¹	pai¹	pai¹	pai¹	
口	paːk⁷	pa³			paːk⁷	paːk⁷	paːk⁷			paːk⁷	paːk⁷	paːk⁷	
鱼	pa¹	ta¹								pla¹	pa¹	pja¹	
尾梢	phe¹	te¹		phe¹		phje⁵	phe¹	phe¹		plaːi¹	paːi¹	plaːi¹	
血	phaːt⁷	taːt⁷	pjaːt⁷	tjaːt⁷	pjhaːt⁷	phɣaːt⁷	pjhaːt⁷			lɯat⁸	lɯːət¹⁰	lɯːt⁸	
砍伐	pam³	təm³								ham³	pam³	tham³	pjɔm³
岩石	pja¹	tja¹	pja¹		pja¹	pɣa¹	pja¹	pja¹	pa¹	pa¹	pha¹	pha¹	
雷	pja³	tja³	pja³	tja³		pɣa³							

---

① 李方桂先生在《台语比较手册》中把"鱼""尾梢"构拟为 *pl-，"岩石""雷""头发""额头"构拟为 phl/r-。袁家骅先生在《台壮语/r/的方音对应》（《语言丛论》，商务印书馆1963年版）中把"砍伐"构拟为 *thr-（tr-）。但李方桂先生的拟音仅限于台语，袁家骅先生的拟音也仅限于壮语，以下所举两位先生的拟音同此。

② 款场、中寨分别为侗语的两个方言。款场在贵州省三穗县境内。中寨在湖南省新晃县境内。田林为壮语的一个方言，在广西壮族自治区内。

续表

方言	章鲁	高坝	款场	中寨	水语	仫佬	毛南	莫语	佯僙	泰语	老挝	龙州	田林
头发	pjam¹	tjəm¹			pjam¹	pɣam¹	pjam¹				phɔːm¹	phom¹ʼ	pjhoːm¹
额头	pjaːk⁷	tja³			pjaːk⁷	pɣaːk⁷	pjaːk⁷	pjaːk⁷	paːk⁷	phaːk⁷	phaːk⁹	pjhaːk⁷	

（二）下面几例词的声母可能来源于 * ml-，两地侗语可能分别保留了古复辅音声母的前后部分。

方言	章鲁	高坝	水语	仫佬	剥隘	泰语
谷穗	mjeŋ²	ljaːŋ²	mbjaːŋ²	mɣaːŋ²	ruaːŋ²	lɯːŋ²
水蛭	mjiŋ²	lin²		miŋ²	pliːŋ¹	pjŋ¹
栽种	mja²	lja²	mbja²	mɣa²		
薯	man²	mən²	man²	man²	man²	man²
忘	laːm²	laːm²	laːm²	laːm²	lum²	lɯːm²

（三）下面几例词的声母可能来源于 * thl/r 或 * tl/r-。"脚""门"等词的声母章鲁、高坝与亲属语都为 t-；"胸""断""槽""煮""香""头虱""挑"等词两地声母虽然仍为 t-，但亲属语有的表现为 l 或 z，说明来源与"脚"等词的声母不同。"池塘""低矮"等词侗台语的声母虽表现为 t 或 th，但水语表现为不同的声母，也同样认为来源与"脚"等词的声母不同。由于亲属语的"胸"等词的声母以 t 与 l（z）互相对应，这可能是古辅音声母留下的痕迹①。

方言	章鲁	高坝	水语	仫佬	佯僙	布依	剥隘	龙州	泰语
脚	tin¹	tin¹	tin¹	tin¹	tin¹	tin¹	tin¹	tin¹	tin¹
门	to¹	to¹	to¹	tɔ¹	to¹	tu¹	tu¹	tu¹	tu¹
断	tak⁷	ta⁵			tak⁷		lak⁷	tak⁷	hak⁷
胸	tak⁷	ta⁵la⁵	tak⁷	ʔak⁵		ʔaʔ⁷	lak⁷	tak⁷	

---

① "头虱""煮""槽""断""石头"李方桂构拟为 * thr-，"眼睛"构拟为 * tr-，"胸"构拟为 * lt-。"挑""头虱"袁家骅构拟为 * thr-（tr-）。

续表

方言	章鲁	高坝	水语	仫佬	佯僙	布依	剥隘	龙州	泰语
石头	tɕin¹	tɕin¹	tin¹		tin²	zin¹	hin¹	hin¹	hin¹
槽	taːŋ¹	taːŋ¹					luːŋ²	ɬaːŋ¹	raːŋ¹
煮	tuŋ¹	toŋ¹	ɕuŋ¹	tuŋ¹		zuŋ¹	luŋ¹	huŋ¹	huŋ¹
池塘	tam¹	təm¹	dam¹	lam¹		tam¹	tam²	thum¹	
低矮	tham⁵	təm⁵	ndam⁵	hɣam⁵		tam⁵	tam⁵	tam⁵	tam⁵
香	taːŋ¹	taːŋ¹	daːŋ¹	mɣaːŋ¹					
头虱	tau¹	tau¹	tu¹	khɣo¹	teu¹	zau¹	lau¹	hau¹	hau¹
挑	taːp⁷	taːp⁷	taːp⁷	kɣaːp⁷	taːp⁷	zaːp⁷	laːp⁷	haːp⁷	haːp⁷

（四）下面几例词的声母可能来源于ʔdl/r-。"脸""厚""鼠""忘""小孩"等词的声母章鲁、高坝与亲属语都为n或l；"黑""骨头"等词的声母两地虽与上面几个词相同，但亲属语却表现为以d（ʔd）与n或l（z）对应，说明这些词的声母来源不同，同样可以认为是复辅音声母留下的痕迹①②。

方言	章鲁	水口	启蒙	报京	高坝	水语	利岩	仫佬	佯僙	莫语	剥隘	泰语
鼠	no³	n̥o³	no³	nu³	no³	no³	n̥o³	no³	no³	no³	nu¹	nu¹
小孩	laːk⁸	laːk⁸	la⁴	la³	la⁴	laːk⁸	laːk⁸	laːk⁸	laːk⁸	laːk⁸	lɯk⁸	luːk⁸
黑	nam¹	nam¹	nəm¹	nən¹	nəm¹	ʔnam¹	ʔnam¹	nam¹	nam¹	nam¹	nom¹	dam¹
骨头	laːk⁷			la³	laːk⁷	ʔdak⁵	hɣaːk⁷	zaːk⁷	doːk³	noːk⁷	duːk⁷	
插秧	lam¹	lam¹	lam¹	hiam¹	ləm¹		ʔdam¹		zam¹		nam¹	dam¹
扯	ne¹				ne¹						naːi¹	daːi¹
得	ni³			ni³	dai³	ʔdai³	lai³		lai³	ʔdai³	nai³	dai³
看	nu⁵				nu⁵							du⁵
睡	nak⁷	nak⁷	nak⁷		na⁵						nak⁷	dɯk⁷
好	lai¹	lai¹	lai¹	lai¹	lai¹	daːi¹	ʔdai¹	ʔi¹	laːi¹	ʔdai¹	nɯ¹	di¹
簸箕	loŋ³	loŋ³	noŋ³	loŋ³	loŋ³	doŋ³	ʔdoŋ³	loŋ³	loŋ³	ʔdoŋ³	noŋ³	doŋ³

① "黑""骨头""插秧"李方桂先生构拟为 *ʔdl/r-。
② 启蒙、报京为侗语的两个方言。

（五）下面几例词的声母可能来源于 * nl/r-。"弟妹""肉"等词的声母章鲁、高坝和亲属语都为 n；"水""笋""鸡虱"等词的声母两地虽然仍为 n，但有的亲属语表现为 l 或其他声母，说明这些词的声母来源与"肉"等不同，也可能是复辅音声母留下的痕迹。①

方言	章鲁	报京	高坝	中寨	水语	仫佬	莫语	佯僙	三江	剥隘	泰语
弟妹	noŋ⁴		noŋ⁴	noŋ⁴	nu⁴	nuŋ⁴	nuŋ⁴	nuŋ⁴		nuːŋ⁴	nɔːŋ⁴
肉	naːn⁴		naːn⁴	naːn⁴	nu⁴		naːn⁴	naːn⁴		no⁶	nɯa⁴
水	nam⁴		nəm⁴		nam³	nəm⁴	nam³	nam⁴	lam²	lam⁴	nam⁴
鸟	mok⁸	nok⁸	no³	njok³	nok⁸	nok⁸	nok⁸	nok⁸	lok³	lɔk⁸	nok⁸
笋	naːŋ²		naːŋ²		naːŋ¹	naːŋ²			laːŋ²	laːŋ²	
鸡虱	məi²		nəi²				bjai¹	ʔbai¹	məi²	li²	rai²

（六）下面几例词的声母可能来源于 * gl-或 ghl-。"扁担""下巴""菌子""芦笙"等词的声母章鲁为 l，与"笑""鸡"等的声母 k 或 ʔ 不同，"下巴"平途也表现为 l，来源与"笑""鸡"的声母不同。两地的声母可能分别保留了古复辅音声母的前后部分②。

方言	章鲁	程阳	平途	高坝	利岩	毛南	莫语	佯僙	剥隘	龙州	泰语
笑	ko¹	ko¹		ko¹		cu¹			liːu¹	hu¹	hua¹
鸡	ʔai⁵	kai⁵		ʔai⁵	qai⁵	kaːi⁵	kaːi⁵	kaːi⁵	kai⁵	kai⁵	kai⁵
扁担	laːn²	kaːn²		ʔaːn²	Raːn¹	ŋgaːn¹	gaːn¹	ʔaːn¹	haːn²	kaːn²	khaːn²
下巴	laːŋ²	kaːŋ²	laːŋ²	ʔaːŋ²	Raːŋ¹		gaːŋ¹	ʔaːŋ¹	haːŋ²	kaːŋ²	khaːŋ²
菌子	la²	ka²		ʔa²	Ra¹	ŋga¹	ga¹	ʔa¹			
芦笙	lən²	lən²		kən²							khɛːn²

（七）下面几例词的声母可能来源于 * kl-或 khl/r-。"笑"章鲁、高坝、水口、注溪等大都为 ko¹，而"稻秧""犁"章鲁虽然仍为 k-声母，但上述几

---

① "水""鸟""笋"李方桂先生构拟为 * nl/r-。三江指壮语三江方言，在广西壮族自治区境内。
② 平途指侗语平途方言，在贵州省黎平县境内。

个点均表现为不同的声母，说明其声母与"笑"不同。再参照仫佬、泰语的声母，表现为复辅音声母 khɣ-/kl-，说明古侗语可能存在过复辅音声母[①②]。

方言	章鲁	水口	寨怀	高坝	注溪	仫佬	莫语	佯僙	剥隘	扶绥	泰语
路	kwhən¹			kən¹		kwhan¹	khun¹	khen¹	hɔn¹	hlən¹	hon¹
远	kai¹			ȶai¹			ce¹		tɕa³		klai¹
吞	ʔan¹			lən¹		lan¹					klɯːn¹
稻秧	ka³	lja³	ɬja³	ȶa³	kja³		ȶi³	kja³	tɕa³		kla³
头	kau³			kau³		kɣo³	ȶau³	keu³	tɕau³		klau³
蛋	kəi³			kəi⁵		kɣəi⁵	tai⁵	kai⁵	tɕai⁵		khai⁵
蜈蚣	kəp⁷			jap⁷		khap⁷			ɬip⁷		khep⁷
酒	khau³	kwau³	ɬau³	tau³	kwau³	khɣau³	lau³	lau³	lau³		lau³
犁	khəi¹	kəi¹	kəi¹	ȶəi¹	kjəi¹	khai¹	twai¹		tɕai¹		thai¹
等待	ka³			ȶa³			ta³		tɕa³		tha³
吠	khəu⁵			kəu⁵		khɣau⁵	thau⁵	kheu⁵	lau⁵		hau⁵

（八）下面几例词的声母显然与"去"或"鸡"等不同，从侗语内部和亲属语之间互相以 p(f) 和 k(ŋ) 对应的情形来看，古侗语也可能有过复辅音声母 *kp-。

方言	章鲁	程阳	高坝	水语	仫佬	莫语	佯僙	毛南	龙州	泰语
去	pai¹	pai¹	pai¹	paːi¹	paːi¹	paːi¹	paːi¹	paːi¹	pai¹	pai¹
鸡	ʔai⁵	kai⁵	ʔai⁵	qaːi⁵		kaːi⁵	kaːi⁵	kaːi⁵	kai⁵	kai⁵
竹	pan¹	pan¹	kwən¹	fan¹	kwan¹					
（牛）角	pau¹	pau¹	ŋau¹	paːu¹	ku¹	kaːu¹	paːu¹	ŋaːu¹		khau¹
云彩	ma³	ma³	kwa³	fa³	kwa³	va³		fa³	pha³	fa³
腿	pa¹	pa¹	kwa³	pa¹		ka¹	pa¹	pja¹	kha¹	kha¹
卖	pe¹	pe¹	pe¹	pe¹	cɛ¹	te¹	pe¹	pje¹	khaːi¹	khaːi¹

---

① "远""吞""稻秧""头"李方桂先生构拟为 *kl-，"蛋""蜈蚣"构拟为 *klr-，"犁""等待"构拟为 *thl-，"路"构拟为 *xr-。"路"袁家骅先生构拟为 *khr-。
② 扶绥指壮语扶绥方言，在广西壮族自治区境内。

（九）下面几例词的声母与"斧"和"凳"不同，高坝侗语以 t，亲属语以 l 或 d 声母与章鲁侗语的 kw 对应，而仫佬语以 kɣ 对应。这同样可以说明这些词的声母来源于复辅音声母 *kt-。

方言	章鲁	程阳	寨怀	高坝	水语	仫佬	莫语	佯僙	龙州	泰语
斧	kwaːn¹	kwaːn¹		kwaːn¹	kwaŋ¹	fo³	kuan¹	wan¹		khwan¹
凳	taŋ⁵	taŋ⁵		taːŋ⁵	taŋ⁵	taŋ⁵			taŋ⁵	taŋ⁵
孙儿	kwhaːn¹	kwhaːn¹		taːn¹	haːn¹	kɣaːn¹	laːn¹	laːn¹	laːn¹	laːn¹
亮	kwaŋ¹	kwaŋ¹		taːŋ¹	daːŋ¹	kɣaːŋ¹			ɬuŋ⁶	rnŋ⁶
硬	kwa³	kwa³		ta³	da³	kɣa³				
鳞	kwən⁵			tən⁵	kən⁵	kɣən⁵				
名	kwaːn¹	kwaːn¹		taːn¹	daːn¹	ʔɣaːn¹				
铁	kwət⁷	kwhət⁷		tet⁷	cət⁷		lit⁷	let⁷	khɣat⁷	
衣	ʔuk⁷	kuk⁷	ɬuk⁷	tu³	ɬuk⁷	kuk⁷				
懒	kwət⁷	kwhət⁷		tet⁷	hət⁷		lut⁷	let⁷	khat⁷	
梯子	kwe³	kwe³		te³						

三 结语

从上文的分析比较中，我们得到了古侗语可能存在过复辅音声母的结论；而与亲属语复辅音声母对应的侗语的部分腭化声母、唇化声母以及声母的参差现象，是复辅音声母留下的痕迹。

第二节 侗台语原始 m-、n-声母的类别

一 侗台语前鼻音声母的共时表现

侗语与台语、水语的亲属关系已为国内外语言学家所承认。在语音方面，侗语与亲属语既有很多一致的地方，也有一些不同之处。就声母来说，亲属语所出现的浊塞音声母、前喉塞音声母和清化鼻音声母，侗语的绝大多数方言都没有。侗语的 m、n 声母大都能与台语、水语的 m、n 声母对应，但也有参差的情况。例如：

方言	章鲁	程阳	高坝	水语	仫佬	毛南	莫话	佯僙	布依	傣语	龙州	剥隘	泰语	老挝
薯	man²	man²	mən²	man²	man²	man²	man²	man²	man²	man²	man²	man²	man²	man²
树	məi⁴	məi⁴	məi⁴	mai⁴	mai⁴	mai⁴	mai⁴	mai⁴	mai⁴	mai⁴	mai⁴	mai⁴	mai⁴	mai⁴
弟妹	noŋ⁴	noŋ⁴	noŋ⁴	nu⁴	nuŋ⁴	nuŋ⁴			nuaŋ⁴	nɔŋ⁴	noŋ⁴	nuːŋ⁴	nɔːŋ⁴	nɔːŋ⁴
睡	nun²	nun²		nun²	nun²	nuːn²	nun²	nun²	nɯn²	nɔn²	noːn²	nɯn²	nɔːn²	nɔːn²
菜	ma¹	ma¹	ma¹	ʔma¹	ma¹	ʔma¹	ma¹	ma¹						
来	ma¹'	ma¹'	ma¹'	ma¹	ma¹	ma¹	ma¹	ma¹	ma²	ma²	ma²	ma²	ma²	ma²
脸	na³	na³	na³	ʔna³	na³	na³	na³	na³	na³	na³	na³	na³	nu³	na³'
鼠	no³'	no³'	no³'	no³	no³	no³	no³	no³	nu¹	nu¹	nu¹	nu¹	nu¹	nu¹'

上面的字例显示了侗语的 m-、n-声母除了与水语的 m-、n-声母对应外，还与水语的 ʔm、ʔn、m̥、n̥ 声母相对应。李方桂先生在《台语比较手册》中为台语构拟过 *m、*n、*m̥、*n̥ 声母。张均如先生在《原始台语声母类别探索》一文中还构拟过前喉鼻音 *ʔm、*ʔn[①]。本节拟对侗语 m-、n-声母的来源进行探索，从而进一步论证原始侗台语存在过浊的、清化的、前喉塞的三套鼻音声母。

二　侗语与侗台语其他语言 m-声母的对应

侗语的 m 声母不管在阴类调或阳类调中大都表现一致，但水语在不同的调类条件下会有不同的反映：在阴类调（单数调）中表现为前喉塞鼻音 ʔm 或清化鼻音 m̥，在阳类调（双数调）中为纯鼻音 m-。同时，水语的 ʔm-、m̥-是不同的音位，例如：狗 m̥a¹，菜 ʔma¹，雾 mon¹，舌 ma²。从而可以推想原始侗台语应当有 ʔm-、m̥-和 m-声母的分别。侗语阳类调的 m-声母能与水语的 m-声母对应。水语的 ʔm-和 m̥-声母，侗语都表现为阴类调，但在声调和声母上有不同的反映。这可能是这两个声母消失后，在侗语中留下的痕迹。

（一）下面这些词侗台语族都表现为 m-声母，又都出现在阳类调中，说明其声母可能来源于 *m-。

[①] 我曾在邢公畹先生处看到王德温先生、陈康先生的油印稿《侗台语的声类探究》，文中关于 m、n 类声母的拟音与张均如先生的相同。

方言	章鲁	水口	高坝	水语	仫佬	毛南	莫话	佯僙	龙州	剥隘	泰语
马	ma⁴	ma⁴	ma⁴	ma⁴	ma⁴	ma⁴	ma⁴	mja⁴	ma⁴	ma⁴	ma⁴
蚂蚁	mət⁸ᴵ		met⁷ᴵ'	mət⁸	myət⁸	mət⁸	met⁸	met⁸	mɯt⁸ᴵ	mɔt⁸ᴵ	mot⁸ᴵ
树	məi⁴		məi⁴	mai⁴	mai⁴	mai⁴	mai⁴	mai⁴	mai⁴	mai⁴	mai⁴
薯	man²		mən²	man²	man²	man²	man²	man²	man²	man²	man²
鼻涕	muk⁸ᴵ		mu⁴	muk⁸	muk⁸	muk⁸	muk⁸	muk⁸	muk⁸	muk⁸	muk⁸
刀	mit⁸			mit⁸	mit⁸	mit⁸	mit⁸	mit⁸	mit⁸	mit⁸	miːt⁸
墨	mak⁸ᴵ		ma³'	mak⁸	mak⁸	mak⁸			mɯk⁸	mak⁸	mɯk⁷
有	me²		me²	me²	mɛ²	mɛ²		me²	mi²	mi²	mi²
舌	ma²	ma²	ma²	ma²	ma²	ma²	ma²				
虎	məm⁴	məm⁴	məm⁴	mum⁴	məm⁴	məm⁴	mum⁴	mem⁴			
猫	meu⁴	meu⁴	meu⁴	meu⁴	mjau⁴	mɛu⁴					

（二）下面例词的声母可能来源于 *ʔm-。因为这些词虽然侗台语大都表现为 m-，但水语表现为前喉塞音声母 ʔm-，说明其来源与 m-不同；同时，侗语这些词是阴类调，还有一些词以 p-或 ŋ-与水语的 ʔm 对应，而不是以 m-与水语的 ʔm-对应。这可能是侗语的前喉塞音声母 ʔm-消失后所引起的声母的变化。

方言	章鲁	高坝	水语	仫佬	毛南	莫话	佯僙	龙州	剥隘	泰语
枕头	pun¹	mun¹		muːn¹	ŋuːn¹			moːn¹		mɔːn¹
菜	ma¹	ma¹	ʔma¹	ma¹	ʔma¹	ma¹	ma¹			
"明"天	mu³	mo³	ʔmu³	mo³	ʔmu³					
熊	me¹		ʔmi¹	mɛ¹	moi¹					miː¹
软	ma³	ma³	ʔma³	ma³	ʔma³					
烟炱	miŋ¹	ŋin¹						mi³	mi³	min³
标记	me¹	me¹			ne⁵			naːi⁵	naːi⁵	maːi⁵

（三）有些词的声母，台语大都表现为 m-，但水语表现为清化鼻音 m̥-。侗语有时以 ŋw-或 kw-与水语的 m̥ 声母对应，说明这些词的来源也与 m-或 ʔm-不同；但最重要的还是，水语的所有清化鼻音声母，侗语只出现在送气的阴类

调中。侗语声母和声调上的变化，可以看作是清化鼻音声母 m̥-消失后留下的痕迹。

方言	章鲁	水口	高坝	水语	仫佬	毛南	莫话	佯僙	龙州	剥隘	泰语
来	ma¹ʼ	mḁ¹	ma¹	ma¹	mḁ¹	ma¹	ma¹		ma²	ma²	ma²
新	məi⁵ʼ	mə̥i⁵	məi⁵	mai⁵	mḁi⁵	mai⁵	mai⁵	mai⁵	maɯ⁵	mo⁵	mai⁵
狗	ŋwa¹ʼ		kwa¹ʼ	ma¹	ŋwa¹	ma¹	ma¹	ma¹	ma¹	ma¹	ma¹
猪	ŋu⁵ʼ		mu⁵ʼ	mu⁵	mu⁵	mu⁵	meu⁵	meu⁵	mu¹	mu¹	mu¹
虱	ŋwət⁷¹ʼ		met⁷¹ʼ	mat⁷	mat⁷	mat⁷	mat⁷	mat⁷	mat⁷ɪ	mat⁷ɪ	mat⁷ɪ
黄	maːn³ʼ	mḁːn³ʼ	man³ʼ	maːn³	ŋ̊aːn³	maːn³	ŋaːn³	ŋaːn³		haːn³	

（四）原始侗台语应当有过前喉塞浊音声母。现在一些语言因前喉音丢失而变成了浊塞音，但侗语一般已并入了鼻音声母，莫语和水语利岩方言至今仍然保留着前喉塞浊音声母 ʔb-。因此，我们认为侗语下面一些词的声母可能来源于 * ʔb-。

方言	章鲁	高坝	水语	利岩	仫佬	毛南	莫话	佯僙	龙州	剥隘	泰语	石话*
水井	mən⁵	mən⁵	ʔbən⁵	ʔben⁵		bən⁶	ʔben⁵	mo⁵	bo⁵	mo⁵	bɔ⁵	
席子	min³	min³	ʔbin³									
薄	maːŋ¹	maːŋ¹	ʔbaːŋ¹	ʔbaːŋ¹	ʔwaːŋ¹	baːŋ¹	ʔbaːŋ¹	maːŋ¹	baːŋ¹	mɛːŋ¹	baːŋ¹	biːn³
豪猪	min³	min³	ʔbin³	ʔmin³	min³	min³		mien²		men⁶		
天	mən¹	mən¹	ʔbən¹		mən¹	bən¹			mɯn¹	bon¹		

注：* 石话属台语，在泰国境内。

三 侗语与侗台语其他语言 n-声母的对应

n-声母不管在什么调类条件下侗台语都表现为纯鼻音；但水语不仅在不同的调类中表现不同，就是在相同的调类条件下（阴类调中），声母表现也不同，就是说它们是不同的音位。例如：脸 ʔna³、弓 n̥a³、"后"天 na³，这 naːi⁶。水语的词例给我们提供了原始侗台语可能存在前喉塞鼻音 ʔn-，清化鼻音 n̥-和纯鼻音 n-声母的依据。

前喉塞鼻音声母 ʔn-，就我们目前所掌握的材料来看，除了"外面"

ʔnuk⁷ 高坝方言变为 wa⁵（高坝侗语因-k 韵尾消失，使声调发生了变化）外，一般都并入 n-声母，在声母方面没有留下什么痕迹，但在声调有反映，ʔn-声母的词只出现在阴类调中。清化鼻音声母 n̥-侗语虽然也并入了 n-声母，但在声调中有反映：水语的清化鼻音声母词，侗语仅能出现在阴类调的送气调中。这同样可以认为是原始侗语有清化鼻音 n̥-和前喉塞鼻音 ʔn-的例证。

（一）下面几例词的声母侗台语大都表现为纯鼻音 n-，并且只出现在阳类调中。因此，我们认为这些词的声母应来源于 *n-。

方言	章鲁	高坝	水语	仫佬	毛南	莫话	佯僙	龙州	剥隘	泰语
这	nai⁶	ʔai⁶	naːi⁶	naːi⁶	naːi⁶	naːi⁶	naːi⁶	nai³	ni³	ni⁴
鸟	mok⁸¹	no³'	nok⁸	nok⁸	nɔk⁸	nok⁸	nɔk⁸	nuk⁸	lɔk³	nok⁸
弟妹	noŋ⁴	noŋ⁴	nu⁴	nuŋ⁴	nuŋ⁴	nuŋ⁴	nuŋ⁴	noːŋ⁴	nuːŋ⁴	nɔːŋ⁴
肉	naːn⁴	naːn⁴	naːn⁴		naːn⁴	naːn⁴	naːn⁴	nɯ⁴	no⁶	nɯa⁴
虱	nan¹	nən¹	nan²	nan²	nan²			min²	nan²	len²
母亲	nəi⁴	nəi⁴（伯母）	ni⁴	ni⁴	ni⁴	nei⁴	nei⁴			
虫	nui²	ni²	nui²			nui²				
睡	nun²		nun²	nun²	nuːn²	nun²	nun²	noːn²	nɯn²	nɔːn²

（二）下面的例词都是阴类调，侗台语的声母虽然表现为纯鼻音 n-，但水语表现为前喉塞鼻音 ʔn-，说明这些词的声母来源与纯鼻音 n-和清化鼻音 nh-的声母不同。因此，我们认为，侗语这些词的声母可能来源于 *ʔn-。

方言	章鲁	高坝	水语	仫佬	毛南	莫话	佯僙	龙州	剥隘	泰语
脸	na³	na³	ʔna³	na³	na³	na³	na³	na³	na³	na³
厚	na¹	na¹	ʔna¹	na¹	na¹	na¹	na¹	na¹	na¹	na¹
雪	nui¹	ni¹	ʔnui¹	nui¹					nwai¹	
疲倦	ne⁵	ne⁵			ne⁵			naːi⁵	naːi⁵	nɯaːi⁵
前		na³	ʔna³		na³					
"后"天	na³	na³	ʔna³	na³	ʔna³					

（三）下面的例词侗台语仅出现在阴类调中，声母一般表现为 n-，但水语表现为清化鼻音 n̥-，说明来源与前喉塞鼻音 ʔn-和纯鼻音 n-不同。侗语这些词的声母虽然表现为纯鼻音 n-，但是它们只能出现在阴类调的送气声调中，与前喉塞鼻音 ʔn-和纯鼻音 n-所能出现的调不相混。这可能是清化鼻音声母 n̥-在侗语中消失后留下的痕迹。因此，我们可以认为，下面这些词的声母可能来源于 *n̥-。

方言	章鲁	高坝	水语	仫佬	毛南	莫话	佯僙	龙州	剥隘	泰语
鼠	no³'	no³'	n̥o³	n̥o³	no³	no³	no³	nu¹	nu¹	nu¹
哪里	nəu¹'	əu¹'	n̥u¹	nau¹	nau¹					nai¹
疟疾；发冷	no¹'	no¹'	n̥o¹	no¹	no¹		no¹			naːu¹
弓	na³'	na³'	n̥a³		na⁵			na⁵	na³	

（四）下面这些词都是阴类调，侗语、水语以前喉塞鼻音 ʔn-或纯鼻音 n-声母与台语的浊塞音 d-声母对应（剥隘壮语也表现为纯鼻音 n-），说明台语这些词的声母与前面所介绍的三类声母 ʔn-、n̥-、n-不同。这些词在侗台语之间和在台语内部都是以 d-与 n-相互对应的。我们设想原始侗台语存在过前喉塞浊复辅音声母 *ʔdl/r①，有关语言可能分别保留了复辅音的前后部分。

方言	章鲁	高坝	水语	仫佬	毛南	莫话	佯僙	龙州	剥隘	泰语
鼻	naŋ¹	naːŋ¹	ʔnaŋ¹	naŋ¹	ʔnaŋ¹	naŋ¹	naŋ¹	daŋ¹	naŋ¹	daŋ¹
黑	nam¹	nəm¹	ʔnam¹	nam¹	nam¹	nam¹	nam¹	dam¹	nam¹	dam³
得	ni³	ni³	dai³	lai³	dai⁴			dai³	nai³	dai³
看	nu⁵	nu⁵	nu⁵		du⁵			du⁵		du⁵
睡	nak⁷¹'	na⁵						dak⁷¹	nak⁷¹	dɯk⁷¹
扯	ne¹	ne¹	ne¹					maːi¹	naːi¹	daːi¹

四 结语

从以上的分析比较中，我们可以得出两点结论：第一，侗语的 m、n 声母

---

① "黑"，李方桂先生在《台语比较手册》中构拟为 *ʔdl/r-。

分别来自 m-、ʔm-、m̥-、ʔb-和 n-、ʔn-、n̥-、ʔdl/r-等原始声母。第二，由于水语至今仍然保留着这三套鼻音声母：ʔm-、ʔn-，m̥-、n̥-和 m-、n-；同时，侗语这三套鼻音声母的区别虽已消失，但在声调分布上得到了补偿，三者互不相混：ʔm-、ʔn-只能出现在阴类调，m̥-、n̥-只能出现在阴类调分出的送气调，m-、n-只能出现在阳类调中；因此，我们可以推想原始侗台语可能存在过这三套鼻音声母。

第三节 侗语新汉语借词的读音

本节仅对侗语中的新汉语借词的读音进行研究。文中涉及以下方言点：1—镇远县报京侗语；2—新晃县李树侗语；3—天柱县石洞侗语；4—锦屏县平秋侗语；5—锦屏县三江秀洞侗语；6—锦屏县启蒙侗语；7—锦屏、剑河县共辖的高坝侗语；8—黎平县尚重高架侗语；9—黎平县岩洞侗语；10—榕江县车江侗语；11—三江县程阳侗语；12—融水县大荣侗语；13—罗城县那冷侗语（以上13个点都是笔者调查的）；14—新晃县中寨侗语；15—锦屏县大同侗语；16—黎平县水口侗语；17—通道县陇城侗语；18—融水县寨怀侗语；19—三江县和里侗语（以上6个点的资料引自贵州民族语委编《侗族语言文字问题科学讨论会汇刊》，1959年10月，贵阳）。

一 侗语各地新汉语借词的声调

（一）侗语处在汉语、壮语、水语、仫佬语、苗语、瑶语等多语混杂的语言环境中，其中仅汉语就有西南官话、湖南话、土拐话、六甲话、酸汤话等方言土语。但在这些汉语方言中，唯有西南官话对侗语的影响最大，侗语的汉语新借词都借自西南官话。西南官话不仅是侗族聚居区的族际交际语，而且也是侗语方言间的族内交际语。

（二）汉语新借词按各地西南官话的读音借入，各地的读音比较一致。新老借词的显著区别有两点：其一是老借词完整地保留着鼻辅音韵尾-m、-n、-ŋ 和塞辅音韵尾-p、-t、-k，而新借词只保留了鼻音尾-n、-ŋ；其二是表现在声调方面，各地老借词的调类相同而调值不同，新借词的调类不同而调值相同。

（三）侗族主要居住在湘黔桂交界的东西窄南北长的狭长地带中。这个地区的西南官话，除贵州黎平县以及邻近的锦屏县的敦寨、启蒙两个区的汉语有五个声调（阴平、阳平、上声、去声、入声）外，其余地区都只有四个声调（没有入声调）。现在，我们知道，除了启蒙侗语和靖州新街的汉语新借词有五个声调（入声单独成调）外，其余的都只有四个声调（入声归阳平）。就连黎平侗语（就我们目前所掌握的黎平岩洞、水口、高架 3 个点的资料而言）也没有借入当地汉语的五个声调而只有四个声调，但这四个声调都与黎平汉语声调中的四个在调型方面相当一致。① 例如：

汉语	中	人	土	互	作
黎平	tsoŋ³³	zən¹³	thu³¹	fu⁵³	tso²⁴
岩洞	tsoŋ³³	zən²⁴	thu³¹	fu⁵³	tso²⁴
高架	tsoŋ³³	zən¹³	thu³¹	fu⁴⁵	tso¹³

由于启蒙地区临近黎平县，清代以前一直隶属黎平府所辖，所以，当地的汉语与黎平相近而有五个声调。启蒙侗语的新借词也借入了当地汉语的五个声调。例如：

阴	阳	上	去	入
师 sɿ³³	时 sɿ⁴¹²	史 sɿ³¹	世 sɿ⁴⁵	实 sɿ²¹³
奢 se³³	蛇 se⁴¹²	舍 se³¹	社 se⁴⁵	舌 se²¹³
衣 ji³³	仪 ji⁴¹²	以 ji³¹	易 ji⁴⁵	益 ji²¹³
妻 tɕhi³³	骑 tɕhi⁴¹²	起 tɕhi³¹	气 tɕhi⁴⁵	七 tɕhi²¹³

（四）各地侗语新借词都借自当地的西南官话，由于这些地方的西南官话的声调调值基本相同，所以，各地侗语新借词声调的调值也基本相同，但调类各异却是侗语新借词的重要特征。除黎平、锦屏启蒙侗语的声调，因借自黎平汉语而不同以外，可以说侗语南北方言 18 个点的新借词的声调调值都是相同或相近的。即汉语新借词阴平调的调值 18 个点全是 33；在调类方面，其中为 3 调的有 14 个点，6 调的有 2 个点，新借入的有 3 个点（黎平的水口、岩洞、高架 3 个点的侗语由于没有中平调 33，在新借词中只有从汉语中借入这个声

---

① 黎平汉语的声调是笔者调查的，请见石林《黎平的"北京话"》，《南开学报》1984 年第 2 期。

调）。汉语新借词的阳平调的调值为低平调的（其中调值为 22 的有 9 个点；调值为 11 的有 4 个点，其实也应为 22，因为这 4 个点的侗语中没有两个低平调，所以，把调值应为 22 的看作了 11；调值为 21 的有 1 个点）有 14 个点，为中低声调的有 4 个点，为中降调的只有 1 个点；在调类方面，属于侗语 2 调的有 13 个点，4 调的有 3 个点，1 调、1′调、6 调的各有 1 个点。汉语新借词的上声调的调值几乎都是降调，其中属于低降调 31 的有 13 个点，21 的有 2 个点，属于高降调 53 的有 3 个点，高凸曲调 453 的有 1 个点；在调类方面，属于侗语 4 调的有 10 个点，6 调的有 5 个点，5 调的有 2 个点，1 调、2 调的各 1 个点。汉语新借词去声调的调值大都是升调，其中高升调 35 或 45 的有 12 个点，中升调 24 和低升调 13 的各 1 个点，高平调 55 的有 4 个点和高降调 53 的有 1 个点；在调类方面，属于侗语 1 调的有 9 个点，属于 5 调的有 6 个点，属于 3 调的有 2 个点，属于 2 调的有 1 个点，从汉语新借入的有 1 个点。汉语新借词保留入声调的只有启蒙侗语和新街侗语 2 个点，其调值是 213 和 13，与侗语 1′调的调值相同，其余 17 个点的入声与大多数西南官话一样都"入归阳平"。

现在我们再把湘黔桂交界地区的西南官话同侗语 18 个点的新借词的声调调值进行一下比较。

调类	阴	阳	上	去
柳州官话	33	21	53	35
桂林官话	33	21	53	35
黔东南官话	33	21	42	35
侗语新借词	33	21/11/22	53/31/21	35/45/24/13

这表明，当地西南官话同侗语新借词的声调调值是基本一致的。从侗语新借词同当地西南官话声调调值的对比中可以看出，凡侗语中有相同的调值时即用这个调值借入，如果没有相同的调值时，则用相近的调值借入，但要保持两者的调型一致。唯有例外的是对中平调 33 的要求很严，调型相近的其他平调也不能借入。例如，黎平水口侗语虽有次低平调 22 和次高平调 44，岩洞侗语有次低平调 22，但仍然要从当地官话中借入中平调 33。也就是说，升调、降调、低平调只要调型相同即可借入，中平调则要求二者调值完全相

同才行，否则就要借入新的调值 33，这就是侗语新借词声调调值借入的最大特点。

二　各地新汉语借词的声母

侗语各地汉语新借词的声母一般都与西南官话相同，但由于受各地侗语自身语音结构的影响，也有与当地官话不一致的地方。下面我们将各地汉语新借词同当地官话和普通话进行对比，把借词很特殊的声母列出来，与当地官话和普通话一致的则不列举。

（一）p-、ph->ʈ-、ʈh-　由于北部方言第一土语的侗语一般没有送气声母，把汉语送气声母的字也读为不送气声母的字。通道、三江、榕江、从江、黎平等地的侗语中虽有送气声母，但借入汉语的送气声母也很不稳定，有些送气声母在借词中说为不送气，有的不送气声母反而又读为送气的。

石洞、平秋、秀洞等地，普通话的 p-、ph-声母，在效摄开口三等韵前说为舌面塞音 ʈ-、ʈh-。例如：

侗语	石洞	平秋	秀洞
标	ʈau³	ʈau³	ʈau³
飘	ʈau³	ʈau³	ʈhau³

（二）p-、ph->tj-　高坝等地汉语的 p-、ph-声母在细音前一律读为 tj-。例如：笔、皮 tji²，兵、拼 tjən²，别 tje²，边、偏 tjen²，标、飘 tjau³。

（三）m->lj-　在细音前高坝等地把汉语的鼻音声母 m 读为边塞音声母 lj-。例如：米、里 lji⁴，民、林 ljən²，灭、列 lje²，棉、连 ljen²，苗、辽 ljau²。

（四）t-、th->ʈ-、ʈh-　汉语的舌尖塞音声母 t-、th-，在细音前大多数地方的新借词也和西南官话一样读为腭化声母 tj-，区分"低"、"的"。但报京、启蒙、大荣、罗城不分"低""的"。例如：

侗语	高坝	报京	启蒙	大荣	那冷
低	tji³	ʈi³	tji³	ʈi³	ti³
的	ti³	ʈi³	tji³	ʈi³	ti³

而秀洞、石洞等地却把 tj-、thj-说成舌面塞音 ȶ-、ȶh-，即在细音前，把普通话的 t-、th-说为 ȶ-、ȶh-。例如：

侗语	石洞	秀洞	车江	陇城	和里	水口
级	ȶi²	ȶi¹	ti²	ti²	ti²	ti²
敌	ȶi²	ȶi¹	ti²	ti²	ti²	ti²
低	ȶi²	ȶi³	tji⁶	ti⁶	ti⁶	ti³³
机	ȶi³	ȶi³	tji⁶	ti⁶	ti⁶	ti³³
电	ȶen¹	ȶen⁵	ȶen¹	ȶen¹	ȶen¹	ȶen³
建	ȶen¹	ȶen⁵	ȶen¹	ȶen¹	ȶen¹	ȶen¹
天	ȶen³	ȶhen³	jen⁶	ȶhen⁶	ȶhen⁶	ȶhen³³
迁	ȶen³	ȶhen³	jen⁶	ȶhen⁶	ȶhen⁶	ȶhen³³

（五）n->z-　报京在合口呼前把汉语的舌尖鼻音声母 n-说为舌尖前浊擦音 z-。例如：暖 zuon²，努 zu²。

（六）l->j-　报京在齐齿呼前把舌尖边塞音 l-说为舌面半元音 j-（"略"也读为 j-）。例如：林 jin¹，邻 jin²，里 ji²，略 jo¹。

（七）tʂ-、tʂh-、ʂ-、ts-、tsh-、s->s-/ts-、tsh-、s-/ȶ-、ȶh-、ɕ-　普通话的舌尖后声母 tʂ-、tʂh-、ʂ-和舌尖前声母 ts-、tsh-、s-，侗语借词的读音有四种不同情形。

高坝、秀洞等地不管知组字还是精组字一律读为舌尖前清擦音 s-。例如：

侗语	高坝	秀洞	侗语	高坝	秀洞	侗语	高坝	秀洞
自	sɿ¹	sɿ⁵	四	sɿ¹	sɿ⁵	翅	sɿ¹	sɿ⁵
刺	sɿ¹	sɿ⁵	智	sɿ¹	sɿ⁵	是	sɿ¹	sɿ⁵

报京、启蒙、大荣等地与西南官话一致，普通话的知组字都读为精组字。例如：

侗语	报京	启蒙	大荣
自、智	tsɿ⁵	tsɿ¹	tsɿ¹
翅、刺	tshɿ⁵	tshɿ¹	tshɿ⁵
四、是	sɿ⁵	sɿ¹	sɿ⁵

程阳、陇城等地一般是知组字读为舌面的 ʨ-、ʨh-、ɕ-（s-），精组字读为舌尖的 ts-（s-）、tsh-（s-）、s-。例如：

侗语	石洞	程阳	陇城	寨怀
张	ʨaŋ³	ʨaŋ⁶	ʨaŋ⁶	ʨaŋ³
资	sɿ³	ʨi⁶	ʨi⁶	tsɿ³
车	ce³	ʨhe⁶	ʨhe³	ʨhe³
参	san³	ʨhan⁶	san³	tshan³
实	ɕi²	ɕi²	ɕi²	ɕi²
私	sɿ³	sɿ³	sɿ³	sɿ³

在合口呼前，中寨把汉语的知组字说为舌面的 ʨ-、ʨh-、ɕ-，其他与西南官话读音同。例如：猪、居 ʨy³，初、区 ʨhy³，书、虚 ɕy³。

（八）z->j-　侗语大多数方言的借词跟西南官话一样，把普通话的舌尖后浊擦音声母 ʐ-读为舌尖前浊擦音声母 z-（也有的读为 ʑ-），只有大荣、那冷、陇城、程阳等大都读为舌面半元音 j-（也有部分字读为 ȵ-或 l-）。例如：

侗语	大荣	陇城	那冷	程阳
人	jən⁴	jən²	jin⁶	jən²
肉	ju⁴	ju²	ju⁶	ju²
弱	ȵo²	lo²	ȵo²	ȵo²

（九）h-、f-混读和 h-、f->w-　各地侗语借词与当地西南官话一样，有 h-、f-混读现象，但也很有规律。一般来说，晓组合口一二等字一般读为 f-（其余情况仍读 h-）。例如：

侗语	报京	启蒙	大荣	那冷	岩洞	高坝
华	fa¹	fa²	fa⁴	fa⁴	fa²	fa²
灰	fi³	hi³	fəi³	fui³	fəi³³	fəi³
怀	fai¹	fai²	fai⁴	fai⁴	fai³	fai²

非组开口合口三等字一般读 h-（其余情况仍读 f-）。例如：

侗语	报京	启蒙	大荣	那冷	高架	高坝
富	hu⁵	hu¹	hu⁵	hu²	hu⁵	hu¹
风	hoŋ³	hoŋ³	hoŋ³	hoŋ³	hoŋ³³	hoŋ³

石洞、平秋、程阳等地在合口一二三等字和开口三等，非组、晓组字一般都读为双唇半元音 w-。例如：

侗语	石洞	程阳	平秋
花	wa³	wa³	wa³
府	wu⁴	wu³	wu³
会	wəi¹	wəi¹	wəi¹
还	wan²	wan²	wan²
分	wən³	wən³	wən³
封	woŋ³	woŋ³	woŋ³
坏	wai¹	wai¹	wai¹

（十）0->ŋ-、ɲ- 各地侗语新借词跟当地西南官话一样，把普通话的零声母字读为有声母的字。一般是影母开口一二等字和疑母开口一等字为舌根鼻音 ŋ-，疑母一部分开口二三四等字读为舌面前鼻音 ɲ-。例如：

侗语	报京	秀洞	启蒙	大荣	那冷	高架	高坝
爱	ŋai⁵	ŋai⁵	ŋai¹	ŋai⁵	ŋai²	ŋai⁵	ŋai¹
安	ŋan³	ŋan³	ŋan³	ŋan¹	ŋan³	ŋan³³	ŋan³

续表

侗语	报京	秀洞	启蒙	大荣	那冷	高架	高坝
欧	ŋəu³	ŋəu³	ŋəu³	ŋəu³	ŋəu³	ŋəu³³	ŋəu³
恩	ŋən³	ŋən³	ŋən³	ŋən³	ŋən³	ŋən³³	ŋən³
傲	ŋau⁵	ŋau⁵	ŋau¹	ŋau⁵	ŋau²	ŋau⁵	ŋau⁵
验	ȵen⁵	ȵen⁵	ȵen¹	ȵen⁵	ȵen²	ȵen⁵	ȵen¹
严	ȵen¹	ȵen¹	ȵen²	ȵen⁴	ȵen⁶	ȵen²	ȵen²
岩	ŋai¹	ŋai¹	ŋai²	ŋai⁴	ŋai⁶	ŋai²	ŋai²

（十一）tɕ-、tɕh-、ɕ- > ʨ-、ʨh-、ɕ- > c-、ch-、ç- 柳州话是分"尖团"的，罗城侗语的借词也分尖团，但同属于柳州辖内的融水大荣的借词却不分尖团。那冷借词见晓组字在细音前读为舌面中塞音 c-、ch-、hi-，精组字在细音前读为舌面前塞音、擦音 ʨ-、ʨh-、ɕ-。例如：

劲	cin²	加	ca³	汽	chi²	县	hien²
进	ʨin²	家	ʨa³	齐	ʨhi⁶	先	hien³

（十二）现在我们把各地侗语的汉语新借词同普通话（或当地西南官话）不同的声母列表表示出来。

地 点	变 化	例 字	条 件
石洞、秀洞等	p-、ph- > ʨ-、ʨh-	标 ʨau³ 飘 ʨhau³	效摄三等韵
高坝	p-、ph- > tj-	笔 tji² 飘 tjau³	细音前
高坝	m- > lj-	米 lji⁴ 民 ljən²	细音前
秀洞、石洞	t-、th- > ʨ-、ʨh-	敌 ʨi² 铁 ʨhe²	细音前
报京	n- > z-	暖 zuon² 努 zu²	合口呼韵前
报京	l- > j-	林 jin¹ 里 ji²	齐齿呼韵前
大荣、那冷、程阳等	z- > j-	人 jən² 肉 ju²	无条件
石洞、程阳	ts-、tsh-、s-、 tʂ-、tʂh-、ʂ-、 ʨ-、ʨh-、ç- >	张 ʨaŋ³ 参 ʨhan³ 实 çi² 私 sɿ³	无条件

续表

地　点	变　化	例　字	条　件
高坝、秀洞	ts-、tsh-、s- tʂ-、tʂh-、ʂ- > s-	自 sɿ¹ 智 sɿ¹ 四 sɿ¹	无条件
中寨	tʂ-、tʂh-、ʂ- > tɕ-、tɕh-、ɕ-	猪 tɕy³ 初 tɕhy³ 书 ɕy³	照系字在合口呼韵前
各地	h- > f-	华 fa² 灰 fəi³ 怀 fai²	合口一二等字
各地	f- > h-	富 hu¹ 风 hoŋ³	合口三等字
石洞、程阳	h-、f- > w-	花 wa³ 会 wəi¹ 坏 wai¹	合口一二三等字和开口三等字
各地	0- > ŋ-	爱 ŋai¹ 恩 ŋən³ 安 ŋan³	影母开口一二等字和疑母开口一等字
各地	0- > ȵ-	验 ȵen¹ 严 ȵen²	疑母开口二三四等字
那冷	tɕ-、tɕh-、ɕ- > c-、ch-、hi-	劲 cin² 加 ca³ 汽 chi² 县 hien²	晓组字在细音前
那冷	tɕ-、tɕh-、ɕ- > ȶ-、ȶh-、ɕ-	进 ȶin² 家 ȶa³ 齐 ȶhi⁶ 先 ɕen³	精组字在细音前

三　各地新汉语借词的韵母

各地新汉语借词的韵母除个别外，几乎与当地西南官话的韵母相同。这是因为侗语的韵母都比当地西南官话的韵母复杂得多，当地西南官话的韵母几乎在各地侗语的韵母中都能找到，大都不用借入新的韵母。下面我们把各地新汉语借词和普通话的韵母进行比较，把新借词不同的韵母指出来，凡两者相同的就不再举例。

（一）ua > a、ua　当地的西南官话大都没有复合 ua，普通话 ua 都说成 a。由于柳州话有 ua 韵，所以，一些广西的侗语方言借词的韵母中也有 ua 韵（报京侗语也有），其余的都读 a。例如：

侗语	秀洞	启蒙	高架	高坝	报京	大荣	那冷
抓	sa³	tsa³	tsa³	sa³	tsua³	tsua³	tsua¹
刷	sa¹'	sa²	sa²	sa³	sua¹	sua⁴	sua⁶

（二）普通话的舌面央元音 ə 各地侗语新借词的读音有二。其一是各地大都读为舌面前元音 e（由于柳州话无单元音韵 e，所以广西侗语的新借词大都读 ə 或 ɿ）。例如：

侗语	大荣	那冷	报京	秀洞	启蒙	高架	高坝
德	tə⁴	tə⁶	te¹	te¹	te¹	te²	te²
泽	tshɿ⁴	tshə⁶	tshe¹	se¹	tshe¹	tshe²	se²

其二是果摄一三等字，各地都读为舌面后元音韵 o。例如：

侗语	报京	秀洞	启蒙	高架	大荣	那冷	高坝
歌	ko³	ko³	ko³	ko³³	ko³	ko³	ko³
个	ko⁵	ko⁵	ko¹	ko⁵	ko⁵	ko¹	ko¹
科	kho³	kho³′	kho³	kho³³	kho³	kho³	ko³
和	ho¹	ho¹′	ho²	ho²	ho²	ho⁴	ho²
贺	ho⁵	ho⁵	ho²	ho⁵	ho⁵	ho¹	ho¹

（三）o＞e、ə　普通话的舌面后元音 o 韵，各地借词也大都读 o，只有梗摄二等、曾摄一等入声字才读 e 或 ə。例如：

侗语	报京	秀洞	启蒙	高架	大荣	那冷	高坝
伯	pe¹′	pe¹′	pe¹′	pe²	pə⁴	pə⁶	pe²
迫	phe¹′	pe¹′	pe¹′	phe²	phə⁴	phə⁶	pe²
墨	me¹′	me¹′	me¹′	me²	mə⁴	mə⁶	me²

（四）ie＞ai　各地侗语的新借词也与普通话相同，读 ie，只有蟹摄开口二等字才读 ia。

侗语	报京	秀洞	启蒙	高架	大荣	那冷	高坝
街、皆	kai³	kai³	kai³	kai³³	kai³	kai³	kai³
届、介	kai⁵	kai⁵	kai¹	kai⁵	kai⁵	kai¹	kai¹
鞋	hai	hai¹′	hai²	hai²	hai⁴	hai⁶	hai²

（五）ye＞o、e 当地西南官话无撮口复合元音韵 ye，各地侗语新借词也无此韵。凡开口字读 o 韵，合口字读 e 韵（广西侗语新借词读 ue）。例如：

侗语	报京	秀洞	启蒙	高架	大荣	那冷	高坝
疟	ȵo¹	ȵo¹'	ȵo¹'	ȵo²	ȵo⁴	ȵo⁶	ȵo²
岳	jo¹	jo¹	jo¹	jo²	jo⁴	jo²	jo²
略	ljo¹	ljo¹	ljo¹	ljo²	ljo⁴	ljo⁶	ljo²
决	tɕe¹	tɕe¹'	tɕe¹'	tɕe²	tɕue⁴	tɕue⁶	tɕe²
削	ɕo¹	ɕo¹'	ɕo¹'	ɕo²	ɕo⁴	ɕo⁶	ɕo²

（六）ʅ、ɿ＞ɿ、i、y 各地侗语新借词一般把普通话的舌尖后元音 ʅ 都读为舌尖前元音 ɿ，但也有读舌面前元音 i、y 的，见上文"各地新汉语借词的声母（七）"。

（七）i＞əi、əu 各地侗语的新借词一般也都读为舌面前元音 i，只有个别字在一些地方读 əi 或 əu。例如：

侗语	秀洞	启蒙	高坝	报京
疫、役	jəu¹'	jəu²	jəu²	
批	—	—	pəi³	phəi³

（八）u＞əu 各地侗语的新借词一般也读 u，只有一些地方的个别字读为 əu。例如：

侗语	报京	秀洞	启蒙	高坝	侗语	报京	秀洞	启蒙	高坝
亩	məu²	məu⁴	məu⁴	məu⁴	路	lu⁵	ləu⁵	lu¹	ləu¹
墓	məu⁵	məu⁵	mu¹	məu¹	畜	tɕhu³	ɕəu³	ɕəu²	ɕəu²

（九）y＞əu、u、i 各地侗语的新借词一般也读 ui 或 y，只有影组入声字大都读为 əu 或 u 或 i。例如：

侗语	报京	秀洞	启蒙	高架	大荣	那冷	高坝
律	li^1	li$^{1'}$	lji$^{1'}$	lji^2	ly^4	lu^6	lji^2
旭	çəu^1	çəu$^{1'}$	çəu^2	çu^2	ju^4	cu^6	çəu^2
绿	lu^1	lu$^{1'}$	lu^1	lu^2	lu^4	lu^6	ləu^2
育	jəu^1	jəu$^{1'}$	jəu^2	ju^1	ju^4	cu^6	jəu^2
续	su^1	su$^{1'}$	su$^{1'}$	su^2	su^4	su^6	su^2
欲	jəu^5	jəu$^{1'}$	jəu^2	ju^1	yu^4	yi^1	jəu^2

（十）ai > e、ə 各地侗语的新借词舒声字和入声字有不同的表现，入声字读 e 或 ə，舒声字与普通话一致，读 ai。例如：

侗语	报京	秀洞	启蒙	高架	大荣	那冷	高坝
白	pe^1	pe$^{1'}$	pe$^{1'}$	pe^2	pe^4	pə^6	pe^2
塞	se^1	se$^{1'}$	se$^{1'}$	se^2	sə^4	sə^6	se^2
麦	me^1	me$^{1'}$	me$^{1'}$	me^2	mə^4	mə^6	me^2
窄	tse^1	se$^{1'}$	tse$^{1'}$	tse^2	tsə^4	tsə^6	se^2

（十一）uai > ai、uai，除了报京、大荣、那冷的新借词韵母的照系字与普通话一致读 uai 外，其余各地均读 ai。例如：

侗语	报京	秀洞	启蒙	高架	大荣	那冷	高坝
帅	suai^5	sai$^{5'}$	sai^1	sai^5	suai^5	suai^2	sai^1

（十二）əi > ie 普通话的 əi 韵母侗语新借词有不同的反映，入声字读为 e，舒声字读 əi（报京、启蒙等地的一部分字读 i）。例如：

侗语	报京	秀洞	启蒙	高架	大荣	那冷	高坝
配	phəi^5	phəi$^{5'}$	phi^1	phəi^5	phəi^5	phəi^2	pəi^1
眉	mi^1	məi$^{1'}$	mi^2	məi^2	mi^4	məi^6	məi^2
北	pe^1	pe$^{1'}$	pe$^{1'}$	pe^2	pə^4	pə^6	pe^2

续表

侗语	报京	秀洞	启蒙	高架	大荣	那冷	高坝
没	me^1	me$^{1'}$	me$^{1'}$	me^2	mə^4	mə^6	me^2
黑	he^1	he$^{1'}$	he$^{1'}$	he^2	hə^4	hə^6	he^2
贼	tse^2	se$^{1'}$	tse$^{1'}$	tse^2	tsɿ^4	tsɿ^6	se^2

（十三）uəi > əi　普通话的 uəi 韵母除了报京、启蒙、大荣等地的新借词读为 uəi 或 ui 外，大多数地方读 əi。例如：

侗语	报京	秀洞	启蒙	高架	大荣	那冷	高坝
对	təi^5	təi^5	tui^1	təi^5	təi^5	təi^2	təi^1
最	tsuəi^5	səi^5	tsui^1	tsəi^5	tsuəi^5	tsəi^2	səi^1
水	sui^2	səi^3	sui^4	səi^4	suəi^6	səi^5	səi^4
会	fəi^5	wəi^5	fi^1	fəi^5	fəi^5	fəi^2	fəi^1

（十四）au > o、əu　各地侗语的新汉语借词的韵母，除了入声字读 o 和流摄开口一等字读 əu 外，其余字与普通话一致读 əu。例如：

侗语	报京	秀洞	启蒙	高架	大荣	那冷	高坝
薄	po^1	po$^{1'}$	po$^{1'}$	po^2	po^4	po^6	po^2
着	tso^1	so$^{1'}$	tso$^{1'}$	tso^2	tso^4	tso^6	so^2
茂	məu^5	məu^5	mu^1	məu^5	məu^5	məu^2	məu^1

（十五）iau > o　普通话的 iau 韵字，各地侗语的新借字韵母的读音有区别，舒声字与普通话一致，读 iau，入声字不一致，读 o。例如：

侗语	报京	秀洞	启蒙	高架	大荣	那冷	高坝
脚	ʨo^1	ʨo$^{1'}$	ʨo$^{1'}$	ʨo^2	ʨo^4	ʨo^6	ʨo^2
钥	jo^1	jo$^{1'}$	jo$^{1'}$	jo^2	jo^4	jo^6	jo^2

（十六）əu＞u　普通话的 əu 韵字，各地侗语新借词的韵母有不同的表现，舒声字与普通话一致，读 iəu，入声字读 u。例如：

侗语	报京	秀洞	启蒙	高架	大荣	那冷	高坝
肉	zu^1	lu$^{1'}$	lu$^{1'}$	ɣu^2	ju^4	ju^6	ʐu^2
轴	tsu^1	su$^{1'}$	tsu$^{1'}$	tsu^2	tsu^4	tsu^6	su^2

（十七）iəu＞u、əu　普通话 iəu 韵字，各地侗语新借词的韵母有不同的表现，舒声字与普通话一致，读 iəu，入声字读 u 或 əu。例如：

侗语	报京	秀洞	启蒙	高架	大荣	那冷	高坝
六	ləu^1	ləu$^{1'}$	ləu$^{1'}$	lu^2	lu^4	lu^6	ləu^2

（十八）an＞on、an　普通话的 an 韵字，各地侗语新借词的韵母与当地西南官话一样，分"班"、"搬"，即山摄合口一等字读 on（大荣读 an），其余的字都读 an。例如：

侗语	报京	秀洞	启蒙	高架	大荣	那冷	高坝
半	pan^5	pon^5	pon^1	pon^5	pan^5	pon^2	pon^1
潘	phon^3	phan$^{3'}$	phon^3	phon^{33}	phan^3	phon^3	pon^3
满	mon^2	mon^4	mon^4	mon^4	man^6	mon^1	mon^4

（十九）ien（ian）＞an　各地新借词的韵母与普通话一致，也读 ien，只有二等字的一部分读 an（大荣例外）。例如：

侗语	报京	秀洞	启蒙	高架	大荣	那冷	高坝
咸	han^1	han$^{1'}$	han^2	han^2	ɕen^4	han^6	han^2

（二十）uan＞o、on　除报京、大荣、那冷与普通话一致，读为 uan 外，其余各地分等而读，一等字除了"卵"读 o 外都读为 on，二等的大部分字和

三等个别字读 uan,即分"官"、"关"。例如:

侗语	报京	秀洞	启蒙	高架	大荣	那冷	高坝
卵	lo²	lo⁴	lo⁴	lo⁴	lo⁶	lo⁵	lo⁴
官	kuan³	kon³	kon³	kon³³	kuan³	kon³	kon³
关	kuan³	kuan³	kuan³	kuan³³	kuan³	kuan³	kuan³

(二十一) yen (yan) > on、en 普通话的 yen 韵字,各地的新借词韵母因声而异,影组字照样读 yen(高坝例外),见组字读 on,晓组字读 en。例如:

侗语	报京	秀洞	启蒙	高架	大荣	那冷	高坝
冤	yen³	yen³	ye³	yen³³	yen³	yen³	ljen³
权	ʈhon¹	ʈen¹'	ʈhon²	ʈhen²	ʈhen⁴	ʈhon⁶	ʈon²
玄	ɕen¹	ɕen¹'	ɕen²	ɕen²	ɕuon⁴	ɕen²	ɕen²

(二十二) ən、əŋ > ən, in、iŋ > in、ən 虽然侗语南部方言的韵母区分 ən、əŋ 和 in、iŋ,但新借词的韵母与当地西南官话一致,əŋ 读 ən,iŋ 读 in 或 ən。例如:

侗语	报京	秀洞	启蒙	高架	大荣	那冷	高坝
奔、崩	pən³	pən³	pən³	pən³³	pən³	pən³	pən³
盆、彭	phən¹	phən¹	phən²	phən²	phən⁴	phən⁶	pən²
斌、兵	pin³	pin³	pin³	pin³³	pjən³	pin³	tjən³
金、京	ʈən³	ʈin³	ʈin³	ʈən³³	ʈən³	ʈən³	ʈən³
硬	ŋən⁵	ŋən⁵	ŋən¹	ŋən³	ŋən⁵	ŋən¹	ŋən¹

(二十三) un > ən、un 各地的汉语新借词韵母大都把普通话的 un 韵字读为 ən,只有报京、高架、大荣、那冷等地"分等而读",合口一等字读 ən,合口三等字读 un。例如:

侗语	报京	秀洞	启蒙	高架	大荣	那冷	高坝
村	tshən³	sən³′	tshən³	tshən³³	tshən³	tshən³	sən³
敦	tən³	tən³	tən³	tən³³	tən³	tən³	tən³
春	tshun³	sən³′	tshən³	tshun³³	tshun³	chun³	sən³
君	ȶun³	ȶin³	ȶun³	ȶun³³	ȶun³	cun³	ȶən³

（二十四）uaŋ > aŋ、uaŋ 普通话的 uaŋ 韵字的读音各地新借词的韵母有些参差。影组字各地也都读 uaŋ，照系字除报京、大荣、那冷等地读 uaŋ 外，其他地方读 aŋ。例如：

侗语	报京	秀洞	启蒙	高架	大荣	那冷	高坝
壮	tsuaŋ⁵	tsaŋ⁵	tsaŋ¹	tsaŋ¹	tsuaŋ⁵	tsuaŋ¹	saŋ¹
床	tshuaŋ¹	saŋ¹′	tshaŋ²	tshaŋ²	tshuaŋ⁴	tshuaŋ⁶	saŋ²
双	suaŋ³	saŋ³′	saŋ³	saŋ³³	suaŋ³	suaŋ³	saŋ³
网	waŋ²	waŋ⁴	waŋ⁴	waŋ⁴	waŋ⁶	waŋ⁵	waŋ⁴

（二十五）oŋ、wəŋ > oŋ、əŋ、woŋ　普通话的 oŋ 韵字各地新借词的韵母都读 oŋ，只有秀洞读 əŋ；普通话的 uəŋ 韵字大都读 oŋ 或 əŋ，个别的读 woŋ。例如：

侗语	报京	秀洞	启蒙	高架	大荣	那冷	高坝
东	toŋ³	təŋ³	toŋ³	toŋ³	toŋ³	toŋ³	toŋ³
容	joŋ¹	jəŋ¹′	joŋ²	joŋ²	joŋ⁴	joŋ⁶	joŋ²
翁	oŋ³	əŋ³	woŋ³	oŋ³	oŋ³	oŋ³	oŋ³

（二十六）yŋ > oŋ、yən、yun、jəŋ　普通话的 yŋ 韵字各地的新借词"因摄而异"，通摄读 oŋ（秀洞读 əŋ），梗摄读 yən 或 yun（秀洞读 jəŋ，高坝无撮口呼读 ljən）。例如：

侗语	报京	秀洞	启蒙	高架	大荣	那冷	高坝
永	yun²	jən⁴	yn⁴	yən⁴	yun⁶	yən⁵	ljən⁴
勇	joŋ²	jəŋ⁴	joŋ⁴	joŋ⁴	joŋ⁶	joŋ⁵	joŋ⁴

（二十七）现在我们把上面所介绍的各地新借词与普通话不一致的韵母列表表示出来。

普通话	借词	例　字	条　件	地　点
ua	-ua -a	抓 tsua³ 刷 sua¹ 抓 tsa³ 刷 sa²	无条件	报京、大荣、那冷 秀洞、者楼、高架等
ə	-e -ə -o	德 te² 泽 tshe² 德 tə⁶ 泽 tshə⁶ 歌 ko³ 贺 ho¹	无条件 果摄一、三等字	报京、秀洞、高架等 大荣、那冷 各地
o	-e -ə	伯 pe² 墨 me² 伯 pə⁴ 墨 mə⁴	梗摄二等、果摄 一等入声字	报京、秀洞、高架等 大荣、那冷
ie	-ai	街 kai³ 鞋 hai²	蟹摄开口二等字	各地
ye	-o -e -ue	略 ljo² 岳 jo² 决 ʨe⁴ 决 ʨue²	开口字 开口字 开口字	各地 各地 大荣、那冷
ʅ	-ɿ -i	实 sɿ² 实 ɕi²	知组字 知组字	大部分地区 石洞、程阳、陇城等
i	-əi -əu	批 pəi³ 役 jəu²	个别字 个别字	报京、高坝 秀洞、者楼、高坝
u	-əu	墓 məu¹ 路 ləu¹	个别字	报京、秀洞、者楼等
y	-i -u -əu	律 lji² 续 su² 育 jəu²	影组入声字 影组入声字 影组入声字	各地 各地 各地
ai	-e -ə	白 pe² 窄 tse² 白 pə⁶ 窄 tsə⁶	入声字	大部分地区 大荣、那冷
uai	-aiu -uai	帅 sai¹ 帅 suai⁵	照系字	大部分地区 报京、大荣、那冷

续表

普通话	借词	例　字	条　件	地　点
əi	-e -i	北 pe^2 贼 tse^2 配 phi^1 眉 mi^2	入声字 个别字	各地 报京、者楼
uəi	-əi -ui	对 $təi^1$ 水 $səi^4$ 对 tui^1 水 sui^4	无条件 无条件	大部分地区 报京、者楼、大荣
au	-o -əu	薄 po^2 着 tso^2 茂 $məu^5$	入声字 流摄开口一等字	各地 各地
iau	-o	脚 $tɕo^2$ 钥 jo^2	入声字	各地
əu	-u	肉 zu^2 轴 tsu^2	入声字	各地
iəu	-u -əu	六 lu^2 六 $ləu^2$	入声字 入声字	高架、大荣、那冷等 报京、秀洞、者楼等
an	-on	半 pon^1 潘 pon^3	山摄合口一等字	大部分地区
ien	-an	咸 han^2	二等部分字	大部分地区
uan	-on -uan	官 kon^3 关 $kuan^3$	一等字 二等字	大部分地区 大部分地区
yen	-yen -on -en	冤 yen^3 权 $tɕhon^2$ 玄 $ɕen^2$	影组字 见组字 晓组字	大部分地区 大部分地区 大部分地区
əŋ	-ən	奔、崩 $pən^3$	无条件	各地
iŋ	-in -ən	金、京 $tɕin^3$ 金、京 $tɕən^3$	无条件 无条件	秀洞、者楼等 报京、大荣、高架等
un	-ən -un	村 $tshən^3$ 春 $tshun^3$	大部分字 合口三等字	大部分地区 报京、大荣、高架等
uaŋ	-aŋ -uaŋ	壮 $tsaŋ^1$ 双 $saŋ^3$ 壮 $tsuaŋ^5$ 双 $suaŋ^3$	无条件 照系字	大部分地区 报京、大荣、那冷
oŋ	-əŋ	东 $təŋ^3$	无条件	秀洞
yŋ	-oŋ -yəŋ	勇 $joŋ^4$ 永 $yəŋ^4$	通摄 梗摄	大部分地区 大部分地区

四　结语

（一）侗语的汉语新借词服从于侗语的音韵系统。调类不同、调值相同是侗语新借词的声调规律。具体而言，除启蒙、新街侗语有入声调外，其他地方的侗语新借词都没有。各地阴平调的调值都是中平 33，阳平是低平或低降 11 或 22 或 21，上声是降调 31 或 53 或 21，去声是升调 35 或 24 或 13。总之，侗语新借词借入汉语声调调值的规律是：对升调、降调、高平调、低平调的借入要求不是很严格，两者的调值如相同则最好，如果不一致时只要侗语的调值或调型与汉语的相近即可借入，不再增加新的声调；但对中平调 33 的借入要求很严，只有两者的调值完全相同才能借入，没有相同的调值则要借入新的调值 33 而增加一个新的声调。从我们现在所掌握的资料看，除了阴平调（调值为 33）有从汉语借入新的声调的现象以外，其他声调均没有从汉语中借入。

（二）汉语新借词声母的借入要服从于侗语的声母系统。本民族没有的声母借入就很困难。如舌尖塞擦音声母 ts、tsh 和唇齿擦音声母 f，由于大多数地方的侗语都没有这几个声母而很难借入。这些声母往往被本族固有的塞音声母 ȶ、ȶh 和双唇擦音声母 w 所取代。一些没有送气声母的侗语方言也很难借入汉语的送气声母。除了一部分地方因新借词而增加 ts、tsh、f、c、ch 这几个声母以外，大部分地方都没有从汉语吸收新的声母。这是就一般情形而言。而一些靠近汉族居住区的地方和一些受过长期汉语教育的人，他们所讲的侗语中的汉语新借词声母则与当地汉语的声母没有什么差别。此外，新借词声母的借入也受到侗语声母、韵母固有配合规律的限制。也就是说，侗语虽然也有汉语那样的声母和韵母，但由于没有这类声母和韵母所组成的音节，而把这些声母换成在侗语中能与这些韵母相拼的声母。通常是 p、ph 换成 ȶ、ȶh（在效摄三等韵前，即 iau 前），t、th 换成 ȶ、ȶh（在细音前即以 i 为韵母或以 i 为介音的韵母前），例如："标" piau^{33}、"飘" phiau^{33} 变为 ȶau^{33}、ȶhau^{33}；"敌" ti^{22}、"提" thi^{22} 变为 ȶi^{22}、ȶhi^{22}。

（三）侗语新借词的韵母与当地西南官话的韵母基本相同，这是因为侗语的韵母比当地汉语的韵母多得多，当地汉语的韵母基本上都能从侗语的韵母中找到。从汉语中借入的韵母只有两个，一个是舌尖元音 ʅ，一个是撮口韵母 y。少数地方连这两个韵母都难以借入。高坝侗语至今仍把 y 读为 i，如 "鱼" y^{22} 读为 lji^{22}；程阳等地把 ʅ 读为 i，如 "资" tsʅ 读为 ȶi^{33}。这说明，凡是侗语的固有韵母中所没有的汉语韵母，侗语的借入也是很困难的。这也是侗语新借词韵母的一个特点。新借词韵母的另一个特点就是中古汉语的等、摄、开口合口、舒声入声和声母在新借词的韵母中有不同的表现，即普通话的同一个韵母因来源不同而在侗语新借词的韵母中有不同的读音。例如：

uan	-on -uan	官 kon³ 关 kuan³	一等字 二等字	ai	-aie -e	卖 mai¹ 白 pe²	舒声 入声
oŋ	-oŋ -yəŋ	勇 joŋ⁴ 永 yəŋ⁴	通摄 梗摄	ye	-o -e	略 ljo² 决 tɕe²	开口字 开口字
yen	-yen -on -en	冤 yen³ 权 tʂhon² 玄 ɕen²	影组字 见组字 晓组字				

第四节　侗台语分化的年代学分析

侗台语（Kam-Tai Language）又称黔台语、壮侗语。一般认为，现今的侗台语族诸语言都是由古代百越民族的早期共同语——越语演化而来的。至于这些语言因何原因、何时从原始侗台语中逐渐分化出来的，随着考古学、民族学研究的深入现已有了一定的进展，但由于缺乏文献资料佐证，它仍旧是侗台语研究的薄弱环节。

任何新的理论的诞生都有它的理论背景。语言年代学的创始人斯瓦迪士说："任何生物都含有一定的放射性碳，生物死后，碳的不稳定的同位素衰变为氮，因此可以根据氮的多少去测量生物死去了多长时间。词汇统计学的年代推算运用完全不同的材料，但是原理一样。"斯瓦迪士从生物的放射性碳年代推算中受到启迪，以亲属语中基本词汇保留率的多少来推算其分化的年代。语言年代学（glotto chronology）又叫词汇统计学（lexicostatistics）。它包含三条基本假设：第一，任何语言的某些基本词根语素比较稳固，不易起变化；第二，基本词根语素的保留率在任何时候都是一个常数；第三，这种保留率在不同的语言中都是一样的，由上面三条假设必然可以得出：已知任何两种有亲属关系的语言的同源词根保留率，就可以推算出它们从原始母语中分化出来的年代。为了求出这个大致年代，语言年代学者专门设计了一个计算公式：

$$t = \frac{\log c}{2\log r}$$

其中，t 代表分化的时间深度（time depth），c 代表两种语言同源词（cognateword）的保留百分比，r 代表两种语言分开 1000 年后仍然保留的同源词的保留率常数（r 为 81%）。用上述公式计算出来的就是在哪一年分化的，实际上语言不可能在某一年分化，而是在某一时期分化，因而应该把计算的误差也考虑在内，于是又有一个标准误差的计算公式：

$$\delta = \sqrt{\frac{c(1-c)}{n}}$$

其中，c 为同源百分比，n 为所比较的词的数量，通常为 200 或 100。得出误差值 δ 以后就把原有的 c 加上 δ，于是得到新的 c，再把新的 c 代入分化年代的测算公式，得出新的 t，最后再根据原有的 c 求出的 t 减去新的 t，就大体上推算出了这两种亲属语言分化的年代误差。

语言年代学的年代测算，虽然不可能得出精确性的结论，但终究可以得到一些大致的年代参数，使历史比较法不能发挥作用的领域也可以进行一定参考价值的研究。此外，根据测算出的年代，可以帮助我们弄清亲属语言间的亲疏关系，为语言分化的先后顺序提供一些参考数据。

一　台语侗水语临高话黎语的百词保留百分比及分化年代

按照语言谱系分类法的观点，亲属语言在词汇、语法和语音结构等方面必然存在着许多共同成分和共同特点，其中基本词汇的稳定性最大。"任何语言中由根词、基本日用概念组成的那部分词汇变化的速度是比较固定的。用一项试验词表来计算这些成分保留的百分比可以确定过去的年代。"（M. Swadesh，1952）编制一个科学的试验词表，即选择一些与不同的生活环境、不同的物质文化条件有关，不易受另一种语言影响的基本词根语素编入词表的工作是很重要的。斯瓦迪士开始时编制了一个二百词表（一般称为基本词表），后又对该词表作了进一步的精选，编制成了百词表（即修正表）。斯瓦迪士和李兹（Robert B. Lees）曾根据基本词表对欧洲多种语言进行了同源比较，测算的结果与历史文献的记载相近似（徐通锵，1991）；有的学者据百词表对英德语的分化年代进行过测算，得出两种语言分化年代大概在 1567 年以前，这与历史文献记载相符。在 1536 年以前，英语还没有从日耳曼语分离出来成为一种独立的语言。本尼迪克特（P. K. Benedict）虽然没有测算汉语和藏缅语的分化年代，但也利用了斯瓦迪士的百词表进行了同源百分比的统计：有 59 对无重大词义变化，有 12 对意义上有重大的变化，29 对没有明显的同源关系（本尼迪克特，1984）。这就是说，在上古汉语时期，汉语和藏缅语的基本词根语素的保留率为95%。我们如果以此材料为根据进行分化年代的测算，那么汉语和藏缅语大概是在上古时期以前的1250±200年的时候分离的，即距今有40个世纪的时间。此外，苏联汉学家雅洪托夫曾根据斯氏的词表推算过汉语和藏缅语的分化年代，并据同源记号的比较结果考察了汉藏语系语言之间的亲属关系的亲密程度。雅氏认为，原始台语分化为泰、傣、白傣、壮、布依等语言大约在6世纪或4世纪；原始侗水语从台语中分化出来后又分化为侗、拉珈等语言的时间在6—10世纪之间（雅洪托夫，1986）。徐通锵先生也按语言年代学的方法对汉语七大方言的分化年代进行过测算。下表是他测算出的北京话与其他六大方言的分化年代。

方　　言	年代测算	分化的大致年代
北京—厦门	1559±231年前	相当于东汉末年至刘宋初（196—427）
北京—梅县	997±188年前	中唐德宗年间至北宋初（801—989）
北京—广州	809±175年前	北宋真宗年间至南宋初期（1002—1177）
北京—南昌	737±138年前	北宋晚期至南宋晚期（1111—1249）
北京—长沙	634±134年前	元初至元末（1218—1352）
北京—苏州	847±180年前	五代末年至南宋初（959—1139）

上述结果与历史材料的记载基本一致（徐通锵，1991）。由此可见，斯氏编制的词表和李氏设计的时间深度公式有一定的参考和借鉴价值。

在我国的侗台语族诸语言中，有古老文字的只有傣族（严格地说，方块壮字、布依字和水书都不能算为民族文字），但傣文存在的时间从傣历639年（公元1277年）算起也不过七百多年时间。各个民族早期的历史大事都只能靠口耳传承下来，至于史前语言的分化年代就无从得知了。自20世纪40年代起，我国民族语言学家积累了相当丰富的侗台语诸语言的材料，这为用语言年代学的方法来推知侗台语诸语言分化的年代提供了条件。本节拟对此做一些探索性的工作。基于语言学界对台语支、侗水语支和黎语支都是由一个共同的原始祖语分化而来的看法已达成共识，我们不妨设想，当原始侗台语发展到一定的时候，由于某些复杂的社会或自然界的原因，如战争、自然灾害、传染病、人口众多等迫使其分化成原始黎语、原始侗水语和原始台语（三者分化的先后顺序不详)。现在的黎语、侗水语支和台语支诸语言分别是由侗台原始祖语发展而来的。只要能求出这三种语言间同源词根的保留率，就可以推知它们分化的大致年代和分化的先后顺序。在本节中，我们取如下 8 个代表点来进行比较：侗语、仫佬语、水语、布依语（台语北部语群）、龙州壮语（中部语群）、西双版纳傣语（西南语群）、黎语和临高话。亲属语间同源词的断定，一般认为"如果同一语族或语支的几个亲属语言，都有一个类似的词，就很难说不是同源词而是借词；几个而不是两个语言之间，怎么恰好借用同一个词呢？因此要用同一语族或语支中的几个而不是两个语言来作比较"（梁敏，1984）。本节在确定同源关系时取 3 个以上的点（包含 3 个）进行观察：就某个例词而言，只要临高话分别与侗水语、台语中的 2 个代表点的音义大致相同，就确定该词是临高话与侗水语或临高话与台语的同源词；在侗水语和台语的 6 个代表点中，如果 5 个以上（含 5 个）点的音义相近，则认为该词为二者的同源词根；如果黎语与台语、侗水语同样也有音义相近的词，那么我们同样认为该词在三种语言间（严格地说是黎语与中国大陆部分的侗台语之间）有同源关系。由于侗台语无文献记载，如果一个语言的词与亲属语的音义相同，那么就可认为其保留了原始语固有词。下面是斯迪瓦士的百词表和二百词表在侗台语诸语言中的对应情况（剔除掉一些不适用的例词，百词表中的词剩 97 个，二百词表中剩 184 个）。材料来源：《壮侗语族语言词汇集》（中央民族学院出版社 1985 年版），《龙州壮语》（李方桂，1941），笔者多年的田野调查资料（侗水语支中部分例词的语音我们作了修正）。

民族语 百词表	a 台语支			b 侗水语支			c 临高	d 黎	同源 语言
	壮(龙)	布依	傣(西)	侗	仫佬	水			
1. 我	ti^1, kau^1	ku^1	ku^1, kau^6	$ja:u^2$	$həi^2$, $ʔəi^2$, $ʔɛ^2$	ju^2	hau^2	hou^1	ca cb ab abd
2. 你	mau^2, ni^1	$muŋ^2$	$to^1tsău^3$	$ŋa^2$	$ŋa^2$	$ŋa^2$	$mə^2$	$meɯ^1$ $mɯ^1$	cb
3. 我们	lau^2	$pɔ^{22}au^2$	tu^1hau^2	tiu^1 tau^1	$hɣa:u^1$ niu^2	$djeu^1$	hau^2 lo^2	fa^2	ca cb ab
4. 这、这里	nai^3	ne^4, ni^4	ni^4	$na:i^6$	$na:i^6$	$na:i^6$	$nɔ^4$, $nɔi^4$	nei^2	ca cb ab abd

续表

民族语 百词表	a 台语支			b 侗水语支			c 临高	d 黎	同源 语言
	壮(龙)	布依	傣(西)	侗	仫佬	水			
5. 那、那里	niŋ³	ʔun⁴te¹	năn⁶	ȶa⁶	ka⁶ hwi⁵⁴	tsa⁵	nə⁴	naw²	
6. 谁	naw²	pu⁴ lau²	phǎi¹	nəu²	nau²	ʔai³ nau¹	ləu²na³	ʔɯ³ra³	ca cb ab abd
7. 什么	laŋ¹	kaːi⁵ ma²	bău⁵ săŋ¹	maːŋ²	ʔat⁷ maːŋ²	ni⁴ maːŋ²	ki³kai³	me³he³	
8. 不	mi⁵ bo⁵	mi²	bău⁵	kwe², mi⁴	khɔːŋ¹	me²	mɔn²	gwai²	
9. 都	to⁵	to³	kɔ⁴	ɕet⁹tu¹	tu⁵	tu³	du²	rɯ³	ca cb ab abd
10. 许多	laːi¹	laːi¹	lai¹	kuŋ²	kɣuŋ²	kuŋ²	liau⁴	ɬoːi¹	ad
11. 一	ʔit⁷	ʔit⁷	ʔet⁷	ʔət⁷	ʔjət⁷	ʔja⁴	ʔit⁷	ʔɯ³, tsɯ²	cb ab ac
12. 二	ɬoːŋ¹	soŋ¹, ŋi⁶	soŋ¹	ȵi⁶	ȵi⁶	ȵi⁶	ŋi⁴, ŋəi⁴	ɬau³	cb
13. 大	luːŋ¹	laːu⁴	jǎi⁵ loŋ¹	maːk⁸ laːu⁴	lo⁴	laːu⁴	ȵɔ³	loŋ¹	cb
14. 长	ɬi², ɬaːt⁸	zai²	jau²	jaːi³	raːi³	ʔraːi³	lɔi¹	taːu³	ca cb ab
15. 小	ɬai⁵, ɬiːu³	ni⁵	noi⁴	si⁵ni⁵, ti³'	niŋ⁵	ti³	ni³⁴, nɔk⁷	di², tok⁷	
16. 女	ti⁶me⁶	ɕi²za⁶, lɯk⁸ bɯk⁷	me⁶ jiŋ²	laːk⁴ mjek⁹	ti² pʰwa²	ni⁴ ʔbjaːk⁷	mai⁴ lək⁸	pɯ¹ khau² pai³ khau²	cb
17. 男	tɕaːi², ti⁶po⁶	pu⁴ saːi¹	kun² tsai²	laːk¹ paːn¹	ti⁶kɔŋ¹	baːn¹	da³ xiaŋ⁴	pha¹ maːn¹	
18. 人	pu³, kən²	hun²	kun²	ȵən², kən²	ɕon¹	zən¹	len⁴ hun²	ʔaːu¹	ca cb ab
19. 鱼	pia¹	pja¹	pa¹	pa¹	məm⁶	məm⁶	ba¹	ɬa¹	ca

百词表 \ 民族语	a 台语支			b 侗水语支			c 临高	d 黎	同源语言
	壮(龙)	布依	傣(西)	侗	仫佬	水			
20. 鸟	nuk[8]	zɔk[8]	nok[8]	mok[8]	mɔk[8]	nok[8]	mok[8]	noːk[9]	ca cb ab abd
21. 狗	ma[1]	ma[1]	ma[1]	ŋwa[1']	ŋwa[1]	ma[1]	ma[1]	ma[1]	ca cb ab abd
22. 虱	ɬai[2] min[2]	nan[2]	min[2]	nan[1]	nan[2]	nan[2]	do[2]	than[1]	ca cb ab abd
23. 树木	mai[4]	fai[4]	mǎi[4]	məi[4]	mai[4]	mai[4]	dun[3] mok[8]	khɯːŋ[2] tshai[1] thoːn[1] tshai[1]	ab abd
24. 种子	fan[2]	hɔn[1]	fan[2]	pan[1] wan[2]	pən[3]	wan[1]	mak[v] ən[1]	fan[1]	ca cb ab abd
25. 叶子	baɯ[1]	baɯ[1], zoŋ[1]	bǎimǎi[4]	pa[5]	fa[5]	wa[5] mai[4]	bə[2] dun[3]	bew[1] tshai[1]	ca cb ab abd
26. 根	laːk[8]	za[6]fai[4]	hak[8], kǎu[4]	saːŋ[1']	taːŋ[1]	haːŋ[1]	ȵa[2] dun[3]	kei[1] tshai[1]	
27. 皮、树皮	naŋ[1]	naŋ[1]	nǎŋ[1]	pi[2]	ŋɣa[2]	pi[2]	naŋ[1]	noːŋ[1]	ca acd
28. 肉	nɯʔ[4]	no[6]	nə[4]	naːn[4]		naːn[4]	nan[4]	mam[2], ʔaːk[7]	cb
29. 血	ləːt[8]	liːt[8]	lət[8]	phaːt[9]	phɣaːt[7]	phaːt[7]	baʔ[2]	ɬaːt[7]	ca cb ab abd
30. 骨头	ju[2]	do[5]	duk[7]	laːk[9]	hɣaːt[7]	ʔdaːk[7]	ʔuaʔ[8]	vɯːk[7]	cbd
31. 油（脂肪）	laːu[2]	zu[2]	man[2]	ju[2]	jəu[2]	ju[2]	ju[2]	gwei[3]	ca cb ab
32. 蛋	khjai[5]	tɕai[5]	xǎi[5]	kəi[5]	kɣai[5]	kai[5]	ȵum[1]	veːk[7] zɯːm[1]	ab
33. 角（动物）		kau[1]	xau[1]	paːu[1]	ku[1]	qaːu[1]	vau[2]	hau[1]	ca cb ab abd
34. 尾巴	haːŋ[1]	ziːŋ[1]	haŋ[1]	sət[7]	khət[7]	hət[8]	tuʔ[7]	tshuɻ[7]	cbd

续表

民族语 百词表	a 台语支			b 侗水语支			c 临高	d 黎	同源语言
	壮(龙)	布依	傣(西)	侗	仫佬	水			
35. 毛	khun¹	pɯn¹	xun¹	pjən¹	tsən¹	tsən¹	vun²	hun¹	ca cb ab abd
36. 头发	phjum¹	pjɔm¹, pwn¹, tɕau³	phum¹ ho¹	pjam¹	pɣam¹ kɣo³	pjam¹ qam⁴	fui¹	dan² gwou³	ab
37. 头	tau² bau³	tɕau³	ho¹	kaːu³	kɣo³	qam⁴	hau³	gwou³	ca cb ab abd
38. 耳朵	hu¹	baɯ¹ zie²	bin³ huʔ¹	kha¹ʼ	khɣa¹	qha¹	sa¹	zai¹	cb
39. 眼睛	ha¹	ta¹	ta¹	ta¹	la¹	da¹	da¹	tsha¹	ca cb ab abd
40. 鼻子	daŋ¹	daŋ¹	dǎŋ¹	naŋ¹	naŋ¹	ʔnaŋ¹	ləŋ¹	khat⁷	ca cb ab
41. 嘴	paːk⁷	pa⁵	pak⁹	paːk⁹	paːk⁷	paːk⁷	paːk⁷	pom³	ca cb ab
42. 牙	kheu³	ʑeru³, fan²	xeu³	pjan¹	fan¹	ɕu³	tin¹	fan¹	cb bd
43. 舌	lin³⁴	lin⁴	lin⁴	ma²	ma²	ma²	lin⁴	ɬiːn³	cad
44. 爪(指甲)	lip⁸	zip³	lip⁸	ljap⁷	nəp⁷	ʔdjap⁷	tɕip⁷	liːp⁷	ca cb ab abd
45. 脚	tin¹	tin¹	tin¹	tin¹	fin¹	tin¹	kok⁷	khok⁷, teʈ⁷	ab
46. 膝盖	khau⁵ ho⁵	mau² xǎu⁵	ho¹	kuŋ³ kwau⁵	ku⁶ ko⁵,	pam⁴ qu⁵	hau³ kau⁴	gwou³, rou¹	ca cb ab abd
47. 手	mɯ², ɬau³	fɯŋ²	mɯ²	mja²	nja²	mja¹	mɔ²	ziːn², khiːn¹	cb
48. 肚子	muk⁷	tuŋ⁴	toŋ⁴	lɔŋ²	lɔŋ²	lɔŋ²	bo³	pok⁷	ab
49. 脖子	ko²	ho²	xo²	ko²	lən⁴	qo⁴	ko²	tsɯ² zoŋ³	ca cb ab
50. 乳房		mɛ³	num²	mi³	ne⁶	tju⁴	noʔ⁷	tsei¹	

续表

百词表 \ 民族语	a 台语支			b 侗水语支			c 临高	d 黎	同源语言
	壮(龙)	布依	傣(西)	侗	仫佬	水			
51. 心	ɬim^1	tom^5	no^1 tsǎi^1	səm$^{1'}$	təm^1	çəm^1	tim^1	ɬaːu^3	ca cb ab
52. 肝	tap^7	tap^7	tăp^7	tap^7	tap^7	tap^7	dɔn^1	ŋaːn^1	ca cb ab
53. 吃、喝	jam^3, kin^1	kɯn^1	kin^1	ɕaːn^1	tsaːn^1	tsjen^1	kɔn^1	la^1, hjaːu^1	ca cb ab
54. 咬	kat^7, k'aːp^8	hap^8	xop^7	kap^7, qit^1	cet^7	ɕit^8	kap^8	kaːp^3	ca
55. 看见	han^1	hen^6 zan^1	hǎn^1	li^3 nu^5	kau^5	ʔmen^6, do^3	dek^8 hu^4	zuːi^3, laːi^3	
56. 听	tiŋ^6, hin^3	zo^4 n̠ie^1	jin^2, făn^2	li^3 ɕ̊hiŋ^5	theŋ^5 hai^5	ŋai^5, thiŋ^5	hiŋ^3 hu^4	plew^1, hiːŋ^1	ca cb ab abd
57. 知道	ɬik^7	zo^4	hu^4	wo^4	ɣo^4	ɣo^4	hu^4	khuːŋ^1	ca cb ab
58. 睡、躺	noːn^2, laːu^1 dak^7	nin^2	non^2	nak^7 nun^2	nyn^2	nun^2	son^1	kau^2	ca cb ab
59. 死	haːi^1	taːi^1	tai^1	təi^1	tai^1	tai^1	dai^1	ɬaːu^2, hɯt^7	ca cb ab
60. 杀	kha^3	ka^3	xa^3	sa^3	khɣa^3, li^3	ha^3	ka^3	hau^3	ca cb ab
61. 洗澡	ʔaːp^7	ʔaːp^7	ʔap^9	ʔaːp^9	ʔaːp^9	ʔaːp^3	tuk^7	ʔaːp^7	ab abd
62. 飞	bin^1	bin^1	bin^1	pən^3	fən^3	win^3	vin^1	ben̠^{1}	ca cb ab abd
63. 走	plaːi^3	pjaːi^3	pai^1	ɕhaːm^3	maŋ^6	saːm^3	bɔi^1	tsaːm^2	ca
64. 来	ma^2	ma^1, tau^3	ma^2	ma$^{1'}$, taŋ^1	taŋ^1	taŋ^1	mia^1	pɯːn^1	ca
65. 坐	naŋ^6	naŋ^6	năŋ^6	sui^5	tui^6	fui^6	no^1	tson^3	
66. 站	taŋ^3	dun^1	tsen^5	jun^1	taŋ^4	ʔjon^1	n̠un^4	tsuːn^1	ca cb

续表

百词表 \ 民族语	a 台语支			b 侗水语支			c 临高	d 黎	同源语言
	壮（龙）	布依	傣（西）	侗	仫佬	水			
67. 给	hɯ³	haɯ³	huɯ³	sai¹'	khɣe¹	haːi¹	ʔɔu¹, ʔə²	tɯːŋ²	ca
68. 说	kiaŋ³	kaːŋ³	pak⁹, va⁶	aːŋ³	caːŋ³	fan²	kaŋ²	riːn¹	ca cb
69. 太阳	ha¹ van²	dan¹ daːt⁷	ta¹ văn²	ta⁵ man¹	thau⁵ fan¹	da¹ wan¹	da¹ vən²	tsha¹ van¹	ca cb ab abd
70. 月亮	haːi¹	zoŋ⁶ diːn¹	dɯn¹	kwaːŋ¹ ɲaːn¹	kɣaːŋ¹ njen¹	njaːn²	mai⁴ sai¹	ɲaːn¹	ab abd
71. 星星	ɬin¹, daːu¹ di⁵	daːu¹ di⁵	dau¹	çət⁷	laːk⁸ mət⁷	zət⁷	lək⁸ sai¹, lək⁸ tiŋ¹	raːu¹	
72. 水	nam⁴	zam⁴	năm⁴	nam⁴	nəm⁴	nam³	nam⁴	nam³, nom³	ca cb ab abd
73. 雨	phən¹	hun¹	fun¹	pjən¹	kwən¹	wən¹	fun¹	fun¹	ca cb ab abd
74. 石头	nin¹	zin¹	hin¹	ȶin¹	tui²	tin²	din²	tshiːn¹	cabd
75. 沙子	ɬaːi²	zin¹ ze⁵	sai²	çe¹	sa¹	tin², de¹	buŋ¹ taŋ¹	phou², ran¹	ab
76. 土	tum¹	naːm⁶	din¹	kən³, naːm⁶	naːm⁶	khəm⁵	mat⁸	vən¹, ran¹	ab
77. 云	pha³	vɯə³	fa³	ma³	kwa³	wa³	ba⁴	deːk⁷ fa³	ca cb ab abd
78. 烟	van²	ʔiːn¹	xon²	jen¹	jen¹	ʔjen¹	ʔin¹	za¹	ca cb ab
79. 火	fai²	fi²	făi²	pui¹	fi¹	wi¹	vəi²	fei¹	ca cb ab abd
80. 灰	piau¹	mak⁷, moŋ¹	mun⁵	phuk⁹	kha¹	pha¹	fok⁷	pluːn²	

续表

百词表 \ 民族语	a 台语支 壮(龙)	a 台语支 布依	a 台语支 傣(西)	b 侗水语支 侗	b 侗水语支 仫佬	b 侗水语支 水	c 临高	d 黎	同源语言
81. 烧	tɕoːt⁷, tɯ¹	ɕut⁷	sot⁹	ʔoi¹	taːu³	taːu³	lut⁷	tshui³	ca
82. 路	lo¹, hon¹	zɔn¹, lo⁶	xun¹, taŋ²	khwən¹'	khwən¹'	khwən¹	sun¹	kuːn¹	ca cb ab abd
83. 山	ɬaːn¹	po¹	doi¹, koŋ²	ɬən²	pɣa¹	pja¹	saŋ¹	gaŋ¹, daːu³	
84. 红	kwaŋ¹, deːŋ¹	diŋ¹	deːŋ¹	ja⁵'	laːn³	haːn³	liŋ¹	deːŋ³, gaːn³	ca cba
85. 绿	luk⁸, kheːu¹	lɔk⁸	heu¹, xeu¹	su¹'	həu¹	ɕu¹	luk⁸, heu¹	khiːu¹	cba
86. 黄	ləːŋ¹	hen³	lən¹	maːn³'	ŋ̊aːn³	maːn³	laŋ¹	khaːu²	ca
87. 白	peːk⁸	haːu¹	xau¹, phək⁹	paːk¹⁰	paːk⁸	paːk⁸	fiak⁸	khaːu², gau²	cba
88. 黑	dam¹	fon⁴	dǎm¹	nam¹	nam¹	ʔnam¹	lam¹	dam³	cbad
89. 夜	kam¹	hɯn²	xɯn²	ɬaːn¹	thəu⁵, mu²	ʔmək⁷, saːn²	kɔn⁴	pai³, hop⁷	
90. 热	jat⁸	zau³, daːt⁷	hon⁴	tun¹, khut⁹	n̠et⁸	do³	lun³, jet⁷	fou³, tsho³	ca cb
91. 冷	daːŋ³	ɕeŋ⁴	nau¹	ljak⁷'	mən¹, n̠it⁷	ŋ̊aːn⁵	nit⁷	khaːi²	cb
92. 满	tim¹	zim¹	tim¹	tik⁹	pik⁹	tik⁷	dik⁷	thiːk⁷	cbd
93. 新	maɯ⁵	mo⁵	mǎi⁵	məi⁵	len⁶, siŋ⁵ sin⁵	mai⁵	tin¹	paːn¹	ab
94. 好	ɬiːn¹, dai¹	di¹	di¹	lai¹	ʔi¹	ʔdaːi¹	mai²	ɬeŋ¹	ca cb ab
95. 圆	mən²	pau⁴, zan²	mun²	ton²	kon⁶	qon²	vin²	pluːn¹, zom¹	ca cb ab abd

续表

百词表 \ 民族语	a 台语支			b 侗水语支			c 临高	d 黎	同源语言
	壮(龙)	布依	傣(西)	侗	仫佬	水			
96. 干(燥)	khaɯ⁵ kaːn¹ buk⁷	zo²	hɛŋ³	so³	khro³	ɣo¹	ȵou¹	khaɯ²	cb
97. 名字	miŋ² tɕi⁶	miŋ² ɕo⁶	tsɯ⁶	kwaːn¹	ʔɣaːn¹, meːŋ²	ʔdaːn¹	nɔi¹	pheːŋ¹	
合计	①ca 58, ②cb 62, ③ab 55, ④abd 30								

百词表 \ 民族语	临高、台	临高、侗水	台、侗水	台、侗水、黎
1. 和		+		
2. 在	+	+	+	+
3. 后面				
4. 坏				
5. 因为		+	+	+
6. 吹		+		
7. 呼吸			+	
8. 小孩				
9. 计算	+	+	+	
10. 砍	+	+	+	
11. 天	+	+	+	+
12. 挖	+	+	+	+
13. 脏				
14. 钝		+		
15. 灰尘			+	
16. 落	+	+	+	
17. 远	+	+	+	+
18. 父亲			+	+

续表

民族语\百词表	临高、台	临高、侗水	台、侗水	台、侗水、黎
19. 害怕			+	
20. 少数		+		
21. 打仗		+		
22. 五	+	+	+	+
23. 漂浮	+	+	+	+
24. 流	+	+	+	
25. 羌		+		
26. 雾				
27. 四	+	+	+	
28. 水果	+	+	+	
29. 草			+	
30. 肠子	+	+	+	+
31. 他	+	+		
32. 重		+		
33. 打击				
34. 握			+	
35. 如何	+	+	+	
36. 丈夫			+	
37. 如果				
38. 湖				
39. 笑	+	+	+	+
40. 左				+
41. 腿	+	+	+	+
42. 活	+	+		
43. 母亲	+	+	+	+
44. 狭窄		+		
45. 附近	+			
46. 老	+	+	+	

续表

民族语 百词表	临高、台	临高、侗水	台、侗水	台、侗水、黎
47. 别人	+	+		
48. 玩				
49. 拉		+		
50. 推	+	+		
51. 暖				
52. 对		+		
53. 右			+	
54. 河	+		+	
55. 绳	+	+	+	
56. 腐烂		+		
57. 擦	+	+	+	
58. 盐	+	+		+
59. 挠	+			
60. 缝	+	+	+	
61. 尖	+			
62. 短	+	+	+	
63. 唱		+		
64. 天空	+	+		
65. 嗅	+			
66. 光滑	+			
67. 蛇	+			
68. 雪				
69. 一些				
70. 吐痰				
71. 劈开				+
72. 挤压			+	+
73. 戳		+		
74. 粘				

续表

民族语　百词表	临高、台	临高、侗水	台、侗水	台、侗水、黎
75. 直				
76. 吮吸		+		+
77. 他们	+	+		
78. 厚	+	+	+	+
79. 薄	+	+	+	
80. 想	+	+		
81. 三	+	+	+	
82. 抛弃	+	+		
83. 系	+			
84. 转	+	+	+	+
85. 洗	+	+	+	+
86. 湿			+	
87. 哪里			+	
88. 宽				
89. 妻子	+	+	+	
90. 风			+	
91. 翅膀	+			
92. 袜				
93. 虫				
94. 你们	+	+	+	
95. 年	+		+	
96. 呕吐	+	+	+	+
合计（220词表）	103	109	96	44

根据前面的比较得出，在百词表中侗台语诸语言的同源词百分比是：

	侗水语	临高话	黎语
台　语	56%	59%	
			31%（与台、侗水同源）
侗水语		63%	

二百词表的同源词百分比是：

	侗水语	临高话	黎语
台　语	52%	56%	
			24%（与台、侗水同源）
侗水语		59%	

二　黎语从侗台语中的分化年代

黎语是最早从原始侗台语中分化出来的语言，这在语言学界已成定论，其依据是黎语与侗台语其他语言间的同源词最少。从前表中，我们亦可看出：黎语与其他语言之间的同源词根是最少的。据统计，百词表和二百词表黎语和侗台语间的同源词百分比分别为31%和24%（一般而言，二百词表的保留率均偏低，所以本节在测算分化年代时以百词表的同源词百分比为准）。下面是二者的分化年代测算：

$$t = \frac{\log c}{2\log r} = \frac{\log 31\%}{2\log 81\%} = \frac{1171}{2 \times 0.21} = 2775（年代为2.775 \times 1000）$$

误差值 δ 为：

$$\delta = \sqrt{\frac{c(c-1)}{n}} = \sqrt{\frac{0.31 \times (1-0.31)}{97}} \approx 0.05$$

$$C_{新} = c + \delta = 0.31 + 0.05 = 0.36$$

$$t_{新} = \frac{\log c_{新}}{2\log r} = \frac{\log 36\%}{2\log 81\%} = \frac{1.022}{2 \times 0.211} = 2.422$$

误差年代 = t − t新 = 2775 − 2422 = 353

从而得出黎语从原始侗台语中分化出来的大致年代为：2775 ± 353 年前，即公元前1134—公元前434年之间，大约在商代至周孝王七年之间。由于一词多义和语言分化后仍可能相互影响等情况的存在，这样"同源词百分比偏高，测算出来的分化年代自然就偏晚，即使加上标准误差值（+）的计算，也不一定能早于实际的分离年代"（徐通锵，1991）。因此，黎语大约在三千年前就已从原始祖语中分化了出来。考古学发现证明，"早在三千年以前，即黎族还可能处于原始母系氏族公社时代，相当于中原地区殷周时代，黎族先民就已从两广大陆泛舟南渡"（广东省博物馆，1960）。这样看来，语言年代学的测算结果跟考古学的发现是比较一致的。

秦汉以前，岭南一带和云南德宏一带聚居着许多越族部落，如"西瓯越""南越""骆越""滇越"，他们是现今侗台语族的先民。尽管学术界对各族的族源看法很不一致，其中仍以台语诸族"土著说"和侗水语诸族"外来说"为主流。据《水族简史》载，"他们的祖先原来居住在邕江流域一带……在这次抗秦斗争中，由于战争的影响（指公元前221—公元前214年秦军南征百越的战争——笔者按），水族的先民离开邕江流域，经今河池、南丹一带，沿龙江溯流而上，往今黔、桂边境迁移，从此开始从骆越的母体中分离出来，逐渐向单一民族发展"；据侗族《祖公上河歌》称"侗族先民来自梧州等地"。与此相反，台语支诸族的主流仍生活在祖先劳作过的土地上。《壮族简史》说，"从现有的文献记载、民俗资料、语言材料和考古发掘材料来看，多数人认为，壮族很早就是在岭南定居的土著民族"。我们认为，在某个年代，由于某些重大的历史事件或严重的自然灾害，侗水诸族的先民离开了繁衍生息的故土，开始了北上的大迁徙，于是侗水语就与台语分化开了。侗水诸族先民大迁徙的具体年代即侗水语与台语分化的年代，《水族简史》认为，在公元前214年侗水诸族先民被南征的秦军打败后而被迫北迁。梁敏先生则认为"这个迁徙过程在唐朝时就已经完成了"（梁敏，1981）。根据百词表的计算得出侗水语和台语的同源词百分比为56%，其分化年代是：

$$t = \frac{\log c}{2\log r} = \frac{\log 56\%}{2\log 81\%} = \frac{0.58}{2 \times 0.211} = 1.374$$

即1374年加上误差值：

$$\delta = \sqrt{\frac{c(c-1)}{n}} = \sqrt{\frac{0.56 \times (1-0.56)}{97}} \approx 0.05$$

$$C_{新} = c + \delta = 0.56 + 0.05 = 0.61$$

$$t_{新} = \frac{\log c_{新}}{2\log r} = \frac{\log 61\%}{2\log 81\%} = \frac{0.494}{2 \times 0.211} = 1.171$$

误差年代 = 1374 - 1171 = 203

因而，得出侗水语同台语的分化年代大约在公元 1374 ± 203 年间，相应的历史年代为公元 397—803 年之间，即东晋隆安元年至唐代贞元十九年之间。这个结果与《水族简史》的看法相差甚远，而跟梁敏先生的观点基本一致。

过去，中外学者对"临高人"的族属、族称和"临高话"的语言系属众说纷纭，莫衷一是。有人认为它与缅语接近（萨维那，1931）；有人认为"它可能是黎语和泰、汉语的混合语"（H. 史图博，1937）；也有人认为"'临高话'也许是客家方言和北方话的一个混合语"（云维利，1979）。李方桂先生指出："流行于海南岛北部临高、澄迈和琼山的熟黎话（即临高话）也属于这个语群（即北部台语）。"（李方桂，1973）。梁敏先生曾用 485 个根词在临高话与侗台语族各语支之间进行了词汇异同对比，得出的结论是："临高话"在侗泰语族当中，和壮泰语支比较接近（梁敏，1981）。从此以后，在我国侗台语语言学界就以"临高话属汉藏语系壮侗语族壮傣语支"的观点占主导地位。我们根据斯瓦迪士的百词表和二百词表在临高话与侗水语、台语之间进行同源比较，得出的结论却刚好相反。在百词表中，临高话跟侗水语和跟台语的同源词百分比分别为 63% 和 59%，二百词表中则分别为 59% 和 56%。下面以百词表为准，先测算临高话与侗水语的分化年代：

$$t = \frac{\log c}{2\log r} = \frac{\log 63\%}{2\log 81\%} = \frac{0.462}{2 \times 0.211} = 1.095$$

$$误差值\ \delta = \sqrt{\frac{c(c-1)}{n}} = \sqrt{\frac{0.63 \times (1-0.63)}{97}} \approx 0.05$$

$$C_{新} = c + \delta = 0.63 + 0.05 = 0.68$$

$$误差年代 = 1095 - 915 = 180$$

这样临高话跟侗水语的分化年代应为：1095 ± 180 年前，即公元 719—1079 年之间，大约在唐玄宗七年至宋神宗元丰二年。临高话跟台语的分化年代：

$$t = \frac{\log c}{2\log r} = \frac{\log 59\%}{2\log 81\%} = \frac{0.528}{2 \times 0.211} = 1.251$$

$$误差值\ \delta = \sqrt{\frac{c(c-1)}{n}} = \sqrt{\frac{0.59 \times (1-0.59)}{97}} \approx 0.05$$

$$C_{新} = c + \delta = 0.59 + 0.05 = 0.64$$

$$误差年代 = 1251 - 1057 = 194$$

故二者的分化年代应为：1251±194年前，即公元549—937年之间，大约在南北朝太清三年至五代十国后晋天福二年之间。不仅在百词表中临高话与侗水语的同源词百分比高于台语，而且在比较过程中，我们发现不少基本词内"临高话"与侗水语支相同，而与壮傣语支各语言都不相同。如 nan^4（肉）、nit^7（冷）、tu?^{7}（尾巴）等。拉斯克（Rasmus Rask）认为，"一个语言，无论它怎样混杂，如果它的最主要、最具体、极不可少的、作为这一语言的基础的语汇，恰好和另一个语言相同，那么这一语言和另一语言应该属于同一语支"（Rasmus Rask，1967）。由上我们似乎可以得出这样的结论：临高话与侗水语的关系比它与台语的关系更亲近，换句话说，就是台语跟侗水语分化了若干年以后，临高话才从侗水语中分化出来。至于在四五千乃至上万个词语中，临高话与台语的同源词比与侗水语的多，我们认为可以从下面两个方面来认识。

（一）台语诸族尤其是壮族跟临高人隔海相望，到了明清以后，相互间的接触更为频繁，因此许多基本词汇就可能相互影响借用。

（二）关于临高人存在着"是从征而来的壮族军队后裔"的说法，梁敏先生曾以翔实的史料论证了这种说法的不科学性（梁敏，1981）。不过，虽然"壮族军队后裔说"不能成立，但不能否认渡海南征的壮族军人的壮语对临高话的深刻影响。这可能就是在上千个常用词汇中，临高话跟台语支的同源词多于侗水语支的原因。

三 结语

我们运用语言年代学的方法，测算出了侗台语各语支之间的分化年代，其结果是：黎语约在三千年前的商周时代从原始侗台语中分化了出去；侗水语和台语支的分化当在1374±203年前的唐代；"临高话"跟侗水语支的关系比跟台语支的关系密切，"临高人"在1095±180年前的唐末前后脱离侗水语族母体泛舟南渡。

利用语言年代学方法虽然可以解决一些历史比较法不能解决的问题，但切不可因此而忽视了其内部隐含的严重弱点：

首先，它是根据基本词根语素的保留率进行纯数学的测算，无法顾及各种复杂的社会条件，因而在一些特殊的社会条件下如果运用这种方法来计算语言的分化年代，有它一定的局限性。

其次，由于语言具有鲜明的民族特点，以什么方式去表达人类共同的概念，不同的民族语言是不同的，因而两种语言很难找到意义、用法等各方面都等价的词。这是语言年代学所用词表的一个弱点。以侗台语为例，如"皮肤"（skin）和"树皮"（bark）共用一个词；表示"树"（tree）的 mai^4 的意义很广泛，包括木材及各种木块；英语里的"脂肪"（grease）很难在侗台语中找到意义完全对等的词。面对这种参差的对应，词表在对比翻译时就不能不带有一点主观色彩，这就必然会影响测算的准确性。

过去语言年代学都是用于测算两种亲属语族的分化年代，本节首次把这种方法用于测算亲属语族跟语支、语支跟语支之间的分化年代，因此有不少地方尚属探索性质。如就两个语支而言，究竟要有几种语言的语音有对应关系才能确定该词为这两个语支的同源词的问题，过去的看法就不一致。因此，我们所定的标准是否科学，尚待进一步验证。

第五节　侗语方言土语的新划分

侗族有近三百万人口，分布在黔、桂、湘、鄂的几十个县中。侗语仍然是大多数侗族人民的主要交际工具。侗语分布的范围不仅十分广泛和分散，同时又处在汉语、苗语、水语、壮语等多语种混杂的语言环境中，可想而知侗语的地域差异肯定是很复杂的。因此，对侗语进行方言土语的科学划分不仅是对侗语客观认识的需要，也是侗语文教学研究、侗族历史文化研究的需要。20 世纪 50 年代国家组织有关人员对侗语进行了普查，在普查的基础上，经过分析比较，对侗语的方言土语进行了划分。当时，把侗语划分为南北两个方言，每个方言内又各包括三个土语。[①]

侗语 ｛
　南部方言 ｛
　　第一土语：榕江、通道、龙胜、三江（独洞）、锦屏（启蒙）
　　第二土语：黎平、从江、三江（和里）
　　第三土语：融水、镇远
　北部方言 ｛
　　第一土语：天柱（石洞）、三穗、剑河
　　第二土语：天柱（注溪）、新晃
　　第三土语：锦屏（大同）、靖县

---

① 贵州民族语委编：《侗族语言文字问题科学讨论会汇刊》，1959 年 10 月。

20 世纪 80 年代以后，我们对各地侗语进行了全面的调查和重点的复查。在此基础上进行了综合的分析比较，对过去划分的方言土语有了一个更符合侗语方言分布实际的认识。我们认为，原来对侗语方言的划分基本符合侗语方言的分布实际，但也有一些不够恰当之处，应该进行适当的调整。否则，不仅反映不了侗语地域分布的特点和实际，而且还将对侗语文的教学研究工作和其他工作产生不良的影响。

一

侗语方言土语的划分标准跟汉语一样应以语音标准为主，因为侗语各方言土语差异最大、最具语感的是语音。当时对侗语方言的划分在语音上有三个标准：（1）元音是否分长短，元音分长短的（至少 a 分长短）为南部方言，不分长短的为北部方言；（2）-k 尾的存留情况，保留-k 尾的为南部方言，-k 尾丢失或变为喉塞音韵尾-ʔ 的为北部方言；（3）数词和量词是否有条件音变，无音变的为南部方言，有音变的为北部方言。

方言的划分标准应具有普遍的代表性，它是检验方言土语划分是否正确的尺度。但用这三条标准来衡量原来所划分的方言土语会产生矛盾和交叉。

我们先来看第一个标准——元音分长短。启蒙话和报京话原划为南部方言，按理元音应分长短，但是据我们调查，这两个点的元音并没有长短之分（短 a 大都与 ə 合并，而南部方言短 a 与 ə 分得很清楚）[①]。例如：

词义	鱼池	斗笠	心	侗族	碓	穿（衣）	磨（刀）	盆
章鲁	tam^1	$təm^1$	$səm^{1'}$	kam^1	$kəm^1$	tan^3	pan^2	$pən^2$
启蒙	$təm^1$	$təm^1$	$səm^{1'}$	$kəm^1$	$kəm^1$	$tən^3$	$pən^2$	$pən^2$
报京	$tən^1$	tin^1	sin^1	$kən^1$	$kən^1$	$tən^3$	$pən^2$	$pən$

再来看-k 尾的情况。按理报京和启蒙侗话的-k 尾应无一例外地与南部方言一样保留着。但是，我们调查时发现，这两个点的-k 尾也与北部方言的其他土语一样丢失了。其中报京的-k 尾有的丢失，有的并入-t 尾：在 a 元音后丢

[①] 这两个点的材料：贵州启蒙的者楼（$tsai^6 ləu^2$）话、镇远报京（$pu^4 tin^1$）话以及下面将提到的湖南新晃李树（$ti^4 ju^1$）话、贵州榕江章鲁（$saːŋ^1 lu^3$）话、锦屏秀洞（$su^{5'}$）话、广西融水大荣（$sun^1 jeŋ^1$）话、贵州黎平岩洞（$ŋəm^2$）话等都是笔者调查的。

失，在 o 元音后一部分丢失，一部分并入 -t 尾，在其他元音后都并入 -t 尾。例如：

词义	大	软	额头	雷	舂（米）	百
章鲁	maːk^9	ma^3	pjaːk^9	pja^3	saːk^9	pek^9
报京	ma^3	mʌ^3	pja^3	pjʌ^3	sa^3	pet^9
词义	八	鲫鱼	扁豆	泡沫	墨	蚂蚁
章鲁	pet^9	pik^{10}	pit^{10}	puk^{10}	mak^8	mət^8
报京	pet^9	pit^{10}	pit^{10}	put^{10}	mut^8	mut^8

启蒙侗话的 -k 尾也已全部丢失。-k 尾丢失后其入声调变成了舒声调，7 调变为 5 调，8 调变为 4 调（不送气声母也变为送气声母），9 调变为 6 调，10 调变为 4 调。例如：

词义	场所	妇女	休息	洗（衣）	湿	田	胸	中
章鲁	saːk^{10}	sa^4	sa^5	sak^7	jak^7	ja^5	tak^7	ta^5
者楼	sa^4	sa^4	sa^5	sa^5	ja^5	ja^5	ta^5	ta^5
词义	六	萝卜	衣服	百	淡	锈	耕（田）	过
章鲁	ljok^8	pak^8	uk^9	pek^9	sik$^{9'}$	jaːk^{10}	saːk^9	ta^5
者楼	lhjo^4	pha^4	qu^6	pe^6	sɿ^6	ja^4	ta^6	ta^6

最后，再来看数词和量词的条件音变。秀洞侗话属北部方言，按理也应有数词和量词的音变现象，① 但据我们调查，它没有这类变化。例如：

词义	三	三十	四	四十
高坝*	ham$^{1'}$	ɕi^3 ʑam$^{1'}$	hi^5	ɕi^3 ʑi$^{5'}$
秀洞	sam$^{1'}$	ɕi^1 sam^1	si^5	ɕi$^{1'}$ si$^{5'}$

---

① 侗语北部方言的第一、二土语的数词、量词有条件音变现象。量词受 i^1 "一"的修饰，和数词三、四、六、七、八、九受形 ɕi^3 "十"的修饰，其声母都要发生音变。请参看石林《侗语的变音变调现象》，《民族语文》1983 年第 5 期。

续表

词义	（二）个	（一）个	（三）只	（一）只
高坝	nən^1	z̦ən$^{1'}$	to^2	z̦o^2
秀洞	nən^1	nən^1	tu^2	tu^2

* 高坝侗话属侗语北部方言第一土语，为笔者的母语。

从上述可以看出，用这三条语音标准来衡量原来所划分的南北方言都会有参差现象：有的特征不仅北部方言有，南部方言有的也存在（如元音不分长短、-k 尾丢失）；有的现象不仅南部方言没有，北部方言有的也没有（如数词、量词的条件音变）。所以，我们认为这三条语音特征不能作为南北部方言的划分标准，它们不是南北部方言的区别性特征。

二

侗语南北部方言的区别性特征是什么呢？以什么样的语音特征来作为南北部方言的划分标准呢？

方言的划分很难找到一个对任何一种语言都适用的统一标准。每个语言都是根据自身的语言特征以及一定的社会因素来确定其方言的划分。一般来说，方言的划分大都依据词汇的异同情况，能否通话，地理上是否邻接以及历史上文化的往来等多种因素来进行综合考虑。如果词汇上差距较大，相互间通话就困难，两者在地理上也多是隔离的，历史上和现在互相来往也一定较少。因此，这种语言就自然形成了方言的差别。南北侗语之间横亘着一条汉语、苗语的自然隔离带，地理的隔绝使两者之间的来往较少。南北侗族的文化特征也存在着较大的差异，这就说明两者分化的时间较为久远。所以，我们认为南北侗语方言的形成是必然的，是由来已久的。从这个意义出发，原来把在北部方言区范围内的启蒙侗话、报京侗话划到南部方言去是不恰当的。处在侗语最南端的融水侗话和最北端的报京侗话，两者直线距离在 200 公里以上，划为同一个方言土语（南部方言第三土语）是不可理解的，除非有证据能证明两者在历史上是由同一方言分化来的。

方言间的差距通过一定的形式（语音的或词汇的或语法的）表现出来，这种表现形式就是方言的区别性特征。方言的区别性特征是多方面的，不是单一的，但只要选择其中一条或数条作为方言划分的标准就够了，但这个标准要具有普遍的代表性，即应为一定的方言所特有而为别的方言所没有的。

因此，能够作为侗语南北方言划分标准的主要依据就是-k尾的存留情况：保留-k尾的为南部方言，丢失-k尾的为北部方言。这是南北部方言的区别性特征，用它来衡量和检验侗语各方言土语的划分十分简捷准确，不会有参差现象。凡为南部方言的，不管是哪个土语都保留着-k尾；凡是北部方言不管是哪个土语，都无一例外地丢失了-k尾。例如：

方言	章鲁	岩洞	大荣	高坝	秀洞	李树	启蒙	报京
百	pek⁹	pek⁸	pek⁹	pet⁹	pe³	pe⁶	pe⁶	pet⁹
八	pet⁹	pet⁹	pet⁹	pet⁹	pet⁹	pe⁶	pet⁹	pet⁹
喜鹊	ça:k⁹′	çha:k⁹	ɬa:k⁹	ça³	ça³′	ja³	ça³	ça³
纺	ça³′	çha³	ça³	ça³	ça³′	ça³	ça³	çʌ³
出	uk⁹	ok⁹	uk⁷	u³	u³	whu⁶	u⁶	o³
故事	ku⁶	sa⁶	kau⁵	u³	u³	ku³	qu⁶	qu³
泡沫	puk¹⁰	puk¹⁰	pok¹⁰	pu⁴	pu⁴	wu⁴	po⁵	put¹⁰
父母	pu⁴	pu⁴	pu⁴	pu⁴	pu⁴	pu⁴	pu⁴	pu⁴
洗（衣）	sak⁷	sak⁷	sak⁷	ha⁵	sa⁷	z̪a⁵	sa⁵	set⁷
休息	sa⁵	sa⁵	dwa⁵′	ha⁵	sa⁵	z̪a⁵	sa⁵	sʌ⁵

方言的划分不能单凭一两个简单的标准就能定下来。词汇、语音和语法的异同情况是语言方言划分的基础。然后在这个基础上找出其最具代表性的区别性特征来作为方言划分的标准。-k尾的存留情况即是我们认定的侗语南北部方言划分的标准，它是侗语方言语音差异的主要表现形式，是侗语方言差别的代表。

对于北部方言-k尾的丢失可能有人会表示怀疑，有的北部方言的侗语教师也认为自己的母语中存有-k尾。笔者曾找出南部方言所有的-k尾字，向一部分北部方言的侗语教师进行调查。的确他们有的能把声母、声调和韵母中的元音都相同，只是有的带-k尾有的不带-k尾的这两类字分辨开来，但他们之所以能区分这两类字完全得益于元音和声调的帮助。像报京侗话能区分大部分-k尾字，靠的就是元音音质的不同；-k尾字一般表现为前a，非-k尾字表现为后ʌ，者楼侗话则靠声调的不同来区分这两类字。

但是这两种情形对于所有的这两类字并不都是适用的，因而还会有这两类字同音的现象。在南部方言这两类字区分得十分清楚靠的是韵尾的不同，但是在北部方言有的全部、有的至少有两组这两类字是同音字。我们认为-k 尾字非-k 尾字同音的现象就是-k 尾消失的力证。在南部方言绝不会有-k 尾字与非-k尾字同音的现象。

同时，我们也找到了侗语北部方言使用者在正式书写中表现在-k 尾字与非-k 尾字相混的现象。这里仅以两个点为例：

	六	月	部	大	八	落
章鲁	ljok^8	ŋwet^{10}	pu^6	ma:k^9	pet^9	tok^7
启蒙侗语教师	ljo^4		puk^6			
报京侗语教师	ljot^{10}	ŋek^{10}		ma^3/ma:k^9	pek^9	tot^7

从上表可以看出，没有-k 尾的字写成了有-k 尾的字，有-k 尾的又写成了没有的，同时还出现了-k 尾字与-t 尾字相混的现象。类似的现象在北部方言各土语中都普遍存在，而在南部方言则不会有类似现象。这也是北部方言-k 尾丢失，南部方言存留-k 尾的又一力证。

三

以-k 尾的有无为标准，我们对原来划分的侗语方言土语进行了适当的调整：

侗语
- 北部方言
  - 第一土语：锦屏九寨、天柱高酿、石洞、剑河、三穗
  - 第二土语：锦屏大同、秀洞、靖州（新街）、会同、天柱三门塘
  - 第三土语：天柱岳寨、注溪、新晃、芷江、玉屏、万山、靖州（坳上木桐寨等）
  - 第四土语：锦屏启蒙
  - 第五土语：镇远报京
- 南部方言
  - 第一土语：榕江车江、通道、龙胜、三江独洞、八江、林溪、靖州哨团
  - 第二土语：黎平、从江、三江（和里）、融水中寨、大年、安太、寨怀、罗城那冷
  - 第三土语：融水大荣、杆洞、聘洞

土语的确定也是建立在词汇、语音和语法大多一致的基础之上的。各地侗语使用者的语感，即他们自己认定的相同言区也是土语划分的重要参考因素。每一个土语也同样有自己的区别性特征，我们也是以这些区别性特征来作为土语划分的标准。

北部方言各土语间的区别性特征是什么呢？我们认为声调是划分北部方言各土语的标准。因为调类是历时的，而调值是调类的共时表现，最具地方特色，调值相同的说明它们分化的时间并不长，各地的说者往往以声调调值的异同来划分同言区。现根据声调的多少把北部方言五个土语区分开来。例如：

调类	1	1′	2	3	3′	4	5	5′	6	7	7′	9	9′	8	10
石洞	45	11	22	33	13	31	55	24	44	55	24	33	13	13	31
秀洞	13	22	42	323	23	212	45	24	44	55	24	33	23	31	23
李树	55	13	13	33	33	22	53	24	31	55	55	33	31	33	22
者楼	45	213	412	33	33	31	55	343	43	55	343	43	43	31	31
报京	22	22	31	33	33	33	13	13	44	55	55	33	33	33	55

从上表可以看出，石洞有9个声调，秀洞竟有10个声调，这是目前我们所发现的声调最多的一个点；李树有7个声调；者楼有8个声调；报京只有6个声调，它保留了侗语较早的声调格局，平、上、去、入各分阴阳两个调，理应为8个调，但由于阴入、阳入的调值都与舒声调的调值相当，所以，它只有6个声调。这五个点的声调数都是不同的，现以声调数是否相同作为北部方言的划分标准，把所列的五个点分别划分为第一、第二、第三、第四、第五土语。

土语内的声调数并不是完全一致的，但土语内各个点的声调的调值却是相当一致的。所以，当土语内的声调数不相同时，我们就要看内部的调值是否一致。如果一个点比本土语的其他点少一个或多一两个声调，但其余声调的调值却都与其他点一致时，这个点仍属于这个土语。调值最具地方特色，调值是划分同言区的重要标志在这里起了作用。汉语方言中不乏这样的例子。如京津两地说者就凭阴平调的不同调值（北京55，天津21）来判断对方说的是北京话还是天津话。侗语北部方言第一土语的锦屏平秋侗话比同土语的其他点少一个声调，只有 8 个声调（它的 6 调已并入 3′调），但它的其余声调的调值却仍然与同土语内的其他点相同。平秋的声调虽然与第四土语的者楼话一样都是 8 个声调，但二者的调值却相去甚远，所以不能把它们划为同一土语。例如：

调类	1	1′	2	3	3′	4	5	5′	6
高坝	45	11	22	33	13	31	55	24	44
平秋	45	11	22	33	13	31	55	24	13
者楼	45	213	412	33	33	31	55	343	43

从上表可以看出，在九个声调中，平秋与高坝相同的有八个，而与者楼相同的只有四个。所以说，当以声调数的多少来划分土语的标准遇到麻烦时，以调值的相同来作为补偿是完全可行的。

除此之外，北部方言各土语间在词汇、语音和语法方面也存在着一些差异。拿声母来说，第三土语几乎所有的塞音、鼻音、边音、擦音、塞擦音声母都分送气与不送气的两套；第二土语、第五土语只有塞音、塞擦音声母才有送气与不送气的两套，其余声母都没有送气的；第四土语虽然塞音、塞擦音、鼻音声母也有送气与不送气的两套，但擦音和边音声母没有送气的；而第一土语绝大部分地区（三穗款场除外）的所有声母都没有送气的。另外，报京还有一个特殊的舌面擦音 ɬ-分别与其他土语的舌尖塞音、舌根塞音、边音、双唇塞音等对应。例如：

方言	报京	高坝	秀洞	李树	者楼
鱼	ɬʌ^1	ta^1	a^1	tja^1	pa^1
酒	ɬo^3	tau$^{3′}$	khau^3	khwau^3	khau^3
圆	ɬon^2	ton^2	ton^2	kwon^2	ton^2
插秧	ɬən^1	ləm$^{1′}$	ləm$^{1′}$	lhəm$^{1′}$	ləm$^{1′}$
麻雀	ɬai^3	ljai$^{3′}$	ljai$^{3′}$	ȵai^3	ɕeu^4
远	ɬai^1	ȶai^1	kai^1	ȶai^1	tjai^1
水牛	ɬe^2	wi^2	we^2	ji^2	we^2

同样，声调也是划分南部方言各土语的标准。第一土语有 9 个声调（但三江程阳侗话只有 8 个声调，它的 6 调已并入 3 调），它的阴类调都分出一个送气调。第二土语只有 6 个声调，它的阴类调都没有再分化。第三土语也有 9 个声调，它的阴平、阴去也都分出一个送气调，阴上没有分化，但阳去因送气声母的出现也分出一个送气调，这也是侗语其他点所没有的。例如：

调类	章鲁	岩洞	大荣
1	55	31	44
1′	35	31	34
2	22	121	13
3	323	55	323
3′	13	55	323
4	31	13	21
5	53	51	45
5′	453	51	24
6	33	22	53
6′	—	—	453
7	55	42	55
7′	35	42	24
9	323	55	33
9′	13	55	33
8	22	12	13
10	31	13	21

此外，在声母方面三个土语也各具特色。第一土语只有塞音声母才分送气与不送气两套，其余声母都没有送气的。而第二土语几乎所有的声母都分送气与不送气的两套。第三土语却有其他点所没有的浊塞音声母 d-、ɖ-、b- 和舌面塞音声母 c-、边擦音声母 ɬ-。在词汇方面，第三土语也有一些不同于其他土语的词。例如：

词义	溪	羊	鱼	漆	麻	姐姐	剪刀
章鲁	kui³	lje³	pa¹	sət⁷	aːn¹	ȶai⁴	niu²
岩洞	kui³	lje³	pet¹⁰	thət⁷	qaːn¹	tjai⁴	měu²
大荣	jək⁷′	swa²	məm⁶′	dak⁷′	caːt⁹	pwa²	ɖu¹′

词义	红	恨	甜	贵	鬼	药	
章鲁	ja⁵′	saŋ¹	khwaːn¹′	ȶui⁵	ȶui³	əm³	
岩洞	jha⁵	saŋ¹	khwaːn¹′	ȶui³	əm³	əm³	
大荣	lhən³	ȶai³	laŋ¹	pəŋ¹′	ti⁷	sa²	

我们划分侗语南北部方言的标准是-k 尾的有无，划分土语的标准是声调。根据这两个标准把原来划分的方言土语进行了某些调整：原划入南部方言的启蒙侗话和报京侗话分别划为北部方言的第四土语和第五土语，融水大荣侗话划为南部方言第三土语，融水其他点的侗话划入南部方言第二土语。

第六节　侗语方言土语间的通解度调查

一　意义与方法

所谓的通解度，指在甲语言或方言说者听取乙语言或方言的一定语段时对其进行量化测试而得出的听懂率。通解度的高低基本上能反映语言或方言间异同的实际。我们在 2002—2003 年对侗语方言土语间的通解度进行了调查。此次调查结果对侗语方言土语的划分和侗语的双语教学，以及侗族的历史文化研究都很有意义。这种通解度调查，在中国语言学界似乎是一种新的尝试。它与以往以语音或词汇的计量分析结果来求证语言或方言异同的亲疏关系不同。[①]它得出的结果更能反映语言或方言间异同的实际。我们认为，通解度调查不仅对民族语的调查研究有借鉴意义，对汉语方言的调查研究也有借鉴意义。

我们先后对南北侗语方言的 11 个点的 110 人进行了调查。南侗的有车江

[①] 黄行：《苗瑶语方言亲疏关系的计量分析》，《民族语文》1999 年第 3 期；《语音对应规律的计量研究方法——苗瑶语方言语音对应示例》，《民族语文》1999 年第 6 期。陈海伦：《基于语音对应规律性程度的侗台语远近关系测度》，《民族语文》2004 年第 1 期。伍文义、辛唯、梁永枢：《中国布依语对比研究》，贵州人民出版社 2000 年版。本调查得到世界少数民族语言研究院（SIL）东亚部的资助。

（榕江县）、乐里（榕江县）、尚重（黎平县）、贯洞（从江县）、林溪（三江县）、大荣（融水县），北侗的有石洞（天柱县）、大同（锦屏县）、启蒙（锦屏县）、中寨（新晃县）、报京（镇远县）。受调查人年龄大都在 20—70 岁，兼顾男女和不同受教育程度者，不选在别的方言土语长期工作或生活过的人。每个调查点各选一个 3 分钟和 2 分钟反映当地现实生活的完整语段作为测试内容。由于民族民间故事的广泛传播性，故不能作为测试内容，以保证通解度结果的真实性。2 分钟的语段仅作为受试者掌握受试方法的内容，不列入测试统计的内容。3 分钟语段在受试人听第二遍时插入 10 个问题，让其回答，答对 1 个题为 10 分，全对为 100 分。每个语段只能测听两次，不能反复测听。每位受试人需用时在 40—60 分钟之间。一个调查点需 2—3 天时间。根据世界少数民族语文研究院（SIL）的经验，语言或方言间的通解度如果在 70% 以上，二者间的通话基本无问题，如果在 70% 以下，二者的通话将有困难。这与我们此次对侗语调查得出的结果相吻合。总之，通解度越高，通话越容易，反之，通解度越低，通话越困难。

二 调查结果与原因分析

1. 车江受试人的通解度

受试土语：车江、尚重、乐里、贯洞、石洞

受试人	车江	尚重	乐里	贯洞	石洞
乃秋艳，女，51 岁，文盲	85	75	70	85	40
乃美江，女，54 岁，文盲	100	65	60	85	60
乃石丹，女，34 岁，中专	100	80	95	90	80
石灿华，男，61 岁，高小	100	70	50	70	55
石灿毕，男，50 岁，初中	90	75	60	65	50
石全昆，男，33 岁，初中	90	70	70	95	60
石全喜，男，17 岁，初中	100	50.3	75	100	50
杨锦云，女，32 岁，初中	100	90	80	65	55
萨石丹，女，59 岁，文盲	90	80	65	90	30
李焕芝，女，34 岁，文盲	100	65	65	70	40
平均百分比（%）	95.5	72	69	81.5	52

从上表能看出,车江受试者对石洞的通解度为52,这基本上反映了二者不能通话的实际。车江、石洞相距数百里地,各为南北方言的第一土语,二者的通解度低可以理解。车江与乐里同在榕江县,相距不过四五十里地,但其通解度竟比外县的尚重和贯洞还低,特别与车江相距一两百里地的贯洞比乐里还高。这里有两个原因。其一,贯洞与车江一样流行侗戏、大歌等侗族传统文化,二者这方面的交流较多,因而互相能听懂对方的侗语。而离车江较近的乐里、尚重属于另一个侗族文化圈,不流行侗戏、大歌,影响了相互间的侗语交流,所以,二者的通解度就低。其二,所选用的乐里语段似不大易懂,以至出现了乐里受试人听乐里语段反比听车江、尚重语段通解度低的反常现象。

2. 乐里受试人的通解度

受试土语:乐里、车江、尚重、贯洞、石洞

受试人	乐里	车江	尚重	贯洞	石洞
吴通海,男,64岁,初中	100	100	100	100	50
杨昌吉,男,39岁,初中	90	100	100	75	50
杨通碧,男,29岁,高中	100	100	100	80	60
杨世奇,男,41岁,初中	80	90	90	90	50
杨胜友,男,70岁,文盲	90	100	100	90	60
杨 艳,女,18岁,初中	100	100	100	95	50
龙治杏,女,25岁,中师	80	90	100	80	50
杨兰花,女,56岁,初小	90	100	100	95	50
杨云姣,女,30岁,小学	90	90	80	80	50
杨爱雪,女,31岁,初中	100	90	100	70	30
平均百分比(%)	92	96	97	85.5	50

在这里,乐里受试人对尚重的通解度为最高(97),原因是乐里和尚重的文化相同,地域相连,两地妇女的服饰也相同。根据我们多年的观察,在侗族内凡是服饰相同的其语言文化也相同,他们同时也是一个比较稳定的通婚群体。凡妇女服饰相异的,不仅语言文化有明显的不同,在历史上他们也往往是不同的通婚群体。乐里受试人对乐里的通解度反而比尚重、车江低的原因见前述(1),在此从略。

3. 尚重受试人的通解度

受试土语：尚重、车江、贯洞、石洞、大同

受试人	尚重	车江	贯洞	石洞	大同
尚重受试人 1 号	100	90	100	70	50
尚重受试人 2 号	80	90	60	40	35
尚重受试人 3 号	100	100	100	45	55
尚重受试人 4 号	100	90	75	50	50
尚重受试人 5 号	100	90	90	40	50
尚重受试人 6 号	90	70	80	50	50
尚重受试人 7 号	90	90	70	45	40
尚重受试人 8 号	100	100	100	55	80
尚重受试人 9 号	100	100	100	75	70
尚重受试人 10 号	100	100	95	65	60
平均百分比（%）	96	92	87	53.5	54

尚重受试人的通解度基本上反映了尚重侗语与上述各土语异同的实际。尚重受试人对各土语通解度的得分高低，和尚重同各土语距离的远近是成正比的。离车江最近所以通解度最高，与石洞相距最远所以通解度最低。

4. 贯洞受试人的通解度

受试土语：贯洞、车江、尚重、石洞

受试人	贯洞	车江	尚重	石洞
贯洞受试人 1 号	100	100	65	40
贯洞受试人 2 号	100	90	100	55
贯洞受试人 3 号	90	85	65	45
贯洞受试人 4 号	95	100	70	40
贯洞受试人 5 号	100	80	90	45
贯洞受试人 6 号	95	95	100	40
贯洞受试人 7 号	80	60	50	50

续表

受试人	贯洞	车江	尚重	石洞
贯洞受试人 8 号	95	100	90	50
贯洞受试人 9 号	100	100	70	50
贯洞受试人 10 号	100	90	90	30
平均百分比（％）	95.5	90	79	44.5

这里贯洞受试人通解度的高低，客观地反映了贯洞侗语同以上三个土语的异同。贯洞和车江相距最近，二者经济、文化方面交往频繁，所以语言的相通性最高。贯洞同石洞相距遥远，两地经济、文化方面无来往，语言的差别自然就大。

5. 林溪受试人的通解度

受试土语：车江、贯洞、石洞

受试人	车江	贯洞	石洞
吴军杰，男，33 岁，中专	90	80	75
杨美艳，女，18 岁，小学	60	45	35
罗仲怀，男，28 岁，小学	90	85	80
陈英全，男，40 岁，初中	80	70	50
吴　敏，女，40 岁，小学	100	70	80
吴建珍，女，25 岁，初中	65	50	50
吴海田，男，35 岁，小学	90	40	30
肖爱情，男，42 岁，小学	85	85	60
吴浓兵，男，53 岁，初小	70	60	40
吴勇胜，男，26 岁，大专	100	70	60
平均百分比（％）	83	65.5	56

在这里我们没有让林溪受试人测听本地语段。林溪受试人的通解度也客观地反映了林溪侗语同上表三个土语差异的实际。三江与从江虽是邻县，但贯洞是侗语南部方言的第二土语，而三江县的独洞、林溪却与榕江县的车江同属南部方言的第一土语。这就是车江的通解度高于贯洞的原因。但林溪受试人对贯

洞的通解度低到 65.5，达到二者不能通话的地步，这是我们料想不到的。林溪同石洞相距甚远，二者间基本无来往，但通解度却较高（56），这可能是两地的声调较为接近，因此互相对对方的侗语形成语感上的认同所致。

6. 大荣受试人的通解度

受试土语：车江、贯洞

受试人	车江	贯洞
贺绍明，男，50 岁，初中	65	20
何绍雄，男，25 岁，初中	55	45
石蕴琛，男，68 岁，初中	75	20
贺宝堂，男，51 岁，高中	50	30
何绍凡，男，53 岁，初中	65	10
张　海，女，17 岁，初中	40	0
贺忠杰，男，37 岁，初中	40	20
贺语茜，女，23 岁，初中	55	0
石柳芬，女，50 岁，小学	75	30
何明川，男，53 岁，中专	85	45
平均百分比（%）	60.5	22

笔者 1986 年曾调查过大荣侗语，那时就感觉大荣侗语很特殊，大荣侗族恐怕很难听懂别的地方的侗语，别的地方的侗族也很难听懂大荣侗语。所以，这次就把一般认为比较好懂的侗语标准音点车江侗语和与大荣邻近的从江县贯洞侗语作为测试对象。测试结果正如所预料的，大多数受试人测听时就说："这些侗话太'苗'了，不好懂。"大荣受试人对车江的通解度只有三个人高于 70（75、75、85），其余都在 70 以下。其中高于 70 的三个人，是因为他们会唱侗歌，而大荣没有自己的侗歌，他们所唱的侗歌是别的地方的侗歌，所以也就能听懂别的地方的侗语。大荣受试人对贯洞的通解度最高也只有 45，一般为 10—30，有两个人竟得 0 分。想不到大荣侗语与贯洞侗语差别这么大，有人居然一句都听不懂。对南部侗语都如此，对北部侗语就可想而知了。之所以如此，也是有原因的。大荣土语也是侗语现存的另一个"方言岛"。大荣侗族的四周生活着汉族、苗族、瑶族和水族，由于长期与其他侗族隔离没有来

往，久而久之就互相听不懂对方的侗语了。

7. 石洞受试人的通解度

受试土语：石洞、大同、车江、尚重

受试人	石洞	大同	车江	尚重
甘功昆，男，65岁，小学	80	70	55	40
吴银香，女，40岁，初中	90	75	35	40
谭金苹，女，27岁，初中	70	55	40	35
岑兰菊，女，23岁，初中	100	70	30	35
王继凤，男，53岁，初中	70	50	25	30
吴世乾，男，64岁，小学	80	65	30	20
杨通钦，男，55岁，初中	80	90	65	40
刘延良，男，69岁，初中	80	50	50	50
简思良，男，28岁，大学	100	45	40	35
刘光恒，男，29岁，高中	80	60	40	45
平均百分比（%）	83	63	41	37

石洞受试人对本地语段的通解度只有83，其原因是所提的问题中，有的答案不具唯一性，容易出现多个答案，而规定的答案又是唯一的，这是其通解度得分不高的原因。但这也是在允许的范围内，若本地的通解度低于80时，那就说明所选的语段或所提的问题存在问题，应取消并重新选新的语段和问题。石洞受试人对其他三个土语通解度的得分基本上反映了石洞侗语同三地侗语相差的实际。

8. 大同受试人的通解度

受试土语：大同、石洞、车江、尚重

受试人	大同	石洞	车江	尚重
龙水妹，女，30岁，初中	95	80	45	50
欧开森，男，48岁，初中	80	40	75	40
欧景松，男，30岁，中专	100	80	80	50

续表

受试人	大同	石洞	车江	尚重
张金鸾，女，32岁，初中	80	70	55	50
王彦椿，男，70岁，中专	100	80	60	50
欧代弟，女，35岁，小学	90	60	65	40
张悠福，男，32岁，初中	80	60	60	50
杨荣江，女，38岁，初小	90	100	50	50
石木江，女，32岁，文盲	70	50	45	40
杨万林，男，40岁，初中	100	80	55	50
平均百分比（%）	88.5	70	59	47

大同受试人听石洞语段的通解度为70，而石洞受试人听大同语段的通解度只有63，这也是有原因的。在北侗，天柱县的高酿、石洞，锦屏县的九寨，剑河县的磻溪、小广，三穗县的款场等地的侗族叫"高坡侗"。他们的侗语为北部方言第一土语，第一土语在天柱、锦屏等县属优势方言，在集市贸易中也是交易语言。而锦屏亮江沿岸的大同、秀洞等地侗族和天柱县清水江沿岸的垩处、三门塘、白市等地的侗族叫"河边侗"。"河边侗"人口较少，受汉语的影响较大，与上述的"高坡侗"相比属弱势方言，所以，他们在经济活动中必然要学习使用"高坡侗语"。这就是大同受试者听石洞语段的通解度高，石洞受试者听大同语段通解度低的原因。大同受试者对车江和尚重的通解度都在60以下，也真实地反映了他们之间侗语差异的实际。

9. 启蒙受试人的通解度

受试土语：石洞、大同、车江、尚重

受试人	石洞	大同	车江	尚重
杨善泽，男，32岁，大学	80	80	80	60
林友英，女，28岁，中专	75	65	85	25
林昌树，男，46岁，高中	90	80	60	65
杨德敏，男，43岁，中专	60	65	75	85
林顺超，男，56岁，初中	70	75	75	90

续表

受试人	石洞	大同	车江	尚重
蔡恩源，男，50岁，初小	90	70	80	50
罗发康，男，36岁，初中	70	80	50	60
杨春云，女，28岁，初中	70	65	70	80
林泽举，男，38岁，初中	90	75	90	60
蔡桂花，女，23岁，初中	70	60	65	55
平均百分比（%）	76.5	71.55	73	63

我们也没有让启蒙受试人测听本地语段。非常有意思的是，启蒙受试人对北侗的石洞（第一土语）、大同（第二土语），对南侗的车江（第一土语）的通解度都是70多，说明启蒙侗族基本能跟三地南北侗的人用侗语通话，启蒙侗族可以说是侗语"双方言"的说者。这是有其原因的。

第一，启蒙地处南北侗交界处，向西是黎平县的尚重侗族，往东是锦屏县的大同侗族，朝北是锦屏县九寨侗族，这样的地理环境便利于同各地侗族交往。第二，有的启蒙侗族传说其祖先是从黎平铜关迁来的，说明其虽居住在北侗，却来自南侗。第三，侗族有在稻田养鱼的习惯，而鱼苗大都来自启蒙。每到春暖花开的季节，启蒙侗族的成年男子挑着鱼担，在侗乡四处奔走，贩卖鱼苗。这样，他们自然而然也就能听懂各地的侗语了。

10. 中寨受试人的通解度

受试土语：中寨、大同、石洞

受试人	中寨	大同	石洞
杨天祥，男，41岁，高中	100	20	40
姚秋菊，女，40岁，高中	100	10	50
杨顺贵，男，54岁，中专	90	35	70
杨瑞钦，男，37岁，中专	95	80	50
杨序高，男，56岁，中专	100	40	60
杨天锡，男，56岁，初中	100	25	55
杨序侃，男，54岁，高中	90	20	65
杨菊林，女，29岁，初中	90	20	35

续表

受试人	中寨	大同	石洞
杨惠娟，女，20岁，中专	100	10	45
杨润月，女，40岁，初中	100	30	35
平均百分比（%）	96.5	29	50.5

我们这里没有让中寨受试人测听南侗语段。从中寨受试人的通解度中可以看出，其对邻县石洞的通解度只有50.5，对同为北部方言的大同的通解度竟低至29，对这二者通解度的平均值只有39.8，这说明他们根本不能同北侗其他土语的人通话。因此，中寨侗语也是一个"他听不懂别人，别人也听不懂他"的侗语土语点。之所以如此，与中寨处在侗语区的最北部有关，这样的地理位置使他们与其他方言土语说者很少有交流机会而造成互不能通话的局面。

11. 报京受试人的通解度

受试土语：石洞、中寨、车江

受试人	石洞	中寨	车江
邰木娇，女，41岁，小学	10	30	30
邰光清，男，38岁，初中	30	20	55
邰琛，男，25岁，大专	50	10	15
周桥岩，男，72岁，文盲	15	0	10
邰光桥，男，39岁，初中	15	10	5
邰天德，男，73岁，小学	30	0	50
邰岩妹，女，58岁，文盲	15	30	10
龙政光，男，57岁，初中	30	10	60
周昌华，男，63岁，初中	20	15	35
邰邦生，男，21岁，中专	40	15	25
平均百分比（%）	25.5	14	29.5

我们没有对报京受试者进行本地语段的调查。报京地处侗族聚居区的最北端（除了侗语已消亡的铜仁地区侗族和鄂西侗族外），其周围均为汉族和苗族

居住区，远离侗族其他居住区，是现存的另一个"侗语方言岛"。报京受试人对侗语南北方言极低的通解度（平均23），是报京侗语"他听不懂别人，别人也听不懂他"的真实写照。由于报京侗族同其他地方侗族在经济、语言、文化方面长期分离，没有交往，导致语言朝着各自方向发展，年深月久，差异越来越大，形成了现在报京侗族同别的地方的侗族根本不能通话的现状。

三 余论

通过这次对侗语方言间通解度的调查，我们有了以下这些认识和体会。

侗语分为南北方言，这同我们调查得出的南北侗只有51%的通解度的结果是相符的。[①] 南侗的车江、北侗的石洞都是南北方言的代表点，它们在南北侗的通解度都是最高的。在南侗，贯洞、尚重、乐里对车江的通解度平均为91，车江、贯洞、乐里对尚重的通解度平均为82.7，车江、林溪、尚重、乐里对贯洞的通解度平均为89.6，可见车江在南侗的通解度是最高的。在北洞，秀洞、启蒙、中寨对石洞的通解度平均为65.7，石洞、启蒙、中寨对秀洞的通解度平均为54.3，可见石洞在北洞的通解度也是最高的。从调查中还可看到，南侗各调查点间（除大荣外）的通解度都在79.6以上，各点间的通话毫无问题。而北侗，启蒙对石洞、大同的通解度在71以上，同这两个点的通话基本无问题；石洞对大同的通解度为63，通话恐怕有些问题；大同对石洞的通解度为70，通话基本无问题；报京和中寨对北侗各调查点的通解度平均为29.7（最低为14，最高为50.5），同各调查点都根本不能通话。南侗间之所以能通话，与大歌、琵琶歌、侗戏等民族传统文化在南侗各地经常交流有关。一个优美的民间故事，像《珠郎娘美》从西边的贵州榕江车江到东边的广西三江林溪，能够家喻户晓、妇孺皆知，这在北侗是根本不可能的。北侗由于没有一种共同的民族文化情趣像纽带一样把各地的侗族连接起来，使各地的语言没有交流，差异必然就大。

车江定为侗语的标准音点是正确的，它与我们的调查结果是相符的。[②] 前面我们已介绍南侗各点对车江的通解度平均为91（大荣除外，大荣对车江为60.5，对贯洞仅为22），北侗各点对车江的通解度为51.3（对与北洞接壤的尚重的通解度为49），车江在南北侗中的通解度都是最高的。这样为各地侗族学

---

① 贵州民族语委编：《侗族语言文字问题科学讨论会汇刊》，1959年10月。
② 石林：《侗语方言土语的划分应作适当调整》，《民族语文》1990年第6期。

习标准音点提供了方便，更便于他们掌握侗语的标准音。

我们曾提出北侗应划分为石洞、大同、中寨、启蒙、报京五个土语，南侗应划分为车江、贯洞、大荣三个土语的主张，这次调查也印证了其正确性。① 启蒙过去曾被划为南部方言。这次调查中，启蒙对石洞、大同的通解度平均为 73.8，对南侗的车江、尚重的通解度平均为 68，启蒙对北侗的通解度要高于南侗，从这一点来看，确实应划为北部方言。大荣对贯洞、车江的通解度平均为 41.3，而南侗各点间的通解度为 84，从这也可看出，把大荣划为南部方言新的土语也是对的。

北侗的报京、中寨，南侗的大荣为侗语中最难懂的三个土语，这是我们在调查中得出的结论之一。报京对南北侗的通解度平均为 24.4，中寨对北侗的通解度平均为 39.8，大荣对南侗的通解度平均为 41.3，他们的通解度在南北侗都是最低的，也表明他们完全不能同南北侗的其他土语进行通话。

方言土语间语音、词汇、语法相同并不等于他们的通解度就相同，也并不等于他们之间就能通话。完整的语义要由语音、词汇和语法组成的语言系统来实现。过去我们往往以语音或词汇或语法异同来求证语言或方言间的亲疏关系，其实这并不能全面地反映其异同的实际情形。例如，对侗语过去曾错误地认为"实际上侗语内部就连方言间的差别也不是很大"②，南侗内词汇相同数达 93%，北侗内词汇相同数达 80%，南北侗间词汇相同数达 71.7%③。如此高的词汇相同率，但南北侗间的通解度只有 51%，两者间远未能通话。笔者也曾以斯瓦迪士的核心百词表，对侗语方言的百词保留率进行过统计，结果如下：车江（章鲁）94%，岩洞 94%，大荣 80%，石洞 89%，大同（秀洞）89%。④ 这就是说，在一百个核心词内，侗语各方言土语间的相同率在 80% 以上，是相当高的。但事实上，南北侗间根本不能通话，报京、中寨和大荣间互不能通话，他们同南北侗的各土语间更不能通话，差异是大的。所以，衡量语言或方言土语间异同的大小，单以语音或词汇或语法的异同作为衡量标准是极不完整的。我们认为，方言土语的划分有必要引入通解度来作为衡量的标准，才能反映其异同的实际。

---

① 石林：《侗语方言土语的划分应作适当调整》，《民族语文》1990 年第 6 期。
② 石林：《侗语汉语语法比较研究》，中央民族大学出版社 1997 年版，第 39 页。
③ 同上书，第 31 页。
④ 同上书，第 184—185 页。

第三章 侗台语汉藏语辅音韵尾流变分析

第一节 侗台语辅音韵尾的发展演变

一

（一）根据傣文①文献记载，至少在 13 世纪（公元 1277 年）时，傣语的"字内组结"②的结构模式就是（F = 辅音，Y = 元音，S = 声调）：$FYF_2 + S$。例如：

词义	三	甜	十	七	鸟
傣语	$saːm^1$	$vaːn^1$	sip^7	$tset^7$	nok^8

其中 F_2 包括这几个辅音：-m，-n，-ŋ，-p，-t，-k。也就是说，在七百多年前傣语韵母的辅音韵尾就已经是这几个辅音了：-m，-n，-ŋ，-p，-t，-k。

（二）国内侗台语族的其他语言由于没有文字记载，我们不能知道这些语言在 13 世纪或更早的时候的音韵面貌。但现在侗台语族国内诸语言的共时音韵面貌与傣语历时的音韵面貌基本是一致的，同样有着 -m，-n，-ŋ，-p，-t，-k 这些辅音韵尾。③例如：

---

① 指 13 世纪时的傣文，引自罗美珍《傣语长短元音和辅音韵尾的变化》，《民族语文》1984 年第 6 期。
② 邢公畹：《语言论集》，商务印书馆 1983 年版，第 124 页。
③ 均引自民族出版社 1980 年 7—12 月分别出版的傣语、壮语、布依语、侗语、水语、毛南语、仫佬语、黎语简志。

语言	傣语	壮语	布依	侗语	水语	毛南	仫佬	黎语
水	nam^4	ɣam^4	zam^4	nam^4	nam^3	nam^3	nəm^4	nam^3
虱子	min^2	nan^2	nan^1	nan^2	nan^2	nan^2	nan^2	than^1
蚊子	juŋ^2	ɲuŋ^2	niaŋ^2	mjuŋ^4	peŋ^5（射）	nuŋ^4	nuŋ^2	nuːŋ^1
十	sip^7	ɕip^8	tsip^8	ɕəp^8	sup^8	zəp^8	səp^8	liːp^7（爪）
蚁	mot^8	mot^8	mat^8	mət^8	mət^8	met^8	myət^8	put^8
鸟	nok^8	ɣok^8	zoʔ^8	nok^8	nok^8	nɔk^8	nɔk^8	ɬoːk^7（聋）

这些语言辅音韵尾的共时表现，说明它们在分化为不同的语言以前，也就是原始侗台语时期，就有了这样的辅音韵尾结构。如果这些辅音韵尾是分化以后才发展起来的话，它们的辅音韵尾就不可能这样整齐划一。

（三）汉语普通话的辅音韵尾现在只有-n, -ŋ 两个韵尾了，但在古汉语①时期，以及现在的广州话②中也有着与侗台语族相同的辅音韵尾结构。例如：

词义	三	山	刚	十	七	力
中古汉语	sam	ʂam	kaŋ	ʂjəp	tshjɛt	ljək
广州话	sam	sam	kɔŋ	sap	tshat	lik

侗台语辅音韵尾的共时面貌跟现代汉语一样也是参差不齐的。对侗台语辅音韵尾的研究，不仅能揭示这些语言字内组结的特点，而且还能找到辅音韵尾发展变化与元音长短和声调的关系，同时通过与汉语辅音韵尾发展变化的比较研究，还能进一步揭示侗台语甚至整个汉藏系语言辅音韵尾发展变化的规律和原因。

二

（一）侗台语族包括台语、侗水语和黎语三个语支。台语支又分为三个次语支：（1）西南支，除国内的西双版纳、德宏、整董等地的傣语外，还有国外的泰语、老挝语、坎堤语、掸语、阿含语、黑泰语、白泰语等；（2）中支

---

① 据李方桂先生的《上古音研究》拟音，商务印书馆 1980 年版。
② 引自李卓敏《李氏中文字典》，香港中文大学出版社 1980 年版。

有广西（如龙州、德保等地）的壮语，云南（广南、砚山等地）以及越南北部的侬语、土语（Tho）等；（3）北支，有广西（如武鸣、田阳等地）和云南东南角剥隘的壮语，贵州的布依语和泰国那空帕南的石话。侗水语支包括侗语、水语、毛南语、仫佬语、拉加语、莫话、佯僙话等。这一支语言主要分布在湘、黔、桂三省相邻地区。黎语支分布在海南岛。侗台语分布的范围相当辽阔，同时它处在一个多语混杂的地区。在漫长的历史长河中，侗台语族诸语言的辅音韵尾发生了很大的变化。由于资料的关系，我们现在还不能确定国外西南支台语辅音韵尾发展变化的概貌。就目前所知，水语、毛南语、仫佬语的辅音韵尾没有发生变化，尚完整地保留着-m，-n，-ŋ，-p，-t，-k 等辅音韵尾。[①]
但傣语、壮语、布依语、侗语和黎语的部分方言的辅音韵尾不同程度地发生了变化。

（二）傣语是本语族中具有古老文字的一支语言。傣语分布在云南省的西双版纳、德宏、文山、红河、玉溪、临沧、楚雄等州、市的广大范围内。傣语的大部分方言仍然保留着完整的辅音韵尾，只有武定、绿春、金平三个方言的辅音韵尾有了明显的变化。[②]

1. 傣语只有个别方言的鼻音韵尾已脱落。

（1）武定话的-m 尾脱落后并入了-n 尾。例如：

词义	三	金	针	苦
版纳	saːm^1	xam^2	xim^1	xum^1
德宏	saːm^1	xam^2	xem^1	xom^1
武定	san^1	xen^2	sin^1	khun^1

（2）绿春话的-m 尾、-n 尾已脱落，只保留-ŋ 尾。例如：

词义	甜	三	人	酸	姜	抱	日	水	舌头
泰语	waːn^1	saːm^1	khon^2	som^3	khiŋ^1	ʔum^3	wan^2	nam^4	lin^4

[①] 均引自民族出版社 1980 年 7—12 月分别出版的傣语、壮语、布依语、侗语、水语、毛南语、仫佬语、黎语简志。

[②] 武定、绿春、金平三点的材料引自罗美珍《傣语长短元音和辅音韵尾的变化》，《民族语文》1984年第 6 期。

续表

词义	甜	三	人	酸	姜	抱	日	水	舌头
版纳	vaːn¹	saːm¹	kun²	sum³	xiŋ¹	ʔum³	van²	nam⁴	lin⁴
绿春	va¹	sa¹	ku²	su³	seŋ¹	uɛŋ³	vɛ²	nɛ⁴	liŋ⁴

从上例能看出，绿春话的-m、-n 尾在其他元音后已失落，只有在高元音（i，u）的后面并入-ŋ 尾。

2. 傣语个别方言的塞音韵尾-p、-t、-k 已失落。

（1）金平傣话的-k 尾在长元音后已脱落，但在短元音后面仍旧保留。例如：

词义	鸟	菜	果子	根	翅膀	儿女
泰语	nok⁸	phak⁷	maːk⁹	raːk¹⁰	piːk⁹	luːk¹⁰
版纳	nok⁸	phak⁷	maːk⁹	haːk¹⁰	pik⁹	luk¹⁰
金平（黑傣）	nok⁸	phak⁷	ma⁵	ha⁶	pip⁹	lu⁶
金平（白傣）	nok⁸	phak⁷	maːʔ⁹	haːʔ¹⁰	piʔ⁹	luʔ¹⁰

（2）武定话尚保留-t 尾，-p 尾丢失后并入-t 尾，但 8 调的塞音韵尾并入-ŋ 尾。例如：

词义	跳蚤	锥子	十	拣	鸟	洗	蚂蚁	指甲
版纳	mat⁷	maːt⁹	sip⁷	kep⁷	nok⁸	sak⁸	mot⁸	lep⁸
武定	mat⁷	mat⁹	sit⁷	kit⁷	noŋ⁴	saŋ⁴	meŋ⁴	liŋ⁴

（3）绿春话的塞音韵尾有的脱落后只保留元音，有的脱落后并入-ŋ 尾。例如：

词义	六	骨	闭（眼）	咬	跳蚤	八	七	菜	嘴
版纳	hok⁷	duk⁹	lap⁷	kaːp⁸	mat⁷	pɛt⁹	tset⁷	phak⁷	sop⁷
绿春	həu³	ləu⁵	la³	ka²	ma³	piɛ⁵	tsiŋ³	phaŋ³	suɛŋ³

（三）壮语是我国各少数民族语言中使用人口最多的语言。壮语的绝大多数方言至今仍然完整地保留着辅音韵尾，只有云南文山黑末话和广西邱北话的辅音韵尾有了不同程度的变化。

1. 文山黑末话是侗台语族中已知的辅音韵尾全部脱落了的唯一语言。大致情形如下①：

（1）-m 尾，-n 尾已脱落，元音鼻化为 ã；-ŋ 尾也已经脱落，元音鼻化为 ɛ̃。例如：

词义	（一）个	万	黑	三	皮	中间
武鸣	an^1	faːn^1	dam^1	saːm^1	naŋ^1	kjaːŋ^1
黑末	ã^1	vã^6	dã^1	sã^1	nɛ̃^{1}	kɛ̃^{1}

（2）所有的塞音韵尾已脱落，促声调变为舒声调。例如：

词义	生（肉）	胸	嘴	果子	蚂蚁	咬	血
来宾	dip^7	ak^7	paːk^7	maːk^7	mot^8	hap^8	lwːt^8
黑末	dɛ^4	a^4	pe^5	me^5	mɛ^2	khɛ^2	luɛ^6

2. 邱北话长元音后的 -k 尾已脱落。例如：

词义	外	饿	客
武鸣	ɣoːk^8	iːk^7	hek^7
邱北	ðuə^6	dʒɯ^5	jiə^5

（四）布依语分布的范围也很广泛，主要在贵州省的中部、南部和西部地区。布依语的大部分地区现在虽然仍旧保留着一套完整的辅音韵尾，但相比之下，在侗台语族中辅音韵尾发展变化较大的恐怕要算布依语和侗语了。比如，

---

① 引自徐扬、王伟的《布依语的塞音韵尾》，《贵州民族研究》1983 年第 3 期。

这两支语言的-k尾不仅是在一两个点的小范围内失落,而是在十几个点以上的大范围内失落。在布依语中以水城田坝话的辅音韵尾的发展变化为最大,它可以代表布依语辅音韵尾发展变化的现状和方向。

1. 塞音韵尾-p, -t, -k都已失落①。例如:

词义	肝	十	扫	血	儿子	虎
龙里	tap^7	ɕip^8	pat^7	lɯːt^8	lɯk^8	kuk^7
田坝	tɯ^5	tsə^6	pe^5	lui^6	lə^6	kə^5

2. 在鼻辅音韵尾中-n, -ŋ尾尚保留,-m尾在失落后已经并入-ŋ尾,也就是说只有-n, -ŋ尾两个韵尾,而-m尾已经失落。② 例如:

词义	三	水	答应	高
龙里	saːm^1	zam^4	ɣaːn^1	saːŋ^1
田坝	saːŋ^1	zaŋ^3	haːn^1	saːŋ^1

(五)侗语分为南北两个方言。在北部方言,-k尾几乎全都失落,-m尾、-t尾也已经在相当多的地区失落。新晃话在侗语的最北端,也是侗语辅音韵尾发展变化最大的地区。

1. 新晃话的闭口韵尾-m、-p已经失落③:

(1)在短元音后-m尾并入-ŋ尾,在长元音后-m尾并入-n尾。例如:

词义	水	黑	侗族	三	忘	借
榕江	nam^4	nam^1	kam^1	saːm^1	laːm^2	jaːm^1
新晃	nuŋ^4	nuŋ^1	tuŋ^1	saːn^1	laːn^2	jaːn^1

(2)-p尾已全部失落同时并入-t尾。例如:

---

① 引自徐扬、王伟的《布依语的塞音韵尾》,《贵州民族研究》1983年第3期。
② 引自喻翠容编著的《布依语简志》,民族出版社1980年版。
③ 所引的侗语列举均系笔者的田野调查。

词义	挑	洗澡	蜡	拣	捉
榕江	ta:p^9	a:p^9	la:p^{10}	ȶəp^7	sap^7
新晃	la:t^9	a:t^9	la:t^{10}	ȶet^7	set^7

2. -k 尾新晃话已经失落，入声调变为相应的舒声调。例如：

词义	落	姑娘	大	鸟	麦	女儿
榕江	tok^7	mjek^9	ma:k^9	not^8	mek^{10}	ma:k^{10}
新晃	to^5	je^6	ma^6	njo^6	me^4	la^4

3. -t 尾在 e 元音后失落，在其他元音后保留。例如：

词义	八	月	笔	胡子	疤痕	病	跳蚤
榕江	pet^9	ŋwet^{10}	pjət^7	mut^{10}	ka:t^9	it^9	ŋwat$^{7'}$
新晃	pe^6	we^4	tjet^7	ɲut^{10}	ȶat$^{9'}$	khit^9	wet^7

（六）黎语分布在海南岛。在侗台语族中，黎语单独成为一个语支。黎语各方言的辅音韵尾尚保留得比较完好，只有中沙话和黑土话的-k 尾在长元音后变为-ʔ 尾。① 例如：

词义	痰	滴	木杵	洗（衣）
保定	ha:k^7	dak^7	tshe:k^7	to:k^7
中沙	he:ʔ^7	dak^7	tshe:ʔ^7	to:ʔ^7
黑土	he:ʔ^9	dak^7	tshe:ʔ^7	tak^7

三

语言在发展变化中也是有规律的。侗台语族辅音韵尾发展变化的具体情形

---

① 黎语引自欧阳觉亚、郑贻青编著的《黎语调查研究》，中国社会科学出版社 1983 年版。

虽然不尽相同，但它们在发展中有着以下共同的特点。

（一）侗台语族的鼻音韵尾在发展变化过程中-m 尾最易失落，-n 尾次之，-ŋ 尾比较保守。据现在所知，只有文山黑末话的-ŋ 尾已经失落。

1. 在侗台语族中-m 尾已经失落的有武定傣话、绿春傣话、文山黑末壮话、田坝布依话、报京侗话、新晃侗话等。这些方言的-m 尾失落后向四个方向发展：

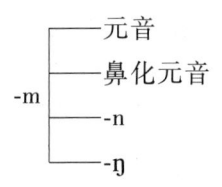

$$
\text{-m} \begin{cases} \text{元音} \\ \text{鼻化元音} \\ \text{-n} \\ \text{-ŋ} \end{cases}
$$

a. -m 尾已失落只保留元音的有绿春傣话。
b. -m 尾失落后并入-n 尾的有武定傣话，新晃侗话，报京侗话等。
c. -m 尾失落后元音鼻化的有文山黑末话。
d. -m 尾失落后并入-ŋ 尾的有绿春傣话，田坝布依话。

2. 侗台语族中-n 尾失落的只有绿春傣话和文山黑末壮话。这两个方言的-n尾失落后向三个方向发展：

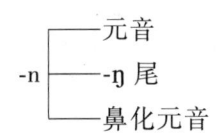

$$
\text{-n} \begin{cases} \text{元音} \\ \text{-ŋ 尾} \\ \text{鼻化元音} \end{cases}
$$

a. 绿春傣话的-n 尾在高元音 i、u 后并入-ŋ 尾，在其他元音后-n 尾失落，只保留元音。
b. 文山黑末壮语的-n 尾失落，失落后元音即鼻化。

3. 在侗台语族中-ŋ 尾失落的只有文山黑末壮话，-ŋ 尾失落后元音即鼻化。

（二）侗台语族诸语言的塞音韵尾在发展变化过程中，-k 尾最容易丢失，-p 尾次之，-t 尾比较保守。

1. 在侗台语族中已失落-k 尾的有金平傣话（在长元音后），武定傣话、绿春傣话、文山黑末壮话、邱北壮话（在长元音后），布依语的 12 个方言点[①]，侗语的整个北部方言区，中沙黎话和黑土黎话。侗台语族-k 尾失落后主要向四个方向发展：

[①] 见徐扬、王伟的《布依语的塞音韵尾》，《贵州民族研究》1983 年第 3 期。

```
        ┌── 元音
        ├── -ʔ
   -k ──┤
        ├── -ŋ
        └── -t
```

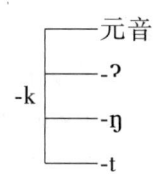

a. -k 尾丢失后只保留元音的有金平傣话，文山黑末壮话，邱北壮话，侗语北部方言区等。

b. -k 尾丢失后一部分并入-t 尾的有高坝侗话。例如：

词义	百	八	姑娘
榕江	pek⁹	pet⁹	mjek⁹
高坝	pet⁹	pet⁹	ljet⁹

c. -k 尾丢失后并入-ŋ 尾的有绿春傣话，武定傣话。

d. -k 尾失落后变为-p 尾的有中沙、黑土黎话，独山、惠水、都匀、贵定、镇宁等布依话等。

2. 在侗台语族中-p 尾已失落的有武定傣话、绿春傣话（一部分字），新晃侗话、报京侗话、文山黑末壮语、田坝布依话等。侗台语族的-p 尾在失落后向三个方向发展：

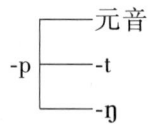

```
        ┌── 元音
   -p ──┼── -t
        └── -ŋ
```

a. -p 尾丢失后并入-t 尾的有武定傣话和新晃侗话。

b. -p 尾丢失后只保留元音的有文山黑末壮话和田坝布依话。

c. -p 尾丢失后并入-ŋ 尾的有绿春傣话。

3. 在侗台语族中-t 尾已丢失的有绿春傣话、新晃侗话（一部分字），文山黑末壮话和田坝布依话。侗台语族-t 尾丢失后，主要向两个方向发展：

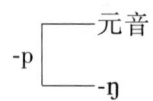

```
        ┌── 元音
   -p ──┤
        └── -ŋ
```

a. -t 尾丢失后只保留元音的，有绿春傣话、文山黑末壮话、田坝布依话、新晃侗话。

b. -t 尾丢失后并入-ŋ 尾的，有绿春傣话。

（三）侗台语族诸语言辅音韵尾在发展变化中的又一个特点是，凡-m尾已经丢失的，-p尾同时也丢失，即两个闭口韵尾同时丢失。例如，武定傣话、绿春傣话、文山黑末壮话、田坝布依话、新晃侗话和报京侗话等的-m尾丢失后，-p尾也同时丢失。在侗台语族中现在还没有发现只失落一个闭口韵尾而保留另一个闭口韵尾的方言。

（四）侗台语族一部分方言语音的发展变化显示，塞音韵尾的失落与元音的长短有很大关系。有的塞音韵尾在长元音后容易丢失，但在短元音后却保留了下来。例如，金平傣话和邱北壮话的-k尾在长元音后丢失了，但在短元音后却保留了下来。有的方言无元音长短的对立，其塞音韵尾也容易失落。例如，侗语北部方言没有长短元音的对立，所以，-k尾普遍失落。

四

（一）关于中古汉语的声调，我国学者看法不一。有的主张"四声四调"说①，有的主张"四声三调"说②。法国学者孟伯迪（Patrick Mansier）主张"形成入声"有三个成分：

1. 塞音尾；
2. 短促；
3. 特殊的调值。③

我们无法证明古代侗台语入声韵有无单独的声调（特殊的调值），但就目前我们所看到的资料而言，侗台语的共时表现为入声韵没有单独的声调（特殊的调值），也可能会有一些例外的资料，我们没有看到或还没有被语言学者发现。我们认为只有音高才有调位的差别，音长则不会影响调位的差别。侗台语的入声韵在音长上，同元音韵、鼻音韵可能不大一样，但它们的音高却是相同的。入声韵、元音韵和鼻音韵之所以有音位对立，并不是它们的声调不同，而是由它们的韵尾不同来决定的。因此，侗台语的入声韵的声调可以与元音韵、鼻音韵归纳为一个调位。在侗台语族中，我们现在还没有发现入声韵具有特殊的调值可以归纳为独立的调位的方言。虽然，国内的语言学者在论述侗台语诸语言的声调时，往往把这些语言的声调分为舒声调和促声调（入声调）

---

① 见李方桂《上古音研究》拟音，商务印书馆1980年版。
② 见李荣《切韵音系》，科学出版社1956年版。
③ 见孟伯迪《辅音尾在汉藏系语言声调体系中的重要性》，《语言研究论丛》第2辑，天津人民出版社1982年版。

两类。但是这种分法仅仅是为了便于与亲属语言及汉语进行比较研究，也主要是根据韵尾结构的异同来划分的，而不是根据调位来划分的。这种划分调类的方法，对于语言工作者进行比较研究是有用的，但是对于归纳一个语言的调位却并不可取。事实上，我国语言学者在为一个民族语言创建文字或改革文字时，并没有考虑声调的舒声和促声，而是按照音位学的方法来归纳调位，来给这个语言确定声调。例如，榕江侗话如果按舒声和入声来划分声调的话，就有15个声调：舒声调9个，入声调6个。实际上这15个声调只有9个调值，也就是说只有9个调位，因为6个入声调的调值分别与6个舒声调的调值相同（1—6调为舒声调，7—10调为入声调）：7调与1调，7′调与1′调，9调与3调，9′调与3′调，8调与2调，10调与4调的调值分别相同。侗台语族其他语言入声调的情形大致与侗语相同。所以，就共时表现而言，侗台语族的入声韵没有特殊的调值，也就是说入声韵没有单独成为一个声调。这一点与李荣先生主张的"四声四调"说相同。

（二）我们关于侗台语族共时表现的"四声四调"说，不仅是由于现在侗台语族中入声韵没有单独的调位，同时也表现在这些语言的韵尾在消失后也没有自己单独的调位。这些语言在入声韵尾失落后，有的保留了原入声韵的调位（这些调位也是与舒声调相同的），有的改变了调位跑到其他调位去了。例如，高坝侗话的-k尾丢失后，仍然保留其与舒声调相同的调位。但石洞侗语-k尾丢失后跑到其他调位去了。例如：

词义	父亲	马	八	百	草鞋
榕江	ţa^{323}	ma^{31}	pet^{323}	pek^{323}	ţaːk^{323}
石洞	ţa^{33}	ma^{31}	pet^{33}	pet^{31}	ţa^{31}
高坝	ţa^{33}	ma^{31}	pet^{33}	pet^{33}	ţa^{33}

（三）侗台语和汉语辅音韵尾的共时表现有很多相同的地方。广州话与侗台语语族一样，也具有-m，-n，-ŋ，-p，-t，-k韵尾。同时，它们的入声韵都没有单独的调值。汉语各方言的辅音韵尾的共时表现有参差不齐的现象，侗台语也一样。汉语方言呈现辅音韵尾自北向南由简单到复杂的地理分布。侗台语族辅音韵尾的地理分布也有自北向南逐渐复杂的现象。例如，处在侗台语北端的新晃侗话、田坝布依话以及武定傣话的辅音韵尾，都已经大大简化了。至于

处在国内侗台语南端的绿春傣话、文山黑末壮话的简化现象，恐怕另有其他原因。

侗台语辅音韵尾与汉语方言的辅音韵尾发展中的一个不同点是，侗台语的入声韵尾在消失前和消失后都没有单独的调位；汉语的入声韵尾在消失前是否有单独的调位，目前各家说法不一，但在入声韵尾消失后仍然保留一个独立的调位，这是事实。例如，长沙话、安徽方言、贵州黎平话等，虽然它们已经没有-p、-t、-k 这类入声韵尾，但这些方言除了具有阴平、阳平、上声、去声四个舒声调外，还有一个入声调。

（四）语音总是在不断地发展变化着的，但语音的发展变化也是有规律的。汉藏系语言的发展变化有这样一种趋势：浊音清音化，发音部位靠后的辅音容易演变成发音部位较前的辅音，辅音韵尾由复杂到简单，元音的长短由对立到消失，声母、声调和元音在发展变化中互相制约互相影响。

侗台语族诸语言辅音韵尾由繁到简的发展变化，是这些语言语音发展变化的结果，它是符合汉藏语语音发展变化的规律的。但是，我们也应看到，侗台语族一些语言辅音韵尾的简化，很可能是受其他语言影响的结果。新晃侗话闭口韵尾和一部分塞音韵尾的消失，很可能与汉语的影响有关。新晃侗话在侗语的北部边缘，处在汉语的包围之中。现在新晃侗族不管男女老少一般都能说一口流利的本地汉语，但是青少年不仅不会讲侗语，就是三四十岁的中青年也只会讲"夹汉"的侗语了。所以，新晃侗语辅音韵尾的简化当然是必然的。至于武定傣话、绿春傣话、田坝布依话和文山黑末壮话辅音韵尾的失落，恐怕也与其他语言的影响有关。

第二节　汉藏语系语言鼻音韵尾的发展演变

辅音韵尾是汉语、藏缅、苗瑶、侗台等汉藏语系语言具有的共同特征。除了汉语有丰富的古代文献，藏语有七八世纪的藏文文献，缅甸语有 12 世纪的文献，彝语有 15 世纪的石刻金文，纳西语有象形文字，傣语有 13 世纪的文献以外，其余的大多数语言都没有历史文献可供稽考。但是文献资料不过是有文字以后的记录，而有文字记载之前的或者根本就没有文字记载过的语言的历史，就只能通过历史比较语言学研究来拟测了。

各语言或方言间的共时差异，往往是语言历时演变的缩影，"原则上大概地理上看得见差别往往也代表历史演变的阶段。所以横里头的差别往往就代表竖里头的差别"（赵元任，1980）。从共时表现来看，汉藏语系语言辅音韵尾存留情况颇为复杂，有的完整地保留着鼻音尾-m、-n、-ŋ 和塞音尾-p、-t、-k，但也有一些语言既丢失了塞音尾，又丢失了鼻音尾（保留鼻化元音或紧元音），成了完全没有辅音韵尾的语言。关于汉藏语辅音韵尾存留的大致情况列表如下。

语族	语言或方言	-m	-n	-ŋ	ṽ	-p	-t	-k	-ʔ
汉语	北京		+	+					
	太原			+	+				+
	苏州		+	+					+
	温州			+					
	长沙		+		+				
	南昌		+	+			+	+	
	梅县	+	+	+		+	+	+	
	厦门	+	+	+		+	+	+	+
	潮州	+		+	+	+		+	+
	建瓯			+					
	广州	+	+	+		+	+	+	
侗台语	武鸣壮语	+	+	+		+	+	+	
	邱北壮语	+	+	+		+	+		
	黑末壮语				+				
	龙里布依	+	+	+		+	+	+	
	都匀布依	+	+	+		+	+		+
	田坝布依		+	+					
	版纳傣语	+	+	+		+	+	+	
	武定傣语		+	+		+			
	石屏傣语			+	+				
	绿春傣语			+					

续表

语族	语言或方言	-m	-n	-ŋ	ṽ	-p	-t	-k	-ʔ
侗台语	鲁章侗语	+	+	+		+	+	+	
	报京侗语		+	+			+		
	李树侗语		+	+					
	官团侗语		+	(+)					
	那溪侗语			+					
	水语、毛南语 仫佬语、莫话 锦话、佯僙语	+	+	+		+	+	+	
	拉珈语	+	+	+	+	+	+	+	
	黎 语	+	+	+		+	+	+	+
	仡佬语		+	+					
苗瑶语	龙胜瑶语	+	+	+		+	+	+	(+)
	连商瑶语	+	+	+		+	+		
	全州瑶语		+	+					
	都安布努		+	+		+	+		
	隆回布努			+					
	三江布努				+				
	养蒿苗语		(+)	+					
	腊乙坪苗语				+				
	畲语		+	+		+			+
藏缅语	阿力克藏语	+	+	+		+	+	+	
	拉萨藏语	+			+	+			+
	德格藏语				+				+
	阿昌语	+	+	+		+	+	+	(+)
	载瓦语	+	+	+		+	+		+
	独龙语	+	+	+		+	+		+
	景颇语	+	+	+	+		+		+

续表

语族	语言或方言	-m	-n	-ŋ	ṽ	-p	-t	-k	-ʔ
藏缅语	乐育哈尼	+		+					
	白宏哈尼	+			+				
	格朗和哈尼			+					
	喜德彝语				v̠				
	嘉戎语	+	+	+		+	+	+	
	普米语			+					
	桃坪羌语								
	贵琼			+					
	错那门巴	+	+	+		+	+	+	+
	珞巴语	+	+	+		+	+	+	
	义都珞巴	+	+	+					

注：ṽ 表示元音鼻化；v̠ 表示元音紧喉；（+）表示该辅音韵尾的存在是有条件的，与其他辅音尾有互补的现象。

资料来源：汉语：《汉语方音字汇》《汉语方言概要》《方言》（杂志）《现代汉语方言》等；少数民族语言：《中国少数民族语言简志》丛书、《民族语文》等；章鲁、李树、官团、报京、那溪侗话、仫佬语、佯僙话等均为笔者的田野调查材料。

一 侗台语鼻音韵尾的演变

从 13 世纪傣文文献和现在侗台语族国内诸语言的共时音韵面貌可以推断，它们在分化为不同的语言以前，也就是原始侗台语时期就具有一整套鼻音韵尾。例如：傣文的 saːm¹ "三"、hvaːn¹ "甜"、dzaŋ⁶ "秤"、sip⁷ "十"、tset⁷ "七"、nok⁸ "鸟"。再如：

语言	傣语	壮语	布依语	侗语	水语	黎语
水	nam⁴	ɣam⁴	zam⁴	nam⁴	nam⁴	nam⁴
虱子	min²	nan²	nan²	nan¹	nan²	than¹
蚊子	juŋ²	nuŋ²	niaŋ²	mjuŋ⁴	peŋ⁵（射）	n̥uːŋ¹

就目前所知，黎语、水语、毛南语、仡佬语、莫话和锦话尚完整地保留着鼻音韵尾，傣语、壮语、布依语、侗语和黎语的部分方言的鼻音韵尾不同程度地发生了变化。

傣语的大部分方言仍然保留着整齐的鼻音韵尾，只有武定、绿春、金平和石屏的鼻音韵尾有明显的变化。武定的-m尾脱落后并入了-n尾。绿春的-m、-n尾都变成元音尾或-ŋ尾。石屏的大部分-m、-n尾都变为-ŋ尾。石屏傣话的-ŋ尾变化不大，只在长元音后-ŋ尾丢失，但元音鼻化。-n尾字除了上述两种常见的变化外，还有一类-n＞0（0表示辅音尾脱落）。

壮语的绝大多数方言至今仍完整地保留着鼻音尾，只有云南文山黑末壮语的鼻音尾变化较大，它是侗台语族中鼻音尾全部脱落的唯一语言。例如：

词义	个	万	黑	三	皮	中间
武鸣	an¹	faːn¹	dam¹	saːm¹	naŋ¹	kjaːŋ
黑末	ã¹	vã⁶	dã¹	sã¹	nẽ¹	kẽ¹

布依语的大部分地区仍保留着整齐的鼻音尾，但有些方言的鼻音尾发生了不同程度的变化。水城田坝话鼻音尾的发展变化最大，它似乎可以代表布依语鼻音尾演变的现状和方向。在鼻音尾中，-n、-ŋ尾尚保留，-m尾无条件失落后并入了-ŋ尾。例如：

词义	三	水	答应	高
龙里	saːm¹	zam⁴	ɣaːn¹	saːŋ¹
田坝	saːŋ¹	zaŋ³	haːn¹	saːŋ¹

侗语的大部分方言仍然比较完整地保留着鼻音尾，但也有许多方言尤其是北部方言已有了程度不同的变化。

李树侗语短a-和u-后的-m尾并入了-ŋ尾，长a-后的-m尾并入-n尾。元音ə-后的-m尾分别并入-n、-ŋ尾。ə-后的-m尾的丢失与声母有关，声母为ʈ-时，-m尾并入-n尾，其余声母后全部并入-ŋ尾。官团侗语的-m尾无条件地并入了-n尾；-ŋ尾除了在后元音o-后保留外，在其他元音后也都并入-n尾。那溪侗语-n尾在a-后变为-i，在e-后消失。-m尾在e-、ə-和a-后变为-ŋ尾。-ŋ

尾有的变为鼻化元音。

上述侗台语族的鼻音尾在发展演变过程中，-m 尾最易失落；-n、-ŋ 尾在不同的语言有不同的表现，仅保留-n 尾的有通道官团侗话，仅保留-ŋ 尾的有绿春、石屏傣话；有的语言鼻音尾消失后元音鼻化。

二 苗瑶语鼻音尾的演变

虽然现在大多数苗瑶语的辅音韵尾已经消失，但从与古汉语的比较中能看出，苗瑶语过去也是有整齐的辅音韵尾的。例如：

词义	答	喝	漆	歇	金	镰
中古汉语	tap	xap	tshjet	xiet	kiěm	liɛm
大坪江勉语	tap	hop	tshiet	hit	tɕom	lim

勉语多数方言土语至今仍保留着整齐的鼻音韵尾，如广西龙胜的大坪江勉语，但也有部分方言的鼻音尾发生了演变。-m 尾在全州双龙话里一律变为-n 尾。宁远九疑山的鼻音尾只剩-ŋ 尾，-m、-n 尾全部并入-ŋ 尾。

苗语诸方言的-m 尾已全部消失，有的只剩鼻化元音。发展得快的，像贵州威宁的石门坎话，鼻音尾一律元音化了。如凯里养蒿的-m 尾有的已消失，有的并入了-n 或-ŋ 尾。养蒿苗语虽然尚保存-n、-ŋ 尾，但也有相当一部分字已失去这两个鼻音尾。毕节青岩的-m 尾并入了-n 尾或-ŋ 尾，一部分-n 尾也并入了-ŋ 尾。腊乙坪大部分字已失去鼻音尾，小部分字读鼻化元音。湖南吉伟的-m、-n 已大部分丢失，少部分并入-ŋ 尾；毕节先进除个别字的-ŋ 尾还保存外，其余的鼻音尾都已消失。威宁石门坎话的鼻音尾有的变成了元音，有的已消失。尧告鼻音尾的演变较为特殊。-n、-ŋ 尾受圆唇元音或圆唇辅音的影响，一部分变成了-m 尾。-m、-ŋ 尾除少部分丢失外，大都变成了-n 尾。

从上述可看出，苗瑶语鼻音尾在演变过程中-m 尾最先丢失，其次是-n 尾，最后是-ŋ 尾，即三个鼻音尾变为两个（开始出现鼻化元音），两个变一个，一个变鼻化元音，最后消失。

三 藏缅语鼻音韵尾的演变

藏缅语族的辅音尾发展呈现出十分复杂的不平衡的状态。麻窝羌语辅音尾最多，有 44 个，不少语言在 3 至 10 个之间，但也有一部分语言如普米、木雅、贵琼、纳木义、彝（喜德、弥勒）、傈僳、纳西、白、怒、基诺等的辅音尾已全部脱落。为了便于比较，本文仅对藏缅语族与其他语族语言所共有的并有共同来源的鼻音尾-m、-n、-ŋ 进行讨论，其余的辅音尾本文将不作讨论。

古代藏语的鼻音尾有-m、-n、-ŋ 三个，到了现代，藏语方言有的完全保留了下来，如阿力克话；有的方言-n、-ŋ 尾已脱落仅保留了-m 尾，并有整套鼻化元音；有的方言鼻音韵尾已脱落，变成了元音鼻化，如德格话。例如：

词义	三	狗熊	药	七	千	喝
藏文	gsum	dom	sman	bdun	stoŋ	ɦthuŋ
阿力克	hsəm	tom	rman	wdən	rtoŋ	nthoŋ
拉萨	sum	thom	mɛ̃ː	tỹː	tõː	thũː
德格	sũ	tã	mɛ̃	dẽ	tõ	thũ

景颇语和独龙语在鼻音尾上的对应还是比较整齐的，少数例外也是存在的。通常有两种例外情况：一是一方有韵尾，一方没有；二是双方都有韵尾，但不相同。例如：

词义	肉	短	湖	（衣服）干	抱
景颇语	ʃan^{31}	tun^{31}	noŋ^{55}	ka^{33}	põn^{33}
独龙语	ça^{55}	tɯi^{53}	nɯ^{55}	kam^{55}	pɔm^{53}

这些例外现象，说明二者的鼻音尾在发展上存在某些不平衡特点。

载瓦语、阿昌语同古代缅语之间大致对应，只有波拉话和浪速话有不同程度的演变。波拉话既有鼻音尾-m、-n、-ŋ，又有鼻化元音，这在汉藏系语言中是少见的。浪速话的-n 尾已经消失，分别并入-m、-ŋ 尾，有一部分-m、-ŋ 尾已脱落成元音尾。

彝语支的语言不仅塞音尾没有了，而且一般也没有鼻音尾；哈尼语有的方言-n 尾已全部消失；在乐育话里-m、-ŋ 尾仍保留着；在白宏话里只保留了-m，而-n、-ŋ 尾都已消失，并出现了鼻化元音；而在格朗和话里，只剩-ŋ 尾，-m 尾也合并为-ŋ 尾。

羌语支的语言可分为北支和南支。北支主要有羌语、嘉戎语、道孚语。南支主要有贵琼语、普语、木雅语。羌语中辅音尾数量之多在藏缅语中是十分突出的。但从发生学方面来看，羌语的辅音尾大多都是后起的，藏缅语共同的原始辅音尾在羌语中已基本丢失。南部语言的鼻音尾大都丢失，少数词仍保留鼻化特征。

综合以上分析可以看出，藏缅语族辅音尾的演变情况是比较复杂的：（1）辅音尾的发展趋势多数语言是由多到少、由有到无，但也有个别语言是由无到有、由少到多，如浪速话、羌语；（2）鼻音尾在发展过程中，-n、-ŋ尾变化比较快，-m尾较为稳定，鼻音尾丢失前要经过元音鼻化阶段才彻底消失。

四　汉语鼻音韵尾的演变

从《切韵》中可以看出，汉语北方话在隋唐时存在着整齐的鼻音尾-m、-n、-ŋ。横向的现代汉语方言是纵向的汉语历史音变的再现，粤方言（广州话）、客家方言（梅县话）和闽南方言（厦门话）仍然完整地保存着整齐的鼻音尾。但是，现代汉语大多数方言的鼻音尾都发生了不同程度的演变。

在汉语音韵史上-m尾曾先后并入-n、-ŋ尾。这从文献记载中可看出。刘熙在《释名·释天》中说："风，兖、豫、司、冀横口合唇言之。""风曰孛缆"上古应读为*pləm，但从上文可以看出在汉代有一些地方已开始读-ŋ尾了。唐末胡曾有一首讥讽其妻子语音不正的诗：呼"十"却为"石"，唤"针"将作"真"。忽然云雨至，总道是天"因"。胡为湖南邵阳人，其妻为四川人。可见在唐末时四川方言收-p尾的"十"已并入收-k尾的"石"，收-m尾的"针"已并入收-n尾的"真"，收-m尾的"阴"已并入收-n尾的"因"。

现代汉语大多数方言大都还有-n、-ŋ两尾，但某些方言只保留了-n或-ŋ尾，有的方言甚至把鼻音尾丢失，变为鼻化元音。

在汉语鼻音尾的发展过程中，-m尾最易失落，-n、-ŋ尾比较保守，鼻音尾消失后保留鼻化元音。

五　结语

虽然我们现在无从得知汉藏语系原始共同语辅音韵尾的真实面貌，但是汉藏语系各语族及汉语各自的原始共同语都曾有过鼻音尾-m、-n、-ŋ，这一点是毋庸置疑的，只是后来由于语言的某种内部或外部原因，这些辅音尾发生了不同程度的变化。

在汉藏语系语言中-m尾开始或已经失落的有苗语，汉语的大部分方言，绿春傣话、文山黑末壮话、新晃侗话等。这些语言或方言的-m尾失落后向四个方向发展：

-m→消失（绿春傣话，养蒿、吉伟、先进苗话，麻窝、桃坪羌话，喜德彝话，白语等）；

-m→-ŋ（石屏、绿春傣话，田坝布依话，李树、那溪侗话，九疑山勉话，僜语，格朗和哈尼话，养蒿、吉伟苗话，梅珠布努话）；

-m→-n（武定傣话，李树、官团侗话，双龙勉话，养蒿、青岩、吉伟、尧告苗话）；

-m→ṽ（文山黑末壮话，石屏傣话，腊乙坪苗话，德格藏话，波拉话，景颇语等）。

汉藏系语言中-n尾失落的有黑末壮话，绿春傣话，九疑山勉话，拉萨藏话等。这些方言的-n尾失落后向四个方向发展：

-n→消失（绿春、石屏傣话，那溪侗话，吉伟、先进苗话，普米语，喜德彝话，木雅语，纳西语等）；

-n→-m（夏河藏话，载瓦语，尧告苗话，梅珠布努话）；

-n→-ŋ（载瓦语，绿春、石屏傣话，九疑山勉话，南京、太原、福州汉话，吉伟、青岩苗话）；

-n→ṽ（石屏傣话，黑末壮话，腊乙坪苗话，拉萨、德格藏话，普米语，波拉话，白宏哈尼话，济南、西安、合肥、太原汉话）。

汉藏系语言-ŋ尾开始或已经失落的有官团侗话，黑末壮话，拉萨藏话，先进苗话等。这些方言的-ŋ尾失落后向四个方向发展：

-ŋ→-m（尧告苗话）；

-ŋ→-n（德格藏话，吉伟、青岩苗话，官团侗话，长沙汉话）；

-ŋ→ṽ（石屏傣话，黑末壮话，那溪侗话，拉萨、德格藏话，贵琼语，普米语，波拉话，白宏哈尼语）；

-ŋ→消失（先进、石门坎苗话，麻窝、桃坪羌话，白语，纳西语，彝语等）。

汉藏系语言鼻音韵尾的发展是错综复杂和不平衡的。尽管如此，作为有共同来源和结构特征的语言，其演变模式还是有一定的规律可循的。总的来说，汉藏语系语言鼻音韵尾的发展演变过程大致如下所示：

$$-m、-n、-ŋ \begin{cases} -n-ŋ \to -n/-ŋ \\ -m-ŋ \to -m/-ŋ \end{cases} \to \tilde{v} \to 消失$$

汉藏系语言鼻音尾发展演变的共同规律和共同特征是：（1）鼻韵尾演变的渐变性。鼻音尾的丢失由一个到二个、三个到元音鼻化，直至彻底脱落。（2）在三个鼻韵尾中-m 尾最易丢失（藏缅语例外），-ŋ 尾最为保守（但长沙等-n 尾最保守）。（3）鼻韵尾是音节构成的合理部分，每个鼻韵尾都具有辨义功能。如果丢失一个或两个鼻韵尾，其功能由其他残存的韵尾来承担或用其他语音手段来补偿（如汉语词的双音节化等），但若丢失所有的鼻韵尾，对一个语言的辨义功能将大受影响，一般语言是难以承受的。所以，至今在汉藏语系语言中尚未发现鼻韵尾彻底丢失的语言，至少还有鼻化元音或紧元音坚守着鼻音韵尾这一阵地。

汉藏语系各语族从原始共同语分化出来的年代毕竟太久远了，而其语言辅音尾的演变却是语族分化为各语言以后的事，加上各语言都有自己的结构特征和各不相同的语言环境，因此，这种演变当然就不尽相同。就鼻韵尾的发展演变而言，汉语、苗瑶语、侗台语都是-m 尾最易失落，-ŋ 尾最保守；藏缅语则相反，-m 尾往往最保守。汉藏语系语言辅音尾的发展演变都呈由繁到简、由有到无的趋势，而羌语却表现出从无到有、从简到繁的相反趋势。汉藏系语言鼻韵尾在丢失前一般都要分别经过元音鼻化阶段，而侗语鼻音尾的丢失现在已看不出这一痕迹。

汉藏系语言鼻韵尾发展演变的原因是复杂而有趣的问题。任何事物的发展变化都有其内因。汉藏语系语言鼻韵尾的发展演变是其语音内部声、韵、调相互影响，自我调整的必然结果。语音系统是一个完整、自足的整体，其中任何一个音素都是作为语音结构的组成部分而合乎规律地存在着的。但语音并不是一成不变的，其某个音素由于各种不同的环境，或者是它的地位与某一类语音相接触，受那类语音的影响而发生变化（王力，1987）。具体来看，其内部原因有如下几种：

（1）声母的影响　古汉语-m 尾的消失充分体现了这一特点。"唇音声母或圆唇舌根音声母使＊ə 变 u，同时也因异化作用使韵尾＊-m 后来变为-ŋ"（李方佳，1980）。尧告苗语的部分-n、-ŋ 尾变为-m 尾，就是由于受圆唇声母影响的结果。"在苗语中，有的因鼻音声母的异化作用可使鼻韵尾丢失，有的又由于鼻音声母的同化作用，使元音韵尾变为鼻音韵尾"（张琨，1995）。

（2）元音的影响　元音发音部位的前后影响辅音尾的去向。如李树侗语-m尾，在前元音 a-、i-后-m尾变为-n尾，在后元音 o-后，-m尾变为-ŋ尾；官团侗语的-ŋ尾在后元音 o-后保留，在其他元音后并入-n尾；养蒿、青岩苗语的-n尾只出现在前次高元音 e-后，-ŋ尾则出现于后元音 o-和 ɔ-后。

元音发音部位的高低也影响辅音尾的发展方向。绿春傣话的-m、-n尾在高元音 i-、u-的后面并入-ŋ尾，在其他元音后失落。

元音长短也影响辅音尾的去留。例如，李树侗语-m尾在短元音后并入-ŋ尾，在长元音后并入-n尾。

汉藏语系语言鼻韵尾的发展演变除了要考虑语音内部因素外，还得从语言间相互影响的角度去探讨。如汉语西南官话只有-n、-ŋ 两个辅音尾，处在其包围之中的新晃侗话因此也只有-n、-ŋ 两个辅音尾。石屏县的主要居民是彝族，在没有辅音尾的彝语的影响下，石屏傣话的大多数辅音尾已丢失，但又在只有-ŋ尾的当地汉语的影响下，-ŋ尾也保留了下来。官团侗话和那溪侗话都处在湘西汉语的语境中，其鼻音尾跟湘西汉语一样只有一个，要么是-n，要么是-ŋ，总之，-n、-ŋ 尾不会同时存在。

第三节　论汉藏语系语言塞音韵尾的发展演变

辅音韵尾的发展变化是汉藏语系语言一个突出的演变特征。本节对汉藏语系语言所共有的塞音韵尾的结构特点、演变规律和发展方向进行研究，并从语音原理、地域特征和语言接触等方面探讨其发展演变的原因。

一　侗台语塞音韵尾的演变

（一）从 13 世纪傣文文献和现代侗台语族国内诸语言的共时音韵面貌可以推断，它们在分化为不同的语言之前，也就是原始侗台语时期已具有一整套塞音韵尾。例如：

语言	傣文	傣语	壮语	布依语	侗语	水语	黎语
十	sip^7	sip^7	ɕip^7	tsip^7	ɕəp^8	sup^8	liːp^7（爪）
蚂蚁	mot^8	mot^8	mot^8	mat^8	mət^8	mət^8	put^8
鸟	nok^8	nok^8	ɣok^8	zoʔ^8	nok^8	nok^8	mok^8（墨）

随着时间的推移，侗台语族诸语言的辅音韵尾发生了很大的变化。就目前所知，水语、毛南语、仫佬语、莫话和锦话尚完整保留着整齐的塞音韵尾，傣语、壮语、布依语、侗语和黎语的部分方言的塞音韵尾发生了不同程度的变化。

（二）武定、绿春、金平和石屏的傣语塞音韵尾有了明显的变化。

1. 金平的-k 尾在长元音后脱落，但在短元音后仍旧保留。例如：

	鸟	菜	果子	根	儿女
版纳	nok^8	phak^7	ma:k^9	ha:k^{10}	lu:k^{10}
金平（黑傣）	nok^8	phak^7	ma^5	ha^6	lu^6
金平（白傣）	nok^8	phak^7	ma:ʔ^9	ha:ʔ^{10}	lu:ʔ^{10}

2. 武定尚保留-t 尾，-p 尾丢失后并入-t 尾，但 8 调的塞音韵尾已并入-ŋ 尾。例如：

	跳蚤	十	拣	鸟	洗	蚂蚁
版纳	mat^7	sip^7	kep^7	nok^8	sak^8	mot^8
武定	mat^7	sit^7	kit^7	noŋ^4	saŋ^4	meŋ^4

3. 绿春的塞音韵尾有的已脱落，有的并入-ŋ 尾。例如：

词义	六	骨	咬	跳蚤	菜	七	连接
版纳	hok^7	duk^9	ka:p^8	mat^7	phak^7	tset^7	sɯp^9
绿春	həu^3	ləu^5	ka^2	ma^3	phaŋ^3	tsiŋ^3	suɛŋ^5

4. 石屏的塞音韵尾已完全失落。例如：

词义	肝	洗澡	跳蚤	血	学	偷
版纳	tap^7	a:p^9	mat^7	lət^8	fət^7	lək^8
石屏	ta^3	a^5	ma^3	lə^1	fə^3	la^4

另外，石屏还有一些字的-p、-t、-k尾失落后变成了元音。例如：

词义	生	十	辣	挖	写	换
版纳	dip⁷	sip⁷	phet⁷	xut⁷	nok⁸	lɛk⁸
石屏	lie³	çie⁷	phie³	khue³	nou⁴	lei¹

（三）壮语的绝大多数方言至今仍然完整地保留着塞韵尾，只有云南文山黑末话和广西邱北话的塞韵尾有了不同程度的变化。

1. 黑末所有的塞音韵尾都已失落，促声调变成了舒声调。例如：

词义	生（肉）	胸	嘴	果子	蚂蚁
来宾	dip⁷	ak⁷	paːk⁷	maːk⁷	mot⁸
黑末	dɛ⁴	a⁴	pe⁴	me⁵	mɛ²

2. 邱北的-k尾已脱落。例如：

词义	外	饿	客
武鸣	ɣoːk⁸	iːk⁷	hek⁷
邱北	ðuə⁶	dʒɯ⁵	jie⁵

3. 布依语的大部分地区仍保留着整齐的塞音韵尾，但有些方言却发生了变化。

（1）水城田坝-p、-t、-k尾都已失落。例如：

词义	肝	十	扫	血	儿子	虎
龙里	tap⁷	çip⁸	pat⁷	lɯːt⁸	lɯk⁸	kuk⁷
田坝	tɯ⁵	tsə⁶	pe⁵	lui⁶	lə⁶	kə⁵

（2）平塘、安龙、独山、惠水等地的塞音韵尾也有了变化。

-k尾在大部分地区变化为-ʔ尾。例如：

词义	独山	惠水	都匀	镇宇
儿子（lɯk⁸）	lɯʔ⁸	lɯʔ⁸	lɯʔ⁸	ləʔ⁸
老虎（kuk⁷）	kuʔ⁷	kuʔ⁷	kuʔ⁷	koʔ⁷

-p、-t 尾比 -k 尾完整、保守，但也有一部分地区一些字的 -p、-t 尾变成了 -k 尾。例如：

词义	平塘	安龙	兴仁	镇宇
肝（tap⁷）	tat⁷	tak⁷	tak⁷	tak⁷
十（ɕip⁸）	ɕit⁸	ɕik⁸	ɕik⁸	tɕik⁸

4. 侗语的大部分方言仍比较完整地保留着塞音韵尾，但也有部分方言已有了速度不同的变化。

(1) 李树的 -p 尾已经消失，长 a 后变为高元音 -i，短 a 和 ə 后并入鼻音韵尾 -n。例如：

词义	挑	洗澡	捉	十	吹	拣
章鲁	taːp⁹	aːp⁹	sap⁷	ɕəp⁸	səp⁸	tɕəp⁷
李树	lai⁶	ai⁶	sən⁵	ɕən⁶	sən⁶	tɕən⁵

-t 尾全部脱落，在 9 调和 10 调中，-t 尾失落；在 ə 后，-t 尾并入 -n 尾。例如：

词义	八	月	发	病	直	笔	七
章鲁	pet⁹	ŋwet¹⁰	wet⁹	it⁹	tʂhit⁹	pjət⁷	sət⁷
李树	pe⁶	we⁴	fe⁶	khi⁶	tʂhi⁶	tjen⁵	tshen⁵

-k 尾已全部失落。例如：

词义	落	姑娘	大	鸟	麦子
章鲁	tok⁷	mjet⁹	maːk⁹	nok⁸	mek¹⁰
李树	to⁵	je⁶	mha⁶	ȵho⁶	me⁴

（2）官团的-p、-t尾都已丢失。例如：

词义	捉	咬	嘴	血	涩	日
章鲁	sap⁷	kap⁷	əp⁷	phat⁹	pat⁹	ȵət⁸
官团	sa²	kəi⁶	wu¹'	pha⁶	kja⁶	ȵe²

-k尾大都消失，只有在短元音a后-k尾变为-n尾，即-ak变为-an。例如：

词义	大	白	儿子	湿	睡	偷
章鲁	maːk⁹	paːk¹⁰	laːk¹⁰	jak⁷	nak⁷'	ljak⁸
官团	ma⁶	pha⁴	la⁴	jan¹'	nhan⁵'	ljan⁶

（3）那溪的-p、-t、-k尾有的丢失，有的变为元音。例如：

词义	挑	十	八	脱	儿子	百
章鲁	tap⁹	ɕəp⁸	pet⁹	thot⁹'	lak¹⁰	pek⁹
那溪	tua³	si²	pai³	thəu³	tua⁴	pai³

（4）报京的-k尾并入-t尾；-p尾在a后丢失，在其他元音后并入-t尾。例如：

词义	百	鲫鱼	踢	泡沫	墨	捉	挑	捡
章鲁	pek⁹	pik¹⁰	tap¹⁰	puk¹⁰	mak⁸	sap⁷	tap⁹	təp⁷
报京	pet⁹	pit¹⁰	ta⁴	put¹⁰	mut⁸	set⁷	ta³	tit⁷

(5) 高坝等地的-k 尾丢失，-p、-t 尾保留。例如：

词义	八	百	捉	踢	七	湿	洗（衣）
章鲁	pet^9	pek^9	sap^7	tap^{10}	sət^7	jak^7	sak^7
高坝	pet^9	pet^9	hap^7	tap^{10}	het^7	ja^5	ha^5

5. 黎语大多数方言的塞音韵尾尚保留得比较完整，只有中沙话和黑土话的-k 尾在长元音后变为-ʔ 尾。例如：

词义	痰	滴	木杵	洗（衣）
保定	haːk^7	dak^7	tsheːk^7	toːk^7
中沙	heːʔ^7	dak^7	tsheːʔ^7	toːʔ^7
黑土	heːʔ^7	dak^7	tsheːʔ^7	taːk^7

6. 佯僙话的-p、-k 尾保留，但-t 尾变为-l 尾，① 这在侗台语中未见过。例如：

词义	八	七	尾巴	蚂蚁
章鲁	pet^9	sət$^{7'}$	sət^7	mət^8
佯僙	pel^9	thal^7	thel^7	mul^8

总之，侗台语塞音尾的演变进程比鼻音韵尾快，从中可以看出，-k 尾最容易丢失，-p 尾次之。-t 尾较为保守；有的塞音韵尾失落了，有的并入其他塞音韵尾、鼻音韵尾或边音韵尾，其演变过程大致是：-p、-t、-k > -p、-t、-k（武鸣、龙里、版纳、章鲁等），-p、-k、-l（佯僙），-p、-t、-ʔ（都匀等），-p、-t（邱比、高坝等），-t、-ŋ（武定等），-t（报京等），-n（李树、官团等），0（田坝、石屏）。

二 苗瑶语塞音韵尾的演变

从与古汉语的比较中能看出，苗瑶语过去也是有着整齐的塞音韵尾的。

---

① 贵州平塘县甲青佯僙话的-t 尾变为-l 尾是笔者 1986 年在田野调查时发现的，与汉语的都昌、通城、桐城话的演变情形类似。

例如：

词义	答	喝	漆	歇	客
中古汉语	tap	xap	tshjet	xiet	khek
大坪江勉语	tap	hop	tshiet	hit	tɕhɛ
现代汉语	ta	hə	tɕhi	ɕe	khe
养蒿苗语	ta	hə	sha	ɕhə	qha

（一）勉语多数方言土语至今仍保留着整齐的塞音韵尾，如广西龙胜的大坪江勉语，但也有部分方言的塞音韵尾发生了变化。

1. 大坪江话是苗瑶语中尚完整地保留着-p、-t、-k 的方言，但-k 尾字已极少，多数-k 尾已变为-ʔ 尾。例如：

词义	惊跳	（母鸡）叫	啄	踢	麦子	雹	锡
大坪江	ȵak^8	doːk^7	dzɔʔ^7	diʔ^7	mɛʔ^8	poʔ^8	fiʔ^7

2. 全州的-k 尾已全部丢失，-p、-t 尾并入-n 尾，但保持入声调不变。例如：

词义	咬	喝	蜈蚣	接	笑	八	辣
大坪江	tap^8	hop^7	sap^7	tsip^7	tɕet^7	ɕet^8	bjaːt^8
双龙（全州）	than^8	hən^7	sən^7	tɕin^7	klan^7	pən^8	blan^8

3. 宁远的-p、-t 尾都变为-ʔ 尾，-k 尾已全部消失，入声调保持不变。例如：

词义	窄	豆	翅	织（布）	女儿	踢
大坪江	hep^8	top^8	daːt^7	dat^7	sjeʔ^7	diʔ^7
宁远	heʔ^8	təʔ^8	daʔ^7	daʔ^7	sa^7	di^7

（二）苗语诸方言和瑶族布努语-p、-t、-k 已全部丢失。例如：

	咬	喝	八	辣	客
勉语（龙胜）	tap^8	hop^7	ɕet^8	bjaːt^8	khok^7
勉语（宁远）	taʔ^8	həʔ^7	ɕəʔ^8	baʔ^8	tɕhɛ^7
养蒿苗语	to^8	hu^7	ʑa^8	za^8	qha^7
先进苗语	to^8	hou^7	ʑi^8	ŋtʂi^8	
青岩苗语	tau^8	hə^7	ʑi^8	mpe^8	
石门苗语	dho^8	hu^7	ʑiɦ^8	mbɦɯ^8	
梅珠布努语	to^8			ntsu^8	khai^5

（三）畲语下水村话除了个别字-p 尾变-t 尾，-k 尾变-ʔ 尾外，塞音韵尾一般都已丢失。例如：

	豆	插	喝	辣	笑	八
大坪江	top^8	tship^7	hop^7	bjaːt^8	tɕat^7	ɕet^8
下水村	thɔ^8	tshat^7	hɔ^7	poi^8	ku^7	jiʔ^8

综上所述，苗瑶语塞音尾演变的趋势是-k 尾最先丢失，-p 次之，-t 尾最后。此外，勉语也有塞音尾并入鼻音尾的现象。其演变过程大致如下：-p、-t、-k > -p、-t、(连南等)，-t、-k（梅珠），-t、-ʔ（下水村），-ʔ（宁远等），0（石门坎、养蒿、腊乙坪），-n（双龙）。

三　藏缅语塞音韵尾的演变

藏缅语族的辅音韵尾十分复杂和极不平衡，麻窝羌语有 44 个之多，不少语言在三至十个之间，但也有一部分语言的辅音韵尾已全部脱落。为了便于比较，本章仅对汉藏系语言有共同来源的塞音韵尾-p、-t、-k 的演变情形进行讨论。

（一）藏语支塞音韵尾的发展：古代藏语有-b、-d、-g 三个塞音韵尾，到了现代藏语，有的方言完全保留下来了，如阿力克语，现仍有-p、-t、-k 尾；有的方言则局部发生了变化，如拉萨话只有-p、-ʔ 尾，古藏语的-d、-g 在拉萨话里转化为-ʔ，-b 变为-p；德格话则转化为-ʔ；有的变为鼻音韵尾-m 或-n 或-ŋ，或边音尾-l。

	针	话	光	虎	生命	眼睛
藏　文	khab	skad	ɦod	stag	stog	mig
阿力克	khap	rkat		ot	rtak	ʂok
拉　萨	ɣȵək	khəp	kɛʔ	øʔ	taʔ	soʔ
德　格	khɑʔ	kɛʔ	jøʔ	taʔ	soʔ	ȵiʔ

从上例可以看出，藏语塞音韵尾的发展趋势是向-ʔ 演变。另外，在拉萨话里-k、-t 先变化，-p 尚保留，即发音部位靠后的比发音部位靠前的先变化。同时，塞音韵尾的脱落一般未导致声调的变化。

（二）缅甸文、景颇语支塞音韵尾的演变：阿昌语、载瓦语、景颇语、独龙语等保存着-p、-t、-k、-ʔ 尾。其中-p、-t 大都能与古藏文、古缅文的-p、-t 尾对应；古代藏、缅文的-k 尾现已分化为-k、-ʔ 尾，而且出现的频率最高。例如：

	针	缝	杀	砍	断	黑	弯	猪
藏　文	khab	drub	gsod	gtɕod	gtɕad	nag	gug	phag
缅甸文	ap	khjup	tha	khut	prat	nak	kok	wak
载瓦语	ap	khjup	sat	thu	pjit	noʔ	koi	vaʔ
阿昌语	ap	xʐop	pat	tɕen	pʐat	lɔk	kok	oʔ
景颇语	samjit	tʃui	sat	kʒan	tiʔ	tʃa̠ŋ	mäkoʔ	waʔ
独龙语	ap	kɹɯp	sat	atɯp	dãt	naʔ	gɔʔ	wǎʔ

由上例可看出，景颇、载瓦、阿昌、独龙等语言塞音韵尾的演变、脱落尚处于开始阶段，变化从-k 尾开始，其发展方向是后移，向-ʔ 转化。

前面，我们介绍过，布依语有由较稳定的-p、-t 转向不稳定的-k 尾，最后消失的现象，无独有偶，缅语支的-p、-t 也变成了-k 尾。例如：

煮：藏文 ɦtsɦod、珞巴 kaʔ、僜 kɯ sut、缅文 khjak

射：拉萨 cəp、独龙 əp、珞巴 op、景颇 kap、门巴 gap、阿昌 pək、载瓦

pik、浪速 pak

咬：藏文 so brgjab、独龙 ŋap、缅文 kok

浪速语塞音韵尾的发展另有自己的一些特点。它的-k 尾大都已转化为 -ʔ，-p、-t 尾也开始向-ʔ 尾演变。例如：

	猪	上	站	贴	八	七
载瓦	vaʔ	thoʔ	jap	tap	ʃit	ŋjit
浪速	vɔʔ	thɔʔ	jɛʔ	tɛʔ	ʃɛʔ	nat

（三）彝语支塞音韵尾的发展：彝语支有些方言有紧喉元音，比较中可看出，彝语支紧喉元音的产生与藏缅语塞音韵尾发音部位后移有关。例如：

	六	八	煮	杀	睡
缅文	khrɔk	kras	khjak	that	ip
缅语	tɕhauʔ	ɕiʔ	tɕhɛʔ	tθaʔ	eʔ
喜德	fu	hi	tɕo	si	i
禄劝	tɕho	hi	tʂa	si	zi

（四）羌语支塞音韵尾的发展：羌语辅音韵尾数量之多在藏缅语中很突出，但从发生学来看，羌语的辅音韵尾大多是后起的，藏缅语的原始辅音韵尾在羌语中已基本丢失。例如：

	六	杀	毒	黑
藏文	drug	gsod	dug	nagpo
缅文	khrɔk	that	ahsĭp	nak
麻窝	χtʂə	tʃə	də	ȵiq
桃坪	χtʂu	tʃʅ	lotha	ȵiȵi

羌语支南部语言的塞音韵尾大都丢失。例如：

	针	杀	山羊	猪	脑髓
藏文		khab	gsad	ra	phag
嘉戎	kap		tʃhət	pak	rnok
贵琼	khø	sɛ	tɕhi	pha	
普米	qho	sɛ	tshɤ	phʐa	nɐ
扎坝	qho	sɛ	tshɛ	va	ʂno
木雅	ʁɐ	sɛ	tshɯ	sɛ	ni

综上所述可以看出，在藏缅语族塞音韵尾的发展中，-k 尾最易丢失，-p 尾比较稳定，随着-p、-t、-k 尾的弱化，三者逐渐合流为-ʔ 尾，最后彻底脱落（有些语言的辅音韵尾在脱落前还经过紧喉音阶段）。其演变过程大致如下：-p、-t、-k > -p、-t、-ʔ（独龙），-p、-ʔ（拉萨）-t、-ʔ（景颇），-ʔ（德格），v（喜德、禄劝），ø（麻窝、桃坪）。

四 汉语塞音韵尾的演变

（一）根据《切韵》所载，汉语北方话在隋唐时还有整齐的塞音韵尾-p、-t、-k。横向的现代汉语方言是纵向的汉语历史音变的再现，粤方言（广州话）、客家方言（梅县话）和闽南方言（厦门话）仍然完整地保存着整齐的塞音韵尾。例如：

	搭	业	杀	薛	划	册
中古汉语	tɐp[7]	ŋĭɐp[8]	sæt[7]	sĭɛt[7]	ɣwæk[8]	tʃˑæk[7]
广州	tap[7]	jip[8]	ʃat[7]	ʃit[7]	wak[8]	tʃˑak[7]
梅县	tap[7]	n̻iap[8]	sat[7]	siɛt[7]	vak[8]	tsˑak[7]
厦门	tap[7]	giap[8]	sat[7]	siɛt[7]	hɪk[8]	tsˑɪk[7]

但是，现代汉语大多数方言的塞音韵尾都发生了不同程度的变化。

（二）汉语的塞音韵尾远在谐声时代就已经发生了变动。从上古韵文-k 尾韵和阴声韵通押的事实中可看出，-k 尾韵已经很模糊，"在谐声字中，-k 尾的偏旁和阴声字的偏旁关系非常密切"（方孝岳，1979）。其次，从上古汉语到中古汉语时期，不少-p、-k 尾变为-t 尾了。"（1）-p 尾受圆唇后元音的异化作用变作-t尾；(2) -k尾在前元音-i的影响下变作-t；(3) -p韵尾在前元音-i的影响下变作-t；(4) 在低元音-a后面也有-p＞-t的现象"(许宝华，1984)。另外，一种显著的变化就是上古长入声字到中古时已经变成阴声字，"到《切韵》时代上古长入-p、-t、-k韵尾已经失落，从而使长入变为去声，完成了消失过程"(许宝华，1984)。在长入字的消失过程中-t尾最为保守，"以上月质物三部入声韵比起其他入声韵来有一个特点，就是长入字较多，而且这些长入字比较长期地保存-t尾，比较合理的解释应该是舌尖韵尾比较稳定，所以最后才消失掉"(王力，1988)。而-k尾最易脱落，"长入-k西汉开始掉落，到东汉已经基本消失了"(许宝华，1984)。至于短入声字的消失，则是宋元以后的事。

根据近人的拟音，《切韵》音系入声的收尾有-p、-t、-k三分，《广韵》虽小乱，但基本界限还清楚。早期韵图《韵镜》入声单承阳声，但到了《七音略》则开始兼承阳声了。"《七阴略》以入声译药〔-k〕兼承阳唐〔-ŋ〕与豪肴〔-u〕，这与《韵镜》的处理不相合，这种配对方法，与整个入声韵与阳声韵相配的系统相矛盾，有人认为是入兼阴、阳的先兆，是中古入声韵尾消变的开始"(李新魁，1983)。从王力的《历代语音发展总表》中可以看出，"从五代至宋代这段时期，除屋部没有-k→-t，觉沃二部各只有一例-k→-t外，其余'职''锡''铎'和'质'(先秦为-t尾，部分字南北朝时已变为-k尾)等部均有二个或二个以上-k→-t的事例。到《切韵指掌图》和《切韵指南》把一部分-k并入了-t尾，如德(-k)没(-t)栉(-t)同图。由此可见，-k尾的界限则已完全打破。黄公绍的《古今韵会》(书成于1292年以前)是保存着-k和-t的入声的。但是收-p的入声字已经并到收-t的入声去了"(王力，1988)。有的塞音尾甚至合而为一，"如'缉'韵原收-p，'质、勿'两韵原收-t，'锡、陌、职'三韵原收-k，可是在《古今韵会举要》里，它们都有'讫'字母韵的字。同属于'讫'字母韵当然是同韵母，那么它们的收尾就只能是一个"(赵诚，1991)。《中原音韵》成书在《古今韵会举要》后二十年左右，它把入声派入三声，而且打破了(-p)、(-t)、(-k)三分的体系，全部变成闭塞程度较轻的喉塞音尾(-ʔ)。到了现代汉语北方话里，促声已彻底舒化了。

(三) 现代汉语方言入声韵的类型主要有如下几种：

1. 以-p、-t、-k收尾(但有-k尾转化为-t尾的现象)。在闽南话和客家话中，一部分-k尾并入了-t尾，"主要元音为i的字，只能有-p尾和-t尾，不能有-k 尾，这就是说-k 并到-t 去了（闽南'质职'tsit，客家'吉击'kit），在客家一部分方言里，如梅县话，和 i、ip、it、ik 相当的知照系字的主要元音为ə，也只能有-p、-t 尾，没有-k 尾（梅县'质职'tsət)"（王力，1988）。

2. 以-p、-t、-k、-ʔ 收尾。如厦门话的"甲、八、阁、郭"等字白读以喉塞音-ʔ 收尾，"急、鸽、涉、蝶"等字以-p 收尾，"实、达、密、直"等字以-t 收尾，"各、觉、服、盍"等字以-k 收尾。其入声韵尾-ʔ 分别来自中古的-p、-t、-k，如"甲"在中古为-p，"八"在中古为-t，"阁、郭"在中古为-k。

3. 以-p、-t、-ʔ 收尾。

A. 南昌话里-p 尾已全部并入-t 尾。例如：

答 tat⁷　　踏 that⁷　　纳 lat⁸　　夹 kat⁷　　插 tsht⁷

虽然南昌话的-k 尾还大量存在，但也有不少-k 尾字并入-t 尾字。例如：

黑 hɛt⁷　贼 tshɛt⁸　迫 pit⁷　克 khiɛt⁷　的 tit⁷　敌 thit⁸　默 mɛt⁸

南昌话中的-t 尾独立性较强，不存在-t 并入-p 或-k 的情况。入声尾"在年轻人的发音里有大部分混同的趋势，这种混同的音近似-ʔ，所以标作-ʔ 也未尝不可，于是形成-t、-k、-ʔ 三种韵尾"（袁家骅，1960）。

B. 兴宁客家话也仅保留-t、-k 二尾，"-p 转化为-k。如 luk⁸'立'，tsiak⁷'接'，kiuk⁷'急'等"（马学良，1989）。

4. 以-p、-k、-ʔ 收尾。潮州话里还保留着-p、-k 二尾，-t 尾则并入了-k 尾，部分-k 尾变成了-ʔ 尾。例如：

	侄	实	笔	壁	滴
中古音	ȡiĕt⁸	dʑiĕt⁸	piĕt⁷	piĕk⁷	tiĕk⁷
广州话	tʃɐt⁸	ʃɐt⁸	pɐt⁸	pɪk⁷	tik⁷
潮州话	biek⁸	sik⁸	pik⁸	piaʔ⁷	tiʔ⁷

5. 以-k、-ʔ 收尾。福州等闽东方言只剩-k、-ʔ 尾。如"塌、北、别、剧"等字以-k 收尾，"百、桌、七、居、末"等字以-ʔ 收尾。

6. 以-l、-ʔ 收尾。如江西都昌话，中古的-k 尾变为-ʔ 尾，中古的-t 尾和-p 尾变为-l、-ʔ 尾；湖北通城也属于此类，如"厘、曷、出"收-l 尾，"铎、屋、格"收-ʔ 尾；这种类型比较特殊、少见。

7. 以-ʔ 收尾。绝大部分保存入声的吴方言和官话方言都属于这一类型。

"入声韵-p、-t、-k 在没有消失以前，大约是先经过合并为-ʔ 的阶段。至今吴方言还保存这个韵尾，例如，古读-p 尾的"立"、-t 尾的"栗"、-k 尾的"力"今吴方言合并为［liʔ］"（王力，1987）。

8. 入声韵尾已经消失，但入声调保留。如温州话入声韵尾已经消失，但仍然能将入声分为阴阳两类，如"不、剥、忽、黑"等读阴入，"入、佛、匣、核、拨"等读阳入。

以上分析表明，汉语塞音韵尾的演变并没有普遍适用的模式，各方言往往有自己独特的演变过程。一般而言，长入和短入的消失在时间上几乎采取"接力"的形式，即长入韵尾-p、-t、-k 消失后，短入韵尾-p、-t、-k 开始消失。长入的-k 消失得最早，短入的-k 在一些方言里又往往最稳定；长入的-t 最晚消失，短入的-t 在潮州话里最不稳定。汉语塞音韵尾的演变大致为①：-p、-t、-k（古汉语）＞-p、-t、-k（广州、梅县等），-p、-t、-k、-ʔ（厦门），-p、-k、-ʔ（潮州）-t、-k（南昌、兴宁），-k、-ʔ（福州），-ʔ、-l（都昌、通城），-ʔ（苏州、太原），保留入声调、韵尾丢失（温州、长沙等），0（北京、沈阳、成都、东干等）。

五　结语

（一）汉藏语系语言塞音韵尾演变的具体情形。

1. -k 尾开始或已经丢失的有金平傣话、黑末壮话、李树侗话、汉语官话、苗语、彝语等。这些语言或方言的-k 尾丢失后向六个方向发展：

```
        ┌─ 0（金平、绿春、石屏傣语，黑末、邱北壮语，田坝布依语，
        │    李树、官团、那溪侗语，九疑山勉语，白语，纳西语，
        │    普米语，彝语，麻窝、桃坪羌语，苗语，东干语）
   -k ──┼─ -t（报京侗语，闽南、客家、赣等汉语方言）
        ├─ -ŋ（武定、绿春傣语，布依语，门巴语）
        └─ -n（布依语，澄语）
```

---

① 周祖谟先生《宋代汴洛语音考》中根据《皇极经世·声音唱和图》，推断宋代汴洛语音中-t、-k 尾已经消失，唯-p 尾尚完整保留。唐作藩先生也说："《等子》的入声韵，已经打破了《广韵》系统，不仅兼承阳声韵与阴声韵，而且混同了（-k）尾与（-t）尾。它们演变为收喉塞（-ʔ）尾，只有（-p）尾还独立存在。"（唐作藩，1984）而姜律华先生通过 35 家宋代北方籍词人 2 258 首词的考察，认为宋代"收-p、-t 及部分-k 尾韵的字已变成-ʔ 尾，而大部分-k 尾韵字尚保持-k 尾，-k尾最后消失"（姜律华，1985）。

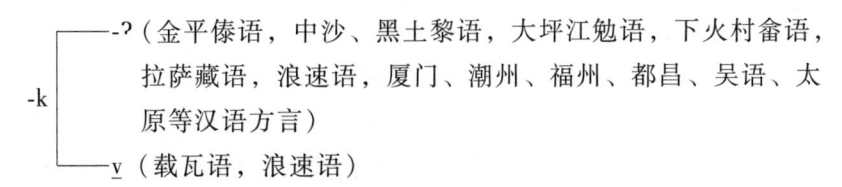

```
        ┌─ -ʔ（金平傣语，中沙、黑土黎语，大坪江勉语，下火村畲语，
        │     拉萨藏语，浪速语，厦门、潮州、福州、都昌、吴语、太
    -k ─┤     原等汉语方言）
        │
        └─ v（载瓦语，浪速语）
```

2. 绿春傣语，新晃、官团侗语，九疑山勉语，汉语一些方言的-p尾开始或已经失落，这些语言或方言的-p尾丢失后向九个方向发展：

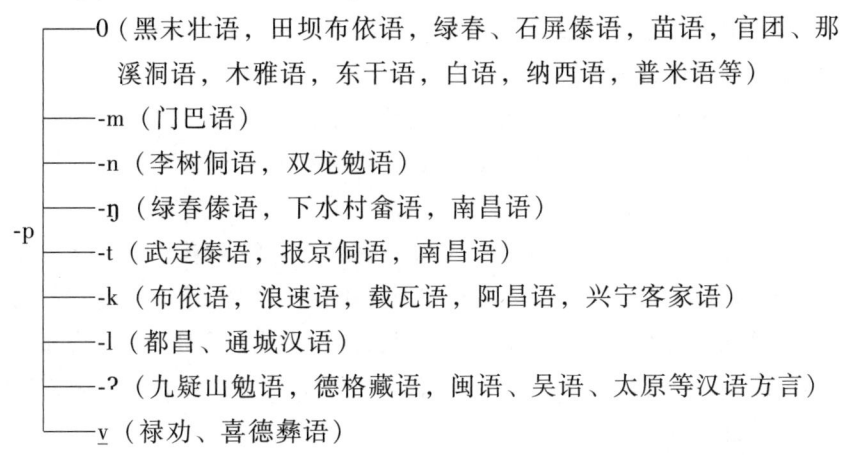

```
        ┌─ 0（黑末壮语，田坝布依语，绿春、石屏傣语，苗语，官团、那
        │     溪侗语，木雅语，东干语，白语，纳西语，普米语等）
        ├─ -m（门巴语）
        ├─ -n（李树侗语，双龙勉语）
        ├─ -ŋ（绿春傣语，下水村畲语，南昌语）
   -p ─┤─ -t（武定傣语，报京侗语，南昌语）
        ├─ -k（布依语，浪速语，载瓦语，阿昌语，兴宁客家语）
        ├─ -l（都昌、通城汉语）
        ├─ -ʔ（九疑山勉语，德格藏语，闽语、吴语、太原等汉语方言）
        └─ v（禄劝、喜德彝语）
```

3. -t尾开始或已经失落的有汉语的一些方言，苗语，拉萨、德格藏语等。这些语言或方言的-t尾失落后向七个方向发展：

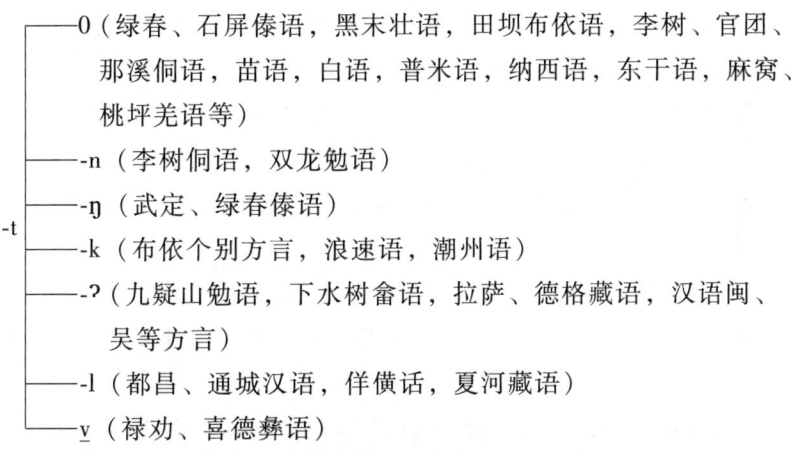

```
        ┌─ 0（绿春、石屏傣语，黑末壮语，田坝布依语，李树、官团、
        │     那溪侗语，苗语，白语，普米语，纳西语，东干语，麻窝、
        │     桃坪羌语等）
        ├─ -n（李树侗语，双龙勉语）
        ├─ -ŋ（武定、绿春傣语）
   -t ─┤─ -k（布依个别方言，浪速语，潮州语）
        ├─ -ʔ（九疑山勉语，下水树畲语，拉萨、德格藏语，汉语闽、
        │     吴等方言）
        ├─ -l（都昌、通城汉语，伴僙话，夏河藏语）
        └─ v（禄劝、喜德彝语）
```

（二）尽管汉藏语系语言辅音韵尾的发展演变是错综复杂和不平衡的，但作为有共同来源和共同语音结构特征的语言，其辅音韵尾的发展演变还是具有共同的规律和特征的。

1. 就一般而言，塞音韵尾的发展演变比鼻音韵尾快，其发展演变往往从

-k 尾开始，在所有的辅音韵尾中，-ŋ 尾最保守。

2. 凡是-m 尾已经丢失的，-p 尾也同时丢失，即两个闭口韵尾不会一个保留、一个丢失。如汉语南昌话没有-m 尾，从而也没有-p 尾；相反，藏语拉萨话-m 尾仍保留，因而-p 尾也继续存在。另外两个鼻音尾-n、-ŋ 与另外两个塞音尾-t、-k 则没有这种相互制约关系，无论-t、-k 存在与否，它们都会存在。

3. 辅音尾的丢失是一个渐变过程。

（1）由地位不稳定的韵尾转向比较保守的韵尾。如汉语南昌话-p 尾并入-t 尾，侗语和勉语的部分塞音韵尾并入鼻音韵尾等。

（2）由较稳定的韵尾转向已开始弱化的韵尾。这好比自然界的塌方、滑坡现象，哪儿不稳定滑向哪儿。如布依语的一些方言和缅语支的一些语言的-p、-t 尾并入最易失落的-k 尾。

（3）某语言塞音韵尾丢失之前，为了使社会对即将消失的传统发音习惯有一个逐渐适应的过程，鼻音韵尾往往用音质相近的鼻化音、塞音韵尾用喉塞音-ʔ 尾来作为临时性过渡音。比如汉语吴方言的鼻化音和-ʔ 尾就是如此。

4. 不少语言有塞音韵尾并入鼻音韵尾的现象。如前述的李树侗语、绿春傣语、双龙勉语和布依语一些方言。

（三）汉藏语系各语言由于都有各自的结构特征和各不相同的语言环境，因此，各语言的演变当然也就不相同。

1. 就塞音韵尾的发展演变看，汉语、苗瑶语、侗台语往往是-k 尾最先丢失，-p 尾次之，-t 尾较保守；而藏缅语则是-p 尾最保守。

2. 各语言辅音韵尾的发展演变大都呈由繁到简、由有到无的趋势，而羌语却表现出从无到有、从简到繁的相反趋势。

3. 汉藏系语言塞音韵尾在丢失前一般都要经过喉塞音韵尾阶段，而侗语塞音韵尾的丢失现在已看不出这一痕迹。

（四）任何事物的发展变化都有其内因。汉藏系语言塞音韵尾的发展演变是其语音内部声、韵调相互影响、自我调整的必然结果。具体来看，其内部原因有如下几种：

1. 元音的影响　元音发音部位的高低影响辅音韵尾的发展方向。浪速语里凡添加-k 尾的，主要出现在高元音 i-、u-为韵母的音节上。元音长短也影响辅音韵尾的去留。例如，邱北壮语和金平傣语的-k 尾在长元音后失落，但在短元音后保留。这是因为，在音节中短元音的音长短，塞音韵尾很快即伴随发出而不易脱落；而长元音的音长长，由于发音器官的惰性而把-k 尾丢掉了。

2. 声调的影响　声调能影响塞音韵尾的去向。如武定傣语在 8 调时塞音韵尾并入 -ŋ 尾，其余多数并入 -t 尾；李树侗语的 -et，在 9 调、10 调时 -t 尾失落，在其他声调时并入 -n 尾。

汉藏系语言塞音韵尾的发展演变除了要考虑语音内部因素外，还得从地区性特征及语言间相互影响的角度去探讨。如汉语西南官话没有塞音韵尾，处在其包围之中的新晃侗语因此也没有塞音韵尾。石屏傣语、官团侗语等辅音韵尾的简化都与周围语言的影响很有关系。

第四章　侗语声调的共时与历时分析

第一节　高坝侗语五个平调的实验分析*

一　概述

在声调格局中具有五个平调的语言在世界上并不多见。麦迪逊曾列出了非洲的丹语、克波罗语、阿苏库语和思加满勃语，亚洲的黑苗语、大花瑶语和一些布依语的方言，美洲的特里克语、蒂库纳语和乌希拉奇南语[1]。在我国少数民族语言的调查中也有一些文献记载。如张琨记录的永从苗语，就有五个平调，再加上一个升调和两个降调[2]。李方桂所述的台拱苗语则是在五个平调之外又多出一个降调和两个升调[3]。

一般都认为在各种声调语言的声调格局里，平调的数目最大限度是五个。赵元任首创的标调字母就是以五度为制[4]。王士元为区分五个平调而在声调的区别特征系统中专设了"中"特征[5]。麦迪逊更是把五个调级的最大限度作为世界上语言声调共性的第一条。他是这样陈述关于调级数目的极限的："一种语言的声调可以有多达五个调级的对立，但不可能再多了。"[6] 事实确实如此。

---

*　本文（与石锋等合作）曾被第11届国际语音学会议接受为宣读论文。英文缩写稿刊于 *Proceedings of XIth ICPhS*，Vol. 3（1987.8），后又载于 *J. C. L.* Vol. 15，No. 2（1987）。这里发表的是经修改后的中文原稿。

[1]　I. Maddison：" Universal of Tone," In J. H. Greenberg（ed.），*Universals of Human Language*，Vol. 2，Stanford University Press，1978.

[2]　张琨《苗瑶语声调》，中央研究院历史语言研究所集刊（16卷），1947年，第93—110页。

[3]　见 Julia Kwan：*Phonology of a Black Miao dialect*，转引自 William S-Y Wang："Phonological Features of Tone"（1967）。

[4]　Yuan-Ren Chao："A System of Tone Letters"，*Le Maitre Phonetique*，1930，45：24–27.

[5]　William S-Y. Wang："Phonological Features of Tone"，*I. J. A. L.* Vol. 33，No. 2，1967.

[6]　I. Maddison："Universal of Tone," In J. H. Greenberg（ed.），*Universals of Human Language*，Vol. 2，Stanford University Press，1978.

我们迄今还没有发现一种声调语言具有五个以上的平调。

在声调问题的研究中，分析五个平调的声调格局具有重要的意义。我们经常遇到的是包括一个平调，两个平调，或三个平调的语言或方言的声调系统。其中不同的平调之间在生理上，心理上的距离较大，声学上的表现也有较大的自由度。降调和升调则常常在起点或终点方面并不局限于某一调级，只是依靠音高的变化来彼此区别。因此，了解作为极限的同一声调格局中五个平调的发音状况，声学表现以及感知辨识的特点，单独发音时相互的联系以及连续发音时出现的变化，可以促进对于声调问题的基础理论研究。

二 高坝侗语简况

高坝寨（kau^{3}lja^1）在贵州锦屏、剑河两县辖内，高坝地处侗族聚居区的中心，方圆五十里都是侗族聚居区。高坝侗家不管大人、小孩、青年，现在仍然以侗语为交际工具，除了上过学和在外地工作的人以外，大都不能用汉语对话。高坝侗语属侗语北部方言第一土语区。

声母和韵母都相当简单，只有 20 个声母和 29 个韵母（侗语南部方言有 30 个声母和 56 个韵母）。在声母上的显著特点是：第一，没有送气声母；第二，鼻音、塞音的唇化、腭化声母比其他侗语方言少得多。在韵母上的显著特点是短元音 a 和舌根塞音韵尾 -k 的消失（少部分变为舌尖塞音韵尾 -t）。

高坝侗语有九个舒声调（1、1′、2、3、3′、4、5、5′、6 诸调）和五个促声调（7、7′、8、9、9′、10 诸调，其中 8 与 9′两调调值相同）。由于所有的促声调都与对应的舒声调的调值一致，因而高坝侗语在音高方面只有九种区别。例如：

1 调是高升调	调值为 45	ta^1 鱼	ma^1 菜	pai^1 去
1′调是低平调	调值为 11	ta$^{1′}$ 抓	ma$^{1′}$ 来	wa^1 花
2 调是次低平调	调值为 22	ta^2 塔	ma^2 舌	ʔan^2 扁担
3 调和 9 调是中平调	调值为 33	ta^3 山林	ma^3 软	tap^9 挑
3′调和 9′调是低升调	调值为 13	ta$^{3′}$ 公的	ma$^{3′}$ 墨	tat$^{9′}$ 血
4 调和 10 调是低降调	调值为 31	ta^4 量词（个）	ma^4 马	tap^{10} 踢
5 调和 7 调是高平调	调值为 55	ta^5 中间	ma^5 砍	tet^7 切断
5′调和 7 调是中升调	调值为 24	ta$^{5′}$ 钉子	ma$^{5′}$ 画	tet$^{7′}$ 铁
6 调是次高平调	调值为 44	ta^6 过	ma^6 嚼	pa^6 糠

其中五个舒声平调依次是 1′调（11）、2 调（22）、3 调（33）、6 调（44）和 5 调（55）。另外还有三种升调和一种降调。

本文以高坝侗语声调的实验资料为依据，对于这种声调格局中所包括的五个平调的声学表现（音高、音长、音强）进行初步的分析。

三　实验说明

我们选取的语言样品分为以下三种：

（一）单音节词：高坝侗语的九个舒声调中，每一声调选 4 至 5 个，其中与促声调调值相当的声调选 1 至 2 个促声调单音节词。例如：

1′调	ta$^{1'}$ 抓	pa$^{1'}$ 灰色	no$^{1'}$ 滑行	tji$^{1'}$ 流动	ɕe$^{1'}$ 输
2 调	ta^2 个	pi^2 肥	to^2 牛	tu^2 鼎罐	ʈai^2 拉
3 调	ta^3 硬	mo^3 呆板	eu^3 折	tap^9 挑	
6 调	ta^6 过	pe^6 背	mi^6 母亲	lu^6 路	wai^6 坏
5 调	ta^5 中间	po^5 肿	nu^5 看	ʈi^5 蒂	kap^7 吃
1 调	ta^1 鱼	me^1 乳	wi^1 火	to^1 门	ʈai^1 远
4 调	pe^4 矮	mu^4 鼻涕	nan^4 肉	nəm^4 水	lap^{10} 蜡
3′调	ta$^{3'}$ 公的	mo$^{3'}$ 蛮	ʈi$^{3'}$ 起头	tau$^{3'}$ 酒	nut$^{9'}$ 蝌蚪
5′调	ta$^{5'}$ 木钉	wo$^{5'}$ 骗	ʈi$^{5'}$ 替	oŋ$^{5'}$ 空	kap$^{7'}$ 折迭

（二）复音节词：包括双音节和三音节的情况。其中有平调和平调音节组合而成的，兼有同一平调音节的组合与不同平调音节的组合。另外还分别选取了一些平调与升调，平调与降调的音节组合。例如：

ɕi^{5}lja^2 钉耙	pa^{5}ʈo^5 锯末	ni^{2}au^3 蚕	loŋ^{3}pan^2 簸箕
mau^{2}to^2 牛粪	to^{6}loŋ^2 豆黄	si$^{1'}$waŋ$^{1'}$ 西方	ni^{2}ta^3 鼻涕虫
wan$^{1'}$wan$^{1'}$ʈam^1 慢走	tau^{5}mən^{3}lja^2 倒刺	ləu^{5}mi$^{5'}$ 蜗牛	
ljoŋ^{2}ʈe^{1}nəm^4 龙吃水	waŋ^{2}jən^1 老鹰	ai^{1}na^3 害羞	
məi^{4}a$^{1'}$la$^{1'}$ 枸皮树	la^{4}un^3 小孩	ha^{3}la^4 妻子	hen^{5}ŋe^4 铁丝

（三）句子：从当地民歌中选取了五个句子，其中包括了多种调型的相互

组合。例如：

təu⁵ çau¹′ n̠au⁶ ni³ lam² n̠in² lən². 　　留下你们活得忘年轮。
让　你们　住　得　忘　年　轮
ni³ nu⁵ e¹′ ma¹′ jau² ja³ ma¹′. 　　看见别人来我也来。
得　见　别人　来　我　也　来
çai³ pan⁴ çən¹′ si⁵ han² n̠au⁶ kwe²? 　　问你还有心意吗？
问　伴　心　思　还　在　不
çi² ju⁵ pan⁴ n̠a² pe⁴ təi² çən¹′ si⁵ ja⁵ jaŋ⁶ saŋ³. 　　只要你别拿心这样想。
只　要　伴　你　别　将　心　思　这样　想
te³ jan² t̠iu² ja⁵ sam¹′ pet⁹ tap⁹. 　　屋脚那坵田三百挑。
下　房　坵　田　三　百　挑

用美国 KA Y7030 型语图仪对录音材料进行实验分析，做出窄带语图和语音的振幅显示。从中测量并计算出每个音节的音高、音长、音强的有关数据，有以下各项：

（1）音长方面：音节长度，以毫秒为单位音节的时长；声调长度，即韵母的时长。

（2）音强方面：音节最大强度，即每一个音节振幅曲线的峰值，单位是分贝。

（3）音高方面：对于每个音节的声调曲线选择五个点进行测量计算，把声调长度分成四段，首先标出声调的起点、中点和终点，然后在起点和中点之间，中点和终点之间再分别标出中分点。这样从起点开始，依次得到 a、b、c、d、e 五个点。其中 a 为起点，c 为中点，e 为终点。经过测算得出这五个点的频率数值，以赫兹为单位。

四　分析对照

（一）单音节中声调的表现情况

我们以五个平调在单音节中的表现情况作为基本依据来考察分析它们在不同语音环境条件下的变化情况。声调的决定性因素是音高，看来每一个声调在单音节的音高数据方面具有很大的一致性。它们的调型都是相同的，并且动态范围也是很小的。

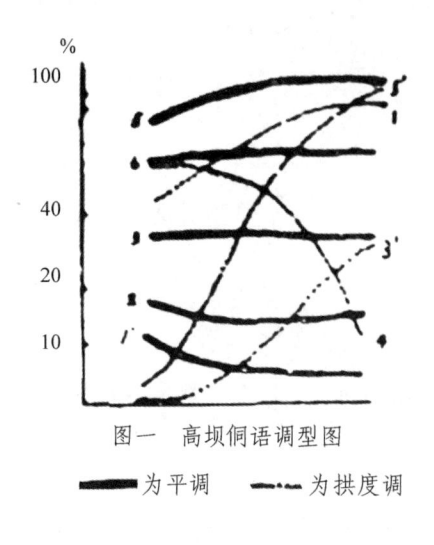

音高方面：在音阶的调域以 3′ 调起点的平均音高 120 赫兹为最低限度，以 5 调终点的平均音高 259 赫兹为最高限度。根据测算中每个声调在 a、b、c、d、e 五个点上的平均音高的频率数值，可以得到它们在调域中的相对音高数据。然后在平面坐标系中，作出各声调的调型曲线。为便于各声调之间的对照比较，我们把各声调的调长进行规整，取为等长。另外，再取各点的对数，进行百分比计算，做出经过规整的调型图（见图一）。下面首先分析五个舒声平调。

图一　高坝侗语调型图
——— 为平调　-------- 为拱度调

1′调：整个声调曲线位于调域的底部。开始部分略高，然后微微降下，平缓地过渡到稳态的低调，声调曲线的结尾部分是接近水平的。我们在汉语天津方言阴平调的实验结果中所得到的声调曲线情况与此大致相同。[①] 看来平调如果处于调域的底部，那么在开始部分一定要有一个下降的过渡。这就是喉部发音器官从自然发音状态到稳态低调的生理变化过程在声学上的反映。整个调型是略呈凹型的平调。起点和终点相差 11 赫兹。全部声调曲线的最大频率跨度为 11 赫兹。

2 调：声调曲线接近调域的底部，略高于 1′ 调曲线。与 1′ 调实际音高相距约相当于音乐上的 1 个"半音"。起点与 1′ 调相接近，开始部分下降程度小于 1′ 调，整个调型微呈凹型。起点与终点相差 2 赫兹，与中点相差 4 赫兹，全部声调曲线的最大频率跨度为 4 赫兹。

3 调：声调曲线在调域的中间偏低处，比 2 调的实际音高要高出 2 个"半音"。开始部分和结尾部分都是接近水平的，整个调型是个比较理想的平调。起点与终点相差 2 赫兹，与中点相差 1 赫兹。全部声调的最大频率跨度为 3 赫兹。

6 调：声调曲线在调域的中间偏高处。实际音高比 3 调高出 4 个"半音"。开始部分和结尾部分接近水平。起点和终点频率差为 2 赫兹，与中点相差 1 赫兹，最大频率跨度为 3 赫兹，与 3 调一样，也是一个较为理想的平调。

[①]　石锋：《天津方言单字音声调的实验分析》，《语言研究论丛》第四辑，南开大学出版社 1987 年版。

5调：声调曲线位于调域的顶部，起点稍低，开始部分有上升的过渡，将近中点趋于稳定，结尾部分接近水平。调型呈凸型。后半段的实际音高比6调多5个"半音"。对照天津方言中的阳平调，二者的声调曲线很相似，都是处于调域的顶部，呈凸型，带有上升的过渡①。看来，这可以作为某种共性；平调如果处于调域的顶部，其开始部分一定具有上升的过渡。这反映了发音器官从自然状态到稳定高调的变化过程。这一声调的起点和终点相差4赫兹，声调曲线的最大频率跨度也是4赫兹。

以上这五个平调的五条曲线呈现出一种有趣的放射状对称图型。以调域的中间部分为中心，向调域的两极呈放射状分布。其中处于中间部分的3调和6调，声调曲线的开始部分是接近水平的。1′调和2调有下降的过渡，5调有上升的过渡。它们的开始部分都指向调域的中段。这对于我们认识声调弯头的出现规律是极有意义的。

对于弯头的出现情况，麦迪逊曾讲道：人们常常在话语或词的起首位置发现一种辨识性的声学特征——低调有下降的过渡、高调有上升的过渡，而中调出现时并不伴随这种过渡。他进而又得出了一种声调的普遍性：语音上的中调是无标记的，而调域两端的声调标记程度高②。声带处于自然状态时，发音为中调，因此中调没有弯头，发高调和低调时，都要调节喉部肌肉使声带拉紧或放松。因此高调就有上升的弯头，低调有下降的弯头。

我们还发现这五个平调的音程尽管在听觉中可以区别，并认为它们之间是基本上"等距离"的，然而却很难用一种已有的标度把它们之间的这种"等距离"描述出来。无论是从音高频率的赫兹单位出发，还是从纯音听辨的标度入手，不管是用线性方法还是用对数方法，都不是等距离的。

1′调的129赫兹到5调的259赫兹，这恰巧是音乐上的C_2到C_3这一倍频程的实际音高。为了便于说明，我们先以这种音乐上的音高来作为标准。从C_2到C_3中间共有8度12个"半音"。如果"等距离"地标出5级，则每级之间就应是3个"半音"。可实际上并不是这样，2调与1′调相距1个"半音"；3调与2调相距2个"半音"；6调与3调相距4个"半音"；5调和6调相距5个"半音"。本来音乐中的音程已经是低音间隔的频率数目较小，

---

① 石锋：《天津方言单字音声调的实验分析》，《语言研究论丛》第四辑，南开大学出版社1987年版。
② I. Maddison: "Universal of Tone," In J. H. Greenberg (ed.), *Universals of Human Language*, Vol. 2, Stanford Univ. Press, 1978.

高音间隔的频率数目较大，亦即每一音阶在音高的频率单位赫兹的数目上都是比它低八度音阶的二倍。但是这五个平调之间从倍频程的角也不是等距离的。这也反映出人耳对于语音的音高辨识具有与音乐的音高辨识不同的特点。例如，1′调的频率跨度为向上 11 赫兹，只相当于 1 个"半音"的音程，却已进入了相邻的 2 调的范围里。5 调的频率跨度为向下 44 赫兹，相当于 8 个"半音"程，但是距相邻 6 调还有 2 个"半音"的音程，并没有进入 6 调的范围。

在测算数据中，我们发现有一种方法可以近似地说明五个平调之间的相互关联。这种方法不是以最低的声调为标准，而是以调域的下限为标准，即分别把每一平调的频率数减去调域下限的 120 赫兹，得到的频率差值依次是：1′调 9 赫兹，2 调 18 赫兹，3 调 37 赫兹，6 调 77 赫兹，5 调 139 赫兹。这样，从这种频率差的角度，每一声调在差值的频率数目上，都近似于相邻低调的 2 倍，这是一种特定的等比关系。从相应的比差中也可以表现出来（见附表），即：$f_{n+1} - f_0 = 2(f_n - f_0)$，式中 f_0 为调域下限，f_n 为某一个平调的频率，n = 1，2，3，4。从低到高，依次排列。这种方法的意义有待于更多的实验资料的积累和证明，这里至少告诉我们在研究声调问题时，绝不能离开调域，要在调域中去观察声调，尤其要重视调域下限即 f_0。

另外，我们从图表中可以看到：每一个平调的中间三个点，即 b、c、d 三点的频率值是比较稳定的，动态范围很小，代表声调的稳态值。如 1′调、2 调、3 调和 6 调的频率变化都在 10 赫兹以下，5 调的变化范围虽大，但也只有 20 赫兹左右。我们在考察声调曲线的调型段时，常常因没有客观的依据而难以确定，那么这种方法可作为一种有益的参考。

音长与音强

音节的长度包括了声母辅音的长度，不同的辅音在长度上的差别是悬殊的。因此我们还是以声调的长度作为依据。实验数据表明，声调的平均时长是从低调到高调递减的：408 毫秒（1′调）→378 毫秒（2 调）→363 毫秒（3 调）→348 毫秒（6 调）→212 毫秒（5 调）。这种情况是符合一般声调语言的普遍规律的。麦迪逊曾指出：其他条件相同时，低调的元音比高调的元音长。[①]

[①] I. Maddison："Universal of Tone," In J. H. Greenberg (ed.), *Universals of Human Language*, Vol. 2, Stanford Univ. Press, 1978.

值得注意的一个现象是：从 1′ 调到 6 调都是调长逐渐减少，平均差距在 15—30 毫秒，可是到 5 调却突然比 6 调减少了 136 毫秒，调长还不及 6 调的 2/3。这种大幅度的减少，并不具有普遍性，只能看作是高坝侗语声调系统本身的个性特征。

以分贝来计算的音强是以音节的最大振幅为依据得出的。在这方面的统计数字也显示出与音高音长相关联的分布趋势。从低调到高调的平均音强是：51 分贝（1′ 调）、52 分贝（2 调）、54 分贝（6 调）、49 分贝（5 调）。总的来说从低调到高调，音强逐渐增大。其中只有 5 调是一个例外，如果把这种情况与 5 调在音长方面的表现联系起来，就很容易理解：音长方面的大幅度缩减所造成的悬殊差别使声调本身的音强也受到了影响。

拱度声调

高坝侗语除 5 个平调以外，还有 4 个拱度声调，包括 1 个降调和 3 个升调。为了便于与 5 个平调相对比，我们对拱度声调简述如下：

4 调是降调，起点在 6 调的附近，终点在 1′ 调附近，调型呈凸型，是半高低降调。

1 调是升调，起点在 3 调以上，接近 3 调起点，终点在 5 调以下。整个声调曲线基本位于调域的上半部，是一个中高升调。

3′ 调是一个低中升调，起点最低，在 1′ 调以下，节终点接近 3 调，全部声调曲线位于调域的下半部分。

5′ 调是一个全升调，很有特点。起点较低，在 1′ 调和 3′ 调之间，而终点在 1 调和 5 调之间，几乎跨越全部调域，前半部分呈凹型，后半部分呈凸型。

从音长方面来看，无论是高升、低升还是全升，升调的调长都明显超出降调，差值在 45 毫秒以上。这是又一种有关声调方面的普遍现象：其他条件相同时，升调的元音比降低的元音长。至于在三个升调之间，低升调长度大于高升调，而高升调又大于全升调的情况，是否可以作为一种有意义的排列次序，还有待于更多的例证。

在音强方面是降调最强。三个升调的情况是高升调的音强大于低升调，全升调则处于中间状况。这是与平调中音强随音高的上升而增大的现象相联系的。这可以为语音中声调信息的辨识问题提供一些线索。

促声调的情况

从高坝侗语五个促声调中各选 2 至 4 个样品来比较分析。差别最显著的在音长方面。促声调的调长都比各自相对应的舒声调的调长少 1/3 到 1/4。

在音高方面，促声调略高于相对应的舒声调。差别最明显的是 4 调，促声调终点的平均值比舒声调高出 22 赫兹，相当于两个"半音"多。在音强方面促声调也比相对应的舒声调略大，最显著的是 5 调，促声调平均比舒声调高 5 分贝。总的情况表明：五个促声调分别与它们所对应的舒声调在调型的升降趋势以及声调曲线在调域中的相对位置基本一致。差别最显著的是在音长方面。

（二）复音节中声调的表现情况

我们把五个平调在复音节中的表现情况用图二（a、b、c、d、e）标示出来。与单音节中的声调表现情况相对照，很容易看出二者之间的差别，从而了解它们的变化。

音长方面：音节的平均长度和声调平均长度都显示出同样的一个特征：单音节的长度大于复音节中的长度，而句子中的长度为最小。其中声调长度最明显地体现了这一趋势。单音节的五个平用的音节长度总平均为 363 毫秒、声调长度总平均为 342 毫秒。在复音节中五个平调的音节平均长度缩短为 285 毫秒，声调平均长度为 248 毫秒，而在句子中的统计结果则分别是 273 毫秒和 215 毫秒。

另外一个特征是音长因音节的位置不同而发生变化。同一声调的音节处于连读组起首或中间位置时，音长较短，而处于连读结尾时，则读音较长。五个声调全部如此。以 2 调为例，起首和中间的音节长度平均为 257 毫秒，声调长度平均为 197 毫秒，而结尾的音节平均长度为 340 毫秒，平均声调长度为 303 毫秒，声调平均长度增加 1/2 以上。

音强方面：一般情况是在复音节和句子中每一声调的音强动态范围的上限变化很小或者没有变化，但是下限普遍降低了。这种音强的对比差别加大，使得复音节和句子具有较明显的抑扬顿挫，而且每个声调上限的最大音强值（单位：分贝）都出现在句子中。

音高方面：最突出的特征是各个声调的动态范围都显著地增大。其中与拱度声调相结合的平调动态范围大于平调和平调相组合的动态范围，而在句子中的平调比在复音节组中出现的平调动态范围大。每一平调的最大音高值都出现在句子中。

下面把每一平调在复音节组和句子中的情况与单音节的情况相对照作一分析。

1'调是最低的一个平调，在连读中整个声调空间大幅度提高，动态范围下限与单音节的平均值基本重合，而上限则普遍提高了 25—30 赫兹。起点提高的幅度最大，达 50 赫兹（见图二 a）。这说明处于调域底部的低调所具有的下降弯头在连读中大大增强了下降的趋势。这并不是因后面声调曲线的降低得到的，而是由于起点的大幅度提高而造成的。

2 调在连读中的表现情况与 1′ 调相似。连读中动态范围的上限高出单音平均值 40 赫兹以上，起点和终点高出近 50 赫兹。其下限也高出单音平均值 5 赫兹左右（见图二的 b）。

1′ 调和 2 调的上限起点是一样的，但中点不一样，表明 2 调弯头下降的趋势远不如 1′ 调那么显著。

3 调也有同样变高的趋势。上限一般比单音平均值高出 40 赫兹左右，下限则比平均值高出 15 赫兹左右。下限的起点和终点偏低，尤其是终点，在单音平均值以下（见图二 c）。这说明 3 调开始转为上升的弯头，并且开始有了明显的降尾。

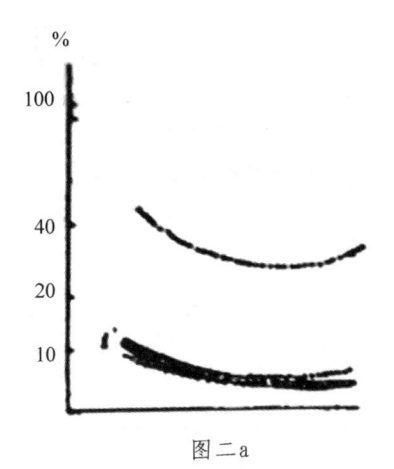

图二 a

1′ 调在连读中的变化

――― 为单音节中的调型

━━━ 为多音节的变化范围

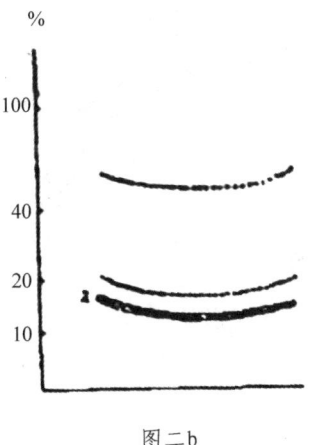

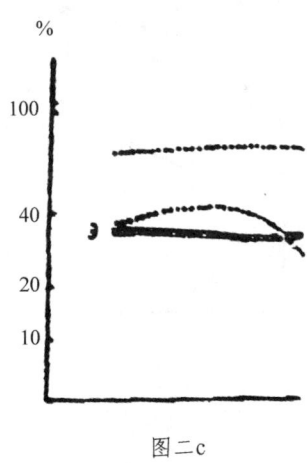

图二 b

2 调在连读中的变化

图二 c

3 调在连读中的变化

6 调动态范围的上限比单音平均值高出约 35 赫兹，下限的中段也略高于单音平均值。但是下限的起点和终点较低，起点低于单音平均值 41 赫兹，终点低 27 赫兹（见图二 d）。这说明 6 调的声调曲线在连读中多具有明显的上升弯头和降尾，并且弯头大于降尾。

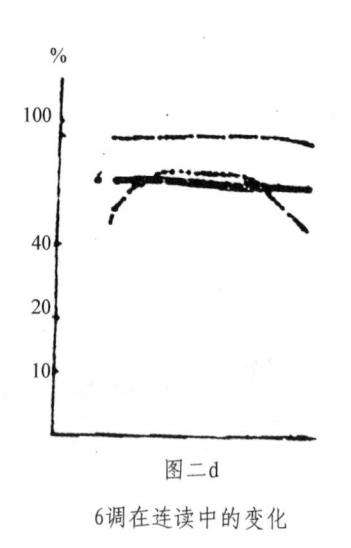

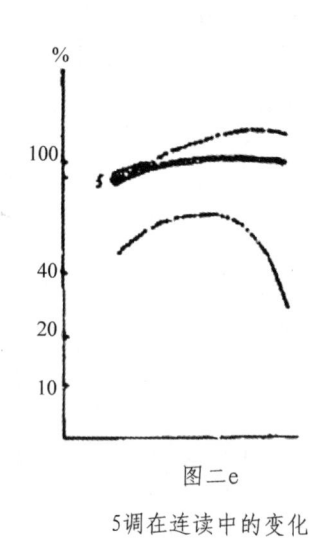

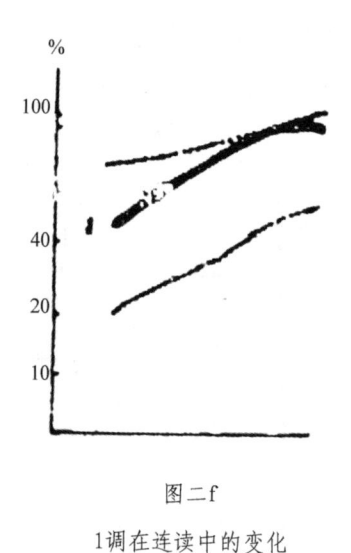

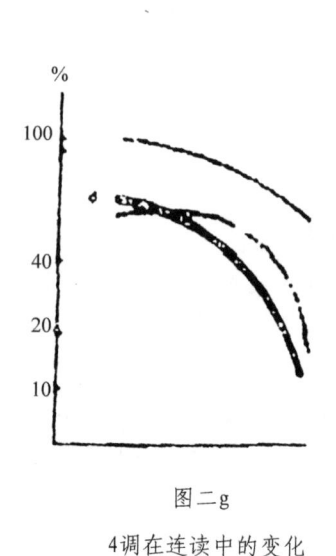

图二 d

6 调在连读中的变化

图二 e

5 调在连读中的变化

图二 f

1 调在连读中的变化

图二 g

4 调在连读中的变化

5调变化情况不同于前面的四个声调。它在连读中既升高又降低,扩大了变化范围。声调曲线的中点处上限高出单音平均值43赫兹,下限降低51赫兹,动态范围达94赫兹,变化较大。值得住意的是起点和终点处下限的降低(见图二e)。起点的上限高出单音平均值21赫兹,而下限则降低52赫兹,说明在高调中上升的弯头所具有的优势。终点的下限降低幅度最大,达113赫兹,这反映了高调中声调的终点最容易受到语音环境的影响而变化,这里是降尾大于弯头。

对于拱度声调,我们只选一个升调(1调)和一个降调(4调)来考察。1调在单音节中是中高升调。在连读中的变化主要是降低的趋势。单音声调平均值在连读动态空间的上半部,距上限最多为16赫兹,距下限最多为51赫兹(见图二f)。

4调在单音节中是半高低降调,连读中的变化趋势是提高。连读变化时除了起点的下限比单音平均值起点降低4赫兹以外,其余各点连读时的下限都比单音平均值的各点高,最多的相差13赫兹(见图二g)。

升调的终点受后面音节的声调影响较大,如1调的终点在5调前降低了,而在3调前却升高了。这是为了造成鲜明的声调对比,以利于听觉的辨识。降调的起点受前面音节的声调影响大,如4调在连读组的开首位置时,起点在动态范围的中部,而在后面的位置时,起点就依照前面音节声调的高低而分化。前面是低调的音节,起点就低,前面是高调或升i用的音节,起点就高。

通过以上分析,我们注意到在连读中调域在发生着变化。每一声调都在顽强地保持和突出本身的特点,以便于区别,如平、降、升、高、低等。因此,尽管起点和终点在连读中出现较大的起伏,整个声调曲线在调域中发生上移或下移,但是基本的调型模式并没有改变,每一声调的动态范围在调域中的相对位置没有变化。在这种调位的意义上,我们可以说高坝侗语在连读中虽然出现了语音变化,但并没有发生连读变调的情况,也就是没有发生调位性变化。

五 结论与讨论

高坝侗语声调格局中的五个平调表明五个区别性调级的存在,但是这五个调级的平均值之间的绝对距离无论从音高的赫兹数值还是从音乐的音程数值来看,都是不相等的。只是在以调域下限为基线时才能得出五个平调之间的等比关系。这对于研究人类听觉中言语音调的感知特征具有重要意义。

按照区别性特征的理论，我们试把高坝侗语包括五个平调在内的声调格局用区别性特征矩阵表表示如下：

声调	1′	2	3	9	6	5	7	1	5′	7′	3′	9′	4	10
调值	(11)	(22)	(33)	(33)	(44)	(55)	(55)	(45)	(24)	(24)	(13)	(13)	(31)	(31)
拱度	−	−	−	−	−	−	−	+	+	+	+	+	+	+
高	−	−	−	−	+	+	+	+	+	+	−	−	−	−
低	+	+	−	−	−	−	−	−	+	+	+	+	+	+
央	−	+	+	+	−	−	−	−	+	+	+	+	+	+
升								+	+	+	+	+	−	−
降	−	−	−	−	−	−	−	−	−	−	−	−	+	+
长	+	+	+	−	+	+	−	+	+	−	+	−	+	−

其中，"拱度"特征表示平调与非平调的区别。"高"和"低"是对某一假设的调域中线而言，例如：以 3 调的平均值为假设的中线。"央"特征就是排除最高和最低的情况，而靠近中线。"升"和"降"分别指声调曲线的不同变化趋势。"低"特征的设置是为了 5′调和 1 调在调域方面的区别，同时 3 调也可以由"高"与"低"两个特征的专化符号与其他平调相互区别。"长"特征专门用于区分舒声调和促声调。

实验证明，单音节声调调域在连读中发生变化。调域下限比较稳定，调域上限变化较大，五个声调总的趋势是升高的变化。其中除最高调既有升高又有降低的变化之外，其余四个声调都是只有上升的变化。因此可以说高坝侗语声调在连读中并没有发生调位性变化。

本节选择五个点来测量分析声调曲线的方法。我们发现同一调类中各变体的两个端点——起点和终点的频率差别较大。这是由于语音环境中出现弯头和降尾过渡的缘故。同一调类中各变体的三个中间点频率差别较小，这对于平调的调型稳定起着重要的作用。尤其是中点，对平调起着决定性的作用。有人把平调定义为"只通过指定一个调级就可以代表的声调"。那么，我们就可以认为这个调级应根据声调曲线的中心来确定。中间三点的音高一致性很强，与其相对应的声调曲线的稳定段相当于全长的二分之一以上。可以认为是负载声调信息的调型段。在分析中，我们还发现了几个重要的现象：

首先，处于句子起首音节中的声调具有较大的音强，尤其是具有较高的声调型。每一声调的音高极值大都出现在句首音节中。音强的极值也多出现于句首音节。

其次，具有相同声调的音节组合在一起时，声调并不是两条音高相同的并列曲线，而会在动态范围内出现一些差异。或者是前高后低，或者是前低后高。最突出的要算 5 调的音节相连时的情况：前低后高。有时这种高低的差别竟会达到 50 赫兹以上。

最后，在单音节声调中每个平调的动态范围都是彼此分开的。五个平调在单音节中相互区别得很清楚。但是在连读中，每个声调的动态范围都发生了变化。其中 1′调与 2 调，2 调与 3 调，6 调和 5 调，在少数情况下甚至 1 调与 3 调，3 调与 5 调都出现了重叠交错的现象。这种情况对于语音的声调辨识所带来的影响，对于声调感知范畴的研究有何意义，都是值得思考的问题。

附表　　　　　　　五个平调之间的相互关系数据表

声调	调值	音高（f_n）（赫兹）	音程差（半音）	以 1′调为标准			以调域下限位标准（f_0 = 120 赫兹）		
				频率差	比差（%）	对数差	频率差	比差（%）	对数差
1′	11	129	0	0	0	0	9	8	0.0314
2	22	138	1	9	7	0.0293	18	15	0.0607
3	33	157	2	28	22	0.0853	37	30	0.1139
6	44	197	4	68	53	0.1839	77	64	0.2153
5	55	259	5	130	100	0.3027	139	116	0.3341

第二节　侗语声调的共时表现与历时演变

现代语言学意义上的汉语"声调"术语概念是赵元任先生首先启用的。什么叫声调呢？任何语言里都有这种用嗓音高低的音位来辨别字的异同，就叫声调（赵元任，1922；1980）。世界各地都有声调语言。除了中国和东南亚的语言外，欧洲的挪威语、瑞典语、南斯拉夫的塞尔维亚语，非洲东部所有的班图语（斯瓦希利语除外），美国和南美洲的大部分印第安语，新几内亚和澳大利亚的很多语言，都是声调语言（王士元，1983），亚洲以外的语言的声调在句法和形态方面起广泛的作用，它们大多只有两三个层级型声调。但亚洲语言的声调大多表现为词汇性，有较多的声调，是平调拱调结合的复杂型声调语言。

在汉藏系语言中，一般来说藏缅语的声调比较少，汉语、苗瑶语和侗台语的声调比较发达。在汉语中声调最多的是江苏吴江话，有12个声调（叶祥苓，1983）；在苗瑶语中声调最多的是绞坨话、宗地话和新场话，有11个声调（张琨，1973；王辅世，1985）。在壮侗语中，壮语多的有十一二个声调（韦庆稳等，1980）；傣语声调最多的是红河傣雅语（邢公畹，1989）和瑞丽弄岛傣卯话（1982年笔者调查笔记），有10个声调；布依语声调最多的有10个（少数民族语言所，1959）；海南临高话声调最多的是琼山土语，有13个声调（张元生等，1985）；黎语声调最多的是保成土语有11个声调（欧阳觉亚等，1983）；水语（张均如，1980），仫佬语（王均等，1984）、毛南语（梁敏，1980）都有10个声调；佯僙话最多的是课寨话有11个声调（赵道文，1984）；莫话最多的有11个声调（李方桂，1943）；地莪锦话有9个声调（石林等，1988）；拉珈话有10个声调（毛宗武等，1982）；而侗语声调最多的达15个，这是迄今我们所知道的声调语言中声调最多的一个。

侗语发达的声调已经越来越引起国内外学者的浓厚兴趣。这是因为对这个世界上声调最多的语言研究不仅能揭示侗语自身声调的分布特征、声调与声母韵母的相互制约关系，而且对于丰富和完善声调理论、探讨声调发展变化规律及原因等都具有极重要意义。

以往人们对侗语知之甚少，介绍和研究侗语文章也不见报道。80年代以后论述侗语的文章才逐渐多起来。通过对侗语38个点的声调的分析比较，本文试图对侗语的声调作出一个较为客观的评价。①

---

① 岩洞、永从、那冷、高架（平途）、章鲁、程阳、大荣、高坝、石洞、平秋、王寨、秀洞、新街（烂泥冲）、团结、李树、万山、岳寨、启蒙、报京等是笔者调查的；陇城、平等、独洞、陈团、和里、水口、贯洞、寨怀、大同、小广、款场、注溪、中寨、布代、亚罕引自贵州民族语文工作指导委员会合编的《侗族语言文字问题科学讨论会汇刊》（油印稿）；流源、团头、播阳的材料由杨锡同志提供；平江侗语引自潘永荣《平江侗语语音初探》，《贵州民族研究》1990年第1期。

一 侗语的声调格局

（一）原始侗台语从一开始就具有 4 个声调，泰语直至 13 世纪仍然只有平、上、去、入 4 个声调（李方桂，1977）。大多数侗台语现在都具有 8 个声调（1、2、3、4、5、6、7、8 调）。侗语的一部分方言点至今也基本上保持着这个声调格局，像岩洞、水口、贯洞、和里、高架、寨怀仍然保持着这样的声调格局：1、2、3、4、5、6 和 7 长、7 短、8 长、8 短（因元音的长短，7 调和 8 调各分为两个声调）。由于调类对于调值几乎是没有约束性的，即调值在地理上存在着无限的异体（邢公畹，1962；桥本万太郎，1983），因而，各地侗语的声调数是参差不齐的。我们这里所指的声调是以舒声调的调数加上促声调的调数来计算的。也就是说，促声调的调值即使与舒声调的调值相同也不能把它并入舒声调而单独算为另一声调，但在舒声调或入声调中当两个声调的调值相同时则并为一个声调。

在侗语的 38 个方言点中，15 个声调的有章鲁、独洞、秀洞（1、1′、2、3、3′、4、5、5′、6、7、7′、9、9′、8、10 调）。14 个声调的有高坝、石洞、小广、款场、注溪、中寨（8 = 9′）、程阳、陇城（6 = 3）陈团、平等（8 = 10），大荣（3 = 3′、9 = 9′，但 6 调分化为 6、6′调）。13 个声调的有平秋（6 = 3′、8 = 9′），新街（7′ = 7、9′ = 9）。12 个声调的有启蒙、播阳、团头（3′ = 3、9′ = 9、10 = 8），李树（1′ = 2、3′ = 3、8 = 9′）。11 个声调的有布代、亚罕（3′ = 3、5′ = 5、7′ = 7、9′ = 9），大同（3′ = 3、5′ = 5、7′ = 7、10 = 9），那冷（3′ = 3、5′ = 5、9′ = 9、10 = 8），流源（3′ = 3、7′ = 7、9′ = 9、10 = 8）。10 个声调的有岩洞、水口、贯洞、和里、高架、寨怀（1′ = 1、3′ = 3、5′ = 5、7′ = 7、9′ = 9），团结（3′ = 3、5′ = 5、7′ = 7、9′ = 9，8 已消失）。9 个声调的有永从（1′ = 1、3′ = 3、5′ = 5、7′ = 7 = 9′ = 9），平江（1′ = 1、3′ = 3、5′ = 5、7′ = 7、9′ = 9、10 = 8），王寨（入声调已消失）。8 个声调的有报京（1′ = 1、3′ = 3、5′ = 5、10 = 7′ = 7、8 = 9′ = 9），岳寨（3′ = 3，入声已消失）。6 个声调的有万山（1′ = 2、6 = 3′ = 3、入声未记音）。

（二）侗语各个方言点的声调不仅数目多少不等，而且它们的声调格局也各具特色。声调格局是一种语言声调的调型分布格式和调域布局。由于侗语各个方言点的声母和韵母系统不尽相同，以及历史发展的不平衡，因此，它们声调格局异彩纷呈是理所当然的。

（三）下面就让我们来看看侗语声调格局的共时表现。

关于平调语言学家有诸多论述。平调是一种以水平高度为其可接受的变体的声调；一种语言如有拱度声调，那么，它也就会有平调（麦迪逊，1978）。一种语言的平调至多不能超过 5 个，如有 2 个平调就是 11 和 55（或 22 和 44），如有 3 个平调就是 11、33 和 55，如有 4 个平调的就是 11、22、44、55（王士元，1967）。世界上已知的 5 个平调的语言有施洞口苗语（张琨，1973）、黑苗语、大花瑶语、一些布依语方言，非洲的纳丹语、克波罗语、阿舒库语、恩加满勃语，美洲的特里克语、蒂库纳语、乌希拉奇特语（麦迪逊，1978）。

侗语有丰富的平调和分布特色。据我们所知，5 个平调的有：高坝、石洞、小广、团结和寨怀。4 个平调的有款场、平秋、王寨、大同、秀洞、注溪、岳寨、报京、布代。3 个平调的有贯洞、那冷、和里、陈团、平江、程阳、独洞、平等、陇城、播阳、团头、流源、大荣、新街、中寨、李树、万山。一个平调都没有的只有高架，这与麦迪逊的一种语言如有拱调就一定有平调的预言相悖。侗语的其余方言都有 2 个以上的平调。

不同的调型在侗语不同调类中出现的频率有差异。在平声中（1 调、1′调和 2 调）平调占 51%，在上声中（3 调、3′调和 4 调）平调占 42%，在入声中（7 调、7′调、9 调、9′调、8 调和 10 调）平调占 44%，在去声中降调占 42%。这与邢公畹先生说的在汉台语中平声表现为平调，去声表现为降调的论述相符。下面是 38 个方言点声调的调型分布：

调类	7	9	3	1	2	1′	3′	7′	9′	8	4	5	6	10	5′
平调类	31	27	28	25	20										
升调类						18	15	20	15	12					
降调类											23	22	20	16	
曲调数															14
百分比（%）	89	77	74	66	53	62	94	95	94	35	61	58	53	62	58

从上表可以看出，侗语的 7、9、3、1、2 调是一个以平调为主的声调，平调率都在 50% 以上。1′、3′、7′、9′等次阴调是一个以升调为主的声调，升调率都在 60% 以上。4、5、6、10 调是一个以降调为主的声调，降调率也都在 50% 以上。58% 的 5′调都是曲调。从表中也能看出，侗语是一个平调多于升

调，升调多于降调，曲调为最少的语言。侗语平、升、降、曲调调数分别为192、135、100、38。

在侗语中升调最多的不超过4个。4个升调的有大荣、秀洞。3个升调的较为普遍，有贯洞、陈团、高架、高坝、石洞、万山等9个点。一个升调都没有的是平江。

升调和降调分布并不对等。秀洞有4个升调1个降调。万山有3个升调，但没有降调。北部方言的升调有自己的特点，2个升调分别分布于调域的两端，1个高升，1个低升，3个升调采取高、中、低三段分布式。北部方言的升调多于降调，南部方言正好相反。

在侗语中降调最多的不超过3个。3个降调的有岩洞等8个点。它们都属南部方言。只有1个降调时，北部方言大都是低降（无高降），南部方言则大都为高降（无低降）。

在侗语中曲调最多的有3个。它们是章鲁、启蒙。一个曲调都没有的有16个点，占42%。凹调最多的有2个，它们是永从、章鲁、秀洞、启蒙。凸调都只有1个。凸调大多为高调，凹调大多为低调。凸调基本上仅出现于送气调中（5′调14个，1′、6′、7′调各1个，2、6调也各有1个）。凹调则相反，基本上仅出现于不送气调中（3调6个，2调5个，9调3个，1、1′、4、8、10调各1个）。北部方言的凸调少于凹调，南部方言正好相反。

汉语和侗台语都有平、上、去、入4个声调，但这4个声调在语言中出现的频率不是对等的。也就是说在一种语言的单音节语素（即通常所说的"字"）中，有的声调用得多，有的声调用得少。

在汉语普通话中去声字最多，约占三分之一，上声字最少，只占六分之一。

侗语的情形与汉语普通话不尽相同。据笔者对南北方言各一个代表点的分析统计，在侗语中平声字最多，约占37%，入声字最少，只占14%，上声字也比较少，约占22%。单从舒声调来看，侗语同壮语相似，都是1调的字最多，4调的字最少，6调的字也比较少。侗语声调分布频率的另一个特点是：在阴阳调中，阴调字（占67%）比阳调字（占33%）多；在阴调中阴调字（占66%）比次阴调字（占34%）多；在入声调中长元音调字（占61%）比短元音调字（占39%）多。下面是笔者统计的结果。

章鲁（2214字）、高坝（2116字）声调分布频率统计（上行数为章鲁，下行数为高坝）。

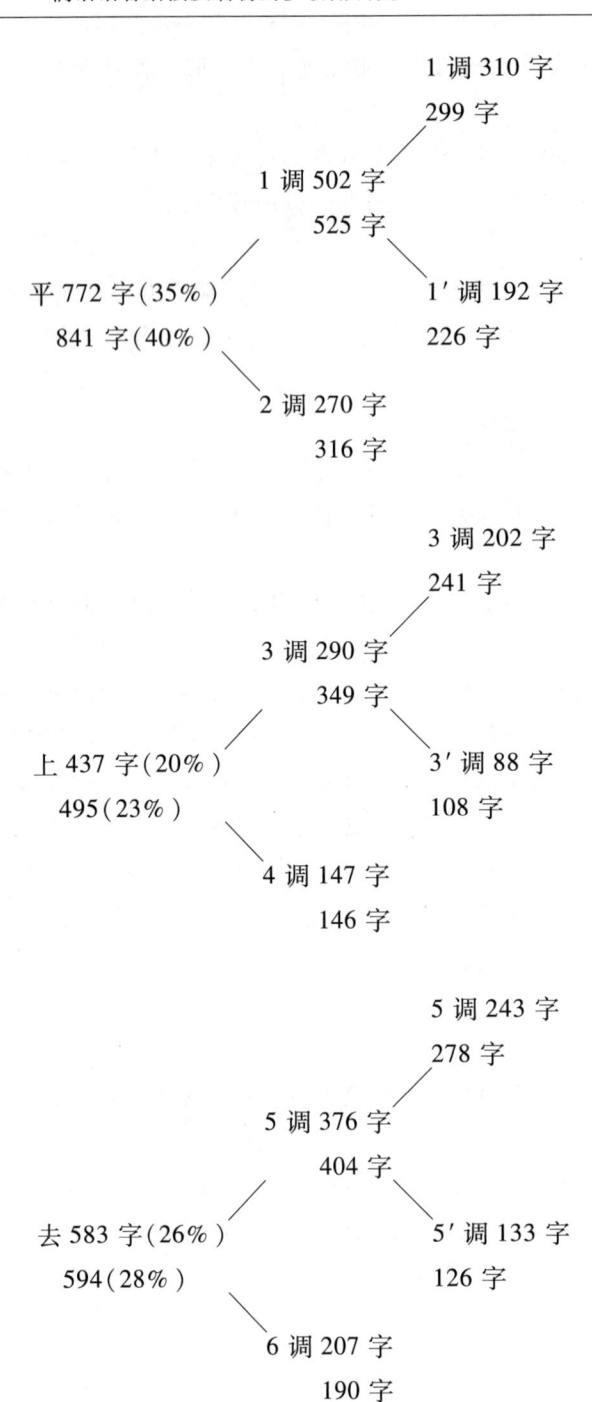

```
                                        1 调 310 字
                                          299 字
                     1 调 502 字
                       525 字
平 772 字(35%)                        1′调 192 字
  841 字(40%)                           226 字
                     2 调 270 字
                       316 字


                                        3 调 202 字
                                          241 字
                     3 调 290 字
                       349 字
上 437 字(20%)                        3′调 88 字
  495(23%)                             108 字
                     4 调 147 字
                       146 字


                                        5 调 243 字
                                          278 字
                     5 调 376 字
                       404 字
去 583 字(26%)                        5′调 133 字
  594(28%)                             126 字
                     6 调 207 字
                       190 字
```

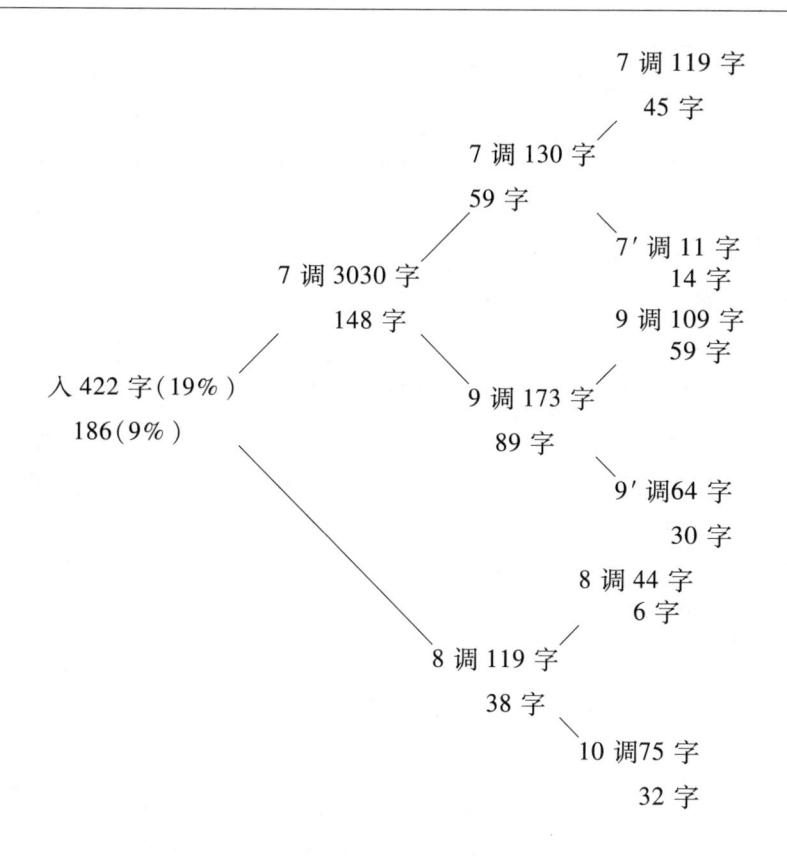

```
                                        7 调 119 字
                                           45 字
                              7 调 130 字
                                 59 字
                                        7′调 11 字
                                           14 字
              7 调 3030 字
                 148 字                 9 调 109 字
                                           59 字
                              9 调 173 字
                                 89 字
入 422 字(19%)
   186(9%)                              9′调 64 字
                                           30 字
                              8 调 44 字
                                 6 字
              8 调 119 字
                 38 字
                              10 调 75 字
                                 32 字
```

二 声母清浊和送气对声调演变的影响

由于现代侗语方言至少都有 8 个声调，所以我们认为侗语从台语中分化出来时就有了 8 个声调。也就是说侗语因声母清浊对立的消失而导致声调由平、上、去、入 4 个声调分化为阴平、阳平、阴上、阳上、阴去、阳去、阴入、阳入 8 个声调的第一次声调分裂时，侗语还没有从台语中分化出来。尽管现代侗语方言间声母和韵母差别较大，但 8 个声调都是很整齐地对应着的。如果侗语不是从台语分化出来时就具有 8 个声调，它的声调就不会都是 8 个以上的声调格局，有的方言点可能会保留着 4 个声调的痕迹，像有的苗语方言至今只有 4 个声调那样，也有可能像藏语的一些方言那样至今仍然没有声调。

侗语的声调不仅内部对应整齐，而且与亲属语声调的对应也十分整齐。这也能说明侗语 8 个声调是从台语带来的。下面是侗语和亲属语 8 个声调对应的情形：

	泰语	龙州	剥隘	利岩水语	莫话	佯僙	锦话	章鲁	高坝
去	pai^1	pai^1	pai^1	paːi^1	paːi^1	paːi^1	paːi^1	paːi^1	paːi^1
脚	tin^1	tin^1	tin^1	tin^1	tin^1	tien^1	tin^1	tin^1	tin^1
肥	phi^2	pi^2	pi^2	pi^2	vai^2	puei^2	vai^2	pi^2	pi^2
薯	man^2	man^2	man^2	man^2	man^2	man^2	man^2	man^2	mən^2
织	tam^3	tam^3	tam^3	tam^3	tam^3	tam^3	tam^3	tam^3	təm^3
脸	na^3	na^3	na^3	na^3	na^3	na^3	na^3	na^3	na^3
树	mai^4	mai^4	mai^4	mai^4	mai^4	mai^4	mai^4	məi^4	məi^4
弟妹	nɔːŋ^4	nɔːŋ^4	nuːŋ^4	nu^4	nuŋ^4	nuŋ^4	nuŋ^4	noŋ^4	noŋ^4
新	mai^5	maɯ^5	mo^5	mai̥^{5}	mai^5	mai^5	mai̥^{5}	məi^5	məi^5
蛋	khai^5	khjai^5	tçai^5	kai^5	tai^5	kai^5	ʈai^5	kəi^5	kəi^5
过	tha^6	ta^6	ta^6	ta^6	tha^6	ta^6	ta^6	ta^6	ta^6
这	ni^6	nai^6	ni^6	nai^6	naːi^6	naːi^6	naːi^6	naːi^6	naːi^6
口	paːk^7	paːk^7	paːk^7	paːk^7		paːk^7	paːk^7	paːk^7	pa$^{3'}$
子	luːk^8	luk^8	lɯk^8	lak^8	laːk^8	laːk^8	laːk^8	laːk^8	la^4

导致侗语声调第一次分化的原因与台语诸语言一样，是声母清浊对立的消失。由于侗语浊声母已清化，我们现在已不能从侗语声母中找到它的痕迹，只能从侗台语声调整齐的对应中得到解释。单数调的字来源于清声母，双数调的字来源于浊声母，这也为语言学家的研究所证实，并已得到语言学界的公认。侗语单双数调的字大都能与亲属语同源的单双数调的字对应，说明其声母与亲属语的声母有共同的来源。从音理上来说，声母浊化能使声调降低，以后声母的浊化逐步消失而以声调的高低对立所代替，从而形成声调"清高浊低"的声调格局。现在侗语中双数调的调值大都比单数调的调值低，也能说明其声母的不同来源。

在不同的语言或方言中，一定的声母特征以不同的方式影响着声调；这些特征可以称作喉头的特征，即浊化、送气和喉塞；这些特征与声带的状况（开、合等）和条件（紧张、振动等）有关，由于声调（音高和音渡）与声带的活动有关，所以这些喉头特征影响声调自然是有道理的（李方桂，1977）。声母清浊对立的消失使侗语的声调产生了第一次分化，声调由 4 个分化为 8 个。侗语声调的第三次分化是清声母和次清声母（送气声母）对立的消失引起的，即送气声母的消失而以声调的对立来补偿（在这之前发生的声调第二次分化是因元音的长短引起的）。这是一次尚在进行中的声调分化。我们认为侗语这次声调分化是侗语从台语中分化出来以后进行的，这是因为：一、很多亲属语的方言以及侗语的不少方言点至今没有类似的声调分化；二、侗语的送气声母大都不能与台语的送气声母对应，也就是说侗语现在的送气声母很可能是从台语分化出来以后发展而成的，并因此形成了自己的送气声调。

不仅侗语，在亲属语中也有一些语言因声母的送气而使声调发生了一分为二的分化。这种声调分化一般出现在阴类调中。有此类声调分化的语言是：泰语、剥隘壮语、莫话和佯僙话的1调分化为1调和1'调（李方桂，1965）；壮语隆安小林的5调分化为5调、5'调，7调分化为7调、7'调，扶绥新隆的1调分化为1调、1'调，7调分化为7调、7'调（韦庆稳等，1980）；漠沙傣语的1调分化为1调、1'调（邢公畹，1989）；老挝语的1、3调也都分化为两个声调（李钊祥，1985）。绞坨、宗地、新场等地苗话的1、3、5、7调也由同样的原因，声调分化为两个（张琨，1973）。汉语吴江话也因声母的送气而使除阴平调以外的其他阴调都分化为两个声调（叶祥苓，1983）。因声母的送气而影响阳调发生分化的现象和阴阳调交替的现象，在个别语言中也出现过；壮语德保二区1、5、7调分别变为2、6、8调，麻栗坡的1调变为2调，龙州彬桥的2调、6调变为1、5调（韦庆稳等，1980）；汉语南昌话的2调分化为2调、2'调，6调分化为6调、6'调（熊正辉，1979）。

侗语中因声母的送气而使阴类调发生一分为二的分化现象比较常见。具体来说，有下面几种不同情形：

（1）1、3、5、7、9调都分化的有章鲁、独洞、秀洞、程阳、陈团、平等、陇城、高坝、石洞、小广、款场、中寨、注溪、平秋。（2）1、3、5、7调已分化的有李树、岳寨。（3）1、3、5调已分化的有新街、王寨。（4）1、5、7调已分化的有启蒙、播阳、团头。（5）1、5、6、7调已分化的有大荣。（6）1、5调已分化的有流源、万山。（7）1、7调已分化的有那冷。（8）1、9调已分化的有大同。（9）1调分化的有布代、水口、贯洞、和里、寨怀、高架、永从、平江、报京。

从以上介绍可以看出，侗语南北方言第一土语各点的声调都发生了（1）类分化，南部方言第二土语的大部分地区的阴类调都没有分化，个别点有（9）类分化。也就是说侗语的这次声调分化是从西部、北部、东部开始的，中南部至今仍然没有参与这次声调分化。

在侗语中阳调发生分化的只有大荣侗语，它的 6 调分化为 6 调、6′调。大荣 6 调分化的原因是鼻音、边音声母的清化以及汉语借词的影响。例如：

mun⁶′	猴	m̥wa⁶′	磨	maŋ⁶′	曾祖	məm⁶′	鱼
m̥əi⁶′	蒸	mu⁶′	个	mu⁶′	墓	meŋ⁶′	命
loŋ⁶′	空的	lui⁶′	下	la⁶′	找	lon⁶′	乱
l̥jen⁶′	辣	l̥jeu⁶′	了	n̥u⁶′	鳝鱼	n̥au⁶′	在
n̥əi⁶′	阳沟鱼	n̥on⁶′	愿	n̥aŋ⁶′	让	jai⁶′	（刀）快
jon⁶′	县	ɖoŋ⁶′	什么	won⁶′	换	wa⁶′	画
ŋ̊a⁶′	馋	ŋai⁶′	艾草	pjaŋ⁶′	（一）张	tjem⁶′	桌子

以上的介绍还能看出，阴调分化的情况在各地也是不一样的；凡是阴调已分化的，1 调都已经分化的有 29 个点；5 调已分化的有 24 个点，7 调已分化的有 21 个点，9 调已分化的有 17 个点，3 调已分化的有 16 个点。这就显示出，侗语阴调的分化是从 1 调开始，逐渐向其他阴调扩展。

从音理上来说，声母的送气并不能导致声调的分裂，因为实验证明不送气辅音和送气辅音的基频没有多大的差异，而只有浊送气才可能引起声调的分裂（艾杰瑞，1986）。李方桂先生后来也认为原始台语的清塞音声母有两种不同送气，一种为清送气的 h-，一种为浊送气的 ɦ-（李方桂，1983）。

侗语送气调的声母有三种不同的情形：（1）声母分为清声母和浊送气声母；（2）声母分为清声母和清送气声母；（3）只有清声母而没有送气声母。这就是说，从声母上很难找出侗语阴类调分化的原因。不过假设原始侗语有声母送气与不送气的对应，以后声母送气与不送气的对立消失而以声调的对立来补偿。现在阴调都已分裂的高坝侗语就没有送气声母，章鲁的送气声母也不多而且很不稳定。相反，送气声母十分发达的侗语中南部地区的阴类调并没有发生分化。很多语言的声调分化都与声母的送气联系，不少论述也都认为声母送气是声调分化的原因。而我们的认识正好相反，认为送气声母的消失才是声调分化的原因。阴类调分化的原因众说纷纭，我们尚需进一步研究。

三 元音长短对侗语声调演变的影响

在侗台语中因元音长短的对立而使声调分化的现象主要出现在入声调中。

在台语中，像掸语、普洛、巴瑶、达府、昆语、清迈、万象、泰诺、乌汶、马隆、孔埠以及一部分布依语、傣仂、沙湾拿吉、迁江、红傣、剥隘、天保等都因元音长短的对立而使声调发生了分化（李方桂，1977）。在侗水语中仫佬语、毛南语、潘洞水语和课寨佯僙话（王均，1984；梁敏，1980；张均如，1980；赵道文，1984）；以及荔波莫话和惠水佯僙话（李方桂，1965）都发生了类似的声调分化。

元音长短对入声调的影响在侗语中有不同的表现。总的来看，除了两个点因入声韵已消失以及一个点的入声未记音而无法考察其元音长短对入声调的影响外，其余各点的入声调都因元首长短的对立而发生了声调的分化。具体情况如下：

（1）阳入分化为长短调的有永从（7、8、10 调）。（2）阴入分化为长短调的有流源、平江（7、9、8 调），陈团、平等（7、7′、9、9′、8 调），高坝、石洞、小广、款场、李树、平秋、中寨、注溪（7、7′、9、8 = 9′、10 调），启蒙、播阳、团头、那冷（7、7′、9、8 调），大同（7、10 = 9、9′、8 调），团结（7、9、10 调），报京（10 = 7、8 = 9 调）。（3）阴入、阳入都分长短的有章鲁、秀洞、独洞、陇城、程阳（7、7′、9、9′、8、10 调），贯洞、水口、和里、岩洞、高架、寨怀、大荣、新街、布代、亚罕（7、9、8、10 调）。

从侗语入声调的共时表现可看出，元音长短对立导致入声调分化在先，声母送气导致声调分化在后。这是因为前者波及了整个侗语，而后者只波及了侗语的一部分地区。从中也可以看出，入声调的此类分化是从阴入开始，因为大多数阴入已分化而阳入并没有分化。

调位是一种语言中能区别意义的调值。上面我们所说的声调数一般都是没有把舒声调与入声调进行调位归纳，所指当然也不是该方言点的调位数。一般都说章鲁侗语有 15 个声调，实际它只有 9 个调位，因为它的入声调都可以与舒声调归纳为 1 个调位。事实上侗语调位最多的只有 11 个。

侗台语的入声调的调值大都能与舒声调的调值相同或相近，二者往往能归纳为一个调位。在侗语中入声调也大都与舒声调的调值相同或相近，完全能够归纳为一个调位，这样的方言点有：

章鲁、陇城、独洞、平等、陈团、高坝、小广、款场、中寨、注溪、新街，它们有 9 个调位。程阳、流源、播阳、团头、平秋、岳寨、王寨、启蒙，它们有 8 个调位。那冷、亚罕、布代、李树，它们有 7 个调位。高架、平江、报京、万山，它们有 6 个调位。

但也有部分方言点的个别入声调与舒声调不能归并为一个调位，这些方言点是：

大荣、秀洞，它们有11个调位（舒声9个，入声2个）；岩洞、水口，它们有9个调位（舒声6个，入声3个）；大同、团结，它们有8个调位（舒声7个，入声1个）；永从、贯洞、和里、寨怀，它们有7个调位（舒声6个，入声1个）。

由于塞辅音韵尾的影响，入声调的调值可能与同一调位的舒声调的调值有轻微的差异，形成不同的调位变体。这种情况易让调查者处理为两个不同的调位。我们认为，操每一种语言或方言的人，对于自己母语某一入声调与舒声调是否能归纳为一个调位，有很敏感的语言判断力。因此，我们的声调记音总是力求与发音合作人的语言直觉相一致。

由于长短元音的音长、音高等都不同，短元音的音高一般都较高，音长都较短，长元音则相反，从而形成了两者声调的对立。在侗语中，短元音调一般都高于长元音调，像7调大都比9调高。这是长短元音对声调影响的例证。这种元音长短对立与声调高低对立的双重语音区别并存的现象，与语音的经济原则是不相符的。因此，元音长短的对立最终会被声调的对立替代。侗语北部方言现在就完成了以声调的对立来取代元音长短对立的过程。

四　结语

侗语是世界上声调最多的语言。侗语的舒声调和入声调加起来最多的有15个，最少的也有8个。侗语中调位最多的有11个，最少的也有6个。

侗语又是一个调型丰富复杂的语言。侗语的平调多于升调，升调多于降调，而降调又多于曲调。它们之间的比例为41∶29∶22∶8。

侗语中平调最多的有5个，升调最多的有4个，降调最多的有3个，曲调最多的也有3个（其中凹调最多的有2个，凸调都是1个）。北部方言的升调、凹调多于降调、凸调，南部方言正好相反。

不同的声调在侗语中出现的频率相差较大。平声字最多，约为37%，入声字最少，只占14%，上声字也比较少，占22%。在阴阳调中，阴调字多于阳调字，阴调字占67%左右。在入声调中，长元音调字又比短元音调字多，长元音调字约占61%。

侗语声调在调型方面的表现也不一样。7、7′调都是高调，8、10调都是低调。平调能出现于任何一个声调之中。4、5、7、8调无曲调。6调无升调。

阴调大都高于阳调，次阴调又总是低于阴调。

侗语从台语中分裂出来时就有了 8 个声调的格局。跟台语一样，清浊声母对立消失，使侗语的声调由 4 个分化为 8 个。这是侗语声调的第一次分化。元音长短的对立使 7、8 调各分裂成长短两个声调，从而使侗语由 8 个变成 10 个声调的格局。这是侗语的第二次声调分化，但它仅出现于入声调中，是侗语从台语中分裂出来以后进行的，分化从阴入开始逐渐波及阳入。这两次声调分化已经波及了整个侗语。声母的送气使侗语的声调发生了第三次分化。这次声调分化使一部分侗语的阴调分化为两个声调，声调因此由 10 个变为 15 个的格局。这次声调分化从阴平调开始逐步波及其他阴调。侗语的西部、北部和东部都参与了这次声调分化，而中南部地区至今几乎没有此类分化。总之，侗语的声调前后发生了三次分化，其发展演变的历程及原因可用下图来表示：

```
条件              声母清浊      元音长短      声母送气
声调发展历程  4个声调 ——→ 8个声调 ——→ 10个声调 ——→ 15个声调
次第              第一次分化    第二次分化    第三次分化
```

第三节 侗语声调的区别性特征

一

侗语是世界上升调最发达的语言之一。侗语的声调一般不是靠与其他元音或辅音一起形成双重功能来区分词义，而完全靠音节音高的相对频率来区别词义。下面就以高坝侗语的 9 个声调为例：

1′	2	3	6	5	3′	5′	1	4（调类）
ta^{11}	ta^{22}	ta^{33}	ta^{44}	ta^{55}	ta^{13}	ta^{24}	ta^{45}	ta^{31}
抓	个	山林	过	中	公（牛）	木钉	姑父	量（衣）

侗语的这些声调有些什么特征，声调之间以及语言、方言间声调的区别特征是什么，以往我们对这些问题的认识是模糊的同时对这些问题我们也没有进行过分析研究。

语音研究有两个不同的方向：一个是语音学（phonetics），主要分析研究语音的生理特点和物理性质；一个是音系学或叫音位学（phonematics），主要研究人类语言的构成及变化规律。在音系学里，区别性特征（distinctive feature）理论是一个很基本很常用的理论。区别性特征理论认为，每一个音段（这里实际上指的是音位）都有几个不同的区别性特征；区别性特征是最小的语音结构成分（雅可布逊，1951；王士元，1988）。在五六十年代，区别性特征理论主要用于对音段的分析研究。雅可布逊、方特、乔姆斯基和哈特认为音阶有30多个区别性特征。在1967年，王士元先生开始用区别性特征理论来对声调进行研究，并第一次提出声调有7个区别性特征。这以后，区别性特征理论才开始用来对汉语、泰语（汕娘·孟宁，1985）等语言的声调进行分析研究。用区别性特征理论来分析声调，不仅能说明每个声调的特征，而且能把语言（或方言）间声调的区别特征分得比较清楚。高坝侗语的9个声调用区别性特征理论就能分析得较为清晰。

萨丕尔认为，人的语音器官所能用的发音数目是无限的，但每种语言都从这丰富储藏中明确地、严格经济地选出一些来为己所用。因此，每种语言都有自己的音型（sound pattern）。分析语音就是从它的具体表现构拟出它的抽象系统即音型（萨丕尔，1921）。即雅可布逊等后来说的，任何语言都有一套有限的区别性特征，而且有一套有限的规则来组织它们成为音位，并且组织音位成为序列。这一套复合的东西，叫做音位模式（雅可布逊等，1951）。对于声调语言，声调同元音和辅音一样，都是语言的主要组成部分，三者都有辨义功能。对声调语言语音的研究，不仅要分析元音和辅音的区别性特征及其组织规则，而且还要分析研究声调的区别性特征及其组织规则。

下面我们拟用区别性特征理论来对侗语的声调进行分析。

二

我们知道，音位是一束区别性特征（叶蜚声等，1988）。声调的每一个音位即调位当然也由一束区别性特征构成。王士元依据声调的表现形式和人的感知功能，提出人类语言至多只能有13个调形，并据此而把声调分为7个区别性特征：曲度（contour）、升（rising）、降（falling）、凸（concave）、高（high）、中（mid）、央（central）。下面是王士元的声调区别性特征矩阵表（王士元，1967）。

第四章 侗语声调的共时与历时分析　153

	1	2	3	4	5	6	7	8	9	10	11	12	13
	55	11	44	22	33	35	13	53	31	535	313	353	131
曲	-	-	-	-	-	+	+	+	+	+	+	+	+
高	+	-	+	-	-	+	-	+	-	+	-	+	-
央	-	-	+	+	+	-	-	-	-	-	-	-	-
中	-	-	-	-	+	-	-	-	-	-	-	-	-
升	-	-	-	-	-	+	+	-	-	+	+	+	+
降	-	-	-	-	-	-	-	+	+	+	+	+	+
凸	-	-	-	-	-	-	-	-	-	-	-	+	+

根据我们所掌握的侗语 40 余个方言点的资料，侗语的声调共有 15 个调形，即 5 个平调（11，22，33，44，55），4 个升调（12，23，34，45），3 个降调（31，41，53，），2 个凹调（212，434）和 1 个凸调。

侗语的这 15 个调形不是各地声调调形的简单相加，也不是哪一个方言声调调形的代表（事实上任何一个方言都不会有这么多的调形），而是每个调型在某一个方言所能出现的最多调形。① 例如，石洞侗语等的平调最多达 5 个，秀洞侗语等的升调多达 4 个，岩洞侗语等的降调也有 3 个。声调是音高的相对频率，但是每一个声调的调值并不是直接从窄带语图测出来的（因为从语图中很难确定音高的音值），而是从言语活动中选取的理想化类型而加以描述的（王士元，1967，1983）。由于种种原因，人们对同一语言或方言声调的记录会有差异。但我们认为只要对某一调型大家的看法基本一致，同时对这一调型出现的调形数的认识也相同，而只是在音高的记录上有高低的差异，这是允许的。这样的记音差异是非区别性的。例如，秀洞侗语有两个凹调，一个高的，一个低的。这两个凹调有的记为 535、323，有的记为 434、212。我们认为这两种记音都是允许的。但我们决不能因此认为秀洞侗语有 4 个凹调（212、323、434、535）。

王士元认为，5 个平调只有高、央、中 3 个区别性特征；而两个升调、降调、凹调只有高、升、降 3 个区别性特征；凸调除了这 3 个区别性特征外，还有一个"凸"的区别性特征。侗语有 5 个平调，也只有高、央、中 3 个区别

---

① 调形是声调的具体表现形式，而调型是对调形的归类。如 11、33、55 是声调的调形，而它们能归纳为一个调型——平调。

性特征。但由于侗语的升调是4个，降调是3个，除了高、升、降3个区别性特征外，还得加上"中"和"央"这两个区别性特征，才能把升调和降调之间以及与其他声调区分开。因侗语的凸调只有一个，用一个凸的特征，就能与其他声调区分。下面是侗语声调的区别性特征矩阵表图。

	1	2	3	4	5	6	7	8	9	10	11	12	13	14	15
	11	22	33	44	55	13	23	34	45	31	41	53	212	434	353
曲	-	-	-	-	-	+	+	+	+	+	+	+	+	+	+
高	-	-	-	+	+	-	-	-	+	-	-	+	-	+	-
央	-	+	-	+	-	-	-	+	-	-	-	-	-	-	-
中	-	-	+	-	-	-	+	-	-	-	+	-	-	-	-
升	-	-	-	-	-	+	+	+	+	-	-	-	+	+	-
降	-	-	-	-	-	-	-	-	-	+	+	+	+	+	-
凸	-	-	-	-	-	-	-	-	-	-	-	-	-	-	+

三

声调具有很强的方言特色，凡属同一方言的，其调值和调形都相同或相近，其声调的区别性特征也应相同。因此，各方言声调区别性特征的比较，对方言土语的划分很有参考价值。现在我们就对侗语南北部方言的各一个点的声调的区别性特征，进行分析研究。

高架侗语属南部方言第二土语。它有6个声调，分为3个调型6个调形：高、中、低（13、24、35）3个升调，低降、中降调（31、42）各一个，还有一个凹调（323）：

2	1	5	4	6	3（调类）
ma^{13}	ma^{24}	pa^{45}	ma^{31}	pa^{42}	ma^{323}
舌	菜	叶子	马	糠	软

高架侗语的这6个声调有4个区别性特征：升、降、高、低；以"升""降"来区分升调与降调；以"高""低"来区分3个升调和两个降调；凹调有"降"有"升"，但没有"高""低"。下面是高架侗语声调的区别性特征

矩阵。

	2	1	5	4	6	3（调类）
	13	24	35	323	42	31
升	+	+	+	−	−	+
降	−	−	−	+	+	+
高	−	−	+	−	−	−
低	+	−	−	+	−	−

万山侗语属北部方言第三土语。万山侗语有 6 个声调，但它只有两个调型（平调和升调）6 个调形（22、33、55、13、24、35）：

4	3	1	1′	5′	5（调类）
ma^{22}	ma^{33}	ma^{55}	ma^{13}	mu^{24}	ta^{35}
马	软	菜	来	猪	中

由于万山侗语的两个调型都采取高、中、低三级分布式，所以，它只有"升""高""中"3 个区别性特征：以"升"来区分升调和非升调，以"高""中"来区分 3 级分布的平调和升调。

声调的区别性特征不仅能以矩阵图来表示，也能以树型图来表示。树型图表示法可以去掉矩阵图中的多余符号，使声调的区别性特征显得更加清晰。下面是万山侗语声调区别性特征的矩阵图和树型图。

	4	3	1	1′	5	5（调类）
	22	33	55	13	24	35
升	−	−	−	+	+	+
高	−	−	+	−	−	+
中	−	+	−	−	+	−

```
                          升
                      ─┘   └+
                    高         高
                 ─┘   └+    ─┘   └+
               中       │   中       │
            ─┘  └+      │ ─┘ └+     │
            ˧   ˧       ˩  ˧ ˦      ˦
            4   3       1  1' 5'    5  （调类）
```

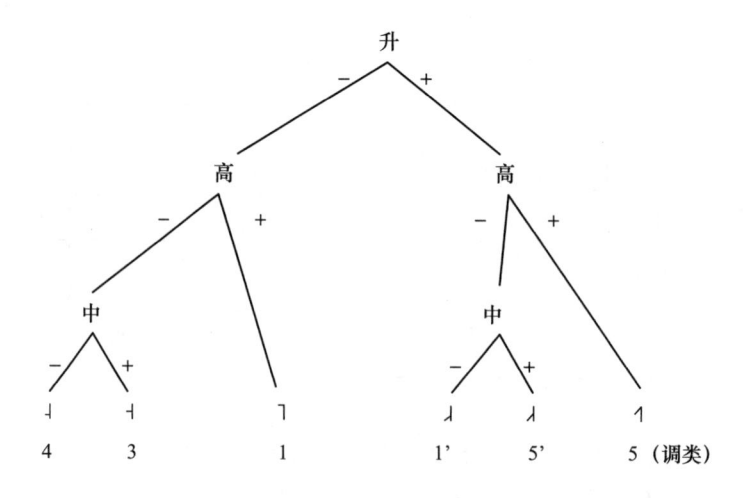

从上面高架、万山侗语声调的区别性特征中，我们不仅能清楚地看到它们各自声调的区别性特征，而且也看到了它们作为方言土语点的不同的区别性特征。

四

王士元1967年提出的声调的7个区别性特征，虽然其基础是建立在13个调形的基础之上的，但仍然适用于有15个调形的侗语。因此，我们认为在声调语言中恐怕不可能有比这更多的声调区别性特征了。

王士元认为升调只要有"升"和"高"两个区别性特征就够了，因为升调至多只能有两个。由于侗语的升调多达4个，所以我们认为升调除了"升"和"高"外，还要加上"中"和"央"两个区别性特征。同理，由于侗语有3个降调，除了"降"和"高"外，还得加上"中"的区别性特征。

每个方言的声调都是有限的，而且声调的区别性特征不同于其他的区别性特征及其组织规则，这就为我们进行方言土语的划分提供了更可靠的依据。

第四节 侗语的变音变调现象

侗语有这样一些变音变调现象：[①]

[①] 侗语的音节为零声母时，一般都有喉塞声母ʔ，如ʔi¹ "一"。此喉塞声母本文均不写出。

(1) tui⁴　　　碗　　　> i¹ ẓui⁴　　　　一碗
　　 ta¹　　　 眼　　　> i¹ ẓa¹　　　　 一眼
　　 tap⁹　　 挑　　　> i¹ ẓap⁹　　　　一挑
(2) ham¹'　　三　　　> ɕi³ ẓam¹'　　　十三
　　 ȵu³　　　九　　　> ȵi⁶ ɕi³ ju³　　二十九
(3) ȶin　　　 石头　　> təi² ȶin¹　jin¹　mən²　用石头打他
　　　　　　　　　　　　用　石头　石头　他
　　 an²　　　扁担　　> təi² an²　ɣan¹　mən²　用扁担打他
　　　　　　　　　　　　用　扁担　扁担　他
(4) pet⁹　　　拍　　　> wet⁹　ka¹'　拍耳朵
　　　　　　　　　　　　拍　　耳朵
　　 ȶai³'　　 踩　　　> jai³'　mən²　踩它
　　　　　　　　　　　　踩　　 它
(5) noŋ⁴　　　弟　　　> ȶoŋ³ ẓoŋ⁴　　兄弟
　　 to¹　　　 门　　　> na³ ẓo¹　　　 门口
(6) nai⁶　　　这　　　> ȵau⁶ ai⁶　　　在这
　　 nəu¹'　　哪　　　> pai¹ əu¹'　　　去哪儿
(7) ɕit⁹①　　 尺　　　> i¹ jit⁹'　　　　一尺
　　 ljan¹　　 月　　　> i¹ ljan¹'　　　 一个月

上面（1）、（2）例是量词、数词的音变，已为国内语言学家所注意，并认为侗语量词的这一音变现象是"数"的变化。② 但我们从（3）、（4）、（5）、（6）例中还可以看出，除了量词、数词以外，侗语的其他词类也有类似的音变现象。同时从例（7）中我们也可看出，侗语的一些词语除了有音变（指声母的变化）现象外，还有变调的现象。本文拟就侗语一些词语的变音变调现象进行初步分析。

本文的侗语指高坝侗语。高坝侗语属侗语北部方言第一土语。高坝寨位于贵州省天柱、锦屏、剑河三县交界处，周围均为侗族聚居区，现属锦屏、剑河两县管辖。侗语一般只有 a 分长短，高坝侗语短元音 a 已消失，所以本文不区

---

① 高坝侗语的-k 尾有的已失落，有的变为-t 尾。
② 参看贵州省民族语文工作指导委员会编《侗族语言文字问题科学讨论会会刊》，1959 年 10 月，第 21—22 页；中央民族学院民语系编《语言学概论》，华中工学院出版社 1981 年版，第 156 页。

分长短元音。

高坝侗语有九个舒声调和五个促声调：

1 □³⁵　1′ □¹¹　2 □²²　3 □³³　3′ □¹³　4 □³¹　5 □⁵⁵　5′ □²⁴
6 □⁴⁴　7 □⁵⁵　7′ □²⁴　9 □³³　9′/8 □¹³　10 □³¹

有二十个声母：

p　m　w　s　t　n　l　z̺　tj　lj　ȶ　ȵ　ɕ　j　k　ŋ　kw　ɣ　ʔ　h

有二十九个韵母：

a　ai　au　am　an　aŋ　ap　at　əi　əu　əm　ən　e　eu　en　i　iu
in　o　oi　on　oŋ　ot　u　ui　un　ut　et　it

一　侗语量词的变音变调现象

侗语量词受 i^1 "一"（或省略 i^1 "一"时）、$ɕi^5$ "十"修饰时，其声母要发生音变。例如：

pən¹	天	> i¹ wən¹	一天
to²	只	> i¹ z̺o²	一只
an¹	夜	> i¹ ɣan¹	一夜
ɕaŋ¹	把	> i¹ jaŋ¹	一把
məi⁴	棵	> i¹ wəi⁴	一棵
ȶap¹⁰	拃	> i¹ jap¹⁰	一拃
ljaŋ²	穗	> i¹ z̺aŋ²	一穗
ȶəm¹′	针	> i¹ jəm¹′	一针
tau¹	锅	> i¹ z̺au¹	一锅
pən¹	天	> ȵi⁶ ɕi⁵ wən¹	二十天
məi⁴	棵	> ham¹′ ɕi⁵ wəi⁴	三十棵
ta²	坨	> ȶi³ ɕi⁵ z̺a²	几十坨

侗语量词受 i^1 "一"、$ɕi^5$ "十"修饰时不仅声母发生音变，而且一部分量词的声调也发生变化。这有两种情形：一种是声母和声调同时发生变化；一种是声母不变，仅声调发生变化。例如：

maŋ⁵	半	> i¹ waŋ⁵'	一半
nən¹	个	> i¹ ẓən¹'	一个
ljan¹	月	> i¹ ljan¹'	一个月
mən⁵	块	> i¹ wən⁵'	一块
naŋ¹	丛	> ȶi³ ɕi⁵ ẓaŋ¹'	几十丛

声母为 j 或 w 的量词受 i¹ "一"、ɕi⁵ "十" 修饰时没有这种变音变调现象。例如：

wu¹'	壶	> i¹ wu¹'	一壶
jau¹'	碗	> i¹ jau¹'	一碗
woŋ¹'	封	> i¹ woŋ¹'	一封
wut⁹'	筲箕	> i¹ wut⁹'	一筲箕
jan²	家	> hi⁵ ɕi⁵ jan²	四十家

侗语的量词一般都能重叠，而音变后的量词不能重叠，也不能修饰代词，但能修饰名词表示事物数量的多少（修饰名词表示领属关系时）也能重叠。例如：

to²	只	> to² to²	只只
ȶiu²	条	> ȶiu² ȶiu²	条条
ȶun²	拳	> ȶun² ȶun²	拳拳
ɕen³	杯	> ɕen³ ɕen³	杯杯
ɕoŋ⁵	枪	> ɕoŋ⁵ ɕoŋ⁵	枪枪

音变后的量词也能被形容词修饰。例如：

to²	只	> to² ja⁵ ẓo² ja⁵'	红的那一只
ta²	个	> ta² nəm¹ ẓa² nəm¹	黑的那一个
ta⁴	个	> ta⁴ pa⁵ ẓo² pa⁴	白的那一个
nən¹	个	> nən¹ mɕi⁵ ẓən¹' mɕi⁵	新的那一个

二　侗语部分数词的变音变调现象

侗语一部分数词也有变音变调现象，变化的情况大致是这样的：$ham^{1'}$ "三"，hi^5 "四"，$ljo^{3'}$ "六"，het^7 "七"，pet^9 "八"，tu^3 "九" 在 $ci^3$① "十" 后时声母要发生变化，分别变为 $z_iam^{1'}$ "三"，$z_ii^{5'}$ "四"，$z_io^{3'}$ "六"，$z_iet^{7'}$ "七"，wet^9 "八"，ju^3 "九"。例如：

$ham^{1'}$	三	$> ci^3\,z_iam^{1'}$	十三
hi^5	四	$> ȵi^6\,ci^3\,z_ii^{5'}$	二十四
$ljo^{3'}$	六	$> ham^{1'}\,ci^3\,z_io^{3'}$	三十六
het^7	七	$> hi^5\,ci^3\,z_iet^{7'}$	四十七
pet^9	八	$> ŋo^4\,ci^3\,wet^9$	五十八
tu^3	九	$> ljo^{3'}\,ci^3\,ju^3$	六十九

数词 $ham^{1'}$ "三" 在概数 "二三" 中也变为 $z_iam^{1'}$。例如：

$ham^{1'}$	$> ja^2\,z_iam^{1'}\,pəu^1$	二三个
	$> ja^2\,z_iam^{1'}\,hin^{1'}$	二三千
	$> ja^2\,z_iam^{1'}\,pən^1$	二三天

数词 $pet^9$② "百"，$hin^{1'}$ "千" 受 i^1 "一" 修饰时也要发生音变。例如：

pet^9	百	$> i^1\,wet^9$	一百
		$> ja^2\,pet^9$	二百
$hin^{1'}$	千	$> i^1\,z_iin^{1'}$	一千
		$> ja^2\,hin^{1'}$	二千

数词 ci^3 "十" 受 ti^3 "几"，$ȵi^6$ "二"，$ham^{1'}$ "三"，hi^5 "四"，$ŋo^4$

---

① 侗语数词在 ci^5 "十" 后无其他数词时为 ci^5，有其他数词时为 ci^3。
② 高坝侗语的数词 pek^9 "百"，因韵尾 -k 变 -t 与 "八" pet^9 同音。

"五"，ljo³' "六"，het⁷ "七"，pet⁹ "八"，tɕu³ "九"的修饰，声调要发生变化，由 3 调变为 5 调。例如：

ɕi³	十	tɕi³ɕi⁵wəu¹	几十个
		ȵi⁶ɕi⁵ʐo²	二十只
		ham¹ɕi⁵wəi⁴	三十根
		hi⁵ɕi⁵jiu²	四十条
		ŋo⁴ɕi⁵ʐən¹'	五十个
		ljo³'ɕi⁵jin¹	六十斤
		het⁷ɕi⁵ʐaŋ⁴	七十两
		pet⁹ɕi⁵wo²	八十钵
		tɕu³ɕi⁵wən³	九十本

发生音变后的数词其语法功能不变，能修饰量词和具有量词作用的名词。例如：

ham¹'	三	ham¹'pəu¹	三个
		ɕi³ʐam¹'pəu¹	十三个
		ja²ʐam¹'kən²	二三人
pet⁹	百	ja²pet⁹pəu¹	二百个
		wet⁹pəu¹	一百个
		wet⁹kən²	一百人

三　其他词类的变音变调现象

侗语有些名词与其他名词词素组成双音词时，发生变音变调现象。音变后的这些音节已由词变成词素。例如：

noŋ⁴	弟	> toŋ³ʐoŋ⁴	兄弟
kən²	人	> ɕu³ȵən²	主人
ha¹'	肩	> pa¹'ʐa¹'	肩膀

续表

| naŋ¹ | 鼻 | > na³ ẓaŋ¹ | 面貌 |
| an¹ | 夜 | > kau³ ɣan¹ | 夜里 |

名词 pa¹ "腿" 受量词修饰时也有音变现象。例如：

pa¹　腿　　> ẓa² kwa¹　　（一）条腿
　　　　　　个　腿
　　　　　ja² paŋ⁶ kwa¹　　两条腿
　　　　　两　条　腿

表工具的名词做动词用时要变音、变调。这种动词具有"用什么进行什么行为"的语法功能。只要说"jin¹"人们就能有"用石头打"的语感。这种动词一般具有程度强、动作干脆果断的感情色彩。这种动词一般不能直接修饰名词。若修饰名词时必须加量词 ẓa²（个）。这种动词一般用于第一人称、第二人称。例如：

ɕoŋ⁵	枪	> joŋ⁵ mən² 枪　他	用枪打他
tjet⁷	鞭	> ljet⁷ mən² 鞭　它	用鞭子打它
paŋ⁶	棒	> waŋ⁶ mən² 棒　它	用木棒打它
ȶin¹	石头	> jin¹ təi¹ 石头　死	用石头打死
an²	扁担	> ɣan² mən² 扁担　它	用扁担打它
kwan¹	斧	> wan¹ mən² 斧头　它	用斧头砍它
ȶo⁵	锯	> jo⁵ kən¹ 锯　完	用锯子锯完
ten¹	刀	> ẓen¹ təi¹ 刀　死	用刀砍死

			续表
mit^{10}	刀	> ȵa^2 wit^{10} mən^2 你　刀　　它	你用刀砍它
		> jau^2 wit^{10} mən^2 我　刀　　它	我用刀砍它
ȶin^1	石头	> ȶau^1 jin^1 ʐa^2 hi$^{1'}$ i^6 我们 石头 个 蛇 那	我们用石头打那条蛇

指示代词 nai^6 "这"，疑问代词 nəu$^{1'}$ "哪"要发生音变。例如：

nai^6	这	> ȵau^6 ha^4 nai^6 在　　处　　这	在这里
		> ȵau^6 ai^6 在　　这	在这
nəu$^{1'}$	哪	> ȵa^2 pai^1 ha^4 nəu$^{1'}$ 你　　去　　处　　哪	你去何处
		> ȵa^2 pai^1 əu$^{1'}$ 你　　去　　哪	你去哪儿

侗语方位词素 un^5 "前"在某些词里也有变音、变调现象。例如：
un^5 前 > ɕi^5 wun$^{5'}$ 从前

侗语一部分表示人物的具体行为的动词也有音变现象。音变后的动词往往具有祈使性，多用于第一、第二人称。例如：

ȶai^3	踩	> jai$^{3'}$ mən^2 踩　　他	踩他
tui^3	舀	> ʐui^3 nəm^4 舀　　水	舀水
tap^9	挑	> ʐap^9 pai^1 挑　　去	挑去

四　结语

侗语的这种变音变调现象不仅出现在量词、数词中，也出现在一部分名词、代词、介词、动词和方位词中。发生音变的侗语各种词类不管原来的声母是清是浊，都变成浊擦音声母 w、j、ʐ 或 ɣ（个别字变 lj 或 ʔ 或 ȵ）。声母变化的规律大致如下：

kw-、p-、ʔ-、m-→w-

t-、n-、l-、ȵ-、h-、lj-→ʐ-

ȵ-、ȶ-、ɕ-→j-

ʔ-、h-、k-→ɣ-

tj-→lj-

k-→ȵ-

n-→ʔ-

发生音变的声母一般只能变成发音部位（或发音方法）相同或相近的一个声母，但也有一个声母在不同的声韵条件下变为不同声母现象：ȵ-在元音-i前变 ʐ-，其他情况变 j-；t-在 4 调时有的变，有的不变，在其他声调时变 ʐ-；h-在-o 韵母前变-ɣ，其他韵母前变 ʐ-；lj 在-a、-an 韵母前不变，在其他韵母前变 ʐ-；ʔ-在 un 韵母前有的变 w-，在其他韵母前变 ɣ-。例如：

ȵui³′	束	>i¹jui³′	一束
ȵin²	年	>i¹ʐin²	一年
tu²	罐	>i¹ʐu²	一罐
te⁵′	席	>i¹ʐe⁵′	一席
həm⁶	辈	>i¹ʐəm⁶	一辈
hən⁵	寸	>i¹ʐən⁵′	一寸
ho²	盒	>i¹ɣo²	一盒
lja²	手	>i¹lja²	一手
ljan¹	月	>i¹ljan¹′	一个月
ljo⁴	张	>i¹ʐo⁴	一张
ljo¹′	觉	>i¹ʐo¹′	（睡）一觉
ʔe¹	户	>i¹ɣe¹	一户

续表

| ʔa⁶ | 枝 | > i¹ ɣa⁶ | 一枝 |
| ʔun⁵ | 前 | > ɕi⁵ wun⁵ | 从前 |

侗语的某些词也有变调现象，但限于单数调（即阴类调）的词。这些声调变化一般都是由阴调变为次阴调：

1 调—1′调　　3 调—3′调
5 调—5′调　　7 调—7′调
9 调—9′调

例如：

naŋ¹	丛	> i¹ ʐaŋ¹′	一丛
ɕa³	瓢	> i¹ ja³′	一瓢
ɕoŋ⁵	枪	> i¹ joŋ⁵′	一枪
ɕit⁹	尺	> i¹ jit⁹′	一尺
het⁷	七	> ɕi³ ʐet⁷′	十七

关于侗语上述词的变音变调现象产生的原因，还有待于我们今后进一步去探讨。

侗语量词的音变现象是不是"数"的变化，我们认为还需斟酌。我们知道，所谓"数"的语法范畴，是指通过一定语法形式表示名词、代词等数量，一般分单数、复数两种。如英语中 book（书，单数），复数是 books，而侗语量词不仅受 i¹ "一" 修饰（即表示单数）其声母要发生音变，而且受 ɕi³ "十" 的修饰（即表示复数）其声母也要发生音变，变化的规律都相同。这样就使侗语量词具有"数"的变化的说法难以成立。同时，侗语量词所谓"数"的特征（单数变，复数不变）在很多情况下不能成立。下面举量词"个" pəu¹ 的音变情况来说明：

(1) pəu¹　　个 > i¹ wəu¹　　一个（单数）
(2) pəu¹　　个 > ja² pəu¹　　二个（复数）
(3) pəu¹　　个 > ʨi⁵ ɕi⁵ wəu¹　　几十个（复数）

(4) pəu¹　　个 > jau²ju⁵pəu¹nan⁴nai⁶, ȵa²ju⁵pəu¹nan⁴nəu¹′?
　　　　　　　我 要 块 肉 这　　你 要 块 肉 哪
　　　　　我要这块肉,你要哪一块肉?

(5) pəu¹　　个 > jau²ju⁵pəu¹nai⁶.
　　　　　　　我 要 个 这
　　　　　我要这一个(单数)。

例(3)量词是表示复数的不应变,但它却与表示单数的例(1)一样地变为wəu¹。例(4)、例(5)的量词都是表示单数的,理应变为wəu¹,但它却与表示复数的例(2)一样,没有发生变化。这样的例子不胜枚举。还有,这种音变现象同样出现在一部分数词、名词、代词、方位词和动词中,变化的情形也与量词的情形一样;而这些词在发生变化时并没有什么数的特征。由此看来,侗语量词的音变现象是否属"数"的变化,还值得再考虑。

第五章 侗语语法的多视角分析

第一节 侗语语法的形态学特征

一 侗语的语序特征

语序指语言单位的线性排列组合顺序。语序具有民族性，不同的民族语言具有不同的语序类型。

格林伯格（Greenberg，1974）以4种语序标度为准：

  a. 单句的语序 VSO/SVO/SOV；
  b. 介词的前置和后置 Pr/Po；
  c. 所有者与中心名词的语序 NG/GN；
  d. 形容词与中心名词的语序 NA/AN。

他认为在理论上可以有24种语言类型，但实际上只有15种语言类型，其中有4种所包含的语言最多。这4种语言类型是：

  （1）VSO/Pr/NG/NA
  （2）SVO/Pr/NG/NA
  （3）SOV/Po/GN/AN
  （4）SOV/Po/GN/NA

据笔者考察，侗语的语序类型属于显见的上述4种语序类型中的（2），即：

SVO/Pr/NG/NA

例如：SVO　　mau⁶　tən³　ȥau⁵′　tu³　au⁵.
　　　　　　　他　　穿　　一套　　衣　　旧

　　　　　　　jau²　əi⁵　pən³　le²　nai⁶.
　　　　　　　我　　爱　　本　　书　　这

　　　Pr　　to²　ȵau⁶　tjen¹　ȵa¹　te¹　ȵaŋ³′.
　　　　　　　牛　　在　　边　　江　　吃　　草

　　　　　　　jau²　jin¹′　mi⁶　pai¹　we⁴　tet⁷.
　　　　　　　我　　跟　　母亲　　去　　砍　　柴

　　　NG　　ja⁵′　ʔo²　hiu¹′　məi⁴　kau³　lja¹.
　　　　　　　田　　平　　秋　　树　　高　　坝

　　　NA　　tu³　ja⁵′　mən¹　hiu¹′　wa¹′　pa⁴
　　　　　　　衣　　红　　天　　蓝　　花　　白

关于汉语的语序戴浩一等提出了"完整的汉语语序理论"。他认为汉语的语序体现了"时间顺序""已知前于新知""整体前于部分""修饰成分前于中心名词""从句前于主句""临摹性"（即语义关系比较近的成分在线性序列中也趋于靠得比较近）等原则。以上面的语序标度和语序原则为准来划分，汉语的语序类型与上述显见的4种语序类型不同，是一种较为少见的语序类型：

SVO/Pr/GN/AN

例如：SVO　　我爱你塞北的雪。
　　　　　　　老农穿着厚厚的棉袄。

　　　Pr　　他为了儿子的婚房而不得不拼了老命。
　　　　　　　小李在不惑之年也无奈地加入了"下岗"的大军中。

　　　GN　　北大的毕业生如今找不到工作很正常。
　　　　　　　故乡的父老兄弟为了温饱大都外出打工去了。

　　　AN　　绿色的山林，明丽的溪水，悦耳的虫叫鸟鸣，与现代生活已渐行渐远。

从以上的比较可看出侗语和汉语是两种语序不同的语言。

二 侗语量词的数范畴

侗语北部方言除了锦屏县的秀洞侗语外，其他地方侗语的量词区分单、复数，其单数以量词声母的音变来实现。侗语南部方言除了通道县团头侗语和融水县的寨怀侗语外，其量词都没有数的音变特征。① 这种从量词的原型表示复数，单数通过量词声母或声调的变化来实现的形态学特征属数的范畴。侗语量词"单数变复数不变"的形态学特征，同印欧语主要表现在名词"单数不变复数变"的形态学特征不同。高坝侗语属侗语北部方言第一土语，与天柱县石洞侗语基本相同。高坝侗语量词单数的音变通过声母的变化来实现，塞音、鼻音、边音、擦音等量词声母变为半元音、浊擦音、边音声母，其变化规律为：

p-、m-、kw- > w-
t-、n-、l-、lj-、s- > ʐ-
ʈ-、ɳ-、ç-、 > j-
tj- > lj-
ʔ- > ɣ-

例如：po³ 碗   > i¹ wo³ 一碗   pən¹ 天   > i¹ wən¹ 一天
      məi⁴ 件   > i¹ wəi⁴ 一件   mən⁵ 片   > i¹ wən⁵ 一片
      kwaŋ² 股   > i¹ waŋ² 一股   kwa⁵ 挂   > i¹ wa⁵ 一挂
      ta² 个   > i¹ ʐa² 一个   tap⁹ 挑   > i¹ ʐap⁹ 一挑
      na³′ 行   > i¹ ʐa³′ 一行   lo² 箩   > i¹ ʐo² 一箩
      ləi⁵ 块   > i¹ ʐəi⁵ 一块   ljaŋ² 穗   > i¹ ʐaŋ² 一穗
      ljo¹′ 觉   > i¹ ʐo¹ （睡）一觉   sa⁴ 处   > i¹ ʐa⁴ 一处
      sən⁵ 寸   > i¹ ʐən⁵′ 一寸   ʈap¹⁰ 拃   > i¹ jap¹⁰ 一拃
      ʈən¹ 斤   > i¹ jən¹ 一斤   ɳəm¹ 把   > i¹ jəm¹′ 一把
      ɳui³′ 束   > i¹ jui³′ 一束   çaŋ1 把   > i¹ jaŋ¹ 一把（刀）
      ça³ 瓢   > i¹ ja³ 一瓢   tju¹′ 篓   > i¹ lju¹′ 一篓
      tjen¹′ 页 > i¹ ljen¹′ 一页   ʔa¹′ 捆   > i¹ ɣa¹′ 一捆

---

① 除融水县的寨怀侗语外，高坝、秀洞、官团、团头等侗语均为笔者所调查。另外，除了特别提及的以外，本章所论均为高坝侗语语法的形态学特征。高坝上寨属剑河县，下寨属锦屏县。

ʔəm³抱   >i¹ɣəm³'一抱   ʔun¹'扛   >i¹ɣun¹'一扛

通道县官团侗语量词也有"单数变复数不变"的形态学特征，其量词的单数也是通过声母的音变来实现的，即塞音、鼻音声母变为半元音声母和喉塞音声母，其演变规律为：

p-、m- > w-
t-、n- > ʔ-
ȶ-、ȶj- > j-

例如：pən²本   >i¹wən²一本   mau⁶个（人）   >i¹wau⁶一个（人）
　　　to²只   >i¹ʔo²一只   nən¹个   >i¹ʔən¹一个
　　　ȶaŋ⁶张   >i¹jaŋ⁶一张   tjiu²条   >i¹jiu²一条

通道县团头侗语虽为侗语南部方言，但其量词也有数的特征，跟前述的侗语其他土语量词数的音变形态学特征基本相同，也是"单数变复数不变"。其变化规律为塞音、鼻音声母变为边音声母和半元音声母，其演变规律为：

t-、n-→l-
p-、m-→w-
tj-→lj-

例如：to²只   >i¹lo²一只   tin¹'千   >i¹lin¹'一千
　　　nən¹个   >i¹lən¹一个   pek⁹百   >i¹wek⁹一百
　　　məi⁴件   >i¹wəi⁴一件   məu¹一个人   >i¹wəu¹一个人
　　　tjaŋ¹张 >i¹ljaŋ一张   tjiu²条   >i¹ljiu²一条

三　名词变动词

古代汉语存在名词变动词的现象。例如：

　　尔欲吴王我乎？　　　　《左传·定公十年》
　　左右欲刃相如。　　　　《史记·廉颇蔺相如列传》
　　孟尝君客我。　　　　　《战国策·齐策》
　　天下乖戾，无君君之心。　柳宗元《封建论》

现代汉语也有名词变动词的现象。现代汉语中有些名词是通过变调变为动词的，这是汉语形态学特征的表现。例如：

名　词	动　词
钉^{55}子	钉^{51}正
膏^{55}药	膏^{51}笔（毛笔蘸墨后捺匀）
种^{214}子	种^{51}地
处^{51}长	处^{214}理
数^{51}学	数^{214}数儿
传^{51}记	传^{35}播
弹^{51}子	弹^{35}奏
量^{51}子	量^{35}体温

侗语中也有名词变为动词的现象。在侗语中凡表示手持工具的名词都能变为动词。这些名词变为动词时，其声母也要发生音变，其音变特征与前述的量词数范畴的音变相同。这类由名词变来的动词的含义表示动作快速、坚决、强烈的感情色彩。例如：

ɕoŋ^5→n̠a^2　wəi$^{5'}$ joŋ$^{5'}$ mən^2!　你快用枪射它！
枪　　你　　快　枪　　它

pjet^7→n̠a^2　kwe^2 sən^5　jau^2　ɕu^6 liet^7 n̠a^2.
鞭子　你　　不　信服　我　就　鞭子　你
　你不信，我就用鞭子抽你。

ʔan^2→wəi$^{5'}$ ɣan^2　mən^2!
扁担　快　扁担　他
　快用扁担揍他！

ȶin^1→jau^2 jin^1 n̠a^2 təi^1 e^3 n̠a^2 ȶaŋ^1 kwe^2?
石头　我　石头　你　死　　你　强　不
　我用石头砸死你，看你还强不强？

So^3→jau^2 z̠o$^{3'}$ to^1 kən$^{1'}$ ɕu^6 ma$^{1'}$.
锁　我　锁　门　完　就　来
　我锁好门就来。

mit^{10}→jau^2 wit^{10} ta^4 nai^6.
刀　　我　　刀　　条　　这
　我杀这条（鱼）。
mu^5→ȵa^2 wu^5 pai^1.
口　　你　　口　　去
　你一口吃去。
ʈun^2→jau^2 ma$^{1'}$ jun^2 mən^2 təi^1 e^3.
拳头　　我　　来　　拳头　　他　　死
　我来一拳弄死他。

四　侗语动词的命令式范畴

　　所谓的命令式范畴指的是说者对听者的态度和语气。侗语的主动及物动词，有命令式范畴的形态学特征，即其变为命令式时，声母要发生音变。动词命令式的音变形式与前述的量词的数的音变形式相同。侗语动词的命令式比原式动词具有更为快速、果断、强烈的感情色彩。例如：

ʈai$^{3'}$→jai$^{3'}$ mən^2 təi^1 pai^1.　踩死它。
踩　　踩　　它　　死　　去
tui^3→wəi^5 ʐui^3 na^4 i^1 nəm^4 sai$^{1'}$ jau^2 ʈe^1.
舀　　快　　舀　　点　　一　　水　　给　　我　　吃
　赶快舀一点水给我喝。
kən^1→ɣən^1 pai^1 toŋ^1 ʈe^1.
提　　提　　去　　煮　　吃
　提去煮来吃。
sun$^{1'}$→ȵa^2 pai^1 ʐun$^{1'}$ naŋ^1 to^2.
穿　　你　　去　　穿　　鼻子　　牛
　你去穿牛鼻子。
taŋ$^{3'}$→jau^2 ʐaŋ$^{3'}$ pai^1 çu^6 ma$^{1'}$.
跑　　我　　跑　　去　　就　　来
　我跑去就回来。
tau^5→jau^2 ʐau^5 lau$^{3'}$ tau' pai^1.
倒　　我　　倒　　进　　锅　　去
　我（把它）倒进锅里去。

五 侗语词的句法重叠

重叠指词根或词的整体或局部的重复。汉藏语系语言普遍采用重叠这一语法手段。侗语的名词、量词、动词、形容词都用重叠这一语法手段来表示不同的语法意义。这种重叠属句法重叠，与汉语名词的构词法重叠不同。汉语有构词法重叠和句法重叠。如妈妈、爸爸、哥哥、姐姐等为构词法重叠；走走、洗洗、大大的、红红的等为句法重叠。

（一）侗语名词的句法重叠

侗语的名词能重叠，其重叠后表示数多量广。重叠后的名词在句子中可充当主语和谓语。例如：

mau⁶　jan²　ai⁵　ai⁵　pet⁷　pet⁷　əu¹′　ȶin⁵′ e³.
他　　家　　鸡　鸡　鸭　　鸭　　哪儿　都是
他家的鸡鸡鸭鸭到处都是。

ȵa²　na⁴　na³　mu⁴　mu⁴　ko⁵　wəi⁵′　pai¹′　ai¹′.
你　　个　　脸　鼻涕　鼻涕　净　　快　　　去　　　揩
你的脸净是鼻涕快去揩掉。

mau⁶　na⁴　kau³　ɣau⁵′　ȶai¹　ȶai¹　ko⁵.
他　　个　　头　　全　　　汗垢　汗垢　净
他的头上净是汗垢。

jau²　ʐa²　mja³　ju²　ju²　təi¹　e³.
我　　个　　手　　油　油　　死　　了
我的手油极了。

ȵa²　təi²　ʐa²　nan⁴　nai⁶　ɣau⁵′　ʐa²　la³　la³　ko⁵.
你　　买　　个　　肉　　这　　全　　　个　　骨头　骨头　光
你买的这块肉全是骨头。

jau²　u¹′　jən¹′　ɣau⁵′　ʔən³　ʔən³　ȵaŋ³　ȵaŋ³　ko⁵.
我　　上　　身　　　全　　　土　　土　　草　　　草　　　光
我身上全是土和草。

（二）侗语量词的句法重叠

侗语的量词有两种重叠，AA 式重叠和一 AA 式重叠。这两种重叠式具有不同的语法意义，AA 式重叠表示"每一"的含义（普遍）。例如：

woŋ¹′ woŋ¹′ sən⁵ tu³ ɕu¹′ ni³ kən¹′.
封　封　　信　都　收　　得　了
　每一封信都收到了。
ȶiu² ȶiu² kən¹′ lau⁴ təu⁵′ pe² ȶən³.
条　条　路　　大　到　　北　京
　条条大道到北京。
pəu¹′ pəu¹′ tu³ ȶe¹ ȶaŋ⁵ kən¹′.
个　　个　　都　吃　饱　　了
　每个都吃饱了。
məi⁴ məi⁴ tu³ ȥo³ jaŋ⁶.
棵　　棵　　都　一　样
　棵棵都一样。
ti¹ nai⁶ nən¹ nən¹ lai¹ ȶe¹.
李子　这　　个　　个　　好　吃
　这些李子个个好吃。

侗语量词的一 AA 式重叠与量词的 AA 式重叠相反，表示的是"数少量小"的语法意义。量词的一 AA 式重叠在句子中可充当主语，宾语和定语。例如：

i¹ wu⁵′ wu⁵′ nai⁶ kwe² ten¹ ȶe¹.
一　口　　口　　这　不　　够　吃
　这一小口不够吃。
təi² i¹ ȥən¹′ ȥən¹′ nai⁶ pai¹ kwe² lai¹ ja³′.
拿　一　个　　个　　这　去　不　　好　看
　拿这一小个儿去不好看。
i¹′ ȥo² ȥo² ʔai⁵ nai⁶ tu³ ju⁵ ɕap⁵ kwai⁵′ sin²?
一　只　只　鸡　　这　都　要　十　　块　　钱
　这一只小鸡都要十块钱吗？
jau² ni³ i¹ ȥui⁴ ȥui⁴ nai⁶ ko⁵?
我　得　一　碗　　碗　　这　只
　我只得这一小碗吗？

çau¹′ pe⁴ jaŋ⁶ we⁴ sai¹ jau² i¹ wəi⁴ wəi⁴ tu³ nai⁶.
你们 别 这样 做 给 我 一 件 件 衣 这
你们别这样做送我这一小件衣服。

（三）侗语动词的生动式重叠和持久态重叠

侗语动词有生动式重叠 ABB 式和 AA……式的持久态重叠。侗语动词 ABB 式生动重叠有的是象声的，有的是绘形的。动词的 ABB 式生动重叠比原式动词更为生动形象。象声的 ABB 式生动重叠主要是模拟人和事物的动作发出的声音。例如：

kai⁵ we⁵ we⁵   ŋe³ ŋau⁶ ŋau⁶
叫   哭
koŋ³ tu³ ho⁴ ho⁴   çaŋ⁵ a¹ ŋen³ ŋen³
响 肚   唱 歌
ʔeu¹ to¹ pəm⁴ pəm⁴   let⁹′ nəm⁴ tje⁴ tje⁴
敲 门   滴 水

绘形的动词 ABB 生动式主要表现动作的各种状态。例如：

ma¹′ li⁴ li⁴   ȶet¹⁰ ȵəu¹′ ȵəu¹′
来   跑
let⁹′ jəu⁶ jəu⁶   nəi¹′ nəm² nəm²
滴   动
pjiu¹ tjot⁹ tjot⁹   tan² te³′ te³′
跳   颤

象声的动词 ABB 生动式在句子中的位置较自由，既可黏附在动词的前面或后面，也可以单独出现在动词之外。例如：

nəu² ȵau⁶ ʔəu¹′ poŋ⁴ poŋ⁴ soŋ⁵ pau⁵′? 谁在哪儿砰砰放炮？
谁 在 哪儿 砰 砰 放 炮
nəu¹′ ȵau⁶ ʔəu¹′ soŋ⁵ pau⁵′ poŋ⁴ poŋ⁴ e³?
谁 在 哪 放 炮 砰 砰
谁在哪儿砰砰放炮？

poŋ⁴ poŋ⁴ nəu¹′ ȵau⁶ ʔəu¹′ soŋ⁵ pau⁵′?
砰　砰　谁　在　哪儿　放　炮
砰砰，谁在哪儿放炮？

而绘形的动词 ABB 生动式只能放在动词或述宾词组的后面。例如：

let⁹′ nəm⁴ lje² je⁴ je⁴
流　水　口

*je⁴ je⁴ let⁹′ nəm⁴ lje²
流　水　口

动作的持久态由动词的多个重叠来表示，即由动词的 AA……式重叠来表示。例如：

ȶam³′ ȶam³′……ɕu⁵ ȶam³′ ɕu⁵ ȶai¹.　走呀走，越走越远。
走　走　越　走　越　远
ȵa² ȶe¹ ȶe¹……ɣau⁵ ko⁴ ȶaŋ⁵ ʐau⁵′?
你　吃　吃　总　不　知　饱　一点儿
你吃呀吃，总不知道饱吗？
mau⁶ sa³ sa³……təu⁵′ taŋ⁵ mən¹ tu³ kwe² kən¹′.
她　春　春　到　亮　天　都　没　完
她春呀春，到天亮都春不完。

（四）侗语形容词的句法重叠

侗语形容词有 AA、AB、ABB、ABC 四种不同的重叠式。这四种重叠式含义的程度都比原式形容词强。

侗语形容词一般都有 AA 式重叠。形容词 AA 式重叠的含义都比原式强。例如：

jau² kwe² ju⁵ nən¹ ja⁵ nai⁶ jau² ju⁵ nən¹ ja⁵′ ja⁵′ i⁶.
我　不　要　个　红　这　我　要　个　红　红　那
我不要这个红的，我要那个最红的。

ȵa² ju⁵ nən¹ nəu¹ʼ? jau² ju⁵ nən¹ lai² lai² i⁶.
你　要　个　哪　　我　要　个　大　大　那

你要哪一个？我要那个最大的。

kən¹ʼ lau⁴ pjjn² pjjn² çən¹ lai¹ tam³ʼ.
路　　大　　平　　平　　真　好　走

平平的大路真的很好走。

除了 AA 式重叠外，侗语形容词还有 AB 式和 AB 的扩展 ABB 式，以及 ABC 式重叠。形容词的这三种重叠式的含义都比原式形容词更强。例如：

jaŋ² mi² nai⁶ səm³ a.
杨　梅　这　酸

这个杨梅酸。

jaŋ² mi² nai⁶ səm³ tjat³ e.
杨　梅　这　酸

这个杨梅酸极了。

jaŋ² mi² nai⁶ səm³ tjat³ tjat³ e.
杨　梅　这　酸

这个杨梅酸得不得了。

侗语形容词的这三种重叠式在含义上，ABB 式、ABC 式比 AB 式强，当然，AB 式形容词又比原式形容词强。所有的侗语形容词的重叠式在句子中只能充当谓语。

第二节　侗语形容词的语法结构

一

赵元任先生指出："语法是研究一类的形式出现或不出现在由别的类构成的框架或槽之中的。所以在这一点上行动一致的形式是同一个形式类的成员。"① 这就是说词是有语言环境的。凡同一类词不仅有自己共同的语言环境，

---

① 见赵元任《汉语口语语法》，商务印书馆 1979 年版，第 7 页。

并且这个语言环境是其他词类所不具有的。我们把侗语①中凡是能放入"$to^5 +$ $X + z_au^4$"或"$tji^4 + M + X$"公式中的词都认为是形容词②。例如：

$ja^{5'}$	红	$to^5 ja^{5'} z_au^4$	的确红
		$tji^4 wa^{1'} ja^{5'}$	比花红
$ləi^2$	大	$to^5 ləi^2 z_au^4$	的确大
		$tji^4 ȵa^2 ləi^2$	比你大
$wəi^{5'}$	快	$to^5 wəi^{5'} z_au^4$	的确快
		$tji^4 kwa^{1'} wəi^{5'}$	比狗快
$nau^1 z_e^2$	热闹	$to^5 nau^1 z_e^2 z_au^4$	的确热闹
		$tji^4 çai^6 waŋ^2 nau^1 z_e^2$	比王寨热闹
$çaŋ^{1'}$ $çən^{1'}$	伤心	$to^5 çaŋ^{1'} çən^{1'} z_au^4$	的确伤心
		$tji^4 mau^6 çaŋ^{1'} çən^{1'}$	比他伤心

名词、动词一般不能放入这两个公式。例如：

$kən^2$	人	* $to^5 kən^2 z_au^4$	的确人
		* $tji^4 ka^{1'} kən^2$	比花人
$məi^4 pen^3$	杉树	* $to^5 məi^4 pen^3 z_au^4$	的确杉树
		* $tji^4 ȵa^2 məi^4 pen^3$	比你杉树
$tam^{3'}$	走	* $to^5 tam^{3'} z_au^4$	的确走
		* $tji^4 kən^{1'} tam^{3'}$	比人走
au^1	要	* $to^5 au^1 z_au^4$	的确要
		* $tji^4 kwa^1 au^1$	比狗要

述宾结构、补充结构也能放入"$to^5 + X + z_au^4$"公式中。例如：

---

① 指贵州锦屏、剑河两县辖内的高坝侗语。
② 这些符号分别代表：M—名词，D—动词，X—形容词，*—不能成立。下同。

həm³tin¹	脚酸	to⁵həm³tin¹ z̠au⁴	脚太酸了
lja⁵'lja²	手冷	to⁵lja⁵'lja² z̠au⁴	手太冷了
ja⁵'lai¹	红得好	to⁵ja⁵'lai¹ z̠au⁴	红得太好了
ṭət¹⁰wəi⁵'	跑得快	to⁵ṭət¹⁰wəi⁵' z̠au⁴	跑得太快了

但是，述宾结构、补充结构不是词，我们能把它们与形容词区分开。把一般形容词与述宾语结构进行区分是容易的，因为它们之间在意念和内部结构上的差异很明显。问题主要在一部分述宾式形容词的区别上。例如：

kit⁹ hai³ 伤心　　　　　çen¹' hai³ 冷淡
　痛　肠　　　　　　　　　生　肠
çaŋ⁵ ṭi⁵' 生气　　　　　ho³ ʔo² 口渴
　胀　气　　　　　　　　　干　喉
həm³ jeu¹ 腰酸　　　　　lja⁵' tin¹ 脚冷
　酸　腰　　　　　　　　　冷　脚

上面这些语言单位都是由形容词和名词组成的；形容词是述语，名词作宾语。但是我们还是能找到它们的区别。首先，从能否带宾语来看，侗语有很多形容词能带宾语，而述宾结构不能带宾语。例如：

to² ho³ ʔo² nəm⁴ kən¹' kən¹ nəm⁴ hai¹' məu² ṭe¹.
牛　干　喉　水　了　提　水　给　它　吃
　牛渴了，提水给它喝。
jau² çen¹' hai³ mən² təi¹. 我厌恶他极了。
我　生　肠　他　死
jau² kit⁹ hai³ ŋa² ṭu². 我思念着你呀情人。
我　痛　肠　你　情人
mau⁶ çaŋ⁵ ṭi⁵' mən² təi¹. 她太生他的气了。
她　胀　气　他　死

由于 ho³ʔo²、çen¹' hai³、kit⁹ hai³、çaŋ⁵ ṭi⁵' 等都能带宾语，所以，它们是词不是结构。而 həm³ jeu¹、lja⁵' tin¹ 等不能带宾语，所以它们是述宾结构。

其次，从意念上来说，述宾式形容词的词义一般都是一种引伸义。同时，它的结构也单一固定。而述宾结构的词义一般等于组成结构的两个词或词素的意义的综合，并且它的结构也很松散，可以类推派生新词。例如，形容词 çen$^{1'}$ hai^3 的词义并不是"生的肠子"的意思，而是引伸义"冷淡"；而且照 çen$^{1'}$ hai^3 这个结构不能类推出 * çen^1 tin^1（生脚）、* çen^1 kau^3（生头）等新词。但述宾结构 həm^3 jeu^1（酸腰）的词义不仅等于两个词的意义的综合，而且照 həm^3 jeu^1 这种结构还可以类推派生出 həm^3 tin^1（酸脚）、həm^3 lja^2（酸手）、həm^3 naŋ^1（酸鼻）等结构来。

同样，我们也能把形容词和补充结构进行区分。这主要是补充结构一般都能扩展，即能在谓词和补语之间加一个 ni^3（得），而形容词一般不能扩展。例如：

ja$^{5'}$	lai^1		ja$^{5'}$	ni^3	lai^1
红	好		红	得	好
tet^{10}	wəi$^{5'}$		tet^{10}	ni^3	wəi$^{5'}$
跑	快		跑	得	快

侗语的形容词大都是单音节词。双音节的形容词是有限的，属于能列举的词类。从意念上来分析侗语形容词的结构，单纯形容词也占绝大多数，合成形容词为数不多。在单纯形容词中单音节形容词为绝大多数，双音节的单纯形容词为数很少，并且大都是从汉语借来的。虽然这些借词在汉语中是合成形容词，但在侗语中却成了单纯形容词。例如：

wan$^{1'}$ ȵi$^{3'}$ 欢喜／nau^1 ʐe^2 热闹／nai^6 wen^2 耐烦／çoŋ$^{1'}$ ɣən$^{3'}$ 狂妄

侗语的合成形容词可以分为述宾式、偏正式和联合式三种。例如：

述宾式——kit^9 hai^3 痛肠 "痛心" ／ho^3 o^2 干喉 "口渴"
／ma^3 la^3 软骨 "懒"
偏正式——ma^3 tam^3 大胆／lai^1 wəu^1 好个 "漂亮" ／jai^3 hai 长肠 "心宽" ／na^1 ka$^{1'}$ 厚耳 "顽皮" ／tən$^{3'}$ ʈi$^{5'}$ 短气 "脾气不好"
联合式——ljo^5 ȵon^5 惊奇／ni^5 ni^2 细小／ȵoŋ^2 ȵen^6 浓厚

二

侗语的形容词具有生动形式。形容词的生词形式由形容词加上语缀构成。语缀与形容词的结合是稳固的，即形容词对语缀具有选择性，但形容词与语缀的结合没有意义上的联系。两者的结合虽无意义上的联系，但形容词加上语缀变为形容词生动式后与原式形容词相比，它们的词汇意义和语法功能都不尽相同。

侗语双音节形容词除了 ȵən¹hau¹′ "臭"、tau³lau³ "暖和" 外，都没有生动式。

只有单音节形容词才具有生动式。单音节形容词的生动式有三种。

第一种生动式由单音节形容词加一个语缀构成，即 AB 式生动式。例如：

ja⁵′	jəi⁴		həm³	tjat⁹
红	△		酸	△
lja⁵′	het⁷		hu¹′	jau³′
冷	△		粗	△
man³′	kweu¹′		taŋ¹	pən⁵′
黄	△		香	△
hen¹′	wen³		çən¹	ço³
净	△		明	△

第二种生动式是单音节形容词加上语缀的重叠。这种生动式实际上是在 AB 式生动式基础上的扩展。AB 式生动式一般都能扩展为 ABB 式生动式，只有少数例外。例如：

ȵən¹	koŋ⁴	koŋ⁴		pa⁴	sat⁹	sat⁹
臭	△	△		白	△	△
nəm¹	meu¹′	meu¹′		ȶo³	ȵəi²	ȵəi²
黑	△	△		黏	△	△
həm³	tjat⁹	tjat⁹		çən²	aŋ⁵′	aŋ⁵′
酸	△	△		陈	△	△

第三种生动式由单音节形容词加上两个不同的语缀构成，即 ABC 式。与 AB 式、ABB 式相比，ABC 式要少得多。一般具有 ABC 式生动式的形容词也有 AB 式和 ABB 式，但只有少数具有 AB 式和 ABB 式的形容词才具有 ABC 式。当然也有的形容词只具有 ABC 式而没有 AB 式和 ABB 式。例如：

həm tjat⁹ tju⁵   hu¹′ kau⁵ ʐau⁵
酸   △   △   粗   △   △

wa¹′ kau³ ʐau³   pat⁹ ȶat⁹ ȶu⁵
花   △   △   涩   △   △

paŋ¹′ kot⁹ ȵot⁹   jəm¹ kot⁹ ȵot⁹
高   △   △   瘦   △   △

侗语一般形容词只表明事物的属性，而形容词的生动式不仅表明事物的属性还包含着说者的感情色彩。同时，感情色彩的强弱因不同的生动而不同。一般来说，AB 式的感情色彩比原式形容词强，ABB 式和 ABC 式又比 AB 式强。例如：

问：ma¹ nai⁶ həm³ kwe² həm³？这菜酸不酸？
　　菜   这   酸   不   酸

答：həm³．酸。
　　酸

　　həm³ tjat⁹．很酸。
　　酸   △

　　həm³ tjat⁹ tju⁵/həm³ tjat⁹ tjat⁹．酸极了。
　　酸   △   △   酸   △   △

形容词不同的生动式不仅感情色彩的强弱不一样，而且在数量的多少上也有所不同。形容词 ABB 式生动式不仅表明说者的感情色彩强烈而且有着量多而广的作用。也就是说，ABB 式生动式一般来说只能与一些表示群众的名词搭配。AB 式和 ABC 式生动式则相反，它们没有这种限制，但一般多与表示个体的名词搭配。就以描写雪来说，形容"一个雪花"白时只能用 AB 式不能用 ABB 式；而形容"山上的雪"很白时，就只能用 ABB 式而不能用 AB 式生动式，例如：

$ȵa^2$ ni^1 pa^4 sat^9　一片很白的雪
个　雪　白

*$ȵa^2$ ni^4 pa^4 sat^9 sat^9　这个雪白白的
　个　雪　白

$ȵən^{1'}$ $kaŋ^6$ ni^4 pa^4 sat^9 sat^9　山上的雪白茫茫的
个　山　　雪　白

*$ȵən^{1'}$ $kaŋ^6$ ni^4 pa^4 sat^9　这个山上的雪白白的
　个　山　　雪　白

又如：

$ȵən^{1'}$ ti^1 $ja^{5'}$ wu^5　一个很红的李子
个　李　子　红

*$ȵən^{1'}$ ti^1 $ja^{5'}$ wu^5 wu^5　这个李子红通通的
　个　李　子　红

$ȵən^{1'}$ $məi^4$ ti^3 ti^1 $ja^{5'}$ wu^5 wu^5　一树的李子红红的
个　树　的　李　子　红

*$ȵən^{1'}$ $məi^4$ ti^3 ti^1 $ja^{5'}$ wu^5
　个　树　的　李　子　红

侗语的形容词与其他生动式的语法功能也是截然不同的。如果是从充当谓语的角度看，侗语的形容词（指单音节形容词）都是非谓语形容词，而形容词的生动式是谓语形容词。在句子里形容词只能充当句子的定语、补语和状语；而形容词的生动式只能充当谓语不能做定语、补语和状语。例如：

a. i^1　$jəu^2$/ $nəm^4$　$lja^{5'}$.　一瓢冷水。
　一　瓢　水　冷

b. i^1　$jəu^2$　$nəm^4$/ $lja^{5'}$　het^7.　一瓢水很冷。
　一　瓢　水　冷

c. $çaŋ^2$　$ran^{5'}$　to^2/ lai^1　pe^1.　石洞的牛好卖。
场　汉　牛　好　卖

d. mau^6/ $ȶe^1$　$ȶaŋ^5$　$kən^{1'}$.　他吃饱了。
他　吃　饱　了

从以上四例的结构可以看出，a 例中形容词 lja⁵′"冷"是名词 nəm⁴"水"的定语；b 例中的形容词 AB 式 lja⁵′het⁷"冷△"是名词性偏正结构 i¹jəu²nəm⁴ "一瓢水"的谓语；c 例中的形容词 lai¹"好"是动词 pe¹"卖"的状语；d 例中的形容词 ȶaŋ⁵"饱"是动词 ȶe¹"吃"的补语。

除了数量组外，侗语名词的修饰语一般都是后置的。由于形容词和形容词生动式的位置都出在名词之后，这样就容易把形容词的生动式也误认为是名词的定语。其实两者与名词的结合方式和作用是不同的。例如：

e.　i¹　　jəu²　　nəm⁴　　lja⁵′——*i¹　　jəu²　　nəm⁴　　nai⁶　　lja⁵′
　　一　　瓢　　　水　　　冷　　　　一　　　瓢　　　水　　　这　　　冷
f.　i¹　　jəu²　　nəm⁴　　lja⁵′het⁷——i¹　　jəu²　　nəm⁴　　nai⁶　　lja⁵′　　het⁷
　　一　　瓢　　　水　　　冷　　　　一　　　瓢　　　水　　　这　　　冷

在 e 例中，形容词 lja⁵′"冷"与名词 nəm⁴ 的结合是稳固的，在两者中间不能加指示代词 nai⁶"这"；形容词 lja⁵′"冷"对 nəm⁴"水"起着限定作用，表明 nəm⁴ 是 nəm⁴ lja⁵′"冷水"而不是 nəm⁴ ut⁹"热水"。而在 f 例中，在名词 nəm⁴"水"与形容词生动式 lja⁵′het⁷"冷△"间可以加指示代词 nai⁶"这"；同时，形容词生动式 lja⁵′het⁷"冷△"对名词 nəm⁴"水"起着说明、描写的作用，说明这个结构 i¹jəu²nəm⁴"一瓢水"lja⁵′het⁷"冷极了"。

并不是所有的侗语形容词都具有生动式，只有那些具体的含有可对比性的形容词才具有生动式，像表示事物的颜色、长短、高矮、曲直、味道等性状的形容词才具有生动式。而那些抽象的无对比性的形容词就没有生动式。事物的颜色是很具体的，颜色的深浅也是明显的，有可对比性，所以就有生动式。例如，红色就有 ja⁵′wu⁵，ja⁵′wu⁵ wu⁵；ja⁵′jəi⁴，ja⁵′jəi⁴ jəi⁴；ja⁵′ljaŋ⁴，ja⁵′ljaŋ⁴ ljaŋ⁴ 等生动式。而像 lai¹"好"，ka³"丑"，lje²"聪明"等比较概括和抽象的形容词就没有生动式。这是形容词内部的结构规律所决定的。

三

我们说侗语的形容词都是非谓语形容词，是指侗语的单音节形容词，一般不能单独充当谓语。例如：

tu³ nəm¹ 黑衣/əu⁴ ço³ 饭熟/naŋ² lau⁴ 大笋/kwa¹ʼjəm¹ 瘦狗
衣 黑　　　饭 熟　　　笋 大　　　狗 瘦

上面例子里的形容词并不是主语的谓语，而是名词的定语。但是侗语的单音节形容词带了语气后就能充当谓语了。例如：

tu³ nəm¹ kən¹ʼ 衣黑了/ço³ əu⁴ kən¹ʼ 饭熟了/naŋ² lau⁴ kən¹ʼ 笋老了
衣 黑 了　　　熟 饭 了　　　　　笋 老 了

au⁴ jan² i⁶ taŋ¹ wi¹ kən¹ʼ.
里 屋 那 亮 火 了
那个房间灯亮了。

mən² ko⁴ ni³ tjin⁶ maŋ² ɣau⁵ʼ man³ʼ na³ ljeu⁴.
他 不 知 得 病 什么 全 黄 脸 了
他不知得了什么病，脸都变黄了。

la⁴ ȵa² tjet⁹ əu⁴ kən¹ʼ.
小孩 那 饿 饭 了
那小孩饿了。

侗语的双音节形容词一般都能单独充当谓语，例如：

tau¹ pən³ wan¹ʼ ȵi³ʼ. 我们很喜欢。
我们 很 欢 喜

çai⁶ waŋ² çən¹ nau¹ ze².
寨 王 真 闹 热
锦屏真热闹。

在这种句子里，形容词虽然可以作谓语，但一般在形容词前面都带有表程度的副词做状语。

我们说侗语的形容词能带宾语，指的是那些表示动态的形容词才能带宾语，并不是说所有的形容词都能带宾语。一般来说，表示事物的颜色、心理活动、温差、气味等性状的形容词大都能带宾语，因为颜色、心理活动、温度、气味等总是在变化着的。例如：

ja⁵′ na³/ja⁵′ mən¹/ja⁵′ ta¹
红   脸红   天红   眼
nəm¹ tu³/nəm¹ kau³/nəm¹ jaŋ⁶
黑   衣黑   头黑   被子

个别静态的形容词也能带宾语，例如：

lai¹   lai¹ məi⁴/lai¹ tjən¹/lai¹   au⁴
好   好树   好牙   好稻
man³   man³ na³/man³   pa⁵/man³   mən¹
黄   黄脸   叶黄   天
lja⁵′   lja⁵′ tin¹/lja⁵′ ma¹/lja⁵′ nəm⁴
冷   冷脚   冷菜   冷水
həm³   həm³ jeu¹/həm³ naŋ¹/həm³   lja¹
酸   酸腰   酸鼻   酸手
hit⁹   hit⁹ pau²/hit⁹ jan²
淡   淡盐   淡家
ȵən¹   ȵən¹ e⁴/ȵən¹   tja³′
臭   臭屎   臭布
pat⁹   pat⁹ mu⁵/pat⁹   ma²
涩   涩嘴   涩舌头
ma³   ma³ wi¹/ma³   ni¹/ma³   nəm⁴
大   大火   大雪   大水
ni⁵   ni⁵ tam³/ni⁵   ljən¹/ni⁵   nəm⁴
细   细胆   细雨   细水
çen¹′   çen¹′ kən²/çen¹′ jan²/çen¹′ taŋ²
生   生人   生房   生堂
ço³   ço³ əu⁴/ço³   jan²/ço³   kən²
熟   熟饭   熟房子   熟人
lau⁴   lau⁴ ma¹/lau⁴   lau⁴ ljet⁹/lau⁴ ȵaŋ³′
老   老菜   老姑娘   老草
həm⁴   həm⁴ jan²/həm⁴ mən¹/həm⁴   ja⁵′
黑   黑房子   黑天   黑田

taŋ¹	taŋ¹	wi/taŋ¹	ljan¹/taŋ¹	mən¹
亮	亮	火亮	月亮	亮天
ma³	ma³	ȶi⁵′/ma³	o²/ma³	mu⁵
软	软	气软	脖软	嘴
ta³	ta³	ma²/ta³	lja²/ta³	tin¹
硬	硬	舌头硬	手硬	脚
ȶaŋ⁵	ȶaŋ⁵	əu⁴/ȶaŋ⁵	ȵan³′/ȶaŋ⁵	hin²
饱	饱	饭饱	草饱	钱
tjət⁹	tjət⁹	əu⁴/tjət⁹	nan⁴/tjət⁹	tau³′
饿	饿	饭饿	肉饿	酒
ho³	ho³	nəm⁴/ho³	ja⁵′	
干	干	水干	田	
jai⁶	jai⁶	ta¹/jai⁶	ka¹′	
利	利	眼利	耳	
ȶən¹′	ȶən¹′	ȶet⁷/ȶən¹′	tap⁹/ȶən¹′	lji⁴
重	重	柴重	挑重	礼
mon⁴	mon⁴	nəm⁴/mon⁴	tui⁴/mon⁴	paŋ²
满	满	水满	碗满	桶
tan²	tan²	lja²/tan²	ȶo¹	
颤	颤	手颤	声音	
wa⁵	wa⁵	lja¹/wa⁵	ju²/wa⁵	pu³′
脏	脏	手脏	油脏	灰

从语义的角度来分析形容词与宾语的关系，大致有三种。

第一，宾语是形容词描写的对象，宾语能回答：什么△（形容词）了？例如：

ho³ nəm⁴ → maŋ² ho³ kən¹′? nəm⁴.
干 水 　 什么 干 了? 水。

ja⁵′ ta¹ → maŋ² ja⁵′ kən¹′? ta¹.
红 眼 　 什么 红 了 眼睛。

mon⁴ tui⁴ → maŋ² mon⁴ kən¹′? tui⁴.
满 碗 　 什么 满 了 ? 碗。

第二，宾语是形容词描写的原因，能回答形容词提出的问题，例如：

wa^5 ju^2 → hai$^{1'}$ maŋ^2 wa^5 kən$^{1'}$? ju^2.
脏　油　　　让　什么　弄脏　了？油。
kən^5 ȶət^7 → wi^6 maŋ^2 kən^5? ȶət^7.
累　柴　　　为　什么　　累？柴。
çen$^{1'}$ kən^2 → çen$^{1'}$ maŋ^2? kən^2.
生　人　　　陌生　什么？人。

第三，宾语是形容词的处置对象，能回答：把什么△（形容词）了？例如：

həm^4 ja$^{5'}$ → təi^2 maŋ^2 həm^4 kən$^{1'}$? ja$^{5'}$.
阴　田　　　把　什么　弄阴　了？田。
jəm^1 to^2 → təi^2 maŋ^2 jəm^1 kən$^{1'}$? to^2.
瘦　牛　　　把　什么　弄瘦　了？牛。
ka^3 ȶau^1 → hai$^{1'}$ nəu^2 ka^3 kən$^{1'}$? ȶau^1.
出丑　我们　　让　谁　出丑　了？我们。

四

侗语的形容词也能重叠。重叠形式有 AA 式和 AABB 式两种。

AA 式重叠：

z̦a^2 nəi^4 ka^5 haŋ^4 me^2 z̦əu^3 ai^5 lau^4 lau^4.
个　妇女　那　养　有　窝　鸡　大　大
那个妇女养着一大窝鸡。
mau^6 tən^3 wəi^4 tu^3 ja$^{5'}$ ja$^{5'}$.
她　穿　件　衣　红　红
她穿着一件红红的衣。
ŋ̦a^2 pai^1 jo$^{1'}$ ju^5 lai^1 lai^1 to^3 le^2.
你　去　学校　要　好　好　读　书
你去学校要好好读书。

AABB 式重叠：

ȶən² paŋ¹′ təi² mun² pa¹′ pa¹′ pu³′ pu³,
山   高   有   雾   灰   灰   朴   朴
jau² tu¹ me² i¹ təi² kwe² wən³.
我   都 有 一 拿   不   稳
高山上有灰蒙蒙的雾，我有些拿不准。

wəu¹ ɕot⁹ wəu¹ ko¹ ȵoŋ² ȵoŋ² ȵen⁶ ȵen⁶ ɕu⁶ toi⁵ wa¹′ kəi³′.
个   说   个   笑   浓   浓   烈   烈   就   像   朵   百合
一个说一个笑亲亲密密就像一朵百合花。

waŋ² sən² pau² ɕu⁶ wan¹′ wan¹′ ȵi³′ ȵi³′ ti³ pai¹ to³ əu⁴.
王   成   宝   就   欢   欢   喜   喜   地 去   舀   饭
王宝成就欢欢喜喜地去舀饭。

侗语形容词的这两种重叠式的语法功能也完全不同。

AA 重叠式一般只能充当句子的定语、状语和补语；做定语时放在名词的后面，做状语时放在动词的前面，做补语时放在动词的后面。例如：

nən¹ ti¹ ja⁵′ ja⁵′ i⁶ ȶaŋ³ nəu² au¹ kən¹′?
个   李子 红   红   那 被   谁   拿   了
那个红红的李子被谁拿走了？

ȵa² wəi⁵′ wəi⁵′ pai¹, mau⁶ ȵau⁶ i⁶ ȶa³ ȵa².
你   快   快   去   他   在   那儿 等 你
你快些去，他在那儿等你。

ɕau¹′ pe⁴ we⁴ et⁹′, ju⁵ ȶe¹ ȶaŋ⁵ ȶaŋ⁵ pai¹.
你们   别   做   客   要   吃   饱   饱   去
你们别客气，要吃得饱饱的。

AABB 重叠式在句子里主要充当状语。例如：

ȶau¹ ʐəu⁴ ni⁵ ni⁵ ni² ni² ma¹′ ȵau⁶ ti³′.
我们 伙   细 细 小 小 来   往   起
我们大伙儿从很小的时候就开始玩了。

çau¹′ kən¹′ nəu¹′ ljo⁵ ljo⁵ ȵon⁵ ȵon⁵ ta³ pai¹ we⁴ maŋ²?
你们　怎　么　急　急　忙　忙　跑　去　做　什么
不知你们急急忙忙跑去做什么？

ŋan⁵ŋan⁵（暗暗）和 wan¹′wan¹′（慢慢）在句子里容易被误认为是形容词的 AA 重叠式做状语。例如：

mau⁶ pai¹ mo⁶ ni³ ẓo² ai⁵ ma¹ ka³ ʈe¹ ŋan⁵ ŋan⁵ wan¹′ ȵi³′.
他　去　摸　得　只　鸡　来　脱　毛　吃　暗　暗　欢　喜
他去偷得一只鸡来脱毛吃了暗暗欢喜。

ẓa² kən¹′ ʈən¹ çi⁵, ʈau¹ ẓəu⁴ ju⁵ wan¹′ wan¹′ ʈam³′.
个　路　滑　极　我们　伙儿　要　慢　慢　走
路滑极了，我们大伙儿要慢慢走。

其实，ŋan⁵ŋan⁵ 和 wan¹′wan¹′ 并不是形容词而是副词。因为 ŋan⁵ 和 wan¹′ 是非自由语素（即不能单说），即只有 ŋan⁵ŋan⁵ 和 wan¹′wan¹′ 的形式而没有 ŋan⁵ 和 wan¹′ 这两种形式。同时 ŋan⁵ 和 wan¹′ 也不能放入形容词的公式 "to⁵ + X + ẓau⁴" 或 "tji⁴ + M + X" 中。例如：

* mən² to⁵ ŋan⁵ ẓau⁴ / mau⁶ to⁵ ŋan⁵ ŋan⁵ ẓau⁴
　　他　　暗　　　　　他　　暗　暗
* tji⁴ kən² wan¹′ / * tji⁴ kən² wan¹′ wan¹′ / tji⁴ kən² wen⁶.
　比　人　慢　　　比　人　慢　慢　　　比　人　慢

从上面的例子可以看出，ŋan⁵ 和 wan¹′ 以及它们的 AA 重叠式都不是形容词。相反，显然 wan¹′ 和 men⁶ 的词义相同"慢"，但只有 men⁶ 才是形容词。

五

由于侗语的形容词和动词具有很多相同的语法特点，这就增加了如何把这两类词区分开的难度。不仅动词而且有很多形容词也能带宾语。例如：

mau⁶ ja⁵′ na³ kən¹′.　她脸红了。
她　红　脸　了

mau⁶ ɕu⁴ na³ kən¹′.　她洗脸了。
她　洗　脸　了

n̠a² ɕo³ əu⁴ me⁴ jaŋ²?　你饭煮熟了没有?
你　熟　饭　没　有

n̠a² toŋ¹ əu⁴ me⁴ jaŋ²?　你煮饭了没有?
你　煮　饭　没　有

jau² kən⁵′ t̠et⁷ ɕi⁵!　我（担）柴累极了!
我　累　柴　极

jau² me² t̠et⁷ ɕi⁵!　我有很多柴!
我　有　柴　极

实语素加上缀组成形容词生动式，这是侗语形容词的一个特点，但侗语的一部分动词也同样具有这种生动式。例如：

z̠a² jan² nai⁶ nəi² naŋ⁴ naŋ⁴.
个　房　这　动　△　△
这个房子动摇摇的。

z̠in¹′ ɕaŋ¹ ɕi³, wan⁶ ɕaŋ¹ ɕi³ ɕaŋ¹ ɕaŋ¹ na⁵ to³ pi³′.
千　张　纸　万　张　纸　张　张　睡　△　△
千张纸，万张纸，张张在沉睡。

虽然侗语的形容词与动词具有这些相同的语法特点，但也有不同的地方。首先从语法环境来看，形容词和动词是不同的。前面我们已经说过，动词不能放入形容词的语法环境中去。动词也有自己的语法环境：凡是能放入"təi² + M + D + kən¹′"这个公式中的词都是动词。形容词不能进入这个公式。例如：

təi² nan⁴ t̠e¹ kən¹
拿　肉　吃　了

*təi² nan⁴ ɕo³ kən¹′
　拿　肉　熟　了

təi² wa¹ ȵa³' kən¹'
拿 花 插 完

*təi² wa¹ ja⁵' kən¹'
拿 花 红 了

təi² lja² çu⁴ kən¹'
拿 手 洗 了

*təi² lja² lja⁵' kən¹'
拿 手 冷 了

təi² wi¹ ha³ kən¹'
拿 火 杀 了

*təi² wi¹ taŋ¹ kən¹'
拿 火 亮 了

再从能否重叠来看，动词和形容词也是不同的。侗语的形容词一般都能重叠，重叠式是 AA 式或 AABB 式，而侗语的动词一般都不能重叠，例如：

mau⁶ tən³ wəi⁴ tu³ jai²' jai³.   他穿一件长长的衣服。
他 穿 件 衣 长 长

*ma² pai¹ ȶan¹' ȶam¹'.
咱俩 去 走 走

çau¹' ju⁵ ȶe¹ əu ȶaŋ⁵ ȶaŋ⁵.   你们要吃饱饭。
你们 要 吃 饭 饱 饱

*ja¹' pai¹ ȶən² lja² lja² məi⁴, ən⁶ ən⁶ ȵaŋ³'.
你们俩 去 山 栽 栽 树 割 割 草

ȥa² ȵa² çoŋ¹' çoŋ¹' yən³' yən³' ko⁴ mau⁶ we⁴ maŋ².
个 你 凶 凶 狠 狠 不知 他 干 什么
这个人傲里傲气不知道他要干什么。

*pe⁴ ȵe² ȵe² po² po² kən².
别 戏 弄 人

再从语法功能来看，侗语的形容词和动词也不相同。前面我们已经介绍过，形容词在句子里主要是充当定语、状语和补语。而动词，在句子里主要是充当谓语。侗语的一部分动词似乎也能作定语。例如：

to² lam⁵′ 打架的牛	əu⁴ hau³ 糯米饭
牛 碰	饭 蒸
su⁵ ti² 拳师	ai⁵ tjəm¹ 抱鸡
师 打	鸡 抱
hi² ȶaŋ³ 年糕	su⁵ ljap¹⁰ 骗子
粑 打	师 骗
kwa¹′ ȵit¹⁰ 猎狗	ɕaŋ⁶ tun⁵ 铁匠
狗 追	匠 锻

其实，这些动词不是名词的定语，因为这些动词已经与名词组成较稳固的合成词。由动词和名词组成的这些主谓式合成词不仅结构稳固，并且意义已经单一化。例如，hi² ȶoŋ³ 并不是"打的粑"而是"糍粑"；əu⁴ hau³ 并不是"蒸的饭"而是"糯米饭"。因此，我们不能认为动词能充当定语。

侗语形容词的生动式。例如。

形容词	AB 式	ABB 式	ABC 式
a² 钝	a² e⁴		
hen¹′ 净	hen¹′ wen³	hen¹′ wen³ wen³	
həm³ 酸	həm³ tjat⁹	həm³ tjat⁹ tjat⁹	həm³ tjat⁹ tju⁵
həm⁴ 黑	həm⁴ hut⁹	həm⁴ hut⁹ hut⁹	
hi⁵ 细	hi⁵ ȵəm³	hi⁵ ȵəm³ ȵəm³	
hiu¹′ 绿	hiu¹′ it⁹	hiu¹′ it⁹ it⁹	
hit⁹ 淡	hit⁹ jəm³		
hu¹′ 粗	hu¹′ jau³	hu¹′ jau³ jau³	hu¹′ kau⁵ ʐau⁵
ho³ 干	ho³ jau³	ho³ jau³ jau³	
ja⁵′ 红	ja⁵′ wu⁵	ja⁵′ wu⁵ wu⁵	
ja⁵′ 红	ja⁵′ jəi⁴	ja⁵′ jəi⁴ jəi⁴	
ja⁵′ 红	ja⁵′ ljaŋ⁴	ja⁵′ ljaŋ⁴ ljaŋ⁴	
jai³ 长	jai³ jo³	jai³ jo³ jo³	
jai⁶ 锋利	jai⁶ tje⁴		

续表

形容词	AB 式	ABB 式	ABC 式
je¹ʼ 歪	je¹ʼ jot⁹	je¹ʼ jot⁹ jot⁹	
jəm¹ 瘦			jəm¹ kon⁵ ȵon⁵
kəm⁵ 静	kəm⁵ kiu³ʼ	kəm⁵ kiu³ʼ kiu³ʼ	
ȶa³ʼ 轻	ȶa³ʼ wau³ʼ	ȶa³ʼ wau³ʼ wau³ʼ	
ȶa¹ 尖	ȶa¹ ȶot⁹		
ȶau¹ 脆	ȶau¹ jen³ʼ	ȶau¹ jen³ʼ jen³ʼ	
ȶo³ 黏	ȶo³ ȵəi²	ȶo³ ȵəi² ȵəi²	
ȶoŋ⁵ʼ 弯	ȶoŋ⁵ʼ ȶəu⁴	ȶoŋ⁵ʼ ȶəu⁴ ȶəu⁴	ȶoŋ⁵ʼ ket⁷ let⁷
ȶən¹ʼ 重	ȶən¹ʼ ȵaŋ⁴	ȶən¹ʼ ȵaŋ⁴ ȵaŋ⁴	
ȶən¹ 滑	ȶən¹ ljet¹⁰	ȶən¹ ljet¹⁰ ljet¹⁰	
ȶin⁴ 齐	ȶin⁴ ȶəu¹ʼ		
lja⁵ʼ 冷	lja⁵ʼ het⁷	lja⁵ʼ het⁷ het⁷	
ljaŋ² 凉	ljaŋ² wiu³ʼ	ljaŋ² wiu³ʼ wiu³ʼ	
liu¹ʼ 清	liu¹ʼ ten³ʼ	liu¹ʼ ten³ʼ ten³ʼ	
ma³ 软	ma³ map⁹ʼ	ma³ map⁹ʼ map⁹ʼ	
ma² 软	ma³ noŋ³	ma³ noŋ³ noŋ³	
ma³ 软	ma³ məm³	ma³ məm³ məm³	
ma³ 软		ma³ noi³ noi³	
man³ʼ 黄	man³ʼ kweu¹ʼ	man³ʼ kweu¹ʼ kweu¹ʼ	
maŋ¹ 薄	maŋ¹ sat⁹		
məi⁵ʼ 新	məi⁵ʼ ɕe³	məi⁵ʼ ɕe³ ɕe³	
mon⁴ 满	mon⁴ met⁹	mon⁴ met⁹ met⁹	
na¹ 厚		na¹ no⁴ no⁴	
na⁴ 光滑	na⁴ ljet¹⁰	na⁴ ljet¹⁰ ljet¹⁶	
na⁴ 光滑	na⁴ noi³	na⁴ noi³ noi³	
nəm¹ 黑	nəm¹ meu¹ʼ	nəm¹ meu¹ʼ meu¹ʼ	nəm¹ meu¹ʼ mau⁵
ȵən¹ 臭	ȵən¹ koŋ⁴	ȵən¹ koŋ⁴ koŋ⁴	ȵən¹ hau¹ʼ koŋ⁴

续表

形容词	AB 式	ABB 式	ABC 式
ȵən³ 乱	ȵən³ ȵau¹	ȵən³ ȵau¹ ȵau¹	
ȵən⁶ 潮	ȵən⁶ tje⁴		
o⁶ 光	o⁶ ən⁴	o⁶ ən⁴ ən⁴	
pa¹ 灰色	pa¹ pu³	pa¹ pu³ pu³	
pa¹ 灰色	pa¹ pən⁴	pa¹ pən⁴ pən⁴	
pan¹ 甜	pan¹ ȶen⁴		
paŋ¹ 高			paŋ¹ kot⁹ ȵot⁹
pat⁹ 涩			pat⁹ ȶat⁹ ȶu⁵
pi² 肥			pi² tan⁵ tu⁵
i⁴ 嫩	i⁴ ȵəm³	i⁴ ȵəm³ ȵəm³	
i⁴ 嫩	i⁴ ljet⁹	i⁴ ljet⁹ ljet⁹	
ta³ 硬	ta³ pit⁹	ta³ pit⁹ pit⁹	
tau³ lau³ 暖	tau³ lau³ wəm³		
tan² 颤		tan² te⁴ te⁴	
taŋ¹ 香	taŋ¹ pən⁵	taŋ¹ pən⁵ pən⁵	
taŋ¹ 亮	taŋ¹ wen⁴	taŋ¹ wen⁴ wen⁴	
ton² 团	ton² pən⁵		
tje³ 扁	tje³ tjm²	tje³ tjm² tjm²	
tje³ 扁	tje³ tjəi²	tje³ tjəi² tjəi²	
tiu² 直	tiu² nen³	tiu² nen³ nen³	
tjin² 平	tjin² tet¹⁰	tjin² tet¹⁰ tet¹⁰	
wa¹ 花			wa¹ kau⁵ ʐau⁵
çen¹ 生	çen¹ ljoŋ⁴	çen¹ ljoŋ⁴ ljoŋ⁴	
çen⁵ 正	çen⁵ ten³	çen⁵ ten³ ten³	
çən¹ 清楚	çən¹ ço³	çən¹ ço³ ço³	
çən² 陈旧	çən² aŋ⁵	çən² aŋ⁵ aŋ⁵	

资料来源:《贵州民族研究》1985 年第 4 期。

第三节 侗语代词研究

根据侗语①代词的语法功能，可以把代词分为体词性代词和谓词性代词。体词性代词包括人称代词，一部分表示"我""你""他""什么"等的指示代词和疑问代词。谓词性代词包括一部分表示"这么样"、"怎么样"等的指示代词和疑问代词。虽然体词性代词跟名词一样，在语法功能上是体词性的，但它跟名词比较也有不同的地方。

侗语的代词不能被形容词装饰，而名词可被形容词修饰。例如：

kən² paŋ¹′ lai¹ tɕe¹ təm⁶,
人　高　　好　吃　苞
kən² təm⁵′ lai¹ au¹ naŋ².
人　矮　　好　采　笋

paŋ¹′ ti³ kən² lai¹ tɕe¹ təm⁶,
高　的　人　好　吃　苞
təm⁵′ ti³ kən² lai¹ au¹ naŋ².
矮　的　人　好　吃　笋
高个儿好摘苞（草莓似的野果），矮个儿好采笋。

代词大都不能受数量词组的装饰，而名词可受数量词组修饰。例如：

ja² tɕiu² məi⁴　　两棵树
两　根　树
ŋo⁴ nən¹ ti¹　　五个李子
五　个　李子

从代词所"替代"的词出发，可以把代词分为人称代词、指示代词和疑问代词三类。其中，人称代词和指示代词虽然都是体词性的，但二者还是有一

---

① 本节中的侗语指贵州省锦屏、剑河县的高坝侗语，文中出现其他地方侗语时，另加注明。

些不同的地方。作修饰语时,人称代词放在被修饰语前,指示代词放在被修饰语之后。例如:

jau² pən³ le² nai⁶, ȵa² pən² le² i⁶.
我　本　书　这　　你　本　书　那
我这本书,你那本书。
ɕau¹' nən¹ mai⁶, ȶau¹' nən¹ i⁶.
你们　个　这　我们　个　那
你们这个,我们那个。

侗语的代词都不能重叠,而名词、量词、形容词可以重叠。例如:

ai⁵ ai⁵ pet⁷ pet⁷ pai³' mon⁴ ɕaŋ².
鸡　鸡　鸭　鸭　摆　满　场
满场是鸡鸭。
ẓo² ta² nan⁴ pi² pi² i⁶ wu⁵' ẓa².
个　块　肉　肥　肥　那　口　块
那些肥肉一口一块。
to² to² to² tu³ ẓo³ jaŋ⁶.　每头牛都一样。
头　头　牛　都　一　样

(一) 人称代词

1. 侗语的代词数量很少,属于可列举的类型。侗语的人称代词、指示代词、疑问代词列举如下:

(1) 人称代词:jau² "我", ȵa² "你", mau⁶ "他", mən² "它", ȶau¹' "我们", ɕau¹' "你们", mau⁶e¹' "他们", ma² "我们俩", ja¹' "你们俩", tai⁶ẓi² "大家", sɿ⁶a¹ "自家"(自己)等。

(2) 指示代词:ai⁶ "这", i⁶ "那", ka⁵ "那", ȵa² "这、那", jaŋ⁶ "这样", ẓa²jaŋ⁶ "这样", ja⁵jaŋ⁶ "这样"。

(3) 疑问代词:maŋ² "什么", nəu² "谁", nəu¹' "哪儿", jen²jaŋ⁶ "怎么样"。

2. 侗语人称代词的主要语法特点：

（1）复数人称代词不受数量词组的修饰。单数第一人称代词 jau^2 "我"、第三人称代词 mau^6 "他" 可以被量词 $pəu^1$ "个"，$z_{.}a^2$ "个" 修饰。例如：

$pəu^1$　jau^2　$ljaŋ^{1'}$　pan^4　cu^6　toi^5　$cən^{1'}$　$ljən^2$　$jaŋ^2$
个　　我　　想　　　伴　　就　　想　　清　　明　　阳
co^2　to^1　to^1　ja^5　$jaŋ^6$　hin^3.
雀　　声　　声　　那　　样　　鸣
我想朋友就像阳雀在清明时声声都那样叫。
$z_{.}a^2$　mau^6　pai^1　$əu^{1'}$　$kən^{1'}$?
个　　　他　　　去　　哪儿　　了
他到哪儿去了？

单数第二人称代词 $ȵa^2$ 不受数量词组的修饰。而 $ȵa^2$ 作为指示代词时，可以被 $pəu^1$ "个"，$z_{.}a^2$ "个" 修饰。例如：

$pəu^1$　$ȵa^2$　ci^5　na^2　ti^3.
个　　那　　是　　你　　的
那个是你的。
$z_{.}a^2$　$ȵa^2$　ko^4　mau^6　$coŋ^{1'}$　$maŋ^2$?
个　　这　　不知　他　　狂　　　什么
这个（人）不知道他狂什么？

侗语南部方言如章鲁侗语①人称代词的复数形式可以被数词直接修饰。例如：

ja^2　$ȶiu^1$　　　我们两人
两　　我们
$sam^{1'}$　$cau^{1'}$　　你们三人
三　　　你们
$ŋo^4$　$e^{1'}$　　　他们五人
五　　他们

（2）侗语的人称代词不受形容词修饰，但名词可受形容词修饰。例如：

ȵa² ti¹ ja¹' ja¹'　　红红的李子
个　李　红　红

ja¹' ja¹' ti³ ȵa² ti¹　　红红的李子
红　红　的　个　李

（3）人称代词修饰名词只能放在名词的前面，并且要在人称代词和名词之间加 ti³。侗语南部方言放在名词之后，也不用加 ti³。例如：

高坝　　　　　　　　　章鲁
jau² ti³ tjet⁷　　　　tjet⁷ jau²　　我的笔
我　的　笔　　　　　　笔　　我

mau⁶ ti³ mi⁶　　　　nəi⁴ mau⁶　　他的母亲
他　的　母亲　　　　　母亲　他

侗语的人称代词修饰亲属称谓、处所词、专名也是放在这些词的前面，但一般可以不加 ti³。例如：

ȵa² mai⁴　　你的妻子
你　妻

mau⁶ əi³　　他的姐姐
他　姐

ȶau¹ koŋ³' ȵoŋ³'　　我们的新寨
我们　新　　寨

çau¹' koŋ³' çaŋ²　　你们的款场
你们　款　　场

mau⁶e¹' o² jo¹'　　他们的学校
他们　学　校

3. 人称代词的复数

侗语人称代词的单复数要用不同的词来表示。如在名词前加 ma⁴ 后，这个词就有了复数的意义。例如：

ma⁴　la⁴　ɟo¹′　　学生们
们　　学　　生
ma⁴　nəi⁴　nəi⁴　　妇女们
们　　妇　　女
ma⁴　la⁴　i⁴　　青年们
们　　青　年
ma⁴　kən²　　大家
们　　人

但是 ma⁴ 不能与人称代词结合，因此侗语的人称代词没有表示复数形式的词缀。

但侗语人称代词的单数形式是 jau² "我"，ŋa² "你"，mau⁶ "他"，mən² "它"（mən² 有时也可指人）。复数是 ȶau¹′ "我们"，çau¹′ "你们"，e¹′ "他们"，mau⁶e¹′ "他们"。高坝侗语的人称代词没有性的区别，人称代词第一人称的复数也不分排除式和包括式。侗语南部方言（章鲁）分排除式和包括式。例如：

ȶau¹′　çi⁵　ȶən⁴　tjən²　kən²，
我们　 是　 锦　 屏　 人
çau¹′　çi⁵　joŋ²　ȶaŋ³　kən²，
你们　 是　 榕　 江　 人
ȶau¹′　z̠əu⁴　çi⁵　kui⁵　çu¹　kən².
我们　（一）伙　是　贵　州　人
我们是锦屏人，你们是榕江人，我们是贵州人。
ȶiu¹　ȶaːŋ³　ȵən²　joŋ²　ȶaːŋ³，
我们　 是　 人　 榕　 江
çau¹′　ȶaːŋ³　ȵən²　ȶən⁴　tjən²，
你们　 是　 人　 锦　 屏
tau¹　ȶaːŋ³　ȵən²　kui⁵　ȶu¹．
咱们　 是　 人　 贵　 州
我们是榕江人，你们是锦屏人，咱们是贵州人。

在言语中，为了表示礼貌或使语言具有亲切感，侗语常以人称代词的复数 ȶau¹ʼ"我们"，ɕau¹ʼ"你们"，mau⁶e¹ʼ"他们"分别代替人称代词的单数 jau² "我"，ȵa²"你"，mau⁶"他"。例如：

u⁵ ȶau¹ʼ noŋ⁴ pai¹ əu¹ʼ
公，我们 弟 去 哪儿？
公公，我弟弟哪儿去了？

ɕau¹ʼ jan² ȵau⁶ əu¹ʼ？
你们 家 在 哪儿
你家在哪儿？

ma²"咱们"和 ja¹ʼ"你俩"是侗语北部方言特有的两个复数人称代词，侗语南部方言没有相对应的词。ma² 与汉语的"咱俩"和侗语南部方言的 ja²tau¹ 同义。ja¹ʼ 与汉语的"你们俩"和侗语南部方言的 ja²ɕau¹ʼ 同义。例如：

ma² təi² kwaŋ¹ jən¹ jun¹ lən⁴ ȶən².
咱俩 拿 光 阴 站 登 山
咱俩把光阴站到山顶（指爱情的坚贞不渝）。

ja¹ʼ ju⁵ lai¹ lai¹ ljeu⁵ lji⁴ məi⁴ jaŋ² ɕən¹ʼ.
你俩 要 好 好 料 理 棵 阳 春
你们俩要好好培植阳春（指农作物，喻爱情）。

ma²、ja¹ʼ 后面可以带数词同位语。这与汉语的"咱俩"、"你们俩"不同。例如：

ma² pai¹. 咱俩去。
咱俩 去
ma² ja² u⁴ pai¹. 咱俩去。
咱俩 两 个 去
ja¹ʼ nəi⁴ la⁴ təm³ ȶa¹ kən¹ʼ me⁴ jaŋ²？
你们俩 母 女 织 布 完 没 有
你们母女俩织完布了吗？

ja$^{1'}$　　ja^4　　u^4　　nəi^4　　la^4　　təm^3　　ṯa^1　　kən$^{1'}$a?
你们俩　两　个　母　女　织　布　完

你们母女俩织完布了吗？

ma^2、ja$^{1'}$可以单独带量词u^4"个"，其词义和语法功能与ma^2、ja$^{1'}$和ma^{2}ja^{2}u^4、ja$^{1'}$ja^{2}u^{4}相同。例如：

ma^2　pai^1 = ma^2　ja^2　　　u^4　pai^1 = ma^2　u^4　pai^1
咱俩　去　咱俩　两　　　个　去　咱俩　个　去
ja$^{1'}$　pai^1 = ja$^{1'}$　ja^2　　　u^4　pai^1 = ja$^{1'}$　u^4　pai^1
你俩　去　你俩　两　　　个　去　你俩　个　去

侗语北部方言既有mau^6"他"又有mən^2"他"。侗语南部方言只有mau^{6}没有mən^2。在侗台语族中，mau^{6}是侗语特有的，mən^{2}是同源词。例如"他"：高坝mau^6, mən^2，章鲁mau^6，水语man^1，毛南man^6，龙州壮语min^2，德宏傣语man^2。

侗语虽然mau^{6}和mən^{2}并存，但二者的词义和用法却不一样。就词义来说，mau^{6}可与英语的he, she比较，mən^{2}可与it比较。也就是说mau^{6}是人称代词，mən^{2}是事物代词。例如：

z̧a^2　kwa$^{1'}$　nai^6　təu^6　haŋ^1　kən^2　çi^5　ha^3　mən^2　pai^1.
个　狗　这　逗　恨　人　极　杀　它　去

这条狗遭人恨，把它杀了。

əi^3　wo$^{1'}$　ma$^{1'}$，mau^6　we^4　maŋ^4　ju^6　kwe^2　ma$^{1'}$?
姐　说　来　她　做　什么　又　不　来

姐说要来，她为什么又不来了呢？

汉语的"他"在主语位置上只能指人（书面语没有这个限制），在宾语位置上可以指人也可以指物①。由于侗语的mau^{6}是真正的人称代词，所以，mau^{6}在任何位置上都指人不指物。mən^{2}是指代事物的，所以在一般情况下，

---

① 见赵元任《汉语口语语法》，商务印书馆1979年版，第282、283页。

mən² 在任何位置上都指物。例如：

mau⁶ ȶe¹ kən¹'.　　他吃了。
他　 吃　 了

ȶoŋ¹ mau⁶ ma¹'.　　把他抬来。
抬　　他　 来

mən² ȶaŋ⁵ kən¹'.　　它吃饱了。
它　　饱　 了

ȶoŋ³' mən² ma¹'.　　把它牵来。
牵　　 它　 来

有时谴责某人或修辞的需要，mən² 也可以指人。同时，mən² 做贬意动词的宾语也可指人。而且在上述两种情形下只能用 mən² 来指代人，不能用 mau⁶。例如：

mən² ju⁵ təi¹ ɕaŋ¹', təi² jau² ʐa² ma¹ ɣau⁵ ən⁶ ljeu⁴.
他　 要 死 伤　 把　 我　 个　 菜　 都　 割　 了
他要挨刀，把我的菜都割了。

mən² lai¹ ʐa² ɕi⁵ ɣau⁵ kwe² u⁵ jan² ʐau⁵'.
他　 好　 个　 极　 全　 不　 顾　 家　 一点儿
他（指丈夫）好得很一点儿都不顾家。

la⁴ ȵa² pau¹ jən¹ ɕi⁵, jəu⁵' mən² təi¹ e.
孩　 那　 讨　 厌　 极　 抖　 他　 死
那孩子讨厌极了，打死他。

4. 人称代词的格位

侗语的人称代词大都没有格位的区分，一般都可以用在主格、宾格和领格中。例如：

mau⁶ hin³ ȵa².
他　 叫　 你
他叫你。

mau⁶ e¹′ ja⁵ jin¹′ çau¹′ ti³ ta³ ju² ȵau⁶ ʐən¹′ ha⁴.
他们 田 和 你们 的 山 油 在 个 处
他们的田和你们的油茶山在一个地方。

pən¹ mo³ ma² pai¹ ȶəm¹ ja¹′.
天 明 咱俩 去 约 你们俩
明天咱俩去邀你们俩。

mən² 指代事物时没有格位的区分，但指代人时只能出现在主格、宾格，不能出现在领格中。例如：

mən² kai³ kən¹′ me⁴ jaŋ² e? 把它阉了没有？
它 阉 了 没 有 呢

wəi⁵ pe¹ mən² pai¹. 赶快把它卖了。
快 卖 它 去

mən² ʐa⁴ pa⁵ ɣau⁵′ lo⁶ kən¹′.
它 个 翅 全 松散 了
它的翅膀全垂下来了。

çi⁵ mən², mən² tui⁵′ ti³ wi¹. 是他，是他失的火。
是 他 他 失 的 火

(二) 指示代词

指示代词 nai⁶ 是近指，i⁶ 和 ka⁵ 为远指。侗语的指示代词大都是单用的，不能与其他语素组成像汉语"这么、这样、那么、那样"的多音节指示代词。侗语的指示代词不管在主语或宾语的位置上都指物不指人。例如：

ai⁶ çi⁵ ȶu² ti³. 这是大舅的。
这 是 舅 的

i⁶ çi⁵ taŋ² jəu⁵′. 那是蜂糖。
那 是 糖 蜂

指示代词作名词的修饰语可以指人也可以指物。例如：

la⁴ nai⁶ ko¹ maŋ²?　这孩子笑什么？
孩　这　笑　什么
nən¹ ȶin¹ ka⁵ aŋ⁶ kən¹'.　那块石头挡道。
个　石头　那　挡　道

i⁶ 和 ka⁵ 都是远指代词，做修饰语时，二者的词义和语法特点相同，可以互换。例如：

na⁴ i⁶ çi⁵ nən² ti³? = na⁴ ka⁵ çi⁵ nən² ti³?
个　那　是　谁　的　　个　那　是　谁　的
那个是谁？
mau⁶ pai¹ maŋ⁵ i⁶. = mau⁶ pai¹ maŋ⁵ ka⁵.
他　去　边　那　　他　去　边　那
他去那边。

但 i⁶ 和 ka⁵ 在充当句子成分时有差别；i⁶ 能单独做主语或宾语，而 ka⁵ 不能。例如：

i⁶ çi⁵ nəu² ti³?　那是谁的？
那　是　谁　的
nəu² ȵau⁶ i⁶?　谁在那里？
谁　在　那里

侗语有两个近指代词 ai⁶ 和 nai⁶。ai⁶ 是 nai⁶ 的音变。在下面两种情况时 nai⁶ 要变为 ai⁶。

（1）nai⁶ 单独充当主语或宾语时变为 ai⁶。例如：

ai⁶ lja² naŋ¹ nai⁶.　这里栽这一丛。
这　栽　丛　这
ȶiu² taŋ⁵ nai⁶ hen¹' çi⁵ çau¹' ma¹' hui⁵ ai⁶.
条　凳　这　净　极　你们　来　坐　这里
这条凳子干净极了你们来这儿坐。

（2）nai⁶ 放在处所词 o² 后做 o² 的修饰语时要变为 ai⁶。例如：

o² ai⁶ hin³ we⁴ maŋ²?　这里叫什么？
处 这 叫 做 什么

mau⁶ ŋau⁶ o² ai⁶.　他在这儿。
他 在 处 这

指示代词 ŋa² 是黏着的，它只能与量词或名词结合组成名词性偏正词组。例如：

nəu² ŋau⁶ o¹′ ŋa²?　谁在那里？
谁 在 处 那

kən² ŋa² me² i¹′ wen⁵′ çaŋ⁵.　这人有一点儿混账。
人 这 有 一 混 账

la² ŋa² pai¹ te³ ŋa².　这孩子到那下面去了。
孩 这 去 下 那

ŋa² 与方位词、远指代词 i⁶ 结合组成方位词组。例如：

u¹ ŋa² ko¹′ kən² çi⁵.　那上面怕极了。
上 那 怕 人 极

ȶa⁴ ŋau⁶ te³ ŋa².　汉人在那下边。
汉人 在 下 那

ȶau¹ əi³ ŋau⁶ i⁶ ŋa².　我们姐姐在那里。
我们 姐 在 那 那

jaŋ⁶、ʑa²jaŋ⁶ 和 ja⁵jaŋ⁶ 是谓词性指示代词。这些指示代词可以替代动词、形容词、副词充当谓语、主语、状语、补语和定语。

（1）代替动词做谓语。例如：

pe⁴（ʑa²） jaŋ⁶ o, çau¹′ ju⁵ ja⁵ jaŋ⁶ e.
别 这样 呀, 你们 要 那样 哩
别这样呀，你们要那样哩。

ȶau¹ ɕu⁶ ja⁵ jaŋ⁶ lo.　我们就这样啰。
我们 就 这 样 啰

（2）代替谓词做主语。例如：

ʑa² jaŋ⁶ lai¹ ȶaŋ².　这样好些。
这 样 好 些

（3）ʑa² jaŋ⁶ 能代替形容词做补语，jaŋ⁶ 和 ja⁵jaŋ⁶ 不能。例如：

kit⁹ kən¹' ʑa² jaŋ⁶.　病成这样。
病 成 这 样

（4）加 ti³ 后代替形容词做定语。例如：

mau⁶ kwe² ɕi⁵（ʑa²） jaŋ⁶ ti³ kən².
他 不 是 这样 的 人
他不是这样的人。
ja⁵ jaŋ⁶ ti³ kən² me² maŋ² ai³'.
这样 的 人 有 什么 可怜
这样的人有什么可怜的。

（5）代替副词做状语。例如：

ɕau¹' ʑa² jaŋ⁶ ɕəi³ hin² a!　你们这样花钱呀!
你们 这 样 花 钱 呀
ʑa² maŋ² jaŋ⁶ taŋ¹?　什么（东西）这样香?
个 什么 这样 香
mau⁶ e¹' ja⁵ jaŋ⁶ we⁴ kwe² ɕən² le.
他 们 这 样 做 不 行 咧
他们这样做不行。

(三) 疑问代词

nəu² 问人，maŋ² 问事物。nəu²、maŋ² 可以做主语、宾语和定语。例如：

nəu² we⁴ maŋ²?　谁干什么？
谁　 干　 什么

ẓa² maŋ² taŋ¹ çi⁵.　什么（东西）香极了。
个　 什么　香　 极

i⁶ çi⁵ nəu²?①　谁在那里？
那里 是 谁

做定语时，maŋ² 要放在名词后面，nəu² 要放在名词前面，并且要在 nəu² 和名词之间加 ti³。例如：

wa¹′ maŋ² taŋ¹ çi⁵!　什么花香极了！
花　 什么　香　 极

nəu² ti³ wa¹′ taŋ¹ çi⁵!　谁的花香极了！
谁　 的　花　 香　 极

nəu¹′ 既可问地方又可问人，在其前面加量词表示选择。所以，nəu¹′ 类似汉语的"哪""哪儿""谁"。例如：

ta¹ pai¹ əu¹′?　岳父去哪儿啦？
岳父 去 哪儿

ta¹ ȶəi³ to² nəu¹′?　岳父买哪只？
岳父 买 个 哪

ta¹ pai¹ jan² nəu¹′　岳父去谁家？
岳父 去 家 谁

ljəu³ ȶe¹ nəu¹ ti³ ma¹?　黄牛吃谁家的菜？
黄牛 吃 谁 的 菜

nəu¹′ 单用时（不做修饰语）变为 əu¹′。例如：

---

① i⁶ 一般不能指人，但在疑问句中可以指人。

na² pai¹ ha⁴ nəu¹′?   你去哪儿?
你   去   处   哪
əu¹′ ma¹′ ti³ kən²?   哪儿来的人?
哪儿 来   的 人
mu⁵′ ȵau⁶ əu¹′?   猪在哪儿?
猪   在   哪儿

疑问代词 jen²jaŋ⁶ 是谓词性的,可以替代动词、副词充当谓语、状语。
(1) 代替副词做状语表示疑问方式的。例如:

ko⁴ jen² jaŋ⁶ tən³?   不知如何穿?
不知 如   何   穿

jaŋ⁶ kwaŋ⁴ jen² jaŋ⁶ ȶe¹ ni³ kən¹′.
这么 多   怎   样 吃 得 完
这么多怎样吃得完。

(2) 可以做谓语和宾语。例如:

ȵa² jen² jaŋ⁶ kən¹′ e?   你怎么了?
你   怎   么   了
ȵa² ȶin⁵′ jen³ jaŋ⁶ e?   你觉得怎么样?
你   听   怎   样

第四节　报京侗语的 mjin⁶ 的比较分析

报京侗语①的代词有一个领属词缀 mjin⁶,在侗语的其他方言里是没有的。如"那个女子是他的妻子"这句话,在不同的方言里说法不一样。

---

① 贵州省镇远县的报京侗语为当地的汉语、苗语所包围,但这里的汉语、苗语并没有与报京侗语 mjin⁶ 相类似的语素。

章鲁:① laːk¹⁰　mjek⁹　ʈa⁵　ʈaːŋ³　mai⁴　mau⁶.
　　　 姑　娘　　那　　是　　 妻　　他
高坝:② ta⁴　lau⁴ljet⁹　i⁶　çi⁵　mau⁶　ti³　mai⁴.
　　　 个　 姑　娘　　那　是　 他　　的　妻
报京： qu⁴　la⁴mjet⁹　pəi⁶　ʈaŋ³　qu⁴　mai⁴　mjin⁶　mu⁶.
　　　 个　 姑　娘　　那　　是　　 个　 妻　　（词缀）他

从上例可以看出，侗语的人称代词修饰名词③有三种不同的形式：

章鲁：名 + 人代
高坝：人代 + ti³ + 名
报京：名 + mjin⁶ + 人代

报京侗语的人称代词修饰名词，既不同于高坝的北部方言，也不同于章鲁的南部方言，而是在名词与人称代词间加一个 mjin⁶。mjin⁶ 没有具体的词汇意义，在南部侗语的其他方言里也没有与其对应的同源词。因此有必要对 mjin⁶ 做一些分析。

（一）先考察一下 mjin⁶ 的分布情形。报京侗语的名词、人称代词、疑问代词、指示代词、动词、述宾词组、形容词、数量词组修饰名词的情形大致如下：

（1）名词做名词的领属性修饰语时，一般有：名 + 名₁；名₁ + ti³ + 名两种形式。例如：

la⁴　mjet⁹　pu⁴　ʈin¹/pu⁴　ʈin¹　ti³　la⁴　mjet⁹　报京的姑娘
姑　 娘　　报　 京　　 报　 京　 的　姑　 娘

---

① 贵州省榕江县章鲁侗语属侗语南部方言。
② 贵州省锦屏、剑河两县的高坝侗语属侗语北部方言。本节中所引的三个点的语言材料都是笔者调查的。
③ 简称如下：名 = 名词，名₁ = 名词修饰语，人代 = 人称代词，指代 = 指示代词，疑代 = 疑问代词，动 = 动词，形 = 形容词，数量 = 数量词组。

jan² koŋ³ se¹/koŋ³ se¹ ȵi³ jan²
房子　公　　社 / 公　　社　的　房子
公社的房子

在容易产生歧义或强调所属关系时，要用 名 + mjin⁶ + 名₁；mjin⁶ + 名 + ȵi³ + 名₁；名₁ + ȵi³ + 名 的形式。例如：

mun⁶ mjin⁶ la⁴ un³/mjin⁶ la⁴ un³ ȵi³ mun⁶/
猴子　（词缀）小　孩　（词缀）小　孩　的　猴子
la⁴ un³ ȵi³ mun⁶ 小孩的猴子
小　孩　的　猴子

但名词做名词的修饰语不表示领属关系时，只有 名 + 名₁ 的形式，不能有其他形式。例如：

jan² pen³ 木头房子　　　　təi⁶ qan¹ 　　麻布口袋
房子　木头　　　　　　　　口袋　麻布

（2）人称代词修饰名词时，可以有三种形式：名 + mjin⁶ + 人代；mjin⁶ + 人代 + 名；mjin⁶ + 人代 + ȵi³ + 名。例如：

ɕaŋ¹ ten¹ mjin⁶ jo²/mjin⁶ jo² ɕaŋ¹ ten¹/mjin⁶
把　　刀　（词缀）我 /（词缀）我　把　　刀　（词缀）
jo² ȵi³ ɕaŋ¹ ten¹ 我的刀子
我　的　把　　刀
jan² mjin⁶ ȶo¹/mjin⁶ ȶo¹ jan²/mjin⁶ ȶo¹ ȵi³ jan²
家　（词缀）我们 /（词缀）我们　家 /（词缀）我们　的　家
我们的家

人称代词修饰表亲属的名词时，只有 名 + 人代 一种形式，而不能有其他形式。例如：

nuŋ⁴　a³　ȵa²　你的弟弟
弟　　家　你

mi⁶　jo²　我的母亲
母亲　我

te¹　ȶu²　a³　jo²　我的舅妈
舅　妈　家　我

但人称代词修饰 so⁴ "丈夫" 这个词时，有名 + mjin⁶ + 人代或人代 + ȶi³ + 名 两种形式。例如：

so⁴　mjin⁶　ho¹/ho¹　ȶi³　qu⁴　so⁴
丈夫　（词缀）　你们 你们　的　个　丈夫
你的丈夫

如果用名 + 人代的形式，就会产生歧义。例如：

so⁴　　ho¹　　你是丈夫/你的丈夫
丈夫　　你们

（3）疑问代词修饰名词单独成句时，只有名 + mjin⁶ + 疑代一种形式。例如：

tu²　mu⁵　mjin⁶　qu⁴　nəu²？　谁的猪？
只　猪　（词缀）　个　谁
la⁴　un³　mjin⁶　qu⁴　nəu²？　谁的小孩？
小　孩　（词缀）　个　谁

但作句子的宾语时，要用名 + 疑代的形式。例如：

ho¹　ȶaŋ³　kun²　en⁵　nəu¹？
你们　是　　人　哪　里
你们是哪里人？

（4）指示代词修饰名词时，只有名+指代一种形式。例如：

la⁴ mjet⁹ pəi⁶　那个姑娘
姑　娘　那

ȶiu² məi⁴ lo⁴ ne⁶　这棵大树
棵　树　大　这

（5）动词和述宾词组修饰名词有两种形式。名+动；动+ȶi³+名。例如：

əu⁴ ȶu³ so³/so³ ȶi³ əu⁴ ȶu³
饭　糯　蒸　蒸　的　饭　糯
蒸的糯米饭

kun² sa³ mu⁵/sa³ mu⁵ ȶi³ kun²
人　杀　猪　杀　猪　的　人
杀猪的人

（6）形容词修饰名词只有名+形一种形式：

qu⁴ la⁴ mjet⁹ lai¹ kun²　漂亮的姑娘
个　姑　娘　好　人

ɕut⁹ nən¹　黑衣服
衣　黑

（7）数量词修饰名词只有数量+名一种形式：

mu⁶ me² i¹ qu⁴ əi³ ja² qu⁴ naŋ⁴.
他　有　一　个　姐　两　个　妹
他有一个姐姐两个妹妹。

jan¹ jo² i¹ pən³ le².　借给我一本书。
借　我　一　本　书

上面所谈的可以综合成下表：

修饰词	与中心词的组合形式
名词	名 + 名₁ 名₁ + ȵi³ + 名
人称代词	名 + mjin⁶ + 人代 mjin⁶ + 人代 + 名 mjin⁶ + 人代 + ȵi³ + 名
疑问代词	名 + mjin⁶ + 疑代 名 + 疑代
指示代词	名 + 指代
动词（述宾词组）	名 + 动 动 + ȵi³ + 名
形容词	名 + 形
数量词组	数量 + 名

从上表可以看出，mjin⁶ 的分布（组合能力）是有限的；只有人称代词、疑问代词做名词修饰语时，在代词之前要加 mjin⁶，其他词做名词修饰语时不加 mjin⁶。

（二）现代汉语有三个"的"：一是词缀，如"我的父亲"里的"的"，叫的₁；二是助词，如"他是个修房子的"里的"的"，叫的₂；三是语气词，如"工作组织上会安排的"里的"的"叫的₃。

汉语名词的领属性修饰语只能是名词或代词，修饰语后一般要加"的₁"①：

谁的书/我的书/作家的名字。但有的也不能加；我哥哥/你妹妹/他姥姥。

报京侗语人称代词、疑问代词做名词的领属性修饰语时要加 mjin⁶。这里的 mjin⁶ 与现代汉语的"的₁"相似。不过"的₁"要放在中心词的前面，而 mjin⁶ 可以放在中心词的前后，但一定要位于修饰词之前。这是它们的不同之点。例如：

---

① 见丁声树等《现代汉语语法讲话》，商务印书馆 1982 年版，第 44 页。

kai⁵ mjin⁶ jo²/mjin⁶ jo² tu² kai⁵
鸡 （词缀）我 （词缀）我 只 鸡
我的鸡

qa¹ mjin⁶ a³ mu⁶/mjin⁶ a³ mu⁶ ʨi³ qa¹
鱼 （词缀）家 他 （词缀）家 他 的 鱼
他家的鱼

汉语名词做名词领属性修饰语时一般要加"的₁"。而报京侗语名词做名词的领属性修饰语时一般不加 mjin⁶。这也是 mjin⁶ 与"的₁"不同的地方。例如：

ja⁵ pu⁴ ʨin¹/pu⁴ ʨin¹ ʨi³ ja⁵ 报京的田
田 报 京 报 京 的 田
le² la⁴ un³/la⁴ un³ ʨi³ le² 小孩的书
书 小 孩 小 孩 的 书

除了 mjin⁶ 外，报京侗语还有一个表示领属关系的 ʨi³。从语法功能来看，ʨi³ 与汉语的"的₁"相似，与 mjin⁶ 有所不同。名词、代词、动词、形容词等做名词的修饰语，在修饰语和中心语之间加 ʨi³，也就是说 ʨi³ 的语法功能和位置与"的₁"相同。但 ʨi³ 不能与上述的修饰语一起单独回答问题，而 mjin⁶ 可以和代词修饰语一起单独回答问题。就这一点来说，ʨi³ 与汉语的"的₁"不同，mjin⁶ 与汉语的"的₁"相同。例如：

kun² pu⁴ ʨin¹/pu⁴ ʨin¹ ʨi³ kun² 报京人
人 报 京 报 京 的 人
qu⁴ la⁴ mjet⁹ lai¹/lai¹ ʨi³ la⁴ mjet⁹ 漂亮姑娘
个 姑 娘 好 好 的 姑 娘
ha¹ khəi¹/khəi¹ ʨi³ ha¹ 开的花
花 开 开 的 花
la⁴ un³ mjin⁶ qu⁴ nəu²? mjin⁶ tu⁴ ne⁶.
小 孩 （词缀）个 谁 （词缀）他 们
谁的小孩？他们的。

hu⁵　pen³　mjin⁶　qu⁴　nəu²? mjin⁶　mu⁶.
根　木头　（词缀）个　谁　（词缀）他
谁的木头？他的。

下表列出是 mjin⁶、ȶi³ 和"的₁"与名词及其修饰语的组合形式以及 mjin⁶、ȶi³ 和"的₁"能否与修饰语在一起单独回答问题的情况。例如：

	修饰语的组合形式	能否与修饰语一起单独回答问题
mjin⁶	名 + mjin⁶ + 人代/ + mjin⁶ + 人代 + 名/mjin⁶ + 人代 + ȶi³ + 名	能
ȶi³	名₁/人代/动/形 + ȶi³ + 名	否
的₁	名₁/人代/动/形 + 的 + 名	能

（三）侗语的其他方言没有与报京侗语 mjin⁶ 类似的词缀。人称代词、疑问代词做名词的领属性修饰语，章鲁侗语是名 + 人代或人代 + ȶi³ + 名的形式；高坝侗语是人代 + ȶi³ + 名的形式，但人称代词修饰表示亲属称谓的名词时为人代 + 名的形式。例如：

章鲁：jaːn²　jau²/jau² ȶi³　jaːn²　我的家
　　　家　　我　　我　的　　家
　　　laːk¹⁰　nəu²?　　谁的孩子？
　　　小孩　　谁
高坝：jau²　ȶi³　jan²　我的家
　　　我　　的　　家
　　　nəu²　ȶi³　la⁴?　谁的孩子？
　　　谁　　的　孩子
　　　ȶau¹　əi³　我的姐姐
　　　我们　姐

用代词单独回答问题的形式，各地的侗语不尽相同。例如："谁的牛？我的。"用于回答的词语不同。

章鲁：sən² nəu²? sən² jau².
　　　牛　谁？　牛　我
高坝：nəu² ȵi³ ljəu²? jau² ȵi³.
　　　谁　的　牛　　我　的
报京：ljəu³ mjin⁶ nəu²? mjin⁶ jo².
　　　牛　（词缀）谁　（词缀）我

代词做名词领属性修饰语时在侗傣语族的大部分语言里也不与报京侗语 mjin⁶ 相类似，其形式一般是名+人代或人代+ȵi³+名。例如：

壮语①：ŋo³³ ti³³ çan³³ kən³¹　我的亲人
　　　　我　 的　亲　人
　　　　po¹¹ tçau²⁴ mən³¹　他的主人
　　　　主　 人　　他
傣语②：hĭn⁵⁵ kau³³　你的家
　　　　家　　你
　　　　sɤ³¹ ʔan³³　我的衣服
　　　　衣服　我
布依语③：tçie² ni⁴ mi² tɯk⁸ na² ku¹.
　　　　里　 这 不 是　田 我
　　　　这里不是我的田。
　　　　te¹ tɯk⁸ ko⁶ ku¹.
　　　　他 是　哥　我
　　　　他是我哥哥。

只有毛南语的 tu⁶ 和水语阳安方言的 to² 与报京侗语的 mjin⁶ 相似。例如：

报京：pən² le² ne⁶ ȵaŋ³ mjin⁶ jo².
　　　本　书　这　是　（词缀）我

---

① 引自李方桂《龙州土语》，第55、85页。
② 引自罗常培、邢公畹《莲山摆夷语文初探》，第42、49页。
③ 引自喻世长《布依语语法研究》，科学出版社1956年版，第21、35页。

毛南①：pən² lɛ² naːi⁶ çi⁴ tu⁶ fie².
　　　　本　书　这　　是　属于　我
　　　　这本书是我的。
报京：çaŋ¹ ne⁶ mjin⁶ jo².
　　　把　 这　（词缀） 我
水语②：paːk⁷ naːi⁶ to² ju².
　　　把　　这　　的　我
　　　这把是我的。

助词和词缀都是附着于其他成分上的。与短语发生关系的是助词。与词发生关系的是词缀③。例如："他的书"的"的"是词缀，因为他只与代词"他"发生关系；"他看的书"的"的"是助词，因为它与短语"他看"发生关系。同时，作为词缀的"的"在意义上与词根无联系，即使去掉"的"，其意义也不会改变；作为助词的"的"在意义上与短语有联系，这个"的"往往不能省掉。例如：他的弟弟＝他弟弟；看电影的≠看电影。毛南语的 tu⁶ 和水语的 to² 是词缀，而不是助词。其理由有三条：（1）它们只与词发生关系；（2）它们是定向的④，总是放在领属性修饰语的前面；（3）它们一般与汉语的"的₁"相当。只不过它们的位置放在修饰语之前，而汉语的"的"放在修饰语之后罢了。

从词序的位置上来看，mjin⁶ 与毛南语的 tu⁶ 和水语的 to² 不尽相同。mjin⁶ 不仅能放在代词前，而且还能放在名词性偏正结构前。在这种情况下，汉语没有相当的语素，mjin⁶ 似乎像助词，比如：tu²（头）mu⁵（猪）mjin⁶ ȵa²（你）"你的猪"中，mjin⁶ 可以与汉语的"的₁"相当。但在 mjin⁶ ȵa²（你）tɕi³（的）tu²（头）mu⁵（猪）"你的猪"里，不好直译为汉语的"的₁"。

因此我们认为报京侗语的 mjin⁶ 应该是词缀，而不是助词。因为从结构上来看，上例中的 tu²mu⁵mjin⁶ȵa² 里的 mjin⁶ 属于代词 ȵa² "你"的，所以它是词缀。而在上例 mjin⁶ ȵa² tɕi³ tu² mu⁵ 里的 mjin⁶ 似乎属于 ȵa² tɕi³ tu² mu⁵ "你的

---

① 引自梁敏《毛南语简志》，民族出版社1980年版。
② 引自张均如《水语简志》，民族出版社1980年版。
③ 赵元任：《汉语口语语法》，商务印书馆1979年版，第353页。吕叔湘：《汉语语法分析问题》，商务印书馆1979年版，第45页。
④ 朱德熙：《语法讲义》，商务印书馆1982年版，第28页。

猪",从结构看似乎应为助词。其实不然,不管在什么环境里,mjin⁶ 总是属于代词,并不属于整个结构。我们再对上面两例的结构层次进行分析:

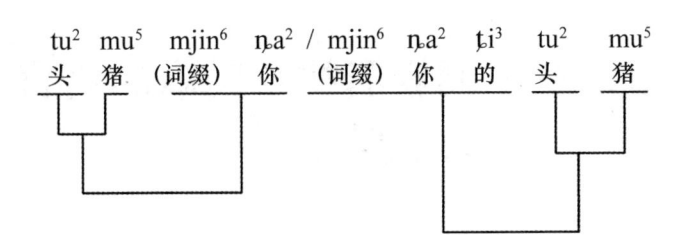

```
tu²  mu⁵  mjin⁶  ȵa² / mjin⁶  ȵa²  tɕi³  tu²  mu⁵
头    猪   (词缀)  你   (词缀)  你   的    头   猪
```

可以看出,mjin⁶ 和 tɕi³ 都附着于代词 ȵa² "你"。即使把 mjin⁶ 和 tɕi³ 省略,其意义一般也不会改变。例如:

  mjin⁶ ȵa² tɕi³ tu² mu⁵ = mjin⁶ ȵa² tu² mu⁵
  (词缀) 你 的 头 猪 (词缀) 你 头 猪
  = ȵa² tɕi³ tu² mu⁵ = ȵa² tu² mu⁵①
   你 的 头 猪 你 头 猪
  你的猪

  mjin⁶ 是报京侗语的原有形式,总是放在修饰语之前;tɕi³ 是报京侗语从汉语吸收来的形式,总是放在修饰语之后。不管放在修饰语之前还是之后,mjin⁶ 和 tɕi³ 总是附着于修饰语的。所以把 mjin⁶ 和 tɕi³ 都看作词缀较为恰当些。

  (四)综上所述,报京侗语的代词作名词领属性修饰语时,一般要加 mjin⁶。它附着于代词的前面,可以出现在 名 + mjin⁶ + 人代和 mjin⁶ + 人代 + 名 及 mjin⁶ + 人代 + tɕi³ + 名 三个形式之中,mjin⁶ 是词缀不是助词。由于语言间的互相影响,特别是受汉语语法的影响,名词的领属性修饰语不再放在名词后面而是放在名词之前,而且在它们中间引进了汉语的"的₁",从而使侗傣语族的原有语序发生了变化,mjin⁶ 一类的语素逐渐为汉语的"的"所代替。这是侗傣语族语法发展的一个趋势。虽然报京侗语从汉语中借入了"的₁",但汉语的"的₂"和"的₃"至今尚未借入。

---

① 报京侗语的口语中不说 ȵa² tɕi³ tu²,但一般可以理解。

第六章 侗族名物及民歌的语言人类学分析

第一节 江山作主人为客
——侗语对于山地的分类与命名

侗族为稻林兼作的山地民族，其山地分类命名是侗族人文语言内涵及当地地理环境的反映，也可为深入探讨语言学和人类学领域中的命名模式理论提供有益的语言材料。

山地为具有一定海拔高度和坡度的陆地，占地球陆地面积近三分之一，蕴藏着丰富的自然资源，而中国是世界第一山地大国，山地占国土面积的70%，因此，对我国的山地特别是贵州山地进行跨学科的综合研究乃为当务之急。侗族是一个典型的山地民族，以山地的视角来对侗族进行研究的也不多见，本节拟就侗族的山地命名的名物语料进行初步分析研究[①]，以求弥补这方面的不足。

一 侗族为山地民族

"侗族"是汉族对侗族的称呼，侗族自称为gaeml/jaeml。同语支的贵州荔波锦家和平塘、惠水、独山的佯僙人（他称）也叫gaeml，荔波的锦家自称为jaeml，广西罗城的仫佬族的自称也与侗族相近叫giaml/laml。侗族与泰国的泰族、老挝的老龙族、越南的黑白傣族、缅甸和印度的掸族，以及国内的壮族、布依族、傣族、黎族、水族、毛南族、仫佬族、佯僙、莫家、锦家等有共同的

[①] 开展侗语山地分类及命名调研时，出于便利和效率上的考虑，我们使用了侗文方案来记音，本节所引的山地名物语料仍沿用侗文记录。

族源关系。

侗族居住在黔湘桂三省区毗邻地带以及鄂西的一部分县市的山地区域里。侗族居住的山区海拔高度大都在 300 米至 1000 米之间，雨水充沛，温度适中，很适合人类居住和生物繁衍生长。侗族把住在山谷河滨地带的侗族称为 gaeml nyal（江侗），住在山坡上的侗族称为 gaeml jenc（山侗）。侗族居住在武陵山与苗岭交汇处的地带，这里以山地居多，大坝子很少。即使像在侗族老百姓中有名的所谓天柱大坝和榕江车江大坝，也不过只有万余亩，实质上只是山间坝子，站在大坝中间仍是开门见山，两眼所见都是连绵不断的山峦。侗族的大多数人都住在山坡上，只是很少一部分人居于山间坝子和山谷江河岸边，但不管住在山谷江边还是山麓上，侗族的生境都离不开山，人死后也要安葬到山坡上。因此，侗族谚语说：Angl xeenp weex xuh nyenc weex egs（"江山作主，人为客"），人仅是世间的匆匆过客，这是侗族关于江山与人类关系的哲学观。河边侗虽然住在河边的田坝中，他们在坝子中居住和种稻养鱼，但也要到坝子四周的山上植树、砍柴、种杂粮果树及狩猎。侗族一般以干栏式吊脚楼为居所，其所用的建材全部都是杉木。不管是河边侗还是山上侗，所需的建材都是从自己种植在山上的杉林中采来的。山上侗更离不开山，他们的家是沿山而建的干栏式吊脚楼；山上的平地开成坝田（bianv yav），斜坡有水源的开成接壤连天的梯田，种水稻；没有水源的开成地，种杂粮果树；陡坡栽用材林。所以，侗族居住区除了田地，就是一望无尽的山林，很难见到荒坡秃岭。不管河边侗还是山上侗，他们既要种稻养鱼，又要挖地造林。田地为侗族提供粮食，山林为侗族提供建材和现金收入。因此，侗族在本质上是一个稻林兼作的山地民族。

侗族既是山地民族，也是逐水而居的民族。不管居住在什么地方，侗族都要开田种稻养鱼，因此侗族也是稻鱼民族。没有水就不能种稻养鱼，没有稻鱼侗族就不能生存。司马迁《史记·货殖列传》所指的"楚越之地，地广人稀，饭稻羹鱼"的百越民族传统在侗族中一直传承了数千年。因此，侗族把水比作母亲，也把自己比作儿子。侗族谚语说：Naemx weex neix, maoc weex nyox; Ongp neix lagx sigt, ongp meel lagx wuml, 直译过来的意思就是：水是娘，肥是奶（水）；无水儿干，无奶儿瘦。种水稻时，稻田两三个月都不能断水，否则收成就不好，甚至绝收。侗族的稻田灌溉虽传统但非常环保实用低碳。河边田用自提水车日夜不停地灌溉，山上的稻田，挖沟引溪水灌溉，或用竹笕引溪水或泉水灌溉。侗族人畜饮水大都是山泉水，即使住在河边，他们也要喝泉水。

在侗族的意识里，再干净的河水也是不能喝的。每个村寨都有几个甚至十几个水井。这些水井都是村民集资出工建造的。井壁、井盖以及通往水井的道路都是用青石板修造的。有的还在水井上搭建漂亮的木凉亭，供大家休息；有的还根据地势斜度把水井修成三级连环井，上井为饮水井，中井为洗菜井，下井为洗衣井。水井修得这么多，这么漂亮讲究，这在其他地方很少见到。寨子四周的山冲里还有很多鱼塘，那里既是蓄养母鱼、老口鱼（指年龄两年以上的鱼）以及供平时食用的鲜鱼的鱼池，同时也是一个个蓄水塘，缺水时为稻田补充水源。

二　侗族对山地的分类

山，现在学界定义为地壳运动后地面隆起的部分，为有一定海拔高度和坡度的地面。山从下到上分为山麓、山腰和山顶。我国古人很早就给山下了定义。《国语》曰："山者，土之聚也。"《说文》曰："山，土有石而高。"《释名》曰："山，产也。言产生万物。"古人还对山进行了分类："山大而高曰嵩，小而高曰岑，锐而高曰峤，卑而大曰扈，小而众曰岿，上大下小曰巇，山有草木曰岵，无草木曰垓，石载土曰岨，土载石曰巇，山峡而高曰峦。"

侗族是一个山地民族，每时每刻、一生一世，祖祖辈辈都离不了山。那么，侗族是怎么给山地命名、分类的呢？他们在这方面的名物称谓与自然文化背景、语言认知有何关系呢？下面笔者根据自己多年来在语言学田野调查中收集到的材料对此试做分析研究。

侗族关于山地的名称中，不同类型的山地都各有称谓，包括：jenc（岑；此为侗族以汉字记侗音的常用字，下同）/山、jih（己）/坡、gangh（冈）/岗、das（它）/山林、boul（凸）/墒、haoc（豪）/壕、jemh（今）/冲、nanh（难）/悬崖、banc（盘）/盘山的平缓地带、dongh（洞）/悬崖、iuk（坳）、unx（滚）/山包、buv（布）/小林山、biingc（平）/坪、liingx 岭、bianv（便）/坝、longl（弄）/深山等。

侗族的这些山地名称一般根据山的大小、形状、位置以及山上的植被、物产等来分类。例如：jenc（岑），意为山，南北侗以 jenc 做山地名的最普遍：jenc nyinv 葛山、jenc jus 九山、jenc pangp 岑胖、jenc yangc 岑阳、jenc dongh 岑洞、jenc xingv 岑星、soh jenc 索岑、jenc yaoc 岑瑶、jenc menc 岑门、jenc baenl 岑笨、jenc yux 岑友、jenc danx 岑胆、jenc noc 岭诺、jenc wangc danx 王胆坡、jenc ngac 崖山、jenc meix biiul 岑美跳、jenc jiv reep 岑纪日等。

jih（己），jih 也是山的意思，南侗山地名，多译为坡，常与 jenc 组成复合词 jenc jih。以 jih 做山地名的较少：jih xongh 机雄、jih qink 诱鸟坡、jih wongp 污水坡等。

gangh（冈），山岗之意，北侗词，做地名的也不多，可与 jenc 组成复合词 gangh jenc：gangh oul 勾山、gangh yuc 油茶山、gangh guenl 竹山。

das（它），意为有林木的山，南北侗通用：dav das 山中、das yuc 油茶山、das nyangt 草山、das laox 深山等。

boul（凸），意为山垴，北侗词，常与 jenc 组成复合词 boul jenc：jenc samp boul 三垴坡（剑河县属，以下各个具体地名之后的括弧内列出的县名表示该地名在此县所属辖区内）、boul jenc 报京（镇远）等。

haoc（豪），意为两山间的山谷，北侗词：haoc laiv 壕赖（锦屏）、haoc menv 壕闷（锦屏）、gaos haoc 高壕（锦屏）等。

jemh（今），意为两山间的山谷，南侗词，以其为地名的较多：jemh xeep 沙冲（榕江）、jemh biags 芭蕉冲（榕江）、jemh baoc 柚子冲（榕江）、jemh daeml 鱼池冲（榕江）、jemh langc 情郎冲（榕江）等。

nanh（难），意为悬崖，南侗词：nanh louv 螺蛳瀑布（榕江）、nanh ganv 干崖等。

dongh（洞），意为悬崖，北侗词：dongh wanh 洞万（锦屏）、dongh jenc 洞岑（剑河）、dongh jac 洞甲（八仙洞，剑河）、dongh langh 东郎（黎平）、dongh haop 东号、dongh hap 东哈等。

banc（盘），盘山路，山腰平缓地带之意：banc lol 盘乐（剑河）、banc gangv 盘杠（天柱）、banc youc 盘游（锦屏）、banc jenc memx 虎盘（榕江）、banc jenc hoip 石灰盘（榕江）、banc dih huc 符地盘（榕江）等。

iuk/kiuk/tiuk（坳）：山坳之意，南北侗通用：tiuk yak 红土坳（榕江）、tiuk dadl 断脉坳（榕江）、tiuk sax 祖母坳（榕江）、tiuk dal gueec 牛眼坳（榕江）、iuk jeenv 店坳（锦屏）等。

unx（滚）：指平坝中的小山包：unx seit bedl 公鸭包（榕江）、unx meeux 卯包（榕江）、unx xeep 沙包（榕江）、unx yint 青枫包、unx liemc xuh 榕树包等。

buv（布）：指榕江车江大坝中高 10 米以下、面积有三四亩的缓坡风水林地。其上长有高大的枫树、杉木等古木，阴森幽暗。旧时为老虎、土匪出没之地，被称为"不洁之地"：buv hoc 布合（在车寨与章鲁交界处）、gaos buv 高布（在章鲁与寨头交界处）、buv loc 布罗（在脉寨与月寨交界处）、buv xiuc 布休（月寨与口寨交界处）、buv dih 布地（口寨与忠诚交界处）等。

biingc/biinc（坪、平）：指山中的小块平地，借自汉语的地名：biinc jus 平鸠（剑河）、biinc jenc 平岑（剑河）、biinc guis renc 平归仁（锦屏）、biinc jeml 平金（锦屏）、biingc danx 坪坦（通道）、biingc samp 三千（从江）、biingc meix 平美（从江）、biingc xip 平细、biingc wac 平娃、biingc yiuh 平友（榕江）等。

liingx（岭）：借自汉语的"岭"，北侗无此借词：wangc liingx 王岭（榕江）、liingx gax 岭卡、liingx dav 中岭（榕江）、liingx sagx yanc 屋基岭（榕江）等。

bianv（便）：指山中的田坝：bianv diaoc 便刁（黎平）、bianv meeux 便卯、bianv xongx 便雄、bianv wot 车江坝（榕江）等。

longl（弄）：指人迹罕至的深山老林，南侗山地名：longl miiul 苗大冲（榕江）、longl donc 圆冲（榕江）、longl wangc 王冲（榕江）等。

三 侗族的山地地名命名及其成因

地名是地方的名称，是当地先民对当地具有特定位置、范围、形态的地点所共同约定俗成的语言符号。地名是历史的产物，是当地历史遗迹的反映。地名是语言的载体，它可判定地名语言的系属。地名具有民族、时代和地域特征。

大千世界是广袤无垠、纷繁复杂、变幻无常的。人类对客观世界的认知是在漫长的历史长河中逐渐形成并得以完善的：它经历了从具体到抽象，从个体到整体，从简单到复杂，从感性到理性的认知过程。人类对世界万物的分类命名是人类文明进步的体现。最早的地名只有表示个体的专名，然后有表示类别概念的通名，最后才有通名专名连用的结构形式。我国古人在汉初就对动物进行了科学分类，《尔雅》把动物分为虫、鱼、鸟、兽四类。近代分类学诞生于18世纪，为瑞典植物学家林奈所创。近代物种分类学在物种命名方面建立了"通名+专名"的双名制规范，同时确立了"阶元"系统，即根据区别性特征理论将物种进行了次级细分和命名。

侗族对山地的命名是侗族先民根据当时当地的地理特征或人文特征给山地的命名。侗族的地名大都是二元地名制：通名+专名（我国古代汉语称为：大名+小名）。

1. 侗族地名的通名主要来自以下几个方面：

（1）由表示自然地理特征的 guis 山溪、jenc 山、maengl 潭、biingc 坪、yav 田、dih 地、oc 地方、geex 山脚、banc 盘、jemh 冲、iuk 坳、jih 坡、bial 岩、gueengv 坳等构成。例如：guis yil 归易（锦屏）、guis yenl 圭车（天柱）、jenc guangs 岑光（剑河）、jenc danc 潭洞（黎平）、maengl yaeml 孟彦（黎平）、mongl beel 孟伯（锦屏）、biingc muic 梅林（三江）、biinc jenc 平岑（剑河）、dih liix 地理（黎平）、dih menc 地门（锦屏）、oc biaix 摆洞（天柱）、oc namv 南明（剑河）、goc gongv 贡溪（新晃）、oc xuih 水团（三江）、goc liongc 各龙（通道）、ac xangc 而堂（通道）、geex juis 克居（通道）、geex jol 药冲（通道）、bial bagx 白岩（黎平）、bial maih 石美（三江）、jih liil 吉利（三江）、jih liongc biingc 龙坪坡（三江）、banc lol 盘乐（剑河）、banc youc 盘游（锦屏）、jemh ngueex 瓦寨（三江）、jemh daeml 鱼塘冲（榕江）、gueengv yaeml 深坳（三江）、tiuk sax 祖母坳（榕江）、tiuk yak 红土坳（榕江）、iuk je-env 店坳（锦屏）。

（2）以人文地理特征来命名。例如：xaih/jaih 山寨、senl/sunl 山村、xangc 山场、geml 侗、miiul 苗、yiuc 瑶等：xaih yaop 寨蒿（榕江）、xaih rangl 章寨（天柱）、jaih beec 宰白（黎平）、xaih mungc 者蒙（锦屏）、senl sail 晒江（三江）、sunl yengl 大荣（融水）、xangc siup 平秋（锦屏）、xangc hank 石洞（天柱）、geml doul 更豆（剑河）、geml wangc 黄门（锦屏）、miiul beeh 瑶白（锦屏）、yiuc biingc 瑶坪（通道）。

（3）用人体部位名称来命名。例如：gaos（山）头、bags/bat（山）口、ebl（山）嘴、dinl（山）脚、sais（山脉旋如）肠、kap（山麓）耳、mac（山脊）舌等：gaos gaenc 高更（三江）、gaos nyenc 高宁（黎平）、gaos xuh 高秀（三江）、gaos jenc 高岑（锦屏）、bags liangc 良口（三江）、bags nyal 河口（通道）、bat jenc 半坡（剑河）、ebl ngongh 猛口（通道）、dinl das 定达（榕江）、sais 晒洞（黎平）、kap lac 耳萝（三江）、mac anl 马安（三江）、mac liongc 马龙（通道）。

2. 侗语地名的专名的命名也源自多方面，主要是以动物、植物、地理方位、历史文化典故或事件命名，见以下具体实例。

（1）以 duc 牛、wi 水牛、nguap 狗、gal 乌鸦、laiv 野猪、bedl 鸭、memx 虎、louv 螺蛳等动物为专名。例如：biingc duc 平途（黎平）、liongc duc 龙图（从江）、biingc wic 水牛坪（通道）、bags nguap 狗冲外（通道）、nyal gal 大

稼/乌下江（黎平）、haoc laiv 壕赖（锦屏）、nanh louv 螺蛳瀑布（榕江）、banc jenc memx 虎盘（榕江）、unx seit bedl 公鸭包（榕江）、jenc yeel 蛙山。

（2）以当地的植物物产 meix 树、muic 梅、nyingv 葛、jeml 金、menc 薯、doh 豆、buc 瓜等为专名。例如：biinc tank 坪炭（锦屏）、biingc meix 丙梅（从江）、biingc muic 梅林（三江）、biingc nyingv 平宁（黎平）、biinc jeml 平金（锦屏）、dih menc 地门（锦屏）、dih doh 地豆（天柱/黎平）、oc buc 卜寨（天柱）、senl buc 卜洞（黎平）、jemh biags 芭蕉冲（榕江）、jemh baoc 柚子冲（榕江）、jenc songp 岑松（剑河）。

（3）以地理方位 pangp 高、taemk 矮、dav 中、dees 下、ul/wul 上为专名。例如：xaih pangp 宰胖（榕江）、xaih taemk 寨登（榕江）、guis dav 归大（锦屏）、jih dav 治大（通道）、bags dees 八德（黎平）、jodx dees 下寨（锦屏）、nyal wul 孖务（榕江）、xaih wul 上寨（黎平）。

（4）以姓氏为专名。侗族过去是没有姓氏的，明清以后由于受汉文化的影响才有姓氏。侗语中的姓氏地名应该说也是明清以后才出现的。例如：xaih wangc 王寨（锦屏）、geml wangc 黄门（锦屏）、senl panp 潘老（黎平）、wangc gal 王家（通道）、yangc gal 杨家（通道）、xaih banp 潘寨（锦屏）。

（5）以民族历史文化典故或事件为地名。侗族与苗族瑶族在很多地方是杂居在一起的，他们之间在历史上交往密切，在侗语地名中的 miiul 苗、yiuc 瑶为其历史交流留下的印记。北侗侗族把南侗侗族称为 geml danx（侗坦）。锦屏剑河共辖的高坝的农历"七月二十"，是锦屏剑河天柱三县交界地区有名的北侗歌场和斗牛场。每年这时都有黎平、从江侗族同胞来此地参观和买斗牛，北侗侗族都称此为：geml danx map jeis doc lax！（"侗坦来买牛啦"）还有在《侗族古歌》中也能看到不少以 danx 坦为地名的地方。这说明古代曾经有 danx 的侗族支系。例如：miiul beeh 瑶［苗］白（锦屏）、yiuc biingc 瑶坪（通道）、longl miiul 苗大冲（榕江）、biingc danx 坪坦（通道）、guis danx 归坦（锦屏）、danx dongh（侗族《古歌》地名）、bux danx 甫坦（侗族《古歌》地名）、jenc danx 岑坦（侗族《古歌》地名）、jenc wangc danx 王坦坡（侗族《古歌》地名）、danx 潭洞（黎平）。

四　侗族山地地名命名的语言学特征

（一）语言经济性特征

地名具有民族性、区域性、经济性和稳定性。经济性是语言的一个重要原则，地名的简便性是语言经济性的具体体现。古汉语地名有很多单音节地名，在《说文解字》中邑部的单音地名就有郊、邯、郁、邵等二十余个，但现在汉语的单音节地名已很难看到了。而现在侗语仍然有不少单音节的山寨地名。例如：dugs 独岿（三江）、saov 肇兴（黎平）、yiuc 堡上（通道）、nyogc 富禄（三江）、danx 潭洞（黎平）、maoc 茅贡（黎平）、gaol 高安（三江）、ngemc 岩洞（黎平）、xaengv 尚重（黎平）、xop 加所（黎平）、dox 托里（通道）、saok 绍洞（黎平）、piidt 皮林（黎平/从江）、guanv 贯洞/冠岿（从江/三江）。

汉语古代曾经有"反切"注音法，即以上字的声母与下字的韵母、字调相切（拼）得出第三字的读音。例如："塑，桑故切。"湖南通道侗语山村地名就有此类基于反切而成的单音节地名：dongs ngox > dox 牙屯堡（通道），dih miax > diax 地马（通道），gueengv lenc > guenc 古伦（通道），wul haol > waol 古貌（通道）。

（二）语序类型特征

语序指语言单位的线性排列组合顺序。语序具有民族性，不同的民族语言具有不同的语序类型。美国著名语言学家格林伯格（Greenberg，1984）以 4 种语序类型为标度来对世界语言进行类型学分类：（1）单句的语序 VSO/SVO/SOV；（2）介词的前置和后置 Pr/Po；（3）所有者与中心名词的词序 NG/GN；（4）形容词与中心名词的语序 NA/AN。他认为在理论上可以有 24 种语言类型，但经过对世界上各类代表语言进行比较研究后发现，实际上只有 15 种语言类型，而其中有 4 种语言类型为最多：

（1）VSO/Pr/NG/NA/

（2）SVO/Pr/NG/NA/

（3）SOV/Po/GN/AN

（4）SOV/Po/GN/NA

据笔者研究，侗语的语序类型属于显见的上述 4 种语序类型中的（2），即 SVO/Pr/NG/NA。上述所有多音节地名材料都显示了这种语序结构特征：由于语序不同，侗语地名的构成模式是通名+专名，如 xaih wangc（寨王）、senl banp（村潘）；而汉语正好相反，是专名+通名，如王寨、潘寨。

（三）符号语义特征

目前国际上有三种不同的名物命名理论，即任意命名、摹状命名和文化历史因果命名。侗语地名符号的命名可以说是不同的命名制理论的体现和印证。

结构语言学大师索绪尔认为：能指和所指的联系是任意的，事物的名称和符号，其语言形式与它们所指之间并没有什么内在的联系，是任意性的结果。侗语有不少无意义的地名，这些地名的命名应是任意的，我们从地名中找不到其与所指的地方有何内在的必然联系。如 bos rox（皮所）、gongt longt（新寨）、jouh xoh（九勺）、sas xeip（理榜）、sees wangs（小广）等都是笔者家乡附近的侗语山村地名，我们不知道这些地名是什么意思，更不知道这些地名与所指的地方有何内在联系。所以，我们认为这些地名的命名符合索绪尔物种命名的任意性原则。

弗雷格、罗素等人的摹状命名理论认为，专名和通名实质上是缩略的或伪装的确定摹状词，命名活动就是在把一组确定的摹状词或一组特定词或一组特性与一个名称相关联，也就是说，它取决于命名对象具有这样的一组特征。侗语地名有一部分是摹状命名制的体现，此类地名是根据所要命名的地方的外表形状特征来命名的。这样的命名形象生动易于理解记忆，符合人们的命名心理。如 jenc samp boul 三垴坡、emh lanl 甲（虫）形山、kap lac 耳萝、unx seit bedl 公鸭包、mac liongc 马（舌）龙、bags liangc 良口、ebl ngongh 猛口、sais 晒（肠）洞等。

克里普克、普特南等人的"文化历史的、因果的命名"理论认为，命名活动取决于名称与某种命名活动的因果联系，其所依据的并不是名称的意义，而取决于名称的起源和历史，即与名称相关联的历史事件及其因果影响，而不取决于被命名对象的偶然特征。侗语的此类历史文化地名也较多，它们是侗族历史经济社会文化事件的产物和遗迹，是我们认识了解侗族悠久历史文化的依据。例如：guant xangc 款场（三穗，古侗族议款之地）、wanh baic 万排（昔锦屏被称为木头城，曾有万排横陈江中之势）、dangc doc 斗牛塘（锦屏高坝）、dangc genc 芦笙塘（锦屏高坝，现虽未见芦笙影但仍留古名）、iuk jeenv 店坳（锦屏高坝，现店铺不在了但留有古地名）、gaoc biinc rangh 襄坪（锦屏高坝）、gaos biinc jongl 鼓坪（剑河高坝）、biingc moh 坪墓/都岭（天柱）、xangc hank 汉场/石洞（天柱）、geml ngox 更（侗）我（锦屏）、geml nyinh 彦（侗）洞（锦屏）、miiul beeh 瑶（苗）白（锦屏）、ul xul 古州（榕江）、senp jangl 清江（剑河）、senh xul 诚州（靖州）、waic yinh 怀远（三江）、ngox kuaip 五开（黎平）等。

五 结语

综上所述，侗语的山地地名命名具有民族性和地域性，是侗族当地自然地理特征和历史文化内涵的反映。学界的任意命名、摹状命名和历史因果命名理论均可在侗语的山地地名中得到印证，从中也可看出不同的学术理论互有优劣，不可互相排斥。研究山地地名的得名、沿革、演变，对于深入了解一个民族的历史、文化与认知，具有很高的学术价值。在瞬息万变的当今世界，新旧交替、新陈代谢十分迅疾，民族语言濒临消亡，很多山地地名已被年轻人淡忘遗弃，若不加以调查研究整理，就有永久消失的危险。因此，对山地地名的调查、记录、研究刻不容缓，时不我待，否则，将追悔莫及。

第二节 侗语地名的结构、得名和汉译

一 侗语地名研究的意义

地名是地方的名称①。每一个地名都是人们对在地理环境中具有特定位置、范围及形态特征的地方所共同约定的语言符号。

地名是在历史上形成的，是人们对客观地理实体主观认识的产物。由于时代不同，人们对自然环境认识的不同和自然开发利用水平的不同，以及一个地方居住过居民的不同，这些都极可能在地名中得到反映。一个地方的地名一般总是由最先滋长生息在那里的民族，以其语言来命名的。由于语言或方言具有民族、时代和地域特征，因而地名也具有民族、时代和地域特征。

地名学是一门研究地名的起源、含义、特点、演变和分布规律的学科。侗语地名是侗族人民用侗语对自己居住地的命名。本节拟通过对各地侗语地名的调查分析，来探求侗语地名的得名、含义、特点和结构规律以及汉译等问题。

二 侗语地名的结构

语言、语法、词汇是语言构成的三要素。语言研究就是探求语言的语音、语法、词汇的结构规律。地名是语言的一部分，地名研究当然也要探求地名的语音、语法、词汇的结构规律。

侗语地名大都是双音节，也有部分单音节和个别多音节。例如：

单音节地名：

---

① 本节的地名是笔者从有关资料或实地搜集、调查而得。为了印刷方便，文中侗语得名的声母、韵母用侗文方案拼写，声调以数字标在音节的右上角，其与侗文方案的对应关系为：1 - l、p，2 - c，3 - s、t，4 - x，5 - v、k，6 - h，7 - l、p，9 - s、t，8 - c，10 - x。

wo³	车江（榕江）	lo²	洛香（从江）
lem²	伦洞（黎平）	joi¹	巨寨（锦屏）
dug⁹	独洞（黎平）	sao⁵	绍洞（黎平）
song¹	增冲（黎平）	liou²	流洞（锦屏）
yiu²	堡上（榕江）	ho³	沃州（榕江）
gui³	魁洞（锦屏）	su⁵	秀洞（锦屏）
liai⁵	赖洞（黎平）	wang⁴	往里（黎平）
nyog⁸	富绿（三江）	am¹	干团（黎平）
sai³	甩洞（黎平）	dan⁴	潭洞（黎平）
dang²	塘洞（黎平）	mao²	茅贡（黎平）
tei⁵	西山（从江）	deeng⁴	顶洞（黎平）
kao¹	高安（黎平）	xam³	三龙（黎平）
xog¹	团头（通道）	yan²	远冲（通道）
mun⁵	闷团（通道）	liou²	流团（通道）
dem⁴	邓团（通道）	lo³	骆团（通道）
yai⁴	上岩（通道）	mong⁶	猛洞（通道）
nan⁴	滩冲（通道）	sen⁵	逊冲（通道）
gan⁵	间冲（通道）	xon⁶	曹家冲（通道）

双音节地名：

gao³ yu⁴	高友（三江）	sen¹ bii²	皮林（黎平）
biing² xu¹	平柱溪（榕江）	bag⁹ bang³	八帮（通道）
o² yu⁵	注溪（天柱）	nya¹ nyeu³	小江（锦屏）
bag⁹ xa¹	华夏（三江）	wang² xeu²	王朝（三江）
di⁶ ten³	地青（黎平）	maeng¹ pan¹	头堂（榕江）
gem¹ dou¹	更度（剑河）	jen² dan²	潭洞（黎平）
dog⁸ pa¹	独坡（通道）	gui³ da⁵	溪大（三江）
jem¹ jim⁶	金殿（通道）	ban⁴ lan⁴	魁胆（锦屏）

多音节地名：

xai⁶ wun¹ ga²	坡顶村（三江）	biin² gui³ len²	平归仁（锦屏）
sen¹ gao³ gan⁵	高坝寨（榕江）	bag⁹ da⁶ wang²	八大王（通道）
jen² da⁶ lan⁶	岑他烂（通道）	mu⁶ wang² ji⁵	墓皇帝（通道）
din¹ jen² lio³ wi⁵	□□（锦屏）	wang² miang² gao⁴ tiong¹	黄芒冲（通道）

从语法结构来看，地名同语言的语法结构是一致的。汉语词语的结构是修饰语放在中心语之前，地名一般由通名（大名）和专名（小名）构成，汉语的专名要放在通名之前。例如：石家庄、张家口、杨村、通县、郑州、南京等。侗语词语的语序与汉语相反，修饰语一般要放在中心语之后，侗语地名与汉语的语序相反，通名居前，专名居后。例如：

xai⁶ wang²　王寨	xai⁶ dou²　寨头
寨　王	寨　头

从词性来看，侗语地名的通名大多由名词来充当。例如：

gui³ do⁵　归座（三江）	dang² sa¹　塘沙（剑河）
溪　△	塘　沙
di⁶ ya⁵　平湖（天柱）	o² bu²　朴寨（天柱）
地　田	地　方瓜
bag⁹ nya¹　八孖（榕江）	biing² mei⁴　丙梅（从江）
口　江	坪　树
gao³ nyen²　高宁（黎平）	xai⁶ meg¹⁰　麦寨（通道）
头　人	寨　麦
xai⁶ mung³　启蒙（锦屏）	sen¹ guan⁵　贯洞（通道）
寨　官	村　△
sen¹ liei⁴　和里（三江）	
村　△	

也有个别的通名由方位词来充当。例如：

de³ yong² 　大榕（黎平） 下　榕	de³ lao⁶ 　德老（黎平） 下　△
de³ jin² 　大田（三江） 下　田	u¹ gu¹ 　务故（锦屏） 上　△
u¹ gong² 　孔冲（三江） 上　冲	wu¹ yang² 　欧阳 上　阳

侗语地名中专名的词性比通名宽泛，可由名词、方位词、数词、形容词等来充当。如由名词充当的：

di⁶ do⁶ 　地豆（天柱） 地　豆	mong¹ bee¹ 　孟伯（锦屏） 潭　坝
biin² yan² 　平然（锦屏） 坪　房	gao³ nya¹ 　高架（黎平） 头　江
xai⁶ yao¹ 　寨蒿（榕江） 寨　枫	gao³ bia¹ 　高坝（锦屏） 头　岩石
gui³ xai¹ 　归腮（锦屏） 溪　筛	sen¹ di⁶ 　信地（从江） 村　地
nya¹ ga¹ 　大架（黎平） 江　乌鸦	jem⁶ nguee⁴ 　瓦寨（三江） 冲　瓦
gao³ bia² 　高扒（三江） 头　丛	

由方位词充当的：

bag⁹ dee³ 　八德（黎平） 口　下	ji⁶ da⁵ 　治大（通道） 岭　中
gui³ da⁵ 　归大（锦屏） 溪　中	

由形容词充当的：

gueng^5 yaem^1 深坳（三江） 坳 深	xai^1 pang^1 宰胖（榕江） 寨 高
maeng^1 yeam^1 孟彦（黎平） 潭 深	nya^1 nyeu^3 小江（锦屏） 江 小
xai^6 ao^5 宰告（榕江） 寨 旧	xai^6 taem^5 宰登（榕江） 寨 矮
xai^6 mag^9 宰麻（黎平） 寨 大	

由数词充当的：

gao^3 ngo^4 高武（三江） 头 五	o^2 lio^3 平略（锦屏） 地方 六
sen^1 ted^7 七团（三江） 村 七	biin^3 ju^3 平鸠（剑河） 坪 九
xai^6 ngo^4 寨五（锦屏） 寨 五	gem^1 ngo^4 更我（锦屏） 侗 五
biing^2 bed^9 八坪（三江） 坪 八	

三 侗语地名的得名

人类对客观世界的认识总是有一个从具体到一般，从个体到整体，从简单到复杂，从感性到理性的过程。最早的地名一般是表示个体的专名，然后有表示类别概念的通名，最后才有专名通名连用的结构形式。人们在给地理实体命名的时候都有一个着眼点，往往以其所处的地理特征或人文特征来给其命名。侗语地名的通名都是有意义的，大都由表示自然地理特征的 nya^1 河、gui^3 溪、jen^2 山、maeng^1 潭、biing^2 坪、ya^5 田、di^6 地、o^2 地方、gee^4 地方、ban^2 盘、jem^6 冲、gueng^5 坳、ji^6 岭、bia^1 岩石等来充当。例如：

nya¹geeng⁵	河更（黎平）	nya¹wo³	车江（榕江）
gui³yee²	归叶（锦屏）	gui³yen¹	圭车（天柱）
jen²guang³	岑光（剑河）	jen²dan²	潭洞（黎平）
maeng¹xeng⁴	场潭（榕江）	maeng¹yang²	杨潭（黎平）
biing²mui²	梅林（三江）	biin²jen²	平岑（剑河）
ya⁵ngou²	化敖（剑河）	ya⁵da²	下达（天柱）
di⁶men⁶	地门（黎平）	di⁶lii⁴	地理（黎平）
di⁶jing⁵	中寨（新晃）	o²biai⁴	摆洞（天柱）
o²nam⁵	南明（剑河）	go²gong⁵	贡溪（新晃）
o²xui⁶	水团（三江）	go²bang¹	邦洞（天柱）
go²liong²	各龙（通道）	a²xang²	而堂（通道）
a²xin⁶	而春（通道）	gee⁴diin²	田家（通道）
gee⁴jui³	克居（通道）	gee⁴jo¹	药冲（通道）
bia¹bag¹⁰	白岩（黎平）	bia¹mai⁶	石美（三江）
ji⁶lii¹	吉利（三江）	ji⁶liong²biing²	龙坪坡（三江）
ban²lo¹	盘乐（剑河）	ban²gang⁵	盘杠（天柱）
jem⁶nguee⁴	瓦寨（三江）	gueeng⁵yaem¹	深坳（三江）

也有一部分通名（或专名）是以 xai⁶ 寨、sen¹ 村、xang² 场、gem¹ 侗、miu¹ 苗、ga⁴ 汉、yiu² 瑶、dan⁴ 坦人等人文地理特征来命名的。例如：

xai⁶ rang¹　寨章（天柱） 寨　△		xai⁶ mo⁵　者母（锦屏） 寨　墓	
jai⁶ bee²　宰白（黎平） 寨　△		sen¹ sai¹　晒江（三江） 村　△	
sen¹ joi⁵　巨洞（黎平） 村　△		sun¹ yeng¹　大荣（融水） 村　△	
sen¹ yong⁴　涌尾（三江） 村　△		sen¹ go⁵　过洞（黎平） 村　△	
xang² siu¹　平秋（锦屏） 场　秋		xang² han⁵　石洞（天柱） 场　△	

续表

gem¹ dou¹　更度（剑河） 侗　△	miiu¹ jai⁶　柳寨（天柱） 苗　△
gem¹ nyin⁶　彦洞（锦屏） 侗　△	lag¹⁰ ja⁴　拉假（通道） 人　汉
miiu¹ bee⁶　瑶白（锦屏） 苗　△	yiu² biing²　瑶坪（通道） 瑶　坪
biing² dan⁴　坪坦（通道） 坪　"坦人"	

为了给地理实体起一个通俗、形象的名称，各民族都有以人体各部位名称来做地名的习俗。如汉语的汉口、河口、五道口、古北口、沙嘴、山嘴等。侗语也一样，也有以人体各部位名称来做地名的习惯。例如：

gao³ gaen²　高更（三江） 头　△	gao³ nyen²　高宁（黎平） 头　人
gao³ xu⁶　高秀（三江） 头　△	gao³ jen²　高岑（锦屏） 头　山
bag⁹ liang²　良口（三江） 口　△	bag⁹ nya¹　河口（通道） 口　河
ba³ jen²　半坡（剑河） 口　山	din¹ da³　定塔（榕江） 脚　山
eb⁷ ngong⁶　猛口（通道） 口　猛	sai³　洒洞（黎平） 肠
ka¹ la²　耳箩（三江） 耳　箩	ma² an¹　马安（三江） 舌　△
ma² liong²　马龙（通道） 舌　龙	

侗语地名中专名的得名总的来说，有这么几种不同的来源。有的以动物为名。例如：

biing² du² 平途（黎平） 坪　牛	liong² du² 龙图（从江） 龙　牛
biing² wi² 水牛坪（通道） 坪　水牛	bag⁹ ngua¹ 狗冲外（通道） 口　狗
nya¹ ga¹ 大架（黎平） 江　乌鸦	hao¹ lai⁵ 壕赖（锦屏） 冲　野猪

有的以当地的产物为名。例如：

biin² dan⁵ 平炭（黎平） 坪　炭	biing² mei⁴ 丙梅（从江） 坪　树
biing² mui² 梅林（从江） 坪　梅	biing² nying⁵ 平宁（黎平） 坪　葛
biin² jem¹ 平金（锦屏） 坪　金	di⁶ men¹ 地门（锦屏） 地　薯
di⁶ do⁶ 地豆（天柱） 地　豆	o² bu² 卜寨（天柱） 地　方瓜
sen¹ bu² 卜洞（黎平） 村　瓜	bi² ba² 琵琶（通道） 琵　琶

有的以所处的地理位置为名。例如：

xai⁶ pang¹ 宰胖（榕江） 寨　高	xai⁶ taem⁵ 宰登（榕江） 寨　矮
gui³ da⁵ 归大（锦屏） 溪　中	ji⁶ da⁵ 治大（三江） 岭　中
bag⁹ dee³ 八德（黎平） 口　下	

行不改名，坐不改姓。汉族是一个十分敬重姓氏的民族，他们往往以姓氏来做地名的专名。例如：石家庄、张家口、李家屯、杨村、马家甸、罗家寨、赵家村、林厝等姓氏地名数不胜数。侗族跟大多数侗台族一样，原先是没有姓

氏的，由于受汉文化的影响后来才有了姓氏。因此，在侗语地名中以姓氏为专名的十分罕见，至今我们仅发现了为数不多的几个：

$xai^6\ wang^2$	王寨（锦屏）	$gem^1\ wang^2$	黄门（锦屏）
寨　王		侗　王	
$sen^1\ pan^1$	潘老（黎平）	$wang^2\ ga^1$	王家（通道）
村　潘		王　家	
$yang^2\ ga^1$	杨家（通道）		
杨　家			

应该说，每个地名最先命名时或许都是具有一定的命名意义的，但时过境迁，人亡事废，年深日久后，有些地名初始命名的意义我们现在已不得而知了，成了无意义的地名。这类地名在侗语中还是比较多的。例如：

$bo^3\ ro^4$	皮所（锦屏）	$gong^3\ long^3$	新寨（锦屏）
$jou^6\ xo^1$	九勺（锦屏）	$bii^2\ ya^5$	皮厦（天柱）
$wen^1\ du^1$	温都（通道）	$bia^4\ lu^6$	八路（通道）
$hee^3\ wang^3$	小广（剑河）	$dai^6\ li^4$	大理（通道）
$o^2\ set^9$	客寨（天柱）	wo^3	车江（榕江）
su^5	秀洞（锦屏）	tei^5	西山（从江）

侗语中还有一部分古汉语地名。由于这些地名跟现代汉语已大相径庭，所以现在很多人已经不知道它的由来了。例如：

$u^1\ xu^1$	榕江	$ngo^4\ kuai^1$	黎平
古　州		五　开	
$sen^6\ xu^1$	靖州	$sen^{1'}\ jang^1$	剑河
诚　州		清　江	
$dog^6\ ang^1$	都江（榕江）	$wai^4\ ying^6$	三江
独　江		怀　远	
$yong^2\ yon^6$	融水	$tai^6\ wang^3$	大广（剑河）
融　县		大　广	

四　侗语地名的汉译

侗族过去没有自己的民族文字，现在虽然在国家的帮助下创造了拉丁文字，但由于侗文流通使用的范围十分狭小，还未能成为大家通用的交际工具。因此，侗语地名过去、现在乃至将来都是以汉字书写的形式出现于世。由于侗语与汉语在语音上的差异很大，如侗语有 -m、-n、-ŋ、-b、-d、-g 六个辅音韵尾，而汉语（指普通话）只有 -n、-ŋ 两个；侗语有 9 个声调，而汉语只有 4 个；这样以汉语简单的语音结构去音译侗语复杂的语音结构显然是难以胜任的。加上汉字是语素文字，拙于表音长于表意，因而用汉字去音译侗语地名就难免有译音不准，甚至有风马牛不相及的现象。再加上汉译地名者汉语文水平参差不齐，以及各地侗语、汉语方言语音的差异，从而形成了汉译侗语地名的"同音不同译"和"同译不同音"现象。"同音不同译"就是同一个侗族地名用两个不同的汉语音译。例如：

$gao^3\ bia^1$	高坝（锦屏）	$bag^9\ liang^2$	八良（榕江）
	高扒（榕江）		良口（三江）
$gao^3\ nya^1$	高架（黎平）	$xai^6\ mu^6$	者母（锦屏）
	高孖（榕江）		母寨（黎平）
$sen^1\ bu^2$	婆洞（锦屏）		
	卜洞（黎平）		

"同译不同音"就是用一个汉语地名去翻译两个不同的侗语地名。例如：

$gao^3\ bia^1$	高坝（锦屏）	$sen^1\ gao^3\ gan^5$	高坝（榕江）
$ao^1\ wai^2$	界牌（天柱）	$ai^1\ wai^2$	界牌（黎平）
$sen^1\ xou^5$	秀洞（黎平）	su^5	秀洞（锦屏）
$ban^5\ lao^4$	潘老（通道）	$sen^1\ pan^1$	潘老（黎平）
$gao^3\ nyen^2$	高宁（黎平）	$gao^3\ nyem^2$	高宁（黎平）

还有一种情况是同一个侗语地名的通名用几个不同的汉字来翻译。如 xai^6（或 jai^6、zai^6、$diai^6$）有三种不同的翻译：寨、宰、者；

xai⁶ nga²	牙寨（黎平）	xai⁶ dou²	寨头（黎平）
jai⁶ bee²	宰白（黎平）	xai⁶ lan⁶	宰兰（从江）
xai⁶ mung²	者蒙（锦江）	xai⁶ lou²	者楼（锦屏）

nya¹ 有三种不同的翻译：江、孖、架：

nya¹ wo³	车江（榕江）	nya¹ lao⁴	清水江（锦屏）
nya¹ gua¹	孖挂（黎平）	nya¹ xang¹	孖相（黎平）
nya¹ ga¹	大架（黎平）	gao³ nya¹	高架（黎平）

biing² 有三种不同的汉译：平、坪、丙：

biin² song⁶	平松（黎平）	biin² jen²	平岑（剑河）
biing² bem⁶	坪板（黎平）	biing² mei⁴	丙梅（从江）
biing² mi⁶	丙妹（从江）		

bag⁹ 也有三种不同的汉译：八、口、琶：

bag⁹ liang²	良口（三江）	bag⁹ liang²	八良（榕江）
bag⁹ xa¹	八下	bag⁹ nya¹	河口（通道）
bag⁹ don²	琶团		

纵观各地的汉译侗语地名共有三种不同的类型。一种是音译地名，即以侗语相同或相近的汉字去译侗语地名。这类音译地名在侗语地名中较为普遍。例如：

wang² xang⁶	王相（三江）	jong¹ bu⁶	中步（三江）
ji⁴ dang²	已塘（黎平）	jai⁶ dao⁴	宰岛（黎平）
sam¹ been¹	色边（榕江）	lag¹⁰ you⁴	腊有（榕江）

续表

san^1 kou^1	山寇（榕江）	am^1 lie^3	干烈（榕江）
dong^6 dan^4	东胆（从江）	nyi^2 bee^2	尼白（榕江）
di^6 wen^2	地文（剑河）	gem^1 ngo^4	更我（锦屏）

第二种是半音半意译地名，即对侗语地名的一半用读音与侗语相同或相近的汉字去译写，另一半则把侗语地名的原意用汉字翻译出来。这种半音半意译的地名也有两种不同的形式。一种把侗语"通名+专名"的结构转译成"专名+通名"的汉语地名的形式。例如：

xai^6 ba^5	坝寨（黎平）	xai^6 rang^1	章寨（天柱）
xai^6 kou^3	口寨（榕江）	xai^6 yod^8	月寨（榕江）
sen^1 kao^1	高村（黎平）	xai^6 han$^{5'}$	汉寨（天柱）

另一种则保持了侗语"通名+专名"的固有形式。例如：

kui^3 da^5	溪大（三江）	nya^1 geng^1	河更（黎平）
sen^1 dong^6	顺洞（三江）	sen^1 di^6	信地（黎平）
bai^6 don^1	摆东（黎平）	xai^6 xum^6	寨秀（从江）

第三种是意译地名，即把侗语地名的原意用汉字翻译出来。例如：

sam^1 bao^3	三宝（榕江）	mei^4 yao^1	枫木（黎平）
di^6 do^6	地豆（天柱）	nya^1 nyeu^3	小江（锦屏）
xai^6 nog^4	寨五（锦屏）	bag^9 nya^1	河口（通道）

总之，应该以"名从主人"的原则对汉译地名进行规范，凡已定型的地名维持原貌，凡未定型的和新译地名应以音译为主，不能音译的才意译。对于不雅甚至有歧视性的地名，应摒弃。

五 侗语地名的民族和地域特征

地名具有民族性、区域性、简便性和稳定性。侗语地名的民族性主要表现为顺行结构（通名+专名），不同于汉语地名的逆行结构。一般人认为侗语这种"中心语+修饰语"的语言结构是"说倒话"。其实，这种看法是没有认知心理根据的，倒是侗语的这种语言结构才更利于人的认知活动。根据奥塔马顿的实验，一行自左向右排列的词素，如果其"层次"整个向左分枝，即修饰语在中心词之前，由于人类在瞬间记忆上存在一定的跨度，那么其左分枝的语言层次被认为是有一定界限的。这种向左分枝而有界限的语言层次，叫逆行结构（regressive structure）。与此相反，如果形成向右分枝，即修饰语一律后置，那么其层次被认为在人类利用瞬间记忆充分加工的范围内，能够无限地扩展，这叫顺行结构（progressive structure）[①]。汉语属逆行结构语言，侗语是顺行结构语言。侗语名词的修饰语除了数量词居于名词中心语之前外，其余的修饰语都位于名词中心语之后。例如：

我家的那两只大白公鸡

ya^2　tu^2　sei^3　ai^5　bag^{10}　lao^4　yan^2　yao^2　ja^6
两　　只　　公　　鸡　　白　　大　　家　　我　　那

地名结构也是如此，汉语是"专名+通名"的逆行结构，而侗语是"通名+专名"的顺行结构。这是侗语地名的第一特点。

地名是可变的，随着民族的迁徙，疆域易主，朝代递嬗，社会变革等都可能导致它的替换。像北京在漫长的历史长河中就经过了蓟、幽州、燕京、南京、中都、大都、北平等不同名称的变更。总的来说，山、河、湖、海等自然地理的名称都比较古老、稳定，而村镇、城市、街道等人文地理的名字就比较容易改变。相比之下，侗语不管是自然地理地名还是人文地理地名都是较为稳定的。在历史上，黎平先叫五开，后改为开泰，最后改为黎平，而侗语始终称其为 ngo^4 kuai^1。靖州先叫诚州，后叫靖州，后又改为靖县，现在又改回靖州，而侗语一直称其为 sen^6 xu^1。锦屏县城最先叫王寨，解放后改称三江镇，但侗语一直称其为 xai^6 wang^2。稳定性是侗语地名的又一特点。

[①] 桥本万太郎：《语言地理类型学》，北京大学出版社1985年版。

经济性是语言的一个重要原则。地名的简便性是语言经济原则的具体体现。在古汉语的地名中有很多是单音词。如《说文解字》中邑部的单音地名就有郊、邰、郁、邵等二十余个，但后来汉语的单音地名逐渐消失，取而代之的是双音乃至多音地名。像北京有的街巷名就很长：东四十四条、朝外二条东巷、东木厂横头条、左安门东滨河路、宣武门内绒线胡同等。相比之下，侗语地名较为经济简便，以单音、双音地名为主，多音地名极为少见。单音地名较多，这是侗语地名的第三个特点。例如：

dug^9	独洞	sao^5	绍洞	yiu^2	堡上
$nyog^8$	富禄	dan^4	潭洞	mao^2	茅贡
kao^1	高安	$ngem^2$	岩洞	$xaeng^5$	尚洞
joi^1	巨寨	kui^3	魁洞	su^5	秀洞
$deng^3$	顶洞	lem^2	伦洞	$tang^2$	塘洞

侗语有的单音地名是由双音反切而成的，即取前一音节的声母同第二个音节的韵母相拼而成。这种现象在通道县存在。例如①：

$tong^3\ ngo^4$	→do^4	牙屯堡（通道）
$di^6\ mia^4$	→dia^4	地马（通道）
$gueeng^5\ len^2$	→$guen^2$	古伦（通道）
$wu^1\ hao^1$	→wao^1	古貌（通道）

侗语南北部方言区在语言、文化方面都有较大的差异，它们的地名也各有其区域特征。单音地名多集中在黎平、从江、通道等南部方言区，北部方言区除了锦屏的启蒙、秀洞有个别单音地名外，其他地方几乎没有。以 sen^1 村为通名多在南部方言的地名中。一般在单音地名前可加上通名 sen^1，形成可双可单的地名现象。如贯洞既可称为 $guan^5$，又可称为 $sen^1 guan^5$，车江既可称 wo^3，又可称为 $sen^1\ wo^3$ 等。而北部方言区以 sen^1 为地名的极个别，同时 sen^1 与专名的结构是不自由的，即不能拆开来说。如只能说 $sen^1\ bu^2$ 婆洞（锦），ban^5

---

① 这类地名由杨锡先生提供。

sen¹ 潘溪（剑），而 bu²、ban⁵ 不能单独说，单说谁也不知道是什么地方。以 çai⁶ 为通名的也以南部方言区为多。以 bag⁹ 为通名的也几乎都在南部方言区。相反，以 o² 地方（或 go² 或 a²）为通名的以北部方言区为多，南部方言区其他地方少见，笔者仅发现在相邻的通道、三江县有少部分这类地名。例如：

o² xui⁶	水团（三江）	a² guan⁵	冠洞（三江）
a² mai³	岩寨（三江）	a² lug⁹	而六（通道）
go² liong²	各龙（通道）	a² xin⁶	而善（通道）

以 ban³（或 wan³、fan³、man³，音译为板、版、曼、番等）、na² 田（音译为那）、nam⁴ 水（音译为南、难等）、bak⁷ 口（音译为百、剥、八等）、long¹ 深山（音译为龙、隆等）等为地名的通名，是侗台语地名显著的民族特征。例如：

广西：板棍、那坡、那栋、那老、那坝、那龙、百色、百济、百乐、龙州、隆安、隆林

云南：版纳、班洪、班万、曼勒、曼掌、那洒、那布、那伦、南沙、南卡江、南京、剥隘

海南：番响、番阳、那南、那板、那梅

泰国：曼谷、万抱、万坪、万派、那空、那家、纳诺伊、南邦、南奔、南庞、难河

老挝：万象、班潘、班那巴、班东、曼顺、那登、那比、那空、纳门、纳方、南塔河、南通河、南乌江

缅甸：班群、那沙林、南卡江、南坎、南曲依

以 pak 口为通名的地名在侗语中也较多，但不是音译为"百、剥"，而是"八"。例如：

bag⁹ piao³	八瓢	bag⁹ dou⁵	八斗
bag⁹ nya¹	八孖	bag⁹ liang²	八良
bag⁹ bang³	八帮	bag⁹ nam²	八南

bag⁹ dee³	八德	bag⁹ lo²	八洛
ba³ gua⁵	八挂		

以 long¹ 深山、ya⁵ 田为地名的通名在侗语中也有。例如：

long¹ xeeng¹	高县	long¹ xen²	陇城
ya⁵ ngou²	化敖	ya⁵ jei³	下堆
ya⁵ da²	下达	ya⁵ liang⁶	下亮

而以 nam⁴ 水、ban³ 村为通名的在侗语地名中很难见到。这说明，侗语虽然与台语（壮傣语）有亲密的同源关系，但它们之间在语言上也有一定的差距。这也说明把侗台语族分为壮傣语支和侗水语支是符合语言实际的。

第三节　少数民族人名结构及其语言文化内涵
　　——侗台语族和我国其他各族传统人名比较研究

一

　　人名是人们互相区分的语言符号。人名是人主观取定的，与其人没有必然的联系，但人名与社会的经济、政治、语言、文化、宗教、心理等有广泛的联系，是一种客观存在的社会现象和语言现象。人名研究具有很强的社会、文化和语言价值，所以，社会学家、人类学家和语言学家都十分重视对人名的研究。

　　人名是民族文化特点的表现形式，具有显著的民族性。姓是宗教的象征符号，同姓的人一般来说都有共同来源。同一个民族的人也大都有共同的来源。一个民族往往与某些姓联系着，常常集中于若干个姓中，所以，我国西北民间谚语说"十个回子九个马，剩下一个准姓哈"，云南民谣说"张汉人，李倮倮，回回总是姓马多"（罗常培，1950）。我国的壮族多以韦、农、梁为姓，满族以关、富、宁等姓为多见，朝鲜族常见的是金、全、朴、崔等姓，瑶族的盘、蓝等姓较多，白族千余年来均以杨、赵、李、董四姓为最多……

　　我国学者郭沫若、黄文山、董家遵、李玄伯、钟道铭、吕振羽、孙作云、丁山等都认为，古姓大都源于原始图腾。满族、傈僳族、赫哲族等民族的古姓都是由氏族图腾名称演变来的（何星亮，1990）。

在我国除维吾尔、哈萨克等民族以及藏、蒙等民族的大部分，现在族内族外仍然使用本民族的姓名外，大多数民族在族外都改用了汉姓汉名。

民族汉姓的产生是多源的。有的由民族图腾名称等音译汉姓而来，即把民族图腾名称译成语音相近的汉姓。如壮族的韦、莫二姓源于水牛（vai²）、黄牛（mo²）图腾（徐松石，1946）；麻姓源于狗（ma¹）图腾（吴伟峰，1984）；区、农、梁三姓分别源于蛙、森林（noŋ¹）、稻（hau⁴）图腾（梁庭望，1987）。

满族的汉姓有冠汉字姓和改汉姓两种。冠汉字姓是民族姓音译汉姓，即以满族姓的第一个音节译成读音相近的汉姓。例如：

温特赫＞温　　　　　　富察＞富或傅
赫舍哩＞赫或何　　　　宁古塔＞宁
那木都鲁＞那或南　　　瓜尔佳＞关
舒穆禄＞舒或徐　　　　纳喇＞纳或那或南

（王钟翰，1990）

鄂伦春族、羌族、独龙族的汉姓也是音译汉姓，即以民族姓的第一个音节译为读音相近的汉姓。例如：

鄂伦春族——
莫拉库尔＞莫　　　　　白依尔＞白
柯尔特依尔＞何　　　　吴查尔坎＞吴
羌族——
苏莽达＞苏　　　　　　哭吾巳＞苟
余约志＞余　　　　　　耿家志＞耿
独龙族——
秦郎当＞秦　　　　　　马库＞马
迪郎当＞迪　　　　　　巴坡＞巴

土族的汉姓是土族村名第一个音节的音译。例如：

罗古尔·阿寅勒（种菜村） ＞罗
祁嘎·阿寅勒（河边村） ＞祁
常鲜·阿寅勒（从"鲜"迁来的村庄） ＞常

还有的民族的汉姓是由民族图腾名称意译的，即把民族图腾名称译成意义相近的汉姓。满族的冠汉字姓有的就是意译的。例如：

尼玛哈（nimaha，义为鱼） ＞鱼
阿典（akjan，义为雷） ＞雷
钮祜禄（niohe，义为狼） ＞狼
乌雅（ulgiyan，义为猪） ＞朱

（王钟翰，1990）

赫哲族和土家族的汉姓也来自本民族姓的意译。例如：

赫哲族——
给温克哈拉（义为铜） ＞佟
马林卡哈拉（义为虎） ＞胡
苏阳卡（义为黄色） ＞黄
土家族——
mbia（义为蜂蜜） ＞唐
ua（义为雪） ＞徐
tehusə（义为锡） ＞锡

回族的有些汉姓是阿拉伯文音译，例如：

Sadullah（义为天祥） ＞萨
din（义为报应） ＞丁
马沙亦黑（义为老人） ＞马

在东亚，汉族是一个文化占优势的民族。萨丕尔（Sapir）说，在世界上只有五种语言在传统文化上有过压倒性优势,它们是汉语、梵语、阿拉伯语、希腊语和拉丁语。这种影响往往是一面倒的,被看作中心的人群的语言,自然能使附近语言发生显见的影响,而不那么为它们所影响。多少世纪以来,汉语在朝鲜语、日语和越南语的词汇里泛滥着,可是反过来,没有接受什么(萨丕尔,1985)。我国各民族在与汉族的长期交往和相处中,受到了汉文化和汉语的强烈影响。在汉文化的影响下,原先没有姓的民族有的借用了汉姓,如侗族、傣族等;原先有本民族姓的民族,也逐渐改为汉姓。有的姓是由于民族间的互相通婚而产生的,如傣族的"周""刘"等姓是汉族男子上门与傣族女子通婚,儿子改随父姓而来的;连山瑶族的"谢""韦""覃"等姓也是壮族男子入赘瑶族女子之门的"招郎婿"的后代。这又是少数民族汉姓的一个来源。

古代中央王朝的帝王出于开疆拓土、羁縻番邦的政治目的,经常以赐姓来褒奖异族、笼络收买民心。这也是少数民族汉姓产生的一个原因。白族的张、杨、李、赵等姓,就是诸葛亮南征时,赐给白族各酋长的。明朝时曾赐刀姓给西双版纳傣族的"召片领"五世。又曾赐李、赵、陈、钱等姓给云南的哈尼族土司。明洪武三年六月,东乡族的锁南普归附明朝,明王朝就赐何姓给锁南普。

二

我国各民族由于住地广袤,语言复杂,文化殊异,因而形成了丰富多彩、各具特色的人名称谓。根据各民族人名内部结构的不同表现形式,我们把少数民族人名称谓分为以下几种不同的类型。

汉族式的姓+名。在东亚不仅国内少数民族,就连国外汉字文化圈内的日本、朝鲜、越南都采用了汉族式的人名称谓。一般来说,我国各民族原先都有本民族的人名称谓,大多数民族由于受汉文化的影响,在历史上逐渐采用了汉姓汉名。下面我们仅对一些少数民族自身传统的人名结构进行分析。

广东八排瑶族(简称排瑶)的家族辈分人名制独具特色。排瑶人一般按其在兄弟姐妹中排行命名,男的叫亚一、亚二、亚三……或一贵、二贵、三贵……,女的叫一妹、二妹、三妹……再加上瑶族的姓一般集中于盘、蓝、唐、罗、房等十二个姓中,极易产生同名同姓现象。因此,要在其名前冠以姓、房姓、亚房姓、户名,以免造成人名交际的混乱。例如:唐·山东·罗·考·三妹,唐·山东·罗·考·二贵等。这样得出的人名并不是终身受用的,还要根据人生不同的重要阶段而改换名称。女的婚前一般叫妹,婚后叫莎,做

母亲后叫尔,做祖母后叫婆。例如:

唐·山东·罗·考·三　　妹(婚前)
莎(婚后)
尔(做母亲后)
婆(做祖母后)

排瑶不仅生有名,而且死有谥号。死者的名字由姓+谥号+排行+性别构成。例如:

唐·发财·二郎
唐·君宝·四娘

(巢宗祺,1988)

瑶族的人名制是瑶族缅怀祖先、敬重长者的传统文化的反映。

海南黎族的音节人名也很具有特色。黎族人名由一个无意义的音节组成,音节的声母相当于姓,韵母和声调相当于名。一个家族的人名按声母相同、韵母和声调相异的原则来构成。以下是黎族一个家族的人名先后排列:

ŋeːŋ³—ŋeːk⁸—ŋeːm²—ŋɯn¹(曾祖父)—ŋem³(祖父)—ŋei³(父亲)—ŋoːp⁷(郑贻青,1980)

父子连名制是父亲名字的末一个或末两个音节,常和儿子名字的前一个或前两个音节相同,这种一脉相传的办法叫作父子连名制(马学良,1988)。对于父子连名制的学术价值,罗常培先生指出,父子连名制是民族的一种文化特征,靠着它可以根据体质和语言两方面来断定这个民族里许多分支的亲属关系,并且可以解决历史上悬而未决的系属问题(罗常培,1950)。

父子连名制是一种广泛分布于世界各地的文化现象。藏缅语族、阿尔泰语系诸族、台湾高山族、欧洲、近东和非洲的大多数民族以及巴布亚人的人名,都曾或仍实行父子连名制(杨希枚,1957)。我国蒙古、彝、哈尼、白、纳西、景颇、羌、珞巴、基诺、佤、布朗、拉祜、独龙、怒、苗、高山、维吾尔、哈萨克、塔塔尔、俄罗斯、塔吉克、乌孜别克等民族都有过父子连名制。

父子连名制根据父名和子名排列的先后顺序不同,分为顺行父子连名制和逆行父子连名制两种。我国藏缅语族的人名大都是逆行父子连名制，即父名放在子名的前面。

藏缅语族的父子连名制有悠久的历史记载。

据载，缅甸的缅族（Burman）远在公元 2 世纪至 4 世纪孔雀王朝的世系中，就是父子连名制：

Pyo·so·ti—Ti·min·yi—Yi·min·baik—Baik·then·li—Then·li·jong—Jong·du·yit（罗常培，1944）

纳西族的父子连名制也早有记载。余庆远在《纳西见闻录》中说，有些无姓氏，以祖名字末一字，父名末一字，加一字为名，递承而下，以志亲疏。

早在清道光二十二年（1842），镌刻于丽江县蛇山的木氏历代宗谱碑三十九代世系中，有三十四代就是父子连名制：

1. 秋阳—2. 阳音都谷—3. 都谷刺具—4. 刺具普蒙—5. 普蒙普王—6. 普王刺完—7. 刺完西内—8. 西内西可—9. 西可刺土—10. 刺土俄均……20. 阿烈阿甲—21. 阿里阿得（木得，明初明王朝赐姓木）—22. 阿得阿初（木初）—23. 阿初阿土（木土）—24. 阿土阿地（木森）—25. 阿地阿寺（木嵌）—26. 阿寺阿牙（木泰）……33. 阿宅阿寺（木增）—34. 阿寺阿春（木懿）—35. 木樑（清康熙开始不兴父子连名制）—36. 木松—37. 木润—38. 木楫—39. 木仁。（罗常培，1944）

彝族的父子连名制也有悠久的历史。据《爨文丛刻》中的《帝王世纪》记载，贵州水西彝族的"后天渎母"世樑共有八十四代之多：

1. 渎母吾—2. 母齐齐—3. 齐亚红—4. 红亚得—5. 得古沙—6. 沙古母—7. 古母龚—8. 龚亚陇—9. 陇亚告—10. 告亚守—11. 守亚美—12. 美阿得—13. 得亚诗—14. 诗美武—15. 美武梦—16. 梦蝶多—17. 多亚质—18. 质吾勺—19. 吾勺必—20. 必一梅……46. 渎阿更—47. 阿更阿文（此后为四个音节）—48. 阿文洛南—49. 洛南阿搭—50. 阿搭一典……77. 直吾老成—78. 老成洛西—79. 洛西非说—80. 非说老古—81. 老古老得—82. 老得老颠—83. 老颠一分—84. 一分明宗……（罗常培，1944）

各地彝族大都兴父子连名制。如云南鹤庆、永胜土司家族的谱系：

高望秦—高成秦—高成君—高君辅—高辅余—高余武—高茫善—高善诺—高诺义—高义和—高和亮—高亮从—高从军（马学良，1988）

傅懋勣先生调查的四川冕宁小相公岭黑彝也是父子连名制：

y·dʐɯ·ʂɿ·ɿ—ʂɿ·ɿ·ɣɯ·thɯ—ɣɯ·thɯ·vo·lɯ—Vo·lɯ·

tçhy・pu—tçhy・pu・dẓy・m—dẓy・m・go……（罗常培，1944）

1935 年，陶云逵教授记录的孟连酒房寨佤族的卜罗赛世系和欧赖世系也是父子连名制。卜罗赛世系共有五十六代：

1. Su・mi・o—2. O・tsuo・lo—3. Tsuo・lo・tsung—4. Tsung・mo・yieh—5. Mo・yieh・chia—6. Chia・di・hsi—7. Di・hsi・li—8. Li・ho・ba—9. Ho・ba・wu—10. Wu・nio・za……24. Bi・mo・tsuo—25. Tsuo・hua（从第 25 代开始，人名为两个音节）—26. Hua・jia—27. Jia・tsa—28. Tsa・jio—29. Jio・blung—30. Blung・lai……51. Ji・za—52. Za・nio—53. Nio・chuo—54. Chuo・za—55. Za・bluo—56. Bluo・sa（罗常培，1944）

哈尼族的父子连名制是一父系氏族社会的沿袭符号。据调查，哈尼族的父子连名制一般有七十代上下。云南元阳县哈尼族老人至今能一代不差地背出家族 67 代谱系：

玛母—母安—安黑—黑土—土玛—玛学……者堂—堂沙（本人）—沙车（儿子）—车波（孙子）。

实行逆行父子连名制的，同时还有景颇、基诺、怒、羌、佤、珞巴、苗（台江）等民族。例如：

景颇族——
　　岳可—可英—英强—强博—博中……
基诺族——
　　婆腮—腮白—白者—者木拉—木拉腰—澈切—切子……
怒族——
　　茂英充—充罗并—罗并者—者茂特—茂特明
羌族——
　　帖木儿—木儿金—儿金余
珞巴族——
　　腰利—利嘎……

我国云南的布朗族和拉祜族实行的不是父子连名制，而是母子连名制。母子连名制被一些学者视为母权社会的残余。布朗族和拉祜族实行的是顺行母子连名制，即母名放在子名的后面。例如：

依南庄＿＿＿＿艾温南
（母名）　　　　（子名）
娜木＿＿＿＿＿札拉娜木
（母名）　　　　（子名）

我国新疆阿尔泰语诸民族以及台湾的高山族，大都实行顺行父子连名制，即父名放在子名的后面。例如：

维吾尔族　　　　买买提·吐尔逊
塔吉克族　　　　艾沙·肉孜
乌孜别克族　　　尼牙孜·牙合甫
柯尔克孜族　　　玉素甫·阿木都
高山族　　　　　大太奥·摩那

塔塔尔、哈萨克和俄罗斯族所实行的顺行父子连名制与维吾尔族等族的稍有不同。塔塔尔实行的是本名+父名+部落名的父子连名制，如革拉吉丁·哈不都拉·欧斯曼。

哈萨克族实行的是本名+父名+姓的父子连名制，如亚历山大·万诺维奇·别林斯基。

苗族和佤族由于居住分散及其他社会原因，在同一个民族内有的地方实行顺行父子连名制，有的地方实行逆行父子连名制。例如：

威宁苗族（本名+父名）　　　久你—弟久—确波
台江苗族（父名+本名）　　　里甘老—甘老奏
佤族（父名+本名）　　　　　朗拉—拉担
西盟佤族（本名+父名）　　　比里·松

独龙族实行的是家族父母子连名制，即人名由家族名+父名+母名+爱称+排行组成，例如：白丽·丁板·顶·阿克恰·南。

有一部分怒族实行的是舅甥连名制，而澜沧县糯福区的拉祜族实行的却是夫妻连名制。例如：

怒族　充付标（充为舅名，付标为本名）
拉祜族　夫名（夫名+妻名+坡，坡义为丈夫）：扎四·娜哟坡
　　　　妻名（妻名+夫名+咪，咪义为妻子）：娜哟·扎四咪

我国侗台语诸民族的人名，大都兴以子名亲制，即一个人先有乳名，待成人做了父母和祖父母后，其人名先后都要变更：做父母后，改随长子或长女名，即人名由父母通称+长子女名组成；做祖父母后，改随长孙子或长孙女名，即人名由祖父母通称+长孙子女名组成。

侗台语族的以子名亲制有悠久的历史渊源。宋代吴处厚在《青箱记》中说："岭南风俗，相呼不以行第，唯以各人所生男女小名呼其父母。元丰（公元1078—1085年），余任大理丞，断宾州（今广西宾阳一带）奏案，有民韦超，男名首，即呼韦超作'父首'。韦邀，男名满，即呼韦邀作'父满'。韦全女名插娘，即呼韦全作'父插'。韦庶女名睡娘，即呼韦庶作'父睡'。"从文中所反映的人名结构和地名来看，作壮族人名似无疑。

侗台语族的以子名亲制，不仅反映了这些民族对自己儿孙的爱怜之情，而且也反映了他们尊老敬老、为长者讳名的风尚。例如：

侗族（pu^4、nei^4、$kong^3$、sa^4 义分别为父、母、爷爷、奶奶）——
男　au^5wa^5（乳名）＞$pu^4a^5pau^3$（做父亲后）＞$kong^3kou^2$（做爷爷后）
女　pei^4wa^1（乳名）＞nei^4ton^2（做母亲后）＞sa^4kon^3（做奶奶后）
傣族（波、咪、波布、咪亚义分别为父、母、爷爷、奶奶）——
男　岩奔（乳名）＞波岩朗（做父亲后）＞波布艾松（做爷爷后）
女　依罕（乳名）＞咪岩朗（做母亲后）＞咪亚艾松（做奶奶后）

台湾高山族的雅美人也实行以子名亲制，例如：雅布卡（长子）——西·阿玛·努·雅布卡（父亲；阿玛义为父亲，西为冠词，努为领格词）——西·亚贡·努·雅布卡（祖父母；亚贡义为祖父母）。

三

语言是人们进行交际的工具。人名作为一种客观存在的语言现象，也是人们进行交际的工具。民族人名要想顺利投入社会运转，完成交际功能，就必须符合本民族语言的结构规律，受到民族语言的语音、语法、词汇的结构规律制

约。如果违背了民族语言的这些结构规律，它就得不到社会的承认，也就不能投入社会运转。

人的发音器官所能发的音是无限的，但每种语言都从这丰富的储藏中明确地、严格经济地选出一些来为己所用。因此，每一种语言都有自己的音型（萨丕尔，1921）。这就是说，每个民族语言都有自己的音型，也就是自己的语音结构模式；每个民族的人名都必须符合本民族语言的语音结构模式。蒙古语具有元音和谐律，蒙古族的人名也遵循了这一规律。例如：

Naran（娜仁）　　　Saran（萨仁）　　　Batar（巴特尔）

藏族的喇嘛教传入蒙古族后，藏族的人名也借入了蒙古族。借入的藏族名也顺应了蒙语的元音和谐律。例如：

藏名		蒙古族藏名
Chagor	>	Chagdar
Gonggar	>	Gonggor
Londar	>	London
Sodba	>	Sodob
Zhodba	>	Zhodob （纳日碧力戈，1990）

民族人名不仅受到民族语语音形式的制约，而且也受到民族语语法结构的制约。人名一般由名和姓或其他限制成分构成。每个民族的同音字（音节）是有限的，而用作人名的同音字则更有限。为了避免因同名而引起的交际混乱，就必须在"名"上加上一些限制成分。汉族的人名以在名前加上姓和行辈字来区分同名现象。民族人名也是如此，也须在名上加上其他成分，人名才能进入社会交际。名和限制成分之间位置的先后，各民族都有自己的习惯；有的限制成分置于名前，有的限制成分则置于名后。抛开次生的社会因素不计，一般来说民族人名成分之间位置的次序，同民族语言中词语结构中的中心语与修饰语之间位置的次序是一致的。如果在民族语名中的姓或其他限制成分一定放在名的前面；反之，如果限制语居于中心语之后，其姓或其他限制成分必居于名后。

根据奥塔马顿的实验，一行自左向右排列的词素，如果其"层次"整个向左分枝，即修饰语在中心词之前，由于人类瞬间记忆存在一定的跨度，那么其左分枝里语言层次被认为是有一定界限的。这种向左分枝而有界限的语言层次，叫逆行结构（regressive structure）。与此相反，如果形成向右分枝，即修饰语一律后置，那么其层次被认为在人类利用瞬间记忆充分加工范围内，能够无限地扩展，这叫顺行结构（progressive structure）（桥本万太郎，1981）。

侗台语族是顺行结构语言，名词的修饰语一般都位于名词后。在侗语中，除了数量词组位于名词中心语之前外，其余的修饰语都要位于名词中心语之后。侗族人名与名词性短语一样，也是顺行结构，修饰成分要位于名后。例如：

他家的那只大白公鸡
tu² ai⁵ sei³ pak¹⁰ lau⁴ jan² mau⁶ ja⁶
只　鸡　公　白　　大　家　他　那

　　甫官　　　　　　　内告化
　　pu⁴ kon³　　　　　mei⁴ au⁵ wa⁵
　　父　官　　　　　　母　告　化

台湾高山族阿眉斯语是顺行结构语言，其民族人名也是顺行结构。例如：

父亲的朋友
Wiłang　nu　wama
朋友　　　　父亲

Nakan·Akawai — Apoi·Nakan

景颇语、羌语和蒙古语属逆行结构语言，其民族的人名也是逆行人名结构。例如：

　　　　景颇语　　　　　　　景颇族人名
ŋai³³ lai³¹ ka³³ 我的书　空征—征责—责空—空征—征爱—爱征
我　　书

羌语	羌族人名
tçaifang tçyn zoçidio	帖木儿—木儿金—儿金余
解放军 武器	
蒙古语	蒙古族人名
bagʃiin nom	巴图·巴雅尔—巴雅尔·那顺—那顺·斯钦
老师的 书	

（纳日碧力戈，1990）

由于各民族在文化、语言、自然环境和社会环境等方面存在着差异，加上各民族的道德标准、社会制度、生产力水平不同，因而在长期的历史进程中形成了各民族思维模式和价值观的差异。各民族的思维模式和价值观也往往从民族人名的结构中得到反映。

姓对于汉民族来说，是君权、族权、父权、夫权的象征。"子从父姓""行不改名，坐不改姓""同姓一家人"的观念在汉族中根深蒂固。傣族的夫权观念相对来说较为淡薄。在傣族，女儿可以与男儿一样，在家中成家立业和均分家中的房地产，女子招婿与男子娶亲一样自由，不受歧视，在各种宴会上，男女同桌共饮，没有分别。这种男女平等的思想在傣族人名中得到体现，象征夫权的姓在傣族人名中没有存在的必要，所以，至今傣族大多没有姓只有名。

前面我们已指出，不同的民族，其价值观是不同的。有的民族强调群体意识，主张共性至上和以长者为尊。有的民族强调个性意识主张个体第一群体第二。在东亚，强调群体第一、主张共性至上、以长者为尊的汉人、日本人和朝鲜人，在人名结构中把代表群体、共性、长者的姓排在前面，把代表个体、个性和晚辈的名放在后面。西欧和北美诸民族，强调的是个体，主张个性自由，所以，在他们的人名结构中，一般把代表个体、个性的名排在前面，而把代表群体、共性的姓放在后面。

马克思在《德意志意识形态》一书中指出："语言是思想的直接现实。"[①] 不同的民族其思维模式不尽相同。民族的人名结构，往往能反映民族传统的思维模式。对事物进行观察和分析时，往往也能反映民族传统的思维模式。有的民族在对事物进行观察和分析时，往往从大到小，从主到次，从中到外地进

---

① 《马克思恩格斯全集》第3卷，人民出版社1956年版，第525页。

行；有的民族正好相反，在对事物进行观察和分析时，往往从小到大，从次到主，从外到里地进行。这两种不同的思维模式在民族人名结构中也得到了反映；前者多表现为顺行结构，后者多表现为逆行结构。西方人名结构顺行结构与其传统思维模式相符。汉族人名的逆行结构与其传统的思维模式相适应。

第四节　侗语植物名物系统的初步探索[*]

一　引言

名物，在广义上指的是世界万物的名称，不仅包括自然物名称和人造器物名称，也包括各民族以本族语对人和社会现象的命名，即所谓的制度名物。名词特别是名名词，是构成语言的最基本要素之一，可以说，没有名物就没有语言。一种语言的名物系统濒危了，语言就会空心化[①]，名物大量消失意味着该语言即将走向消亡。而民族语言中生物名物的多寡则往往能反映出该民族社区的生物多样性程度和本土生物知识的深浅。

我国名物研究源远流长，从汉代肇始，迄今延续不断，一直是学界研究的热门论题，但多限于汉语训诂学研究，主要考证文献典籍中事物名称字词的意义和源流。现代跨学科意义上的名物研究缘于生物学、语言学、人类学等学科的交叉合作，主要研究动植物物种名以及人类社会的地名、器物、制度（包括姓名、亲属称谓、社会组织名称等）等称谓的命名、由来及分类。我国的名物学研究在1978年改革开放之后成果渐多，特别是关于人名、地名、古器物名的研究成果较多，但从民族学、语言学、生物学和人类学等多学科交叉的视角对侗台语族生物名物的调查研究还很少见，目前我们能见到只有蒙元耀《壮语常见植物的命名与分类》一书、潘永荣和龙宇晓《香禾糯命名与分类的语言人类学考察》等零星几篇论文。其中，特别值得注意的是，最近有学者针对中国各民族在经济社会剧变中面临的"物变名非"的新常态，尤其是少数民族中普

---

[*] 本节是根据与龙宇晓、黄勇、吴文君、王俊芳、石燕平等多位侗族学者先后合作开展的相关调查研究及完成的调研报告而写出的，该项田野调研和资料分析得到国家社科基金重点项目"侗语方言土语的再调查研究"（15AYY013）、贵州省高等学校人文社科重点研究基地贵州师范学院中国山地文明研究中心暨贵州山地研究院山地人文社科部基地建设项目"北部侗族濒危名物的语言人类学调查研究"的资助。调研时是用侗文方案记录名物和相关语句及诗歌的，为便于排版，本节沿用侗文记音的方法。

[①] 石林、吴文君、龙宇晓：《名物的濒危与语言空心化：以黎平四寨侗语名物系统为例》，《原生态民族文化学刊》2015年第1期。

遍出现的本族语言中名物（特别是是生物名物）严重濒危和失传、亟需开展抢救性调查记录的状况，提出了"民族名物学"的概念，将其界定为一门研究各民族社会生活中的事物名称、得名理据及其文化涵义的学问①，而其目前的重点就是要对我国各少数民族的名物开展全面而系统的调查记录和研究。

　　国外的生物名物系统的研究至少可以追溯到亚里斯多德时期（384－322BC）。当时，亚里斯多德就开始将植物、动物、人类进行层级分类命名。在此基础上，泰奥弗拉斯托斯（Theophrastus）对植物分类又做出了大量的贡献，他的生物分类法至今在西方学界影响力很大，可操作性也很强，林奈生物分类命名系统的形成即与他有关。不过，西方真正学术性的植物民间分类研究方面论文直到 20 世纪五十年代才出现。1954 年，语言人类学家 H. C. Conklin 在题为 *The Relation of Hanunóo Culture to the Plant World* 的博士论文中首次全面性地论述民间的植物分类命名系统，他提出的分类法在语言人类学和民族生物学研究中具有重要的影响力。20 世纪七十年代以后，民族生物学的动植物分类研究得到了进一步的发展，其中，比较具有代表性的学者有 B. Berlin、C. H. Brown、A. Wierzbicka 等。1974 年 Berlin 在题为 *Principles of Tzeltal Plant Classification* 的论文中提出了关于民族生物的五种层级分类法，1992 年在 *Ethnobiological Classification: Principles of Categorization of Plants and Animals in Traditional Societies*（Princeton University Press, 1992）一书中，他对原有的分类模式又进行了改进，认为还可以再建立一种中间分类法（intermediate taxa and folk subgenus）。Brown 的动植物生命形式编码序列模式（encoding sequences for plant and animal life-form classes）以及 Wierzbicka 的概念分析法（conceptual analysis）在西方的生物分类命名研究中也颇有影响。西方学者提出的这些理论和方法为我们研究中国少数民族语言中的生物名物系统提供了有益的借鉴，然而目前以民族生物学与民族语言学交叉的视角来对少数民族名物进行的研究还不多见，需要我们进行创新性的探索。

　　侗族地区属亚热带温湿气候区，雨水充沛，热量充足，山岳纵横，溪流密布，是一个很适合于生物生长和人类居住的地方；根据各相关州县地方志提供的资料来估计，侗族聚居区的植物约有 4000 余种，动物约有 600 余种。侗族先民千百年来在这块青山绿水、物种丰腴的土地上繁衍生息，在与大自然的和

---

① 龙宇晓：《民族名物学发凡：基于中国山地民族物象本体的思考》，《原生态民族文化学刊》2015 年第 1 期。

谐相处中，凭借自己经年积累的植物知识以及独特的认知方法、语言符号，对生长在其居住区里的植物进行了具有自身语言文化特色的命名和分类。这些植物名物词不仅是侗族植物知识及其认知世界方法的体现，也是人类植物知识体系的组成部分之一，当然也是侗族和世界传统知识遗产的一部分。然而，已往学界对民族名物的研究不够重视，对侗族动植物名物的调查研究更是屈指可数，目前还亟需大力弥补和加强。

二 侗语植物名物及其命名模式

我们在调查和分析中发现，侗语植物名物深受侗语语序的影响。语序是语言单位的线性排列顺序，语言的语序实际上就是民族思维模式的反映。把整体的、大的前置，部分的、小的后置，这既是语言的顺行结构模式，也是思维的顺行结构模式，语言类型学和认知人类学的研究已证明这种模式更符合人类的思维顺序[①]。侗语通名+专名的名物结构模式正是语言和思维顺行结构模式的体现。

侗语植物名物的语序结构有以下五种：第一种通名+专名结构是侗语名物的固有语序模式，这种语序模式在侗语中是最常见的；第二种类别名+通名+专名模式也是侗语的固有模式；第三种专名+通名模式是从汉语借来的；第四种通名+专名+通名模式是汉侗语结合的名物模式；第五种汉语通名+侗语通名也是借自汉语的名物结构类型，一般是对晚近从汉族地区传入侗区的外来物种的命名模式。

1. 侗语名物结构的语序与类型

（1）通名+专名

这类植物名物由通名加专名构成，通名就是类别名，也就是生物学的属名；专名就是事物的专有名，也就是生物学的种名。侗语属顺行结构语言[②]，其名物结构的语序是通名+专名，这是侗语固有的名物结构模式，和汉语的语序相左。如：

    meix beens 杉树   mal enl 野芹菜
    树 杉   菜 筋

[①] 桥本万太郎：《语言地理类型学》，余志鸿译，北京大学出版社1985年版，第35页。
[②] 石林：《侗台语比较研究》，天津古籍出版社1997年版，第44页。

nyangt　jal　茅草　　　　　　baenl　laox　楠竹
草　　茅　　　　　　　　　　竹　　大
jaol　yiux　红藤　　　　　　oux　yeens　小米
藤　　网　　　　　　　　　　小　　米

(2) 类别名+通名+专名

这类植物名物也是侗语固有的名物结构模式，实际是通名+专名的扩展。在交谈中，一般不常用第一个构成成分——类别名 jiuc +，只有强调其为植物性以避免歧义时才用到它。侗语常以表植物类别词 jiuc+植物名、动物类别词 doc+动物名、人名类别词 boul+人来表示物种的动物植物属性。下面这首侗歌中的 jiuc meix 棵树、jiuc nyangt 根草、boul genc 个人就是如此：

　　　Yaoc xiv yav sangs banx gueec senv,
　　　我　是　这样　伴　不　信
　　　yaoc xiv yav liangp banx dul baov yaoc gueec liangp.
　　　我　是　这样想　伴　都　说　我　不　想
　　　Jiuc meix jiuc nyangt eip saip yaoc banx nuv,
　　　条　木　条　草　开　给　我　伴　看
　　　boul genc dangl nas eip nuv nail nanc yaoc.
　　　个　人　当　面　开　看　奈　难　我
　　　（意译）我是这样想你你不信，
　　　我是这样想你你都说我不想你，
　　　如果我是一棵树一根草我就打开给你看，
　　　但我是一个人当面打开给你看实在难。

下面 6 词就是侗语类别名+通名+专名结构模式下的常见植物名物词：

jiuc meix yint　青冈木　　　　　jiuc meix guenl　竹子
条　木　青冈　　　　　　　　　条　木　竹
jiuc meix sunl　刺木　　　　　　jiul meix dil　果木
条　木　刺　　　　　　　　　　条　木　果
jiuc meix biius　"表"木（据说此树可避鬼）　jiuc meix ees　松木
条　木　"表"　　　　　　　　　　　　　　　　条　木　松

(3) 专名 + 通名

这类名物指称的植物一般是近代由汉族地区传入侗族地区的外来物种，其物种名也借自汉语，呈现的是汉语物种名的语序，即专名 + 通名的模式。如：

baol　guc　包谷　　　　　　yangc　liiv　洋芋
包　　谷　　　　　　　　　　　洋　　芋
haix　juic　海橘（西红柿）　　dongl　gual　南瓜
海　　橘　　　　　　　　　　　冬　　瓜
bos　sail　菠菜　　　　　　　guangs　saiv　广菜
菠　　菜　　　　　　　　　　　广　　菜
hongc　xaoc　红苕　　　　　　liongc　xuh　榕树
红　　苕　　　　　　　　　　　龙　　树
Songc　begs　松柏
松　　柏

(4) 通名 + 专名 + 通名

这类结构的名物词指称的不是侗族的固有物种，也是从汉族地区传过来的。其语序结构比较独特，是在汉语语序结构专名 + 通名前加上了一个侗语通名，成了通名 + 专名 + 通名的结构。如：

mal beec sail　白菜　　　　　meix beep yangc　白杨
菜　白　菜　　　　　　　　　　木　白　杨
oux sac jaos daol　杂交稻　　　meix wangc danc　黄檀
稻　杂　交　稻　　　　　　　　木　黄　檀

(5) 通名 + 通名

这类名物词指称的物种是从汉族地区借来的，第一个通名是汉语的，第二个是侗语的通名，采用的是汉语的语序模式：通名（汉）+ 通名（侗），如：

xaoc　maenc　红薯　　　　　　oux　megx　麦子
苕　　薯　　　　　　　　　　　饭　　麦子

2. 侗语植物名物专名的得名方式

植物的通名通常具有较强的概括性，专名作为植物的具体名称，则是对植物的某一特征的具体描述，或以其特征命名（如形状、气味等），或以其引入地或出产地来命名。下面是侗语植物名物专名命名的九种类别。

（1）以动物来给植物命名：meix beens not 红豆杉（直译意：老鼠杉，因老鼠爱吃其果实），oux laiv 野猪禾（早禾），demh suic 蛇葩

（2）以植物的形状来命名：mal donŋc sinc 铜钱草，mal bav baenl 竹叶菜，mal baol 卷心白，nugs seup 喇叭花，meix dous aiv 白马骨（鸡窝树）

（3）以植物的味道来命名：guangs dangc 甘蔗（甜杆），jaol banp 甜藤，demh semt 酸葩，jaol dangl jenc 毛胡椒（香山藤），demh daoc semt 野山楂（酸甜酒果）

（4）以植物的颜色来命名：meix bav yak 红叶树，mal bagx 白菜，meix liidx bagx 白栎树，naos yak 紫苏（红香菜），naos sup 薄荷（绿香菜）

（5）以植物的功用来命名：mal yuc 油菜，meix sedl 漆树，meix yuc 油茶树，jaol bogl padt 血藤（补血藤）

（6）以植物的特性来命名：mal enl 水芹菜（筋菜，有韧性），mal waot 刺人菜

（7）以植物的产地生境来命名：demh jenc 山莓，guenl nemx 水竹，xingl mant jenc 黄姜（黄山姜）

（8）以动物器官来命名：nugs nyibl miac 指甲花，mal kap max semt 皱叶酸模（马耳酸菜），mal mudx jenc 粉条菜（胡子菜），mal naemx mis 地锦（奶水菜），mal mac liongc 龙舌菜

（9）以植物加工的方法来命名：oux dungl 籼稻（煮稻），oux saos 糯稻（蒸稻）

3. 侗语糯稻名物专名的命名

侗族是稻鱼民族，常常自称为"糯米崽"（lagx oux jos），而称汉族叫"籼米崽"（lagx oux jiml）。侗族向往的生活是天天能够过着"糯饭捏团，手扯腌鱼"的生活（oux jos piagl dac, miac nyogl bal）。侗族栽种的糯稻曾多达200多种[1]。所以，侗语对于糯稻的专名命名很有民族特色：

---

[1] 潘永荣、龙宇晓：《香禾糯品系命名与分类的语言人类学考察：中国山地民族农业认知研究系列之一》，《原生态民族文化学刊》2013年第1期。

（1）以糯稻的生境命名：如 oux yongc longl 荣冲糯（山冲糯），oux gaos nyal 江头糯，oux beih 背阴糯，oux naemx liagp 冷水糯，oux Yongc jenc 荣岑糯（山糯）。

（2）以糯稻的颜色命名：如 oux Yongc kgeenv 荣花糯，oux yongc bagx 荣白糯，oux dial naeml 黑芒糯，oux dial yak 红芒糯，oux bic yak 红皮糯，oux bieenh mant 黄芒糯。

（3）以动物的器官命名：如 oux seep kgal 乌鸦嗉囊糯，oux bienl kguic 水牛毛糯，oux bienl gueec laox 老水牛毛糯，oux bienl gueec lagx 小水牛毛糯。

（4）以糯稻的地源命名：如 oux gaos nyal 江头糯，oux dongh siip 东西糯，oux dial Liongc Duc 龙图芒糯，oux lieec jul Siut Wangc 小黄列珠糯，oux Gaos Sinp 高千糯，oux Jenh Dongl 金洞糯，oux Beec Leel 百你糯，oux Dih Menc 地扪糯，oux Dees Ngox 德五糯。

（5）以糯稻的口感命名：如 oux yeex legx 野栗糯，oux yongc meec 荣没糯（芝麻糯），oux yangc dangl 飘香糯。

（6）以糯稻的成熟期命名：oux beens saemp 早边糯，oux jos laiv 野猪糯（早糯），oux beens weep 迟边糯（晚糯）。

（7）以糯稻稻芒稻穗的形状命名：oux dial jongv 弯芒糯，oux samp semp 三尾糯

（8）以人名命名：oux Weenh 万糯，oux Jeenh Liil 金利糯。

（9）以收获方式命名：oux jiml saoc 打谷糯，oux jiml saoc pangp 高打谷糯。

三 名物类词与侗语的植物分类系统

基于经年累月积累的植物经验与知识，侗族人根据植物的性状、外形、气味、特征、性质、功用等的不同，以侗语独特的语言符号和认知思维方法，将植物名物共分为大致 20 类，也就是 20 余个通名。作为同类植物，它们应具有这一类别的共性，而这一共性则应是别的植物所没有的；侗语植物名称中的名物类词（通名），就是对这些类别共性的反映和命名。侗族先民虽不知道区别特征理论，但是他们对植物的分类是符合区别特征原理的。在侗语植物名物中，每一类最少也要有两种以上，如果这种植物只有一种就不再分类。侗语植物名物的 20 个类词（通名）如下：

（1）meix 树类：如 meix beens 杉树，meix yaop sanc 半枫荷，meix nieenc

hank 银杏。

（2）demh 菡类：如 demh daoc semt 野山楂，demh daoc 樱桃，demh oux yeens 小米菡。

（3）duil 果类：如 duil yeic 梨，duil pienc gox 苹果，duil laoc 桃子。

（4）nugs 花类：如 nugs jaenv aiv 鸡冠花，nugs xul liiuc 杜鹃花，nugs saot 兰花。

（5）wap 花类：如 wap wenl 葵花，wap geit 百合花，wap longv 樱花。

（6）jaol 藤类：如 jaol yiux 红藤，jaol nal 耙索，jaol nyinv 葛藤。

（7）dangh 蔓类：如 dangh hongc xaoc 红薯蔓，dangh buc 瓜蔓，dangh ids 葡萄藤。

（8）nangc 笋类：如 nangc nemc 甜竹笋，nangc nemx 水竹笋，nangc bap 灰竹笋。

（9）sunl 刺类：如 sunl ongv kuaot 金樱子（蜂糖罐），sunl guaens 土茯苓，sunl nyanc 阎王藤。

（10）mal 菜类：如 mal linl 野茼蒿，mal wuh 莴笋，mal ads 芥菜（青菜）。

（11）gueel 瓜类：如 gueel emc 苦瓜，gueel memx 老虎瓜，gueec not 甜瓜。

（12）buc 瓜类：如 buc gaeml 白瓜，buc gax 南瓜，buc dongs guas 冬瓜。

（13）doh 豆类：如 doh songc 黄豆，doh oux 饭豆，doh dangh 花饭豆。

（14）oux 谷类：如 oux xul 薏仁，oux gaeml 糯稻，oux jiuc 荞麦。

（15）maenc 薯类：如 maenc meix 木薯，maenc max 脚板薯，maenc mieec 糯薯。

（16）lac 菌类：如 lac baenl 竹菇，lac bangl 草菇，lac yak 红菇。

（17）naos 香料类：如 naos yak 红紫苏，naos sul 绿紫苏。

（18）nyangt 草类：如 nyangt jal 茅草，nyangt daoc 巴芒草。

（19）dongl 猕猴桃类：如 dongl bagx 白猕猴桃，dongl eex 猕猴桃的一种，dongl kuanp 甜猕猴桃。

（20）miangc 蕨类：如 miangc aiv 狼鸡草，miangc ius 蕨菜。

侗族人对植物的分类是主要按其在生活中的实用性来划分的，侗语口语中常用的植物名称基本都属于生活型和经济型植物。这些在侗族实际生活中具有重要作用的植物种类包括以下 10 种："jaol"（藤类）、"maenc"（薯类）、"nyangt"（草类）、"buc"（瓜类）、"duil/demh"（果类）、"meix"（树类）、"mal"（菜类）、"oux"（谷类）、"doh"（豆类）等。

"jaol",指藤本和蔓生植物,又分为可食用和不可食用。除了前面已提到的 jaol nyinv 葛藤之外,常见的还有:"jaol dangc"(甜藤,此藤的汁液可做三月粑)、"jaol maenc"(红薯藤)、"jaol ids"(葡萄藤,指葡萄这株植物)、"jaol buc"(瓜尖儿)、"jaol doh"(豌豆尖儿)等。"jaol meix"属于不可食用的藤本植物,指的是树上长出来的藤,可用来当绳子。

"maenc",指块根、块茎类植物。除了前面已提到的"maenc meix"(木薯)、"maenc mieec"(糯薯或称浆纱线用的野薯)之外,这类词常见的还有:"maenc pap"(紫薯),等等。

"Nyangt",草类植物。这类植物人基本不可食用,一般用来喂养牲畜。除了前面已提到的"saop"(茅草)、"jal"(巴芒草)之外,常见的这类词还有"bangl"(禾草)、"neit"(浮萍)、"doul"(青苔)、"suih"(一种可喂猪的水草),等等。

"Buc",指瓜类植物,或者称"gueel","gueel"为汉语借词"瓜"。在榕江的车江地区,对于后来引进的瓜类植物,其名称都统称为"gueel"。如香瓜、西瓜,要么就说"gueel",要么就直接用其汉语名称;而"苦瓜"更是直接从汉语借入称为"gueel aemc"。"buc"应该是本民族原生词,除了前面已提到的 buc gaeml 白瓜、buc gax 南瓜之外,常见的这类词还有:buc mant 南瓜的别称、buc sup 青瓜、buc jubs 冬瓜等。从这两个词的词义和组合中也可看出,"gueel"类的瓜更偏于水果类植物,而"buc"更偏于菜类植物。

"duil/demh",指果类植物。侗族人把"duil demh"作为水果的统称,但是"duil"和"demh"是有区别的,"duil"的果子个头要比"demh"大。例如"桃子"和"梨子"可属于"duil"。而"蒎或莓"等小果则称为"demh",除了前面已提到的"demh daoc"(樱桃)之外,常见的这类名物词还有"demh suic"(蛇蒎)、"demh liongc xuh"(榕树结的果子),等等。

"meix"指树木,包括乔木、竹子、少数的灌木等。侗族聚居地山林比较多,村寨周围都植树,且侗族居住的杆栏式建筑所用的材料都为杉树,侗语里与"meix"有关的词也非常丰富。除了前面提到的"meix pagt"(杉树)、"meix yaop"(枫树)之外,常见的这类植物名物词还有"meix songc begs"(松树)、"meix liongc xuh"(榕树)、"meix minx"(柿子树)、"meix duil"(李树)、"meix baoc"(柚子树)、"meix ledx"(栗子树)、"meix baenl"(竹子)、"meix guaos"(香皮树)、"meix yaemx"(香椿树)、"meix xeec"(茶树)、"meix yeenl"(卷烟树)、"meix xup liuuc"(杜鹃花)等;侗语中还有一些植物的杆或茎也称为"meix",例如"meix bogx"(白芋苗,主要指可食用的茎部分)、"meix dangc"(甘蔗)、"meix lianh"(指一株成熟的辣椒苗)、"meix jac"(指一株茄子苗)。

"mal"指蔬菜,一般都是可食用的。这类植物的名称,除了前面提到的"mal ads"(青菜)之外,常见的还主要有:"mal bagx"(白菜)、"mal semt"(酸菜)、"mal ngaemc"(韭菜)、"mal kap max"(马耳菜)、"mal yaemt"(苦蒿菜)、"mal bagc"(萝卜菜)、"mal aenv"(细叶韭菜)、"mal yaemx"(香椿),等等。

"oux"是五谷,指禾谷类作物。作为一个稻作民族,侗族人非常善于种稻,侗族各地区水稻的品种繁多,在侗语中关于禾谷类作物的词汇特别丰富。除了前面提到过的"oux jiuc"(荞麦)、"oux gaeml"(糯米饭)之外,常见的还有:"oux gax/jiml"(籼米)、"oux lail/jos"(糯禾)、"oux megx"(麦子)、"oux jedc"(稗子)、"oux biangs"(小米)、"oux dongc saent"(茭白)、"oux maot"(扁米),等等。

"doh"指豆子、豆荚等。除了前面提到的"doh songc"(黄豆)、"doh oux"(饭豆),doh dangh(花饭豆)之外,常见的主要还有"doh songc"(黄豆)、"doh bagl miax"(刀豆)、"doh xangc angl"(豇豆)、"doh ngeec"(豆芽)、"doh magx"(花生)、"doh biigx"(蚕豆)等。

四 侗语地名、人名、熟语和歌谣中的植物名物

侗族是林粮畜兼作的山地民族,自然资源是其社会生产力不可或缺的要素,是其生存的自然基础。侗族地区有丰富的植物资源和宜居的生态环境,是一个人与自然和谐相处的地方。侗族在世世代代与自然界的相处中,认识到"江山作主,人为客"(Jangl xeenp weex xuh, nyenc weex egt)的道理;这是侗族自然观、哲学观的体现。侗族人与植物休戚与共,使得侗族生活文化的方方面面都留下了植物的影子。

(一)在侗语中以植物名为地名的比比皆是,这既体现了植物与侗族文化的密切关系,以植物为寨名者也不少,体现了侗族对植物的热爱:

Xaihyaop 寨蒿(枫寨)　　　Dinl jenc meix yint 美银寨(青冈木脚寨)
Jemh biags 芭蕉冲　　　　Jemh baoc 柚子冲

Banc gangv 盘杠　　　　Unx liemc xuh 榕树垴
Dih doh 地豆　　　　　　Oc buc 卜寨（瓜寨）

（二）以植物名物为人名，这也体现了侗族对植物的喜爱：

Jas Meix 美叔（树叔）　　Eis Bav 芭姐（叶姐）
Nyih Wap 二花　　　　　 Niv Xuc 细竹

（三）侗族谚语、俚语中的植物名物。侗族的谚语、俚语是侗族文化的一部分，是侗族人生哲学、生产生活经验、文化艺术观以及兴趣爱好的反映。侗族谚语、俚语中的植物相当丰富，同样反映了植物与侗族文化的密切关系和侗族对植物的喜好：

(1) ngaemc aenv guads geiv, ags mungx ags eiv。
　　 韭　　菜　炒　蛋　各　人　　各　爱
　　　蛋炒韭菜，各有所爱。

(2) nuv gueec janl mal mal dul dangh,
　　 若　　不　　吃　菜　菜　变
　　 nuv gueec janl nangc nangc wenp baenl.
　　 蔓若　不　　吃　笋　　笋　成　竹
　　　菜若不吃菜变藤，笋若不吃笋变竹。

(3) gobs yuv songc begs nyaoh, bix yaot gueec lis xangl
　　 只　要　松　柏　在　　别　怕　不　　得　松香
　　　只要松树在，不怕没松明。

(4) meix pieek ah gueec pieek dens,
　　 树　　分　桠　不　分　　根
　　 jaix nongx daengl wenp bix pieek longc.
　　 兄　弟　　相　　分　　不　分　肚（心）
　　　树分枝桠不分根，兄弟分家不分心。

(5) meix maih das meix yunt, nyenc seic gueec lail deml.
　　 金鸡木　　山　中　少　　人　才　不　　好　遇
　　　金鸡木山中少，人才不好遇。

(6) yuv weex liemc xuh ongp wap jids demh,
　　要　做　榕树　无　花　结　果
　　bix weex xul liiuc lail dah yah laos dal。
　　莫　做　杜　鹃　空　开　花。
　　　　要做榕树无花也结果，莫做杜鹃空开花。

(7) genc bangp lail jeel demh,
　　人　高　好　吃　菔
　　genc demk lail denl nangc.
　　人　矮　好　采　笋

(8) oux jospiagl dac miac nyogl bal.
　　糯饭　捏　团　手　扯（腌）鱼（"糯米饭捏团吃，手扯着腌鱼就饭"，既是侗族过去的生活方式，也是侗族向往的高级生活境界。）

(9) "qak　jenc　janl　demh　biix　jaos　sems,
　　　上　山　吃　杨梅　不　怕　酸
　　meec　sais　janl　duil biix　jaos　emc.
　　有　心　吃　李子　不　怕苦。

（四）侗族民歌中的植物名物。侗族是一个喜歌爱歌的民族，生活中常以歌代言，以歌传情，以歌叙事，以歌愉悦。Oux sangx soh, al sangx sais（饭养身，歌养心），xangv al gueec yuv ongl sinc jeis, xic yuv gaos muv il ros lemc（唱歌不要工钱买，只要口头一股风），这是侗族对唱歌的经典诠释及态度。因此，与侗族的生活息息相关的植物名物，在侗族的各类民歌中经常出现。

1. 侗族古歌中的植物名物。正像马克思把日耳曼民歌比作日耳曼民族的编年史一样，侗族的古歌也是侗族的编年史。侗族的古歌中有众多的植物名物，这充分说明侗族的植物名物也有悠久的历史由来，我们没有理由不对其进行抢救记录研究。如：

① Lieeux kgunv xonv lenc,[1]
　　去　前　转　后,
　lieeux meix baenl,
　　去　根　竹,
　taot meix nangc .
　　换　根　笋。

Lieeux haop sanc,
去　枫　檀，
taot haop jiv.
换　根　枫　杞。
mix dah peep xic,
未　过　末　时，
nyenc laox deil douv sungp dos daol,
　老人　死　留　言　给　咱，
gueec laoc deil douv baol dos nyenh.①
水牛　老　死　留　角　纪念。

2. 侗族大歌中的植物名物。侗族大歌名闻全国，享誉世界，被称为天籁之音。这是一种以无伴奏多声部演唱为主要特征的声乐艺术，主要流行于贵州黎平和从江县的六洞、九洞、十洞、千七、千五、千三、二千九、四脚牛，榕江县的苗兰、宰荡、加锁，以及广西三江溶江（福禄江）沿岸等侗族地区。这些地区基本属于侗语南部方言第二土语区，盛行"weex yeek（为也）"文化，即相邻的侗族村寨间农闲时互相派歌队走访、唱歌宴请的一种联谊活动（当地汉族称为"吃相思"）；而大歌在这种活动中得到十分密集的演唱。侗族大歌中的乐曲大都是模拟大自然的虫鸣鸟叫、风声溪潺等天籁之音，其歌词中的植物名也很多。如：

① Jus bix miiuc buc xup qak anh,[2]②
　郎　似　瓜苗　爬　上　架，
yaoc bix miiuc yank buh lianx wedt sup,
　我　似　丝瓜苗　还　未　发　青，
dul eis biingc gongc laengx eengv eev aox jongv dogl naenl.
藤牵不　上架　即刻　又　从架子上　掉　小瓜。
② Aox yanp lis nyangh sangx maoh jil songc,③
　园　里　有 洋荷　栽　它　吃果，

---

① 张民、普虹：《侗族古歌》，普谦编译，贵州民族出版社2012年版，第6页。
② 普虹、张铁红：《侗族大歌》，贵州民族出版社2003年版，第327页。
③ 同上书，第554页。

Naengl meec ongl nyaoh mangv liongh daol wox xangk,
还 有 一 棵 在 舅 那 边 咱 会 想,
Dul miax bangh map dadl pieek lis miiuc nanx oul adl xongs
抽 刀 来 砍 分 得一卷 弯肉 像
lagx bagl doh jaic.
野豆角。

3. 北侗山歌中的植物名物（山歌又叫玩山歌，主要流行于北侗天柱、锦屏、剑河和三穗的"高坡侗"[gaeml jenc]，以及天柱、锦屏、靖州交界称为"四十八寨""河边侗"地区）。北侗侗族非常喜爱山歌，男女老少都会唱。山歌贯穿于生活的方方面面，谈情说爱、劳动生产、红白喜事等都要用歌来表达心中的喜怒哀乐。北侗被称为绿色海洋，杉木之乡，植物与北侗侗族的生活息息相关。因此，北侗的山歌中也不乏丰富的植物名物。如：

① Bail gunv banx,
　　先　去　伴
　eeus weix liangc liiux dos bieenl genp.
　摘 枝 杨 柳 放 路 边。
　Liangc liiux gueec mil yuh gueec lanh,
　杨 柳 不 霉 又 不 烂,
　samp benl ngox benl yuh xonv map.
　三 天 五 天 又 转 来。

② Samp wedx jeml banx bail denl demh,
　三 月 约 伴 去 采 莓（野莓），
　siv wedx yeeulbanx bail dos miinc.
　四 月 邀 伴 去 种 棉。
　Meix miinc deenl lieeux samp xis wav,
　棉 花 长 到 三 十 叶,
　jeml banx wop nenl liot xis nyinc.
　约 伴 说 到 "六十年"（喻六十年的婚姻大事）

③ Deev jiuc wangc danc map sav genp,
　砍 根 黄 檀 来 塞 路,

dal nuv nyeenc wangc gueec bonk macweex yenp.
眼 看 阎　王　不　判　咱　　一起。
Nyeenc wangc gueec bonk mac jih naih,
阎　　王　不　判　咱　这辈子，
lail lail siup deenl liot xis rinc.
好 好 修 登　判 下 辈子。

4. 南侗河歌中的植物名物（河歌流行于都柳江沿岸的侗族地区）。河歌是南侗侗族老百姓喜闻乐见的民歌。它一般不用乐器伴唱，但也有用侗笛伴唱的，男唱女答，曲调优美，宛如潺潺水声。作为"江山作主，人为客"的侗族，非常敬重和喜爱大自然，在河歌中也有众多的植物名物。如：

① Duil lianx mungl wap kganv bail duil yangc kgav,
　李树不　开　花 凋　去 树 枝　干了，
baenl lianx beeuv nangc bens yaot yangc kgav semp.
　竹　不　生　笋　就 怕 竹 心 干了。
② Hoik kgeis janl aenl yuh yaot aenl qup dangh,
　吃　不　快 野芹 又　怕　野芹 抽 苔，
hoik kgeis janl nyangh yuh yaot nyangh wenp waenc.
　吃　不　快 洋荷 又　怕　洋荷　结 子。
③ dah mieengp gueengv kgaos laos daengl mieengp gueengv yeic,
　过了几个　桑树坳　进入　　几个　梨树坳，
Dah mieengp gueengv yeic jav nyac map touk naih.
　过了 几个　梨树坳 那 你 来　到 这 里。
④ gaos senl Guiv Juh mungl wap suv,
　贵州　村上开　梧桐花，
Dinl jenc Waic Yinh mungl wap yeic,
　怀远（三江县原称怀远县）坡脚开梨花。
Wap yeic mungl lail kgeis dangl nas jus bagx,
　梨　花 好看　长得没有 伴　的 脸 白，
Bav yags gkeip lail kgeis dangl nas jus gkeip.
　芭蕉叶 开得 好比不上 伴　的 脸 笑得开。

5. 侗族童谣中的植物名物。童谣就是儿歌,古称"孺子歌"。自有人类,就有童谣。童谣给儿童带来物我两忘、无忧无虑的童趣童真。1999 年联合国教科文组织正式确立每年的 3 月 21 日为"世界儿童儿歌日",旨在推动世界各国保护传承和利用儿歌,足可见童谣重要性之一斑。侗族有丰富多彩的儿歌和童谣,这些儿童歌谣词句中也有众多的植物名物,具有传承侗族传统植物知识的功能。如:

① 吃杨梅歌:
Janl yangc muic
吃 杨 梅
Yuv jil yangc muic dinl dabx ah,
要 吃 杨 梅 脚 踏 桠
Yux jil nadl yak qak bail pangp,
要 吃 颗 红 上 去 高
Yangc muic naengl nyaoh donc naih saos,
杨 梅 还 在 这 里 热
Dah lieeux yangc muic donc naih wangp.
过 了 杨 梅 团 这 荒

② 吃山果歌:
Biingc banx buh, janl demh jingl,
朋 友 哎 吃 金鸡果
demh jingl wap yeic wap dav maenl,
金鸡果 梨花 葵花
lemc xuip bav meix piat bav baenl,
风 吹 树叶 翻 竹叶
saml banl nup ul jenc jav,
三个 男孩 哪个 山头那里 (望)
yac beix nup aox jemh baenl,
两个 女孩 哪个 竹林里边 (藏)
nyaemv nyaemv dos al saemh aiv yanl.
晚 晚 唱歌 到 鸡鸣 (天亮)

五　小结

我国少数民族在历史长河中，基于自身对自然环境、制度文化和社会生活的认识和经验，形成了独具特色的对事物的命名和分类，即本民族的名物系统。正是这些名物，构成了各民族语言词汇系统和本土知识体系的最核心部分，它们是语言活力、生物知识、社会知识的集中体现。但是，在近二十多年来的经济社会剧变中，由于农村不断空巢化，人口涌入都市里去生活，不仅使民族语言失去了语用环境，而且很多传统的生物资源和人造器物都逐渐淡出，导致了各族名物的严重濒危，并进一步导致语言空心化和语言濒危的加深。在民族地区，这样的名物濒危和语言空心化趋向来势非常迅猛，因此，大力开展这方面的调查研究，抢救日益严重濒危的民族名物遗产，对于语言濒危及保护机制的研究，对于民族语言、传统知识及生物多样性传承保护的内涵深化和模式创新，具有极其重大的意义。

综上所知，侗语中的植物名物系统是侗族在长期的生活、生产实践中对客观世界不断深入了解的结果。丰富的植物名称不仅体现了侗族人在其生存环境中积累的大量植物知识，而且也充分反映了侗族人对客观事物的形象感知。侗族人缺乏抽象思维，而对于事物的认识和感知都必须通过形象、具体的话语来进行描述。侗族先民在没有本民族传统文字来记述本民族语言的情况下，对植物词汇的传承只能在口传文化的环境中产生，因此，侗语植物的名称不仅具有明显的民族语言特点，而且还有着知识传承的功能。也正因为如此，研究植物的名称对于了解一个民族的文化和认知，具有很高的学术价值。但是，随着语言环境以及生态环境的恶化，侗语词汇也遭受到了很大的冲击，侗语中很多的植物名称词的词义已逐渐弱化或转移、改变。面对如此不容乐观的语言变化，对侗语植物名物词的研究更是不容忽视。

加强少数民族生物名物的调查研究，能为语言学、人类学、民族学、保护生物学等学科的跨学科研究发展提供坚实的基础语料和实例支撑，可成为促进跨学科研究发展的重要学术生长点。希望我们关于侗族植物名物系统的这份初步研究成果能够给我国民族名物学研究的发展带来些许有益的参考。

第五节　侗台语族民歌共同的韵律特征

一

侗台语族分布的区域十分辽阔，国内分布在广西、广东、湖南、湖北、贵州、云南、海南等省区。国外主要分布在泰国、老挝两国以及缅甸、印度、越南等国家的部分地区。侗台语族的亲属关系早已为国内外语言学家所公认。国内学者现在一般把我国境内的侗台语族称为壮侗语族，包括壮语、布依语、傣语、黎语、侗语、水语、莫话、锦话、佯僙话、仫佬话、毛南话等语言。

民歌诞生于人类原始之初，是最古老的文学形式。侗台语诸民族都是能歌善舞的民族。除了泰国、老挝和傣族外，这些民族大都没有自己古老的民族文字。因此，世世代代口耳相传的民歌对于民族文学的研究是最为宝贵的。民歌是世界各民族文学的重要组成部分，从某种意义上来说，它甚至可以作为民族文学的代表。所以，马克思说："古代的歌谣是他们（日耳曼人）的唯一的历史传说和编年史。"（马克思《摩尔根〈古代社会〉一书摘要》）

在民歌的比较研究中，民歌的表现形式显得更为重要，更有历史价值。内容可以随时代的不同，地域的变迁，个人的爱好而有所变化和取舍，也可以相互影响和借贷。而形式一般不会因时过境迁而改变，因为一经改变，就不易歌舞，不易流传，不为本族人民所喜闻乐见。同时，形式由于受到语言、曲调、舞蹈、乐器、民族审美心理等因素的制约而不易为其他民族所接受。像汉族民歌以七言四句押脚韵为多见，苗歌不押韵而押调，凉山彝歌押的是音节，朝鲜族民歌讲音节群律，蒙古族民歌不押尾韵而押头韵……因此，我们可以说，民歌的格律形式是具有民族特色的，它是鉴别民歌的民族属性最为可靠的尺度之一。

民歌格律的研究不仅能揭示民族民歌的传统语言格式和韵律，从而为民歌的发展和诗歌创作以及民间文学工作者翻译、整理民间歌谣的借鉴，同时为各民族民歌格律的对比研究，对各民族文明史、交往史、文化史、民族史、文学史等进行研究都极有参考价值。因此，民族学家、民俗学家、语言学家、历史学家和文学家都十分重视各民族民歌格律的研究。

李调元、李方桂等先贤开创了侗台语族民歌调查研究的先河，他们先后搜集、记录了俍歌、壮歌、仲歌和水歌，并对其格律特色进行了研究。侗台语族其他民族的民歌格律相信也是丰富多彩、各具特色的，需要我们做深入细微的调查研究。我们认为，侗台语族民歌格律的比较研究不仅是这些民族文学共时和历时分析的需要，也是探讨各民族文学交往史的需要。

二

在侗台语族民歌的搜集研究中，要数壮族民歌进行得最早。清代乾隆年间李调元辑解的《粤风》所依据的是清初吴淇的《粤风续九》①，这就是说，出书虽在清代，但这些民歌至迟在明代时就已流行于广西的浔州（今广西桂平、平南、贵县一带）地区了。《粤风》卷三收录苗歌（东楼吴代原辑）二十九首，卷四收录壮歌（四明黄道原辑）② 八首。历代对少数民族的称说不统一，往往把没有确称的民族统称为"苗族"。《粤风》中的"苗歌"也是如此，从语言和民歌的韵律来看当属壮歌无疑。

关于《粤风》中"苗歌"的格律，李调元在书中说："苗歌迭唱，反叶韵例。""'若皮驾天桥'，起句有三字者，亦有不用韵者。'就度邀'苗歌定藏一韵于此句第三字，或第二字。'批卦'必于此句内用两韵，似是'邀卦'为起韵，他处皆引也。"这就是说，"苗歌"采用复沓唱法和反复叶韵的方法。李调元引用了其中的这首歌"若皮驾天桥，就度邀批卦。约区同旧话，便批啰媒通。生人妻可孝，度告实不饶！贯龙姻亲，尔克负公妈"的头两句来说明壮歌的韵律。即头一句如果只有三个字的也有不用韵的，但这首歌的第一句的"桥"字为脚韵；第二句有两韵，第三个字"邀"为腰韵，与头句的脚韵"桥"互叶，句末的"卦"又为脚韵，"邀"、"卦"又为以下各句的"起韵"。此种叶韵法，其实就是后人所说的壮歌的"勒脚韵"。这二十九首"苗歌"除了其中两首的第一句和第三句为三个字外，其余的都是五言八句的歌体。除了六首扇歌和一首担歌外，其余二十二首都采用一问一答的歌形式。李调元说这些"苗歌"采用"迭唱"法，即"复沓法"。"苗歌"的复沓具有自己的特色，即把歌的前四行一分为二；第一、第二行分别在第七、第八行重复一次，第三、第四行分别在第十一、第十二行重复一次。因此，"苗歌"虽写的只有八行，实为十二行。例如：

（1）
妹知弟不知，木皮好做纸。
恐同年不意，妹欧气难陪。
旧钱便好使，旧米便好糍。
妹知弟不知，木皮好做纸。

---

① 蒲泉、群明编：《明清民歌选》甲集，古典文学出版社1956年版。
② 天鹰：《中国古代歌谣散论》，古典文学出版社1957年版，第67页。

妹说弟风流,都刘是不是。
▲   ▲   ▲
恐同年不意,妹欧气难陪。
　▲　　　▲　　▲

《粤风》中的"壮歌"有八首,其中五言九句的有四首,五言七句的有三首,五言四句的有一首。关于"壮歌"的韵律,李调元在书中说:"壮歌与苗歌相类,然苗歌如律诗,少一句不得,壮歌可长可短。此歌原本十句,缩尾有'骑丑另换婚',五字,余嫌其大露,删去,竟以'绿丑'二句作结。"这就是说"壮歌"的押韵方法及每句的字数都与"苗歌"相同,所不同的只是每首歌的句数不一样,"苗歌"除了两首以外都是五言八句(加上复沓,实为十二句),而"壮歌"的行数可多可少,有十句、九句、七句、四句的不等。

如上所述,"苗歌"和"壮歌"的韵律虽有所不同,但整体的五言体和严格的勒脚韵是李调元所辑解的《粤风》的壮歌(即"苗歌"和"壮歌")的格律特色。

李方桂先生开创了用音标记壮歌、用科学方法研究壮歌格律的先河。《龙州土语》①和《武鸣壮语》②两书都是李先生根据 1935 年他在广西的实地调查写成。《武鸣》一书中记录了壮歌 12 首计 1662 行③,《龙州》记录了五首计 133 行④。

关于《武鸣》壮歌的格律,李先生做了较详尽的研究。武鸣壮歌的结构和押韵情形李先生用下列形式表示出来:

```
四句诗:OOOOA    OOAOB    第一联 ⎫
       OOOOB    OOBOO    第二联 ⎬ 一首
                                ⎭
八句诗:OOOOA    OOAOB    第一联 ⎫
       OOOOB    OOBOO    第二联 ⎬ 第一首
```

---

① 李方桂:《龙州土语》,中央研究院历史语言研究所单刊甲种之十六,1940 年,以下简称为《龙州》。
② 李方桂:《武鸣壮语》,中国科学院语言研究所,中国科学院出版社 1953 年版,以下简称为《武鸣》。
③ 其中《梁山》400 行,《姜子牙》280 行,《珠文瑞》168 行,《无妇吟》24 行,《吊关》160 行,《女选》Ⅰ 176 行《女选》Ⅱ 248 行,《男送》136 行,《马蹄脚诗》16 行,《问答诗》Ⅰ 16 行,《问答诗》Ⅱ 8 行,《猜谜》14 行,《杂诗》16 行。
④ 其中《山伯英台》94 行,《歌》32 行,夹在故事中的有三联共 7 行。

```
OOOOC    OOCOA    第一脚  ⎤
[OOOOA   OOAOB]   重读第一联 ⎦ 第二首
OOOOD    OODOB    第二脚  ⎤
[OOOOB   OOBOO]   重读第二联 ⎦ 第三首
```

从上图可看出，20 世纪 30 年代的《武鸣》壮歌的五言四句或五言八句（实为十二句）的结构以及勒脚韵的叶韵方法，与清代的《粤风》中的壮歌是基本相同的。关于壮歌脚腰韵的用韵，李先生也指出，武鸣壮歌"元音韵严，辅音韵宽"，像 ɑi 跟 ai，ɑu 跟 au 音值虽然相近，但也不能互押，而收-m、-n、-ŋ 等韵尾的只要元音相同可以互押，收-p、-t、-k 韵尾的只要元音相同时也是可以互押的。

武鸣壮歌不仅讲究押韵，而且也讲平仄，这也是李方桂先生对壮歌研究的又一贡献。《武鸣》壮歌的平仄，李先生用下列形式来表示：

```
四句诗： OOOO 平   OO 平 O 仄    第一联 ⎤
        OOOO 仄   OO 仄 O 平    第二联 ⎦ 一首
或      OOOO 仄   OO 仄 O 平    第一联 ⎤
        OOOO 平   OO 平 O 仄    第二联 ⎦ 一首
八句诗： OOOO 平   OO 平 O 仄    第一联 ⎤
        OOOO 仄   OO 仄 O 平    第二联 ⎦ 第一首
        OOOO 仄   OO 仄 O 平    第一脚  ⎤
       [OOOO 平   OO 平 O 仄]   重读第一联 ⎦ 第二首
        OOOO 平   OO 平 O 仄    第二脚  ⎤
       [OOOO 仄   OO 仄 O 平]   重读第二联 ⎦ 第三首
```

关于《龙州》壮歌的押韵，李先生说："这里的歌都是七言，押韵的方法也跟汉诗相同。"

但在故事里出现的歌联，却也是五言押韵的歌体。因此，李先生说："这类体裁我在武鸣、天保、西林、柳州、迁江、武宣的台语山歌（壮歌）里都有发现。"这说明龙州壮歌跟其他地区的壮歌一样，原先也是以五言勒脚韵歌体为主，但由于受汉族的影响现仅保留在传统的民间故事中了。

关于现当代壮歌的格律，黄勇刹先生在《采风的脚印》一书中进行了全面的介绍。他说，不管勒脚歌、排歌、散歌"同样要求押腰韵、押偶单句间的脚韵"。从此可看出，从三四百年前的《粤风》壮歌，到 20 世纪 30 年代的《武鸣》壮歌，以及当代的各种壮歌，五言歌体、勒脚韵一直是壮族民歌格律的基本形式。

三

邢公畹先生于 1942 年 5 月对贵州惠水县远羊寨（现叫雅杨寨，因村人大都姓杨而得名）的仲歌进行了调查研究，同年写成了《贵州惠水远羊寨仲歌记音》一书①。这是我们所看到的关于布依族民歌的最早的音标记音了。邢先生在《仲歌》中共记录了三十二首民歌计 527 行，并对仲歌的格律进行了研究。"仲歌"的结构很自由，歌的长短因内容而定，有的长达 100 行（第二十五首），有的只有四行；歌的行数可单可双；每行的字数可长可短，可单可双。"仲歌"也不要求押韵，既无腰韵也无脚韵。例如：

（2）
sam^4　$jəu^2$　$njau^6$　$daːi^5$　man^3；　　　爱你像李花；
玩　　你　　像　　花　　李
sam^4　$jəu^2$　$njau^6$　$daːi^5$　$ȵaːn^2$.　　　爱你像桑花。
玩　　你　　像　　花　　桑
sam^4　$jəu^2$　$njau^6$　$baɯ^1$　lu^2；　　　爱你像柳叶；
玩　　你　　像　　叶　　柳
sam^4　$jəu^2$　$njau^6$　$baɯ^1$　jau^1.　　　爱你像绿叶。
玩　　你　　像　　叶　　青
sam^4　$jəu^2$　$ləm^5$　$tɕau^2$　$lap^8 mwa^5$；　爱你像雾般的桥；
玩　　你　　像　　桥　　雾
sam^4　$jəu^2$　$tɕwa^5$　$ləm^5$　po^2　lap^8　$laːŋ^3$；　爱你像伞似的山；
玩　　你　　　　　像　　坡　　伞
sam^4　$jəu^2$　$tɕwa^5$　$ləm^5$　$vaːŋ^2$　tu^2　$ŋwan^2$. 爱你像太阳的一半。
玩　　你　　　　　像　　半边　　太阳

---

① 邢公畹：《贵州惠水远羊寨仲歌记音》，南开大学文学院边疆人文研究室语言人类学丛刊正集第一种，1942 年，昆明；以下简称"仲歌"。

那么，什么是"仲歌"的格律特色呢？邢先生说："总之，'韵脚'在这里的歌谣中并不是重要的东西，它用另外一种方法去造成歌句进行中的旋律。这种方法就是'换音段的音群反复法'。""音群反复法"就是一般所说的"复沓法"，也就是说复沓是"仲歌"的形式特色。纵观全书三十二首民歌，不管是四行、五行的短歌，还是几十行到百余行的长歌，没有一首不是复沓的。有的通篇都用复沓法，最少的也有两句为复沓。邢先生在书中归纳了"仲歌"的各种不同的复沓形式，但最多的是这两种复沓法：反复复沓法和交错复沓法。反复复沓法就是整首歌的每一行都重复相同，仅改动其中一个字或几个字或其中一行。例如：

（3）
ðan² kwəi¹ ðwa⁶ kwəi¹ ji² tai³ kwəi¹
家   夫   外   夫   也 是 夫
ðan² mu¹ ðwa⁶ mu¹ ji² tai³ mu¹
家   猪   外   猪   也 是 猪
ðan² kwəi¹ ðwa⁶ kwəi¹ jaŋ⁶ djau¹ tai¹
家   夫   外   夫   样   一   待
ban¹ voŋ² laŋ¹ voŋ¹ ji² tai³ no⁶
掌   手   背   手   也 是 肉

交错复沓法是指基本相同的几句先进行复沓，然后又换上另外几句基本相同的句子进行复沓，也就是说一先一后轮番进行复沓。这种复沓也是要更换句子中的一些音节的。例如：

（4）
tai³ θwaŋ¹ sau¹ lə² jəu⁵ voŋ² wən²?
是   两   哪   在   方   那
是哪两个在那方？
tai³ θwaŋ¹ jəu¹ lə² jəu⁵ pai⁶ ti?
是   两   哪   在   面   那
是哪两个在那边？

tai³ pan¹ pu⁶ ðau¹ kəu² ȵəŋ² pjəu¹;
是　份　衣　我们　取　一　件
是份衣服我们取一件；

tai³ vai⁴ ljəu¹ ðau¹ kəu² ȵəŋ² wo¹;
是　树　竹　我们　取　一　节
是棵竹子我们取一节；

tai³ pan¹ no⁶ ðau¹ ðjəu³ ȵəŋ² tɕin¹;
是　份　肉　我们　提　一　斤
是份肉我们提一斤；

tai³ pan¹ lau³ ðau¹ sɯ⁵ ȵəŋ² am³;
是　份　酒　我们　尝　一　口
是份酒我们尝一口；

tai³ pan¹ jəu² ðau¹ ðan⁶ ȵəŋ² ŋwan².
是　份　你　我们　坐　一　天
是份你我们坐一天。

贵州罗甸布依民歌的行数可双可奇，可长可短，每行的字数有的是整齐的五言体，也有参差不齐的歌句。但不管是五言民歌，还是长短不齐的散歌，讲究腰韵却都是相同的（腰韵一般出现在下句的句中，但有时也可出现在句首或句末）。例如①：

(5)
pja⁶ pan² liu¹ taːŋ⁵ tai³，　火把分成两束，
别　成　火把　各　把
pja⁶ pan² fai⁴ taːŋ⁵ ko¹，　树木分两株，
别　成　林　各　棵
ɕɯ¹ ho² pai¹ taːŋ⁵ paːi⁶，　同心分两处，
心　思　去　各　方

---

① 引自中央民族学院语言研究所第五研究室编《壮侗语族语言文学资料》，四川民族出版社 1983 年版。

ɕo⁶   nuːŋ⁴   waːi⁶   pai¹   zaːn²,   明日妹回去，
明天   妹   走   去   家
naːn² dai⁴   tau³   siːŋ³ roi⁶.   难得再相逢。
难   得   来   相   会
pja⁶   lum³   pit⁷   pja⁶   vaːi¹, 像那鸭子离水坝，
别   像   鸭   别   水坝
pja⁶   lum³   vaːi²   pja⁶   me⁶,   像那小牛离亲娘，
别   像   小牛   别   母亲
pit⁷   pja⁶   vaːi¹   li⁴   son³   na²   ɕe⁶,
鸭   别   水坝   有   吸   田   烂
鸭子离水坝有田寻食，
vaːi² pja⁶   me⁶   li⁴   kɯn¹   ɲa¹   vai³,
小牛   别   母亲   有   吃   草   野
小牛离亲娘还有青草啃，
ku¹   pja⁶   nuːŋ⁴ ɕi²   tai³   leu⁴ ɕiu⁶.
我   别   妹   就   哭   全   辈
我离别情妹就遗恨终身。

贵州荔波县地莪乡布依歌的格律与北部布依歌不同，而跟广西壮歌的五言勒脚体完全相同。地莪布依歌一般是五言四句；用韵跟武鸣壮歌一样，元音韵要求严，辅音韵宽，以 -n、-m、-ŋ 收尾的鼻音韵可以互押。例如①：

(6)
tuŋ²   ɖai⁶   ləm⁶   hu⁶   tɯ⁶,   相爱像双筷，
相   爱   像   双   筷
tuŋ²   jɯ⁵   ləm⁶   kaw¹   wai².   相坐像牛角。
相   坐   像   角   牛
zau²   tuŋ²   ɖai⁶   lai¹   lai¹,   咱相爱多多，
咱   相   爱   多   多

---

① 下面所引的地莪布依民歌和锦家民歌由笔者和当时南开大学中文系研究生崔建新在1986年秋调查时的记录。

pu^4　pjo^5　$mjai^2$　pu^4　dun^4.　　个吐口水个吞。
个　　吐　　口水　　个　　吞

地莪布依歌跟武鸣壮歌一样也讲究平仄，其平仄可用下图来表示：

○○○○仄　或　○○○○平
○○仄○平　　　○○平○仄
○○仄○平　　　○○平○仄
○○平○○　　　○○仄○○

总之，北部布依歌以复沓为其特色，而南部布依歌既押脚腰韵又讲究平仄。这是两种截然不同的特色。

四

北部侗歌大都以七言四句的歌体与当地汉族民歌相似，因此有人误认为它与汉族民歌无多大差异，有的甚至说"北部侗歌就是汉族民歌"。这种说法是没有多大根据的。北部侗歌都是徒歌，采用男唱女答的对唱形式。北部侗歌每行字数不限，少的三个字，多的有二三十个字，但以七言体为多见。每行不管字数多寡，都只能是奇数字句。这种奇数字句体与北部侗歌的节律有关。在一行中除了最后一个字单独为一节外，其余的都是两个字为一节。在笔者所看到的北部侗歌中，没有发现过双数字句。双数字句唱起来很别扭，甚至唱不下去。

北部侗歌在格律上主要特色是押调而不是押韵，脚韵押与不押都可以，但必须押声调。古老的传统民歌都只押调而不押韵，由于受到汉族民歌的影响，有的歌也押脚韵，但也必须押调。所谓的押调，即对句末字的声调限制：一、所有的句末字只能出现舒声调字而不能出现促声调字；二、第二句句末字只能是次阴平调（1'调）或阴平调（1调）字。例如：

（7）
　　$məi^4$　nam^2　$ŋu^1$　$ŋu^1$　$ŋau^6$　ta^5　ta^3，
　　木　　楠　　青　　青　　在　　中　　山
青青楠木在山中，

ljaŋ² lju⁴ wui⁴ wui⁴ ȵau⁶ ta⁵ ȵa¹.
杨　柳　依　依　在　中　河
依依杨柳在江中。

məi⁴ nam² kwe² wa¹′ ai³′ jau² pon²,
木　楠　无　花　可怜　我　盘
楠木无花害我盘,

ljaŋ² lju⁴ kwe² wa¹′ ai³′ jau² mja².
杨　柳　无　花　可怜　我　栽
杨柳无花害我栽。

北部侗歌高亢低回的旋律是其声调格律形成的原因。北部侗歌的曲调单一固定,它的第一、第三句的旋律比较平缓自由,所以,所有的舒声调都可以出现。第二句的结尾能高能低,当出现调值很低的次阴平调字时(调值为11),旋律就特别低沉;当出现调值很高的阴平调字时(调值为45),旋律就转为高亢。

南部侗族地区流行的民歌种类繁多,但尤以琵琶歌、大歌和河歌分布的地区最为广阔,也最具民族和地区特色,从这三种民歌也就能领略到南部侗歌与北部侗歌截然不同的格律特色。

琵琶歌是侗族琵琶或牛腿琴伴奏而演唱的一种民歌。各地琵琶歌形式不尽相同,有的是自弹自唱,有的是在琵琶的伴奏下的对歌。琵琶歌的行数,每行的字数长短不一,只要做到"奇数句,偶数行"就行。在韵律方面琵琶歌以押腰韵为主,即上句句末字与下句腰部的一个字韵母相同(以第四个字为多见,个别的也可出现在句首),第二句句末字又与第三句腰部的一个字押韵,这样一环扣一环地押下去,直至歌结束。腰韵可以换韵,不要求一韵到底。琵琶歌大都也押脚韵,即要求双数句句末字的韵母相同,但不押脚韵的琵琶歌也不少。在平仄方面,琵琶歌的腰韵可平可仄,而脚韵则要求严格的平声韵。例如:

(8)
man¹ jau² səm⁶ ȶu⁶ səm⁶ kəp⁷′ kəp⁷′,
今天　我　寻　伴　寻　急　急

ji¹ pi⁴ sui² səp⁷′ səm⁶ ȶha⁵′ pi¹.
好　比　蛇　　　寻　上　堤

sui² səp⁷′ ȶha⁵ pi¹ jau² səm⁶ ȶu⁶,
蛇　　　　　上　我　寻　伴
paɪn⁴ səm⁶ si¹′ fu⁶ ȶiu¹ ja⁶ kai⁵ ŋau⁶ ɲi¹.
伴　寻　妻　夫　我　也　讨　坐　一会儿

今日找伴我着急，
好比花蛇找上堤。
蛇找上堤我找伴，
伴找夫妻让我也坐一会儿。

侗族大歌长短不一，短的只有十余行，长的有数百行。所谓大歌并无篇幅宏大之意，而只是一种多声部、无伴奏的歌唱形式。大歌的行数都是偶数，每行的字数一般都是单数字句。每句可长可短，短的只有三个字，长的可达一百余字。总之，偶数行，单数字句，句子长短不齐，篇幅可大可小，这是侗族大歌的结构模式。

侗族大歌对韵律的要求很严。首先，要求押脚韵，即偶数句句末字一定要互相押韵，并且要一韵到底不能换韵。其次，侗族大歌要求押腰韵，一般是奇数句句末字与偶数句句末中的偶数字（第四个字为多见）相押韵。大歌的腰韵有的一韵到底，也有的在中间换韵，不像脚韵要求那么严格。例如：

(9)
pjiu³ nu¹′ nai⁶？　表妹从哪里到这里来？
表　哪　这
pjiu³ nu¹′ pjiu³ nai⁶ lui⁶ ɕai⁶ taŋ¹.
表　哪　表　这　下　寨　来
表妹从寨上下来。
pjiu³ nu¹′ pjiu³ nai⁶ lui⁶ ɕai⁶ nai⁶,
表　哪　表　这　下　寨　这
表妹从这个寨子下来，
na³ naŋ¹ tai⁵ ja⁵′ nuk⁹ tui¹ laŋ¹.
脸　鼻　带　红　花　李　桃
脸色带红像桃李花。

pjiu³ nu¹' nai⁶? 表妹从哪里到这里来?
表   哪   这

pjiu³ nu¹' pjiu³ nai⁶ lui⁶ çai⁶ wu¹,
表   哪   表   这   下   寨   上
表妹从上寨下来,

pjiu³ nu¹' pjiu³ nai⁶ lui⁶ çai⁶ nai⁶,
表   哪   表   这   下   寨   来
表妹从这个寨子下来,

na³ naŋ¹ tai⁵ ja⁵' nuk⁹ çu¹ liu².
脸   鼻   带   红花   映山红
脸色带红像映山红。

有的很长的大歌由好几首短歌组成。在这数十行甚至数百行的大歌中要求每个偶数句都押脚韵是困难的。因此,在这类长歌中有的只要短歌与短歌的句末字相互押韵就行了。

河歌流行在黎平、从江、三江等南部侗族地区。这里以黎平岩洞河歌的格律为例进行介绍。岩洞河歌的格律有三个特点:(1)河歌采用一唱一答的对歌形式。(2)在平仄方面要求第一句句末字为阳去调(6调),末句的句末字大都是阳平调(2调)。由于岩洞河歌以两句一首的为多见,所以其腰韵几乎都是阳去韵。(3)讲究对仗,要求答歌不仅与所对的歌的行数、字数相同,而且要求在词性上也相同。一般是答歌的首句是对歌首句的复沓,而第二句在复沓中夹杂着生动的变化。例如:

(10)

nam⁴ loi⁶ ȵa¹ joŋ² tjiu¹ pən³ ka³ çau¹' toŋ² nam⁴ loi⁶,
水   下   江   融   我们 只   等   你们 同   水   下

nam⁴ loi⁶ hu⁶ hu⁶ qau⁴ sai³' jau² ha⁶ çaŋ⁵' au¹ ȵa².
水   下   哗   哗   里   肠   我   就   想   娶   你

nam⁴ loi⁶ ȵa¹ joŋ² tjiu¹ pən³ ka³ çau¹' toŋ² nam⁴ loi⁶,
水   下   江   融   我们 只   等   你们 同   水   下

nam⁴ loi⁶ pje⁶ pje⁶ qau⁴ sai³' jau² mje⁶ çaŋ⁵' au¹ ȵa².
水   下   啪   啪   里   肠   我   思   想   娶   你

水流往都柳江我们等着你们同行，
水哗哗下流我心中只想娶你。
水流往都柳江我们等着你们同行，
水啪啪下流我心中只想娶你。

五

西双版纳傣族民歌的形式比较自由，篇幅大小长短不限。句子可长可短，没有奇偶数的限制。在韵律方面不押脚韵，但跟其他侗台语族民歌一样也要押腰韵。例如①：

(11)
tsau³	ka⁴	jaŋ⁶	jaŋ⁶	xau³	pa⁵	mai⁴	sen¹	lau³	duŋ¹	phai²
召	也			进	森林	树	如	矮木	树	林

teu²	pai¹	tset⁷	dən¹	pai¹	tset⁷	van²	tet⁷	jam²	dai¹
走	去	七	月	去	七	天	恰	时间	哪

tsau³	ka⁴	pai¹	han¹	jak⁸	tsaŋ¹	lai²	ju⁵	him¹	mai⁴	pan²	kvaŋ³
召	也	去	见	恶	魔	在	大		树	林	宽

man²	ju⁵	saŋ³	thən⁵	tsaŋ⁴	xat⁷	dan⁵	duŋ¹	phai²	saŋ¹	ta¹
他	过	守	森林	大象	守护	区域	树	林	两	眼

sai¹	dəŋ⁵	peu¹	sai²	fa⁴
亮	如	火	焰	天

a³	pak⁹	kvaŋ³	tau⁶	tsaŋ⁴	mi²	not⁹	lam¹	kaŋ²
张	口	广	如	大象	有	胡子	拖	下巴

kan²	va⁶	baŋ¹	ta¹	tsau³	vaŋ²	tin¹	mə²	hat⁸
如果	薄	眼	召	放	脚	去	到	

……

云南红河沿岸居住着傣族的一支——傣雅族。他们不信佛教也没有文字，没有受异国文化的影响。他们自称是土著民族，并说西双版纳、泰国的

---

① 引自中央民族学院语言研究所第五研究室编《壮侗语族语言文学资料》，四川民族出版社1983年版。

台族都是从这里迁去的。因此，他们的民歌更具有傣族传统民歌的特色。邢公畹教授在1943年对新平县漠沙坝的傣语进行了为期五个月的实地调查，记录了几十万字的傣族民间文学资料。笔者1982年又受邢先生的指派对漠沙坝傣雅语进行了一个多月的补充调查。① 下面的傣雅族民歌就是笔者记录的。

傣雅族民歌长短不一，行数多少也不定，既有整齐的五言体，也有长短不齐的自由体。在韵律方面它不押脚韵，但同样也押腰韵。例如：

（12）

kep⁷	tin¹	tɕu³	vau⁵	mo¹，	情人的鞋子没擦，
鞋	脚	情人	没	擦	
kep⁷	tin¹	tɕu³	vau⁵	saːi⁵，	情人的鞋子没洗，
鞋	脚	情人	没	洗	
səŋ¹	saːi⁵	pai⁵	ȵaːm²	hə³．	没洗就很漂亮。
不	洗	就	漂亮	很	
na³	sə³	hə¹	hə³	ȵin²，	衣服像银子，
面	衣	抵	得	银	
na³	sə³	hə¹	hə³	xam²，	衣服像金子，
面	衣	抵	得	金子	
ləm¹	xam²	sa³	ləm¹′	tɕi¹′．	像金子一样好。
像	金子	好	一	样	

六

李方桂先生20世纪40年代初对贵州荔波县的水语进行了实地调查，记录了二千六百余行水族民歌，并对这些水歌的格律进行了研究。

水歌大多为整齐的七言体，但歌的行数长短不一。这种七言体的水歌第三个字后有停顿，也可认为是三四三四言体。如以七言体来看待，水歌就有两种押韵法。一为内韵，即同一行的第三个字与第五个字或第六个字的韵母相押。二为腰韵，即第一句句末字与第二句的第三个字的韵母相押。反之，如果把水歌认为是三四三四言体的话，那么它的内韵实际上也是腰韵，即三言句句末字

---

① 见邢公畹著《红河上游傣雅语》，语文出版社1989年版。

与四言句的第二个字的韵母相押，四言句句末字又与下面三言句的句末字相押；这样一环扣一环，直到歌结束。例如①：

(13)

ɣaŋ¹	sjen³	ṭa³		tsi⁵	ni⁴	na³	toŋ²
家	仙	水		造	个		弓
ɣaŋ¹	ai¹	woŋ²		qham³	toŋ²	ho⁴	mja²
家	个	王		箭	铜	放	手
tsi⁵	qham³	na³		kon³	peŋ⁵	da¹	wan¹
造	箭	弓		管	射	太	阳
peŋ⁵	ni⁴	jət⁷		tun¹	pu³	me²	ɲi⁶
射	个	一		热	也	不	灭
peŋ⁵	ni⁴	ɲi⁶		tun¹	pu³	naŋ¹	ɲam¹
射	个	二		热	也	还	凶
……							
peŋ⁵	ni⁴	ŋo³		kwi²	mo⁴	bjaŋ³	da¹
射	个	五		水牛	黄牛	睁	眼
……							
peŋ⁵	ni⁴	sup⁸		fum³	mai⁴	ṭau¹	djət⁷
射	个	十		生	树	与	柴
ni⁴	sup⁸	jət⁷		fum³	çit⁷	ṭau¹	ja¹
个	十	一		生	芦苇	与	草
saŋ²	dau³	ni⁴		tɕap⁸	li⁴	tɕap⁸	kaŋ¹
留	只	一个		各	里	皆	亮
				tɕap⁸	faŋ¹	tɕap⁸	jin²
				各	方	皆	匀

关于水歌的押韵与声调的关系，李先生说，一般是调类相同的字才能相押，即平声与平声，上声与上声，去声与去声互押。

莫家（ai³mak⁸）和锦家（ai³ṭam¹）都住在贵州荔波县甲良区。莫家和锦

---

① 见李方桂《水语研究》，中央研究院历史语言研究所专刊之七十三，1977 年 10 月。

家的民歌有两种，一种是五言四句，一种是五言八句。在韵律方面与当地布依歌和武鸣壮歌相同，对腰韵的要求很严，但对脚韵一般不讲究。例如：

(14) 锦家民歌

ȵam⁵　ȵam⁵　pai¹　la³　ʐiŋ²，
晚　　晚　　去　　下　　村

me²　naŋ¹　ɖin¹　taŋ¹　jhoŋ⁵，
没　　有　　人　　来　　玩

ja¹　də¹　kə³　lau⁴　koŋ⁵，
俩　　咱　　个　　老　　公

ja¹　də¹　jhoŋ⁵　ja¹　də¹.
俩　　咱　　玩　　俩　　咱

(15)①

van¹　van¹　pai⁶　laŋ⁵　pho⁴，
天　　天　　去　　放　　黄牛

lo⁴　lak⁸　dun³　lun²　tui²，
诱　　女　　他人　后　　石

van¹　van¹　pai⁶　laŋ⁵　həi²，
天　　天　　去　　放　　水牛

tiŋ³　ȵəi¹　vəi²　lak⁸　dun³.
日　　×　　肥　　女　　他人

ȵam⁵　ȵam⁵　pai¹　la³　ʐiŋ²，
晚　　晚　　去　　下　　村

me²　naŋ⁶　ɖin¹　taŋ⁵　ʐəi⁶.
没　　有　　人　　来　　坐

ʐəi⁶　e²　ve⁴　lak⁸　təi³，
独　　我　　做　　小　　孩

---

① 引自李方桂《莫话记略》，中央研究院历史语言研究所单刊甲种之二十，1943，四川李庄。

ŋ² na³ bəi⁵ e² kuŋ².
你 莫 掐 我 多

伴僙人的民歌有两种，一种为七言四句体（但首句能出现三字头）。在韵律方面，它不押腰韵只押脚韵，在平仄方面，它要求押平声韵，其他声调不能押韵。例如①：

(16)
ra² rau¹ thoŋ⁵ tjeŋ¹ kai³ toŋ² til⁸,
两 个 丢 久 不 同 遇
ra² ai¹ toŋ² til⁸ sʅ¹ toŋ² ȵoŋ².
两 个 同 遇 才 同 浓
thoŋ⁵ ra⁵ kai³ ram¹ ra⁵ thoŋ⁵ waŋ¹,
丢 田 不 插秧 田 丢 荒
thoŋ⁵ ȶel⁸ kai³ ram¹ kai³ fɯn¹ thoŋ².
丢 秧 不 插 不 成 笼

(17)
təu³ tsi³ ȵa²,
多 谢 你
ȵam⁵ nai⁶ tsin¹ jaŋ¹ jəu³ tsin¹ tsa².
晚 今 吃 烟 又 吃 茶
ȵa² məi² mbin² tsiu³ rəi³ jiu² tsin¹,
你 有 钱 就 买 我 吃
jiu² kai³ məi² mbin² lau³ jui⁵ ȵa².
我 没 有 钱 得 罪 你

伴僙人的另一种民歌与其他侗台语族民歌一样，也是以押腰韵为主，脚韵可押可不押。例如②：

---

① 引自笔者 1986 年秋在平塘县甲青乡的调查记录。
② 引自黔南平塘县民族识别工作组《杨黄人族别调查资料汇编》，1983 年 7 月。

ai   jian   yang   ma   ga   tei   wen,
要   吃   嫩   笋   等   四   月
ai   sa   wei   bei   gang   duo   wan,
要   喂   肥   牛   草   一   卷
ai   jian   na   nai   da   gei   re,
要   吃   好   肉   场   坝   买
rou   zhuo   na   wan   me   tai   luan,
席   上   葵   花   不   要   抢
ai   jian   dao   eag   de   dao   wan,
要   吃   豆   芽   拿   豆   发
ai   jian   ma   gueng   ji   bai   la,
要   吃   蕨   菜   自   己   找
ai   jian   lan   nai   zai   yin   xian,
要   吃   好   肉   随   人   选
ai   wei   rei   lai   ji   do   fa.
要   写   好   字   纸   一   张

仫佬族民歌的形式比较自由，歌的行数和每行的字数长短不齐，可双可单。仫佬族民歌不押腰韵，只押偶数句的平声脚韵。例如①：

(18)
哥讲苦，妹讲穷，
门外狗叫房里米坛响轰轰。
苦瓜藤上瓜两个，
苦水养，哪嫌穷，
只重情义妹愿同住苦瓜棚。

毛南族民歌的格律与壮族勒脚歌的相同，一般是五言（或七言）十二句，

---

① 引自过伟《仫佬民歌初探》，《丹凤》总第22期。

第七、八句和第十一、十二句分别是第一、二句和第三、四句的复沓。一般要求腰韵，在五言歌中，腰韵一般出现在下句的第三个字上；在七言歌中一般出现在下句的第四个字上。脚韵一般是中间两句的句末互押，即第二、三句，第六、七句，第十、十一句分别互押。例如①：

(19)
鼓不打不响，
话不讲不明。
侬有没有情，
唱欢听才懂。
侬有没有意，
唱比喻短长。
[鼓不打不响，
话不讲不明。]
当阳鉴美玉，
过火识真金。
[侬有没有情，
唱欢听才懂。]

七

黎族民歌的行数多少不定，可单可双。每行的字数以五言为多见。不押脚韵押腰韵这是黎族民歌的韵律特色，腰韵一般出现在下句的第二个字上。例如②：

(20)
ba:n² ba:n² la:i² tho:ŋ³ phɯ:n¹,
讲　　讲　　见　　同　　伴

---

① 引自过伟《毛南族民歌初探》，《广西民族学院学报》1984 年第 4 期。
② 引自中央民族学院语言研究所第五研究室编《壮侗语族语言文学资料》，四川民族出版社 1983 年版。

tho:ŋ³	phɯ:n¹	doŋ¹	lo:ŋ²	kat⁷,
同	伴	像	白藤	梢
tho:ŋ³	phɯ:n¹	la:i³	tho:ŋ³	phat⁷,
同	伴	见	鸟	群
tho:ŋ³	phat⁷	doŋ¹	lo:ŋ²	ŋai¹,
鸟	群	如	松	梢
ploŋ³	lai¹	thu³	a:u¹	plaɯ³,
家	远	但	人	近
la:i³	vu:k⁷	ploŋ³	phai³	thaɯ³,
见	盖	屋	两	边
haɯ²	man¹	ga¹	ȡau³	gu:ŋ¹,
那	是	咱	兄	弟
la:i³	khu:ŋ³	go:m³	eȵ²	lat⁷,
如	会	得	小	野猪
ga¹	ŋan¹	kat⁷	tho:ŋ³	tho:i¹,
咱	也	分	伴	匀

……

八

从以上的分析比较中，我们十分清晰地看到侗台语族民歌在格律上有两个共同特征。一是押腰韵，即上句句末字的韵母与下句句中某字的韵母要求一致的押韵方法。除了仫佬族民歌以外，壮族、布依族（南部）、傣族（西双、红河）、侗族（南部）、水族、黎族、毛南、莫家、锦家和佯僙人的民歌都押腰韵。二是五言体，即每行的字数多以五言为主。除了侗族、水族、仫佬族和佯僙人的民歌以外，壮族、布依族（南部）、傣族、黎族、毛南、莫家和锦家的民歌都兴五言体。因此，我们认为五言体押腰韵是侗台语族民歌的共同格律特征。

虽然民歌有民族和地域的差异，也有互相影响和借用的可能。但我们认为侗台语族民歌这种共同的格律特征不是影响和借贷的结果。任何民族的语言和文化都不是自给自足的，总会从别的民族借入有用的成分，总会或多或少地受到别的民族的各种影响。但我们认为，影响和借贷之说不能解释侗台语族民歌表现在格律特征上的共同现象。首先，民歌格律是在长期的历史条件下产生和定型的。它与民族的语言、民族的审美情趣有直接的联系，为该民族人民所喜闻乐见，较为保守而不易受到别的民族形式影响和被别的民族借用。其次，从现在侗台语族语言互不相通和地理分布大都互为隔离来看，影响和借贷之说也不能成立。我们说侗台语族有亲缘关系，这是指它们有共同的来源，但它们分化至少也有几千年了。事实上，在侗台语族中不仅语言与语言之间通话大都困难，就是同一语言的方言与方言之间通话也有困难，比如，壮语南北方言间，侗族南北方言间通话也是有困难的。由于语言不通，民歌的互相借用就较为困难。从地理分布上来看也是如此，黎族偏居海南岛，红河傣族孤居在高山峡谷之中，使他们与同语族的其他民族的交往不可能，因而其民歌格律受同语族其他民族民歌格律的影响就不大可能。但从西边的云南德宏，到东边的海南岛，从北面的贵州侗族，到与越南接壤的广西龙州壮族却都有这种共同的民歌格律，影响和借贷之说无论如何也是不能解释的。同时，我们认为侗台语族的这种民歌格律也不是汉族诗歌影响的结果。汉族是我们国家的主体民族，对各民族的影响是多方面的，民歌格律的影响也不例外。但是，我国少数民族文化的借贷有个规律，一般是从当地的汉族中借入。我国西南汉族民歌的格律一般都是押脚韵的七言四句体。在二三世纪之交，也就是文学史上的所谓建安时代，当时兴起的乐府诗采用的是五言诗体，但这种诗体不押腰韵，现在各地的汉族民歌也没有押腰韵的五言诗歌。因此侗台语族这种共同押腰韵的五言体格律不可能是从汉族中借入的。

那么，侗台语族这种民歌格律是从哪里来的呢？我们认为只有一种推测，来自原始侗台民族。在侗台民族的先民时期就有了这种民歌格律，后来原始侗台民族发生分化，各民族把这些共同的民歌格律带到了各地，有的保留了下来，有的发生了一些变异，也有的失传了。但大多数的侗台族至今仍然保留着这种古老的独具特色的民歌格律，就像他们在语言上、文化上至今仍然有很多共同的成分一样。

第六节　北部侗歌独特的韵律特征

居住在贵州省天柱、锦屏、剑河、三穗等县毗邻地区的侗族，男女老少都喜爱唱歌。这里不仅有男女青年传达爱情信息的情歌，还有祝酒歌、婚嫁歌、哭丧歌等。但只是情歌流行面最广，也最为当地侗族所喜闻乐见。本节专论侗族北部情歌。侗族北部情歌是青年在谈情说爱的交际活动中，以男唱女答的形式抒发出来的。它包含了初相会歌、信物歌、赞美歌、相思歌、分散歌等。其中，以相思歌为最多，也最感人。

侗族北部民歌，由于每首句数与当地汉族山歌相同，再加上侗族青年有的也唱汉族山歌，所以人们认为它与当地汉族民歌可能无多大差异。关于这个问题，下文将论及。

一

北部民歌有格律特色。讲究字数、行数、韵脚、声调和对仗。

北部民歌的行数是固定的，每首只有四行，即四句歌。每句的字数不拘，多的有二三十个字，少的只有三个字，但只能出现在第一句。歌句的字数一般为奇数，偶数句较为少见，这可能与北部民歌的节奏有关，因为歌句一般以两个字为一节，只有最后一节为一个字；如果是偶数句唱起来就很不和谐，总之，歌句固定，句字不定，奇数歌句，这是北部民歌的一个特点。[①] 例如：

$wa^{1'}$　lai^1　et^9　$ȶən^2$　pai^1　au^1　ni^3，
花　　好　　隔　　山　　去　　拿　　得
pan^4　lai^1　et^9　$ȶən^2$　ni^3　nu^5　$ʐa^1$.
伴　　好　　隔　　山　　得　　看　　眼
tu^1　$əu^{1'}$　$ɕoŋ^3$　$maŋ^2$　pai^1　au^1　ni^3，
如　　哪儿　种　　什么　去　　拿　　得
$ljen^2$　$haŋ^{1'}$　$ljen^2$　$kən^5$　wet^9　$mən^2$　lja^2.
连　　根　　连　　兜　　挖　　它　　栽

$sam^{1'}$　wet^{10}　$mən^1$，
三　　月　　天
ja^2　$maŋ^5$　li^4　li^4　to^3　$jaŋ^2$　$ɕən^{1'}$.
两　　边　　纷　　纷　　种　　阳　　春

---

① 此节歌词的侗语标音系国际音标，音标右上角的数字为声调符号：1—阴平，2—阳平，3—阴上，4—阳上，5—阴去，6—阳上，7—阴短入，8—阳短入，9—阴长入，10—阳长入。

e$^{1'}$	to^3	jaŋ^2	çən$^{1'}$	ma^2	pe^4	saŋ^3,	
别人	种	阳	春	咱俩	别	想	
ma^2	təi^2	kwaŋ^1	jin^1	jun^1	lən^4	ȶən^2.	
咱俩	把	光	阴	站	登	山	
kau^1	wən^1	çeu^5	pai^1	çeu^5	çon^5	kwe^2	nən^2
太	阳	照	去	照	转	不	能
çeu^5	təu$^{5'}$	jan^2	jaŋ$^{5'}$	te^3,			
照	到	房	向	下			
pəu^1	jau^2	çu^5	su$^{1'}$	çu^5	saŋ^3	ta^1	nu^5	ȶi^6
个	我	越	思	越	想	眼	看	辈
nai^6	kwe^2	nən^2	ni^3	ȵa^2	çon^5	wu$^{1'}$	si$^{1'}$.
这	不	能	得	你	共	夫	妻
ta^1	nu^5	ȶi^6	nai^6	kwe^2	nən^2	ni^3	ȵa^2	əu^4	çi^6
眼	看	辈	这	不	能	得	你	饭	是
toŋ^2	ȶe^1	jan^2	çoŋ^5	ȵau^6,			
同	吃	房	共	住			
ȶa^3	təu$^{5'}$	pən^1	lən^2	ȶi^3	te$^{1'}$	te$^{1'}$	lən^2	tot^9	to^3
等	到	以		后		将来		遇	在
o^2	kən^2	ȶau^1	çi^6	nəm^4	ta^1	ai^3	məi^4	əm^2.
路	上	咱们	是	泪	水	改	个	苦

如果从押韵的角度来看，北部民歌可以分为全韵歌、半韵歌和无韵歌三种。全韵歌是指第一、二、四句押韵（第三句一般不押韵），至少第二、四句要押韵。例如：

u^1	mən^1	çi^2	me^2	kwa^3	soi$^{1'}$	kwa^3,
上	天	只	有	云	推	云
te^3	ti^6	çi^2	me^2	nəm^4	soi$^{1'}$	ha$^{1'}$.
下	地	只	有	水	推	沙
pe^4	təi^2	lau^4	laŋ^1	soi$^{1'}$	lau^4	li^3,
别	拿	山	苍	推	花	椒
pe^4	təi^2	ȵin^2	nai^6	soi$^{1'}$	ȵin^2	ha^2.
别	把	今	年	推	明	年

lai¹　lai¹　sa⁵　pin⁵　pe⁴　wen¹ˊ　nəm⁴,
好　　好　　塞　　闸　　别　　翻　　　水
lai¹　lai¹　to³　wi¹　pe⁴　lu⁴　ən².
好　　好　　烧　火　别　冒　烟
ȵa²　çi⁵　lja³ˊ　ma¹　jau²　lja³ˊ　ȵau⁶,
你　　是　　偷　　　来　　我　　偷　　　坐
pe⁴　hai¹ˊ　si⁶　a¹　lja⁵　hai³　kən².
别　　让　　自　家　冷　　肠　　人

半韵诗，就是每首歌仅第一、二句押韵，第三、四句不押韵。例如：

ko¹　çi³　ni³　ko¹　ŋe³　ni³　ŋe³,
笑　　是　　得　　笑　　哭　　得　　哭
nəm⁴　ta¹　pau⁵ˊ　əu⁴　jau²　ni³　ʈe¹.
泪　　水　　泡　　　饭　　我　　得　　吃
ȵaŋ³ˊ　tau²　a⁵　ʈiu²　jau²　ni³　ʈam¹ˊ,
芦　　苇　　架　　桥　　我　　得　　走
pa⁵　wəi⁴　hau³　la¹　jau²　ni³　pa².
叶　　树　　造　　船　　我　　得　　划

jau²　haŋ³　ti³　pəu¹　ŋap⁹　ȵa⁶　ta⁶　nəm⁴　jau²　tu³　haŋ³,
我　　想　　的　个　　跨　　　江　　过　　水　　我　　都　想
kwe²　ljaŋ¹ˊ　ti³　pəu¹　et⁹　nəm⁴　taŋ²　ʈu²　jau²　kwe²　ljaŋ¹ˊ.
不　　想　　　的　　个　　隔　　水　　坑　　　我　　不　　想
jau²　haŋ³　ti³　pəu¹　waŋ²　pet⁹　to³　mu⁵　woŋ¹ˊ　taŋ²　wi⁶,
我　　想　　的　　个　　黄　　连　　放　嘴　　蜂　　　糖　　味
kwe²　ljaŋ¹ˊ　ti³　pəu¹　woŋ¹ˊ　taŋ²　to³　mu⁵　waŋ²　pet⁹　əm².
不　　想　　　的　　个　　蜂　　　糖　　放　嘴　　黄　　连　苦

无韵歌，就是整首歌都不押韵。全韵、半韵和无韵这三种歌的比例，无韵歌居多，其次是有韵歌，半韵歌则较少些。例如：

ljaŋ¹' pan⁴ jau² pai¹ tin¹ taŋ² ljoŋ⁶,
想　　伴　　我　　去　　脚　　塘　　盼
ljoŋ⁶ təu⁵' ȶən² lan⁶ ȶən² u³ ȶaŋ¹'.
盼　　到　　山　　对面　　山　　出　　太阳
ȶən² ɕi³ u³ ȶaŋ¹' kwe² u³ jau² ti³ pan⁴,
山　　是　　初　　太阳　　不　　出　　我　　的　　伴
lja² ai¹' nəm⁴ ta¹ ɕon⁵ loŋ⁴ jan².
手　　揩　　泪　　水　　转　　归　　家

waŋ² jin¹ pən⁴ ni³ ham¹' ɕi⁵ wu³',
老　　鹰　　飞　　得　　三　　十　　府
waŋ² jiu⁶ pən⁴ ni³ ȶu³ ɕi³ jen⁵'.
鹞　　子　　飞　　得　　九　　十　　县
tu¹ nəu¹' tjen⁵ ni³ waŋ² jin¹ jiu⁶,
如果　　哪儿　　变　　得　　老　　鹰　　鹞
wən¹ ma¹' nu⁵ ʐau⁵ ɕin¹' ja³ wu².
一　　天　　来　　看　　一次　　心　　也　　服

侗语北部方言的韵母比较简单，只有二十九个：a e i o u ai əi oi ui au əu eu iu am əm an ən en in on un aŋ oŋ ap at et it ot ut。就目前我们所搜集到的民歌来看，除了入声韵以外，其余的阴声韵和阳声韵都可以做韵脚。北部民歌的押韵也不是很严，相近的韵母可以互押，如 iu 和 u，in 和 ən，ui 和 i 等可以互押。

侗语北部方言的声调比较丰富，共有九个舒声调和五个促声调。北部民歌不仅韵脚不能用入声，而且每句的句末字均不能用促声调（入声调）。北部民歌在声调上的另一个显著特点是对句末字的声调要求：第四句只能用阳平——2 调；第二句一般用次阴平调——1′调和阴平调——1 调，偶尔用阳平调，其中以用次阴平调为多见；第一、三句所有的舒声调都可以出现。北部民歌对声调的这种要求，无论是押韵歌、半韵歌还是无韵歌都如此。可以说侗族北部民歌的押调比押韵更为重要，一首歌可以不押韵，但必须押调。例如：

sam¹' wet¹⁰ hi wet¹⁰ əi¹' wa¹' ja⁵',
三　　月　　四　月　　花　　开　　红

pan⁴ ti³ ɕoŋ³ ȶin⁶ hai¹′ nu⁵ ẓa¹.
伴　的　信　物　让　看　眼
ɕoŋ³ ȶin⁶ təi² pai¹ ju⁶ təi² ɕon⁵,
信　物　带　去　又　带　转
təi² pai¹ təi² ɕon⁵ kwe² lam² ȵa².
带　去　带　转　不　忘　你
lau⁴ un³ ni⁵ ni⁵ əi⁵ sen¹′ tau²,
小　孩　细　细　爱　仙　桃
pa¹′ pu⁵′ pa¹′ məi⁴ au¹ to³ jau².
（不懂事貌）　　娶　给　我
ham¹′ hin¹′ hi⁵ hin¹′ jau² ljen⁶ to³,
三　千　四　千　我　愿　给
pu⁴ nəi² kwe² əi⁵ hai⁵ jau² tau².
父　母　不　爱　再　我　找

pan⁴ ɕi⁵ ja⁵ haŋ³ jau² kwe² hən⁵,
伴　是　这么　想　我　不　信
jau² pai¹ ŋan⁶ taŋ² ɕai³ kon¹ jin¹.
我　去　庵　堂　问　观　音
kon¹ jin¹ pau⁵ jau² pan⁴ kwe² haŋ²,
观　音　告　我　伴　不　想
ȵa² haŋ³ e¹′ pəu¹ lai¹ kwe² haŋ³ jau².
你　想　别　个　好　不　想　我

o² toŋ¹ pa⁵ wəi⁴ wan¹′ wan¹′ pai⁶,
冬　天　叶　树　慢　慢　败
pən¹ nai⁶ pa⁵ wəi⁴ ju⁶ ɕon⁵ wu¹′.
今　天　叶　树　又　转　绿
jaŋ² ɕo² ju⁶ ɕon⁵ ton² nai⁶ sin³,
阳　雀　又　转　团　这　鸣
ljaŋ¹′ lji³ ju⁶ ɕon⁵ i¹ nai⁶ tan².
知　了　又　转　这　里　叫

北部民歌以押调为主，不仅与侗语丰富声调的抑扬顿挫的节律有关，更主要的是与民歌自身的旋律有关。北部民歌第一、三句的曲调的结尾比较平缓，所有的舒声调都能出现；第四句的结尾比较低沉，只能出现调值为 22 的低平调——阳平调；第二句曲调的结尾可以有两种唱法，当出现次阴平调（调值为 11）时，就特别低沉，当出现阴平调（调值为 35）时，曲调就转而高升。同时，由于北部民歌曲调的末尾可以任意延长，所以它的句末只能出现声音平缓的舒声调字而不能出现声音短促的促声调字。

北部民歌一般还讲究对仗，但并不要求每首歌都讲究对仗，只要求词性相同或相近的词对仗。

北部民歌的对仗大致有下面几种形式：

其一，整首歌都讲究对仗，即第一、二句互为对仗，第三、四句又互为对仗。这样的民歌是最优美和谐的：

$wa^{1'}$　lai^1　$taŋ^1$　to^3　kau^3　tja^1　$toŋ^6$,
花　　好　　生　　在　　头　　岩　　洞
pan^4　lai^1　$taŋ^1$　to^3　$tɕiu^3$　$sən^1$　$e^{1'}$.
伴　　好　　生　　在　　条　　村　　别
$wa^{1'}$　lai^1　$təu^5$　$nəu^2$　kwe^2　$əi^3$　$ça^3$,
花　　好　　留　　谁　　不　　羡　　慕
pan^4　lai^1　$təu^5$　$nəu^2$　kwe^2　$əi^3$　wu^2.
伴　　好　　留　　谁　　不　　佩　　服

其二，整首歌只要求第一、二句运用对仗，第三、四句不对仗，这种对仗较为多见：

u^1　$mən^1$　$çi^2$　me^2　$sam^{1'}$　$tɕiu^2$　$kən^2$,
上　　天　　只　　有　　三　　条　　路
te^3　ti^6　$çi^2$　me^2　jau^2　tan^1　$çən^{1'}$.
下　　地　　只　　有　　我　　单　　身
$e^{1'}$　$ma^{1'}$　au^1　$ŋa^2$　pai^1　we^4　mai^4,
别　　人　　来　　娶　　你　　去　　做　　妻

jau² ȵau⁶ u¹ mən¹ eu¹' ça³ pu².
我　　在　　上　天　　敲　　瓢　瓜

其三，整首歌第一、二句不要求对仗，只有第三、四句讲究对仗。此种对仗形式相对来说要少一些：

jau² ko⁴ ni³ ȵa² kwe² ni³ ȵa²,
我　不知　得　你　　不　得　你
to³ əu⁴ u¹ tai² let⁸ nəm⁴ ta¹.
装　饭　上　桌　流　泪　水
toŋ² tai² tɕe¹ əu⁴ a³ jaŋ⁵ sui⁵,
同　桌　吃　饭　各　向　坐
toŋ² po³ tɕe¹ ma¹ a³ ço⁶ ljiu².
同　碗　吃　菜　各　筷　挑

二

侗语分为南北两种方言。两个方言区不仅语言上有较大的差异，而且在民歌的格律上也各具特色。从歌的行数来看，北部民歌每首只有四行，而南部民歌每首少则四行，多则数千行。从歌的形式来看，北部民歌一般都是抒情诗；而南部民歌的长歌一般都是叙事诗，从押韵方面来看，北部民歌对押韵要求不严，以无韵歌为主，也有全韵和半韵歌；南部民歌押韵却是严格的。

南北民歌对声调的要求也不一样。北部民歌对声调的要求比较严，可以不押韵但一定要押调，即第四句句末只能是阳平调字，第二句句末一般只能出现次阴平调或阴平调字，所有的句末字只能是舒声调。而南部民歌的勾韵和内韵可以押五十六个韵母中的任何一个。

三

天柱、锦屏、剑河、三穗等县的汉族也有自己的民歌。一些受过汉文教育的侗族男女也会唱当地汉族民歌。他们在谈情说爱的活动中，在对歌中，有时也夹杂着唱当地的汉族情歌。如果从歌的行数来看，北部侗歌与当地汉族民歌一样，都是四句一首。但从押韵、声调和歌句的字数上分析比较，它们还是有差异的。

先从押韵上来看,当地汉族民歌要求歌的第一、二、四句的韵脚相押,至少第二、四句一定相押;北部侗歌的一部分则仅要求第一、二句押韵,但绝大多数的还是不需要押韵。下面是当地汉族民歌的例子:[①]

lən²	sɿ¹	ŋai¹	lən²	su¹	ŋai¹	tən²,
人	是	爱	人	树	爱	藤
san³	soŋ³	pe²	ȵau⁴	ŋai¹	sən³	ljən²,
山	中	百	鸟	爱	森	林
ɕau³	ho²	ŋai¹	ti³	sɿ¹	han²	ɕən¹,
萧	何	爱	的	是	韩	信
ljəu²	ti³	ŋai⁵	ti³	sɿ¹	koŋ⁴	min².
刘	备	爱	的	是	孔	明
ljaŋ²	san³	pe²	sɿ¹	su²	jin³	tai²,
梁	山	伯	是	祝	英	台
fan¹	sɿ¹	toŋ²	ʨi²	fa³	toŋ²	sai³.
饭	是	同	吃	花	同	栽
ɕo²	taŋ²	toŋ²	so¹	san³	ȵen²	mon⁴,
学	堂	同	坐	三	年	满
sən²	toŋ²	wan²	ʨan¹	sɿ⁴	toŋ²	mai².
生	同	凡	间	死	同	埋

再从对声调的要求来看,北部侗歌和当地汉族民歌第四句句末都要求 2 调字,这是它们的相同之处。而第二句歌的句末,北部侗歌一般只能出现 1 调和 1′调,以 1′调为主;当地汉族民歌 1 调、2 调、3 调都可以出现,而以 2 调字为多。这是他们在用调上的不同。下面是当地汉族民歌用调的例子:

ɕaŋ⁴	ʨau³	to³,				
想	姣	多				
ɕaŋ⁴	ʨau³	ʨi²	fan¹	ɕaŋ¹	ʨi²	jo².
想	姣	吃	饭	像	吃	药

---

① 这里汉族民歌用侗语读音标音,声调符号也按侗语读音标号。

ȵi² fan¹ ȶaŋ¹ ȶi² ŋai² sa³ sɿ⁴,
吃　饭　像　吃　岩　沙　子
ȶi² sa² ȶaŋ¹ ȶi² toŋ² jəu² to².
吃　茶　像　吃　桐　油　脚

ȵi⁴ mo² ȶen²,
你　莫　嫌
mo² ȶen² ku⁴ li⁴ sai¹ ləu¹ pjen³.
莫　嫌　苦　李　在　路　边
sɿ² toŋ³ la² lje² saŋ³ ȶe² ta⁴,
十　冬　腊　月　霜　雪　打
hoŋ³ taŋ² məi¹ te² ku⁴ li¹ tjen².
蜂　糖　没　得　苦　李　甜

最后从歌句的字数来看，三字句只能出现在第一句，以奇数字为主，这是它们的相同之处。但从整首歌来看，北部侗歌歌句的字数不定，少的三个字、七个字，多的可达二三十个字；而当地汉族民歌除了第一句可以出现三字外，一般都是七字句。这一点也显示了它们之间的差异。

从以上的分析比较中可以看出，北部侗族民歌的格律既不同于南部侗歌，与当地汉族民歌也存在差异。这是一种以押调为主，押韵为辅，讲究对仗，具有自己独特风格的民歌。

第七节　天府侗民歌韵律的区域特色

天府侗自称为 gaeml qinl hul（侗文记音，本节下同），是侗族古地名，系侗语"好地方"的意思，其他侗族支系称其为 danx。天府侗分布在贵州省黎平县的坝寨、青寨、流黄、高近、寨头、地扪、腊洞、登岑、流芳、寨母、寨南、青寨等地，和榕江县平江乡的归利、中坝、马场、亚聋、田榜、滚培、平由、养北、滚仲；忠诚镇的俾堵村的大寨、上寨、平寨、陡寨、新寨、归奴6个小自然寨，扣麻村的扣麻、老寨、新寨、亍遂4个小自然寨，以及定弄、亍龙、亍路、观音山4个自然寨；栽麻乡的宰闷、岭所、归柳、令寨、宰荡等寨；平永镇的亍尧、烟堆、北吊岑、乔来、乔腮等寨；寨蒿镇的南勇、享莽、归里等寨。

天府侗作为侗族的一个分支，与榕江县的车江侗、七十二寨侗和四十八寨侗不仅语言有区别，在民歌、文化习俗上也有区别。天府侗没有琵琶歌、大歌，也没有多耶歌，只有青年男女对唱的情歌，还有拦路歌，喊门歌等，唱歌时均不伴以其他乐器。天府侗服饰与七十二寨侗和四十八寨侗的区别较大，主要是七十二寨侗和四十八寨侗的中老年妇女穿裙子，而天府侗穿长裤，还有衣襟和袖口的绣片宽窄和花纹也不同。七十二寨侗的绣片比天府侗的宽大得多。天府侗与车江侗族服饰也有区别，车江侗族妇女夏服衣襟和袖口没有精细的绣片，而天府侗妇女的夏服镶有精细的绣片。最典型的是天府侗妇女裤子的裤脚绣有各种不同颜色的花饰。天府侗的包头帕也很有特色，由一针一线绣出的各色各样的鸟、屋、花的纹样，其他侗族支系都没有。天府侗的节日与车江侗也有区别，天府侗除了春节以外最隆重的节日为六月六，而车江侗没有过六月六的习俗。

天府侗的婚恋跟其他侗族也有区别。天府侗姑娘行歌坐夜一定不能让父辈或哥弟碰到，因谈论自己喜爱的男生的私密事绝不能让他们听到，否则就会感到很羞涩和对父老兄弟不尊。行歌坐夜相互对歌，若双方相互有了好感，男方即请媒人带两包白砂糖来女方家说亲，如果女方家同意，就约定日子成亲。如果遭到老人家的反对，双方坚持要在一起，那么就私奔，待到生了孩子再回家请罪，那时家人自然会原谅。

天府侗的男女老少都喜欢唱歌，他们干活时唱，休息时也唱；有事唱，没事也唱；高兴唱，哀伤也唱；年轻的恋爱时唱，年老的相互赞美也唱。"oux sangx soh, al sangx sais"（饭养身，歌养心）是天府侗人民的口头禅。总之，无人不会唱歌，凡事皆有咏颂。在历久长兴、丰富多彩的天府侗民歌中只有情歌流行面最广，也最为当地侗族所喜闻乐见。本节将专论天府侗情歌的韵律。

天府侗情歌是青年在行歌坐夜——谈情说爱的交际活动中，以男女对唱的形式抒发出来的。它包括喊门歌、初会歌、赞美歌、互恋歌、分散歌、相思歌、地位不相称歌、单身歌、有情人不能终成眷属的埋怨歌等。其中，相思歌最为多见，也最感人。

天府侗虽与其他支系的侗族杂居，也与邻近的苗族、水族、汉族有频繁交往，但是它的民歌却有着与其他民歌不同的韵律，从而形成自己的独特风格。

一　天府侗情歌的格律

天府侗情歌不讲究对仗，虽然也有字数相等的民歌，但是其所占民歌的总数是相当少的。天府侗的人们认为只要内容丰富，能唱得人心悦诚服就是好歌，字数是否相等不必讲究，所以这里的民歌长短不一，短的只有两句话，例如：

Naih nyac semh senl semh nyal,　nyac buh meec semh jiul.
你寻村寻河，　　　　　　　　也不会来找我。

长的句达数百，例如：

Sungp dungl weenp daol, aov angs dah, mogc jeil biaoc wah
我们曾经山盟海誓——你是那啼鸣的飞鸟，我就是飞鸟栖身的芦苇。
nyaoh aox gaos semp taol。Kongx minc map cac, maoh yuh baov
但是，最近孔明到来视察，他一进寨就说："你们这个
dih wangp senl xaop, mangc xic kongk yav gas, yaoc yuh debs?
地方怎么会有那么多的荒芜田地呢？"
……

二　天府侗情歌的韵律

天府侗情歌讲究押韵，相押的两个音节不仅要求韵母一致而且声调也要相同。在天府侗的民歌里，如果是声调不一的两个字，即使韵母相同也不算押韵，当然有一些字是在唱的过程中变调而达到押韵的要求的，但是声调不是乱变的，它有自己的规律。例如：

Dinl　qamt　gaol　jenc,　　　　　脚落山头，
naengl　yaoc　nyangc　naih,　　　我
nyaengc　qingk　yaop,　　　　　　感到很害怕，
gaol　laos　xaih　xaol,　　　　　头进你们寨，
daengc　aox　semp　duh　danc,　　我整颗心都颤抖，
gaol　laos　xaih　xaop,　　　　　头进你们寨，

daengc aox semp douc dux,	我的心头堵得慌,
nyaemv naih jiul nyangc	今天晚上的我
eis wox meix nup saip juh	不知唱哪首歌给你
meix nup sanh.	不知哪首唱结束。

上例 gaol 和 yaoc，yaoc 在唱的过程中变为了 yaol，一般规律是这样的：两个相同韵母的单词（音节），后面一个要变调，变成和前面相同的调。yaop 和 gaol 押韵，gaol 变调，唱作 gaop。

天府侗民歌即使再短也要包括一种押韵规律，在一首歌中，可以只有一种押韵规律，也可以有两种以上甚至全部，没有严格规定。例如，上面一首歌中，第三句的 yaop 与第四句的 gaol，构成腰韵，而第三句的 yaop 又与第六句中的 xaop 构成了脚韵。

（一）天府侗情歌的腰韵

在天府侗所有的押韵中，以押腰韵为主。腰韵又称句间韵、勾韵、腰脚韵，即上句句末字与下句腰部的一个字韵母相同，第二句句末字又与第三句腰部的一个字押韵，这样一环扣一环地押下去，直至歌结束。当然腰韵可以换韵，也可以一韵到底，即一首歌押一个相同的韵母。

例如：

男唱：Xeemc mangc xeemc mangc,	嫌什么嫌什么！
jiul buh yiuv xaop nyangc dangl sic baov,	嫌我什么请当面说,
Dangl sic baov jiul langc naih bail gail,	当面说好，我会独自走开,
douv xaop lail daengh eep.	成全你和别人相好。
女唱：	
Jiul meec xeemc juh lagx nyenc mags,	哥乃富贵人，我怎会嫌弃？
juh ags xeemc jiul,	怕哥嫌弃吧,
xonh xaih beel jags lagx gax goul.	我这卖草鞋的乞丐女。

上例男唱的 mangc 和 nyangc 相互押腰韵，gail 和 lail，为转换的腰韵。

女唱的 mags，ags 和 jags 互押腰韵，为一韵到底。

（二）天府侗情歌的脚韵

所谓的脚韵即一首歌中有两句句末音节的韵母和声调相同，一般为偶数句末音节的韵母和声调相押韵。例如：

Yaop laox gaos jenc xebc beds av,　　山颠枫树十八条桠，
ongl nyangt dav yav xebc beds <u>sangl</u>,　　田间野草十八条根，
lagx hanl senp xaop xebc beds sais,　　你寨罗汉十八根肠，
sais bail sais xonv dingv jiul <u>liangp</u>.　　翻来覆去惹我思。

上例 sangl 和 liangp 互押脚韵，liangp 声调变成 liangl，属偶数句句末押韵。

（三）天府侗情歌的句内韵

句内韵指在一句内两个音节互押韵的现象。例如：

Jiul meec lis al nup weex dos,　　我没有歌不知如何唱，若我有歌，
yangh yaoc lis al naemx <u>nyal</u>,　　河水也会由低处往高处流，
daov <u>qak</u> laos aox jenc mungl wap.　　流入山涧化成一朵美丽的花。

（四）天府侗情歌的反复叶韵

壮歌有"勒脚韵"，即在一首歌中，上一句句末字和中间一句的句首字押韵，中间句同时有一个字与下面一句押韵，这种叶韵法被称为反复叶韵法。天府侗也有壮歌似的"勒脚韵"。例如：

Maenl yaoc liangp juh daengc maenl <u>nees</u>,　　想念情郎啊我整天哭，
wox dah <u>geel</u> nup loux juh <u>aol</u>,　　不知怎样你才愿娶我，
aol touk yanc xaop,　　谁又想到到了你的家里
laox xaop baov eis jiul yuh xonv,　　你的双亲不同意，
xonv touk yanc jiul,　　我又得返回我家里，
laox jiul aox yanc deic jiul seik ngonh,　　回到家里我被父母责备，
xongs lagx naemx pegt lol.　　犹如船只受到水的拍击，
Laox jiul guav jiul,　　母亲说，
lagx naih sais <u>ees</u> duc mangc,　　你痴心妄想些什么，
oux buh <u>meec</u> jil sungp meec <u>wah</u>,　　饭不吃茶不思，
eis wox beenl dal kaemk <u>bah</u> xih eis　　不知是目眩、癫痫还是
　yah deil nol.　　　　染上了疟疾。

Yaoc yuh debs xanp laox yaoc aox yanc,	我对母亲说,
naih yaoc douv lagx ongl hup aox jenc aox yanc eis liangp,	现在的我，屋里屋外的活儿都不想,
yaoc buh xedt xic liangp duc nyenc singc nyih.	心里只惦记我的情郎。

上例 nees 和 geel，这里 nees 唱作 neel，互押韵；aol 和 xaop、xaop 唱作 xaol，二者互押韵，所以，nees 和 geel、aol 和 xaop 这样的押韵为反复叶韵。

三　天府侗情歌讲究复沓

复沓即叠唱。天府侗的复沓有自己的特色，复沓分为两种：一种是一首歌里出现句意相近甚至相同的相邻两句；另一种在一首歌内，其中用相同或相近意思的字词代替后重复地唱。

（一）一首歌里句意相同的重复两次

例如：

Wanp wanp xongl kap yaoc dos meix al saip xaop wagx xangh qingk,	请静听吧，众乡亲！我给你们唱首晚婚姑娘歌,
<u>meix al miegs liingh buh xah nyaengc eis lail,</u>	晚婚姑娘真悲切,
<u>meix al miegs liingh buh xah nyaengc eis haot:</u>	晚婚姑娘真糟糕：
jiul weex miegs laox,	我是位晚婚姑娘,
singt baov xaop laox bix jens guav,	恳请二老别急骂,
~~lail lail yagc muih muih~~	好好地疼我
~~buh nyimp xaop nyaoh daemh nyeenc,~~	我也只能和您们住几年,
~~lail lail yagc muih muih~~	好好地疼我
~~buh nyimp xaop nyaoh daemh pogp,~~	我也只能和您们住上些日子,
dah lieeux daemh pogp	过了几时几日
daemh buh daemh duh daemh nyeenc,	几月几年,
sugt lagx banl nup douh sais,	遇到个如意郎君,
eis yongh laox beengl,	不用您们催促,

yaoc xic lic wox bail.　　　　　　　　我也会及时地离去。

上例 meix al miegs liingh buh xah nyaengc eis lail 和 meix al miegs liingh buh xah nyaengc eis haot 两句意思相同；lail lail yagc muih muih buh nyimp xaop nyaoh daemh nyeenc 和 lail lail yagc muih muih buh nyimp xaop nyaoh daemh pogp 两句意思相近；后句是对前句的复沓。

（二）在一首歌内用相同意思的字词代替后重复地唱

例如：

Maenl jiul semh juh yil yangh jadc semh meenc, jadc semh meenc mas longl das longl, meenc nyaoh longl noup xic jiul jadc longl jav, jadc deml meenc mas jil bic kaemk niuh daengc saic nyongc. （重复） Maenl jiul semh juh yil yangh jadc semh meenc, jadc semh meenc mas banc das banc, jadc semh meenc mas banc banc dah, jadc deml meenc mas jil bic kaemk niuh daengc saic kuank.	我四处寻你就像鸟儿寻熟柿子，鸟寻柿子飞过一片又一片森林，哪有柿子鸟就到哪里。鸟儿遇柿子嚼皮吞肉，心里乐滋滋。 我四处寻你就像鸟儿寻熟柿子，鸟寻柿子到处飞，哪有柿子鸟就到哪里。鸟儿遇柿子嚼皮吞肉，心里甜滋滋。

四 结语

从以上的分析中可看出，天府侗的情歌有自己的韵律特色：天府侗情歌不讲究对仗，每句字数多寡不定，每首歌句数长短不一，短的只有两句话，长的有数百句，以长为好为美。天府侗情歌在字句方面要求虽比较宽松，但也有它要求严格的一面，那就是押韵。天府侗的情歌不能没有押韵，在一首歌里，即使是两句话的歌也要包含一种押韵方式在里面，如果没有押韵，那么人们会认为那首歌没有水平甚至根本就不是歌。当然，一首歌可以包括一种或两种甚至更多的押韵方式，不过也没有严格规定一首歌一定要有几种，一般来说，长的歌押韵的种类要多一些。

　　天府侗的人们认为长歌是更具有诗韵、最富力量的歌，在男女整晚的对唱中，谁的嗓音好，谁能够准确地还对方的歌，谁的歌长，那么这个人就被认为是很擅唱、很优秀的歌手，就会深受对方的喜爱。优秀的男女歌手往往受到人们的称赞和恋人的爱慕。天府侗男女对歌一般都是晚上九点以后，因为只有在那个时候老人家们都睡了，行歌坐夜才不容易碰到父辈和兄长。对歌时男女双方一方至少有两人以上，当然人越多越热闹。在双方的对歌中，当一方一首歌唱结束后，另一方就不约而同地吆喝："yil hil! yail bail ol!" yail 原意是"……长"或"路程远"，然而用在这样的场合，就是赞扬对方唱的歌很长，内容很好，表示"我们很乐意听，你们继续唱"。

　　天府侗这种独特的民歌韵律保留了这个古老侗族支系独树一帜的格调，而正是这种韵律成了他们区别于其他民族甚至侗族其他支系的最为精准的语言文化尺度之一。

第七章 草苗话、那溪话、本地话与侗语的关系

第一节 那溪话是侗语的一个方言岛

那溪乡（lo²ʈhi¹）原属湖南武冈县，1952年由武冈分出洞口县，那溪乡后来即属洞口县。那溪乡在洞口县的西南角，其西北、西南、东南分别与洪江、会同、绥宁等市县邻接。1956年10月10日那溪瑶族乡成立。那溪瑶族自称 mu²ȵiu¹，称其母语为 kin¹。那溪瑶族现有5000余人，仍以母语为交际语的约有2500人。那溪瑶族解放前备受大汉族主义的欺压和歧视，被贬称为"那溪佬"。那时，那溪人一旦进城就被人欺侮："见那溪佬不欺三分罪。"

那溪瑶族居住在那溪乡依山傍水的平地，即那溪、大麻溪、小麻溪、龙关头、翁江井、安顺、铁山、崇山江、大坪、田坳等自然村。那溪瑶族以杨、阳、李、石、龙等姓为主。当地的汉族都是后迁去的，大都住在山边，瑶族称其为 tsa⁴tsa⁴（这与侗族对汉族的称呼 ka⁴ 或 ʈa⁴ 相近）。

经过比较研究，我们认为那溪话同侗语有同源关系，是一个远离现代侗语中心区的侗语方言岛。下面我们将对此进行论证。

一 那溪人同侗族的文化联系

虽然那溪人的自称 mu²ȵiu¹ 同新晃侗族对苗族的称呼 mu²ȵiu¹ 完全相同，但那溪人却称其母语为 kin¹，这与侗族的自称及其对侗语的称呼 kɐm¹ 或 kən¹ 极为相近。那溪人和侗族对母语称呼的相同可以说明两者之间的密切关系。

那溪人是在1403年从会同县高椅乡等地迁来的。会同是一个侗族聚居县，高椅也是一个侗族聚居乡。虽然高椅乡侗族现在把母语丢失了（会同的团结村等地现在仍保留着侗语），但那溪人却在远走他乡600余年后把母语保留了下来。留下来的人虽然对自己民族的语言文化慢慢淡忘了，而远走他乡的人却

倍加珍爱自己的民族语言文化，并把它当作自己民族的根保留了下来。这样的事例在国内外并非罕见。令人遗憾的是，那溪话如今也面临着濒临灭亡的危险。

姓氏是家族的符号，同一地方同姓的人一般都有共同的来源。那溪人大都姓杨、阳、石、龙、李等，这些姓氏在侗族中也是显见的姓氏。

那溪人每年农历十月初，即在秋收后冬季降临之前，要过一个十分隆重的"保冬节"，这是一个仅次于过年的大节。我们知道水语同侗语有十分近的同源关系，而在农历十月，贵州的水族也同样要过隆重的"端节"。同期不少地区的侗族也要过隆重的"侗年"或"冬节"。民族节日相同，也说明那溪人与侗族在文化上也有十分密切的关系。

二 那溪话同侗语有较多的同源词

语言间是否有同源关系，二者间拥有一定数量的同源词至为关键。那溪话同侗语间不仅有同源词，而且在600多个基本词汇中，二者的同源率高达62%左右。如此高的同源率，二者若无同源关系很难有别的解释。在那溪话和侗语的同源词中，下面这些词一般人都能看出它们的同源关系，因为它们的声母、韵母和声调几乎完全相同。例如：

	水	河	风	田	日子	沟	雨	山林	山
侗语	nəm^4	ŋa^1	ləm^2	ja^5	pən^1	mjen^1	pjən^1	ta^3	ɕin^2
那溪	nən^4	ŋa^1	lən^2	ja^5	pən^1	min^1	mən^1	ta^3	ɕin^2

	人	丈夫	外公	外婆	弟妹	儿媳	腿	脚	手
侗语	kən^2	sau^4	ta^1	te^1	noŋ^4	lja^3	pa^1	tin^1	mja^2
那溪	wən^2	tsaːu^4	ta^1	taːi^1	noŋ^4	lja^3	pa^1	tjin^1	mja^2

	眼	肩	汗	脸	耳	牛角	虎	狗	项鸡
侗语	ta^1	sa^1	pən^5	na^3	kha^1	pau^1	məm^4	ma^1	aŋ^6
那溪	ta^1	sa^1	pən^5	na^3	cha^1	paːu^1	mən^4	ma^1	kaŋ^6

	鼠	鸟	猪	鱼	蛇	螺	虱子	鳝鱼	蚯蚓
侗语	no^3	a^1	mu^5	pa^1	sui^2	ləu^5	tau^1	ŋo^6	sən^4
那溪	nəu^3	a^1	mu^5	pja^1	tsu^2	ləu^5	tau^1	ŋəu^6	tsən^4

续表

	蛆	蚊蝇	翅	叶子	根	刺	菜	藤	树
侗语	nun¹	mjoŋ⁴	pa⁵	pa⁵	saŋ¹	sun¹	ma¹	ȶau¹	məi⁴
那溪	noŋ¹	mjoŋ⁴	pja⁵	pa⁵	san¹	soŋ¹	ma¹	ȶau¹	mu⁴
	穗	草莓	笋	菌子	草	猕猴桃	稻子	竹	船
侗语	mjaŋ²	təm⁶	naŋ²	ka²	ŋaŋ³	toŋ¹	kəu⁴	pən¹	la¹
那溪	mjan²	tən⁶	nan²	ka²	ŋA³	toŋ¹	kəu⁴	pən¹	la¹
	水枧	布	鼓	柱子	梳子	粮仓	簸箕	筷子	梯
侗语	lən²	ȶa¹	toŋ¹	sau¹	khe¹	so⁴	loŋ³	ço⁶	kwe³
那溪	lən²	ȶa¹	toŋ¹	tsaːu¹	khe¹	tsəu⁴	loŋ³	tsəu⁶	ke³
	门	席子	斗笠	瓢子	刀	针	酒	汤	酒曲
侗语	to¹	min³	təm¹	təu⁵	mja⁴	ʈhəm¹	khau³	keŋ¹	pin³
那溪	təu¹	min³	tən¹	təu⁵	mja⁴	thjin¹	chau³	kən¹	pin³
	糠	路	歌	面	后	中	明年	夜	明天
侗语	pa⁶	khwən¹	ka¹	maŋ⁵	lən²	ta⁵	tsa²	ŋəm⁵	mu³
那溪	pa⁶	khin¹	ka¹	man⁵	lən²	ta⁵	tsa²	ŋən⁵	mu³
	来	放	告诉	飞	过	吃	烤火	煮	晒
侗语	taŋ¹	soŋ⁵	pau⁵	pən³	ta⁶	ȶi¹	phjau¹	toŋ¹	ça⁵
那溪	tan¹	soŋ⁵	pau⁵	pən³	ta⁶	ȶi¹	phjau¹	toŋ¹	sa⁵
	舔	住	逃	破	娶	搓	关	吠	喂
侗语	lja²	ŋau⁶	ləŋ⁶	la⁵	au¹	no²	ça¹	khəu⁵	phja¹
那溪	lja²	ŋau⁶	lan⁶	la⁵	ȶau¹	no²	tsa¹	chəu⁵	phja¹
	上	熄	插秧	穿衣	写	起	黑	肯	蓝靛
侗语	ȶha⁵	ji⁵	ləm¹	tən³	ça³	tən²	nəm¹	haŋ³	tin⁶
那溪	ȶha⁵	ji⁵	lən¹	tən³	ça³	tin²	nən¹	han³	tjin⁶
	高	矮	暖	早	薄	厚	臭	沸	脆
侗语	phaŋ¹	thəm⁵	tau³	səm¹	maŋ¹	na¹	ŋən¹	pjau⁶	tau¹
那溪	phan¹	thən⁵	tau³	sən¹	man¹	na¹	ŋin¹	pjau⁶	tsau¹
	酸	苦	轻	重	醒	多	久	饱	弯
侗语	səm³	kəm²	ȶha³	ʈhən¹	ljo¹	toŋ²	taŋ¹	taŋ¹	toŋ¹
那溪	sən³	cən²	ȶha³	ȶhin¹	ijəu¹	tsoŋ²	tjan¹	tjan⁵	toŋ⁵

	短	馋	咱们	他	你	我	你们	什么	谁
侗语	thən³	ŋa⁶	tau¹	mən²	ȵa²	jau²	ɕau¹	maŋ²	nəu²
那溪	thən³	ŋa⁶	tau¹	mən²	ȵa²	jau²	sau¹	man²	nəu²

	瞎	二	五	只	件	个	条	刀把	别
侗语	ʨo⁴	ja²	ŋo⁴	to²	məi⁴	nən¹	ʨiu²	ɕaŋ¹	pi⁴
那溪	ʨəu⁴	ja²	ŋəu⁴	təu²	mo⁴	nən¹	tjiu²	tsan¹	pu⁴

三 那溪话和侗语的同源词有整齐的语音对应规律

(一) 那溪话和侗语声调的对应很整齐

调类是历时的,凡调类相同的语言,表明它们在历史上有十分密切的关系。调值是调类的共时表现。有同源关系语言的调类应该是相同的,而调值各显区域性特征。那溪话和侗语的调类几乎完全相同,而调值有的相同,有的相异。下面以与那溪话较近的,同湖南会同相邻的贵州天柱三门塘侗语为例,跟那溪话的调值进行比较,从中即可看出它们的异同。

调类		腿	船	火	眼	菜	去	厚
1	侗语	pa¹³	la¹³	wi¹³	ta¹³	ma¹³	pai¹³	na¹³
	那溪	pa²²	la²²	pu²²	ta²²	ma²²	pa²²	na²²
		肥	锣	舌	手	你	谁	茄子
2	侗语	pi²¹	la²¹	ma²¹	mja²¹	ȵa²¹	nəu²¹	ʨa²¹
	那溪	pu²¹²	la²¹²	ma²¹²	mja²¹²	ȵa²¹²	nəu²¹²	ʨa²¹²
		酒曲	席子	杀	干	簸箕	鬼	走
3	侗语	pin²³	min²³	sa²³	so²³	loŋ²³	ʨui²³	tham²³
	那溪	pin⁵⁵	min⁵⁵	sa⁵⁵	səu⁵⁵	loŋ⁵⁵	ʨy⁵⁵	the⁵⁵
		虎	刀	水	瞎	稻子	五	
4	侗语	məm³¹	mja³¹	nəm³¹	ʨo³¹	əu³¹	ŋo³¹	
	那溪	mən³¹	mja³¹	nən³¹	ʨəu³¹	kəu³¹	ŋəu³¹	

续表

	调类	叶子	汗	新	猪	破	锯	上
5	侗语	pa^{45}	pən^{45}	məi^{45}	mu^{45}	la^{45}	tɕo^{45}	tɕha^{45}
	那溪	pa^{35}	pən^{35}	mo^{35}	mu^{35}	la^{35}	tɕəu^{35}	tɕha^{35}
6	侗语	pa^{44}	ta^{44}	təi^{44}	lui^{44}	ȵau^{44}	ŋa^{44}	
	那溪	pa^{44}	ta^{44}	to^{44}	lu^{44}	ȵau^{44}	ŋa^{44}	

（二）那溪话和侗语韵母的对应

那溪话和侗语有一部分同源词的韵母看似不同，但通过比较就不难看出它们有整齐的对应关系。在离开侗语中心区 600 余年后，那溪话由于与侗语失去联系，加上受到四周汉语的强烈影响，其语音肯定发生了很大的变化，但这种变化肯定也是有规律的。下面是那溪话韵母和侗语韵母的对应情形。

	肠	鸡	排	去	远	好	长	问
侗语	tsai^3	kai^5	pai^2	pai^1	tɕai^1	lai^1	jai^3	tsai^3
那溪	tsa^3	ka^5	pa^2	pa^1	tɕa^1	la^1	ja^3	tsa^3

	米	甜	肉	线	男	斧	黄	麻
侗语	san^1	phan^1	nan^4	tsan^5	pan^1	kwan^1	man^3	kan^1
那溪	sai^1	phai^1	nai^4	tsai^5	pai^1	kwai^1	mai^3	kai^1

	南	土	胆	忘	三
侗语	nam^2	nam^6	tam^3	lam^2	sam^1
那溪	nai^2	nai^6	tai^3	lai^2	sai^1

	鼻	薄	项鸡	根	来	久	什么	穗	笋
侗语	naŋ^1	maŋ^1	kaŋ^6	saŋ^1	taŋ^1	tɕaŋ^1	maŋ^2	mjaŋ^2	naŋ^2
那溪	nan^1	man^1	kan^6	san^1	tan^1	tɕan^1	man^1	mjan^2	nan^2

	八	百
侗语	pet^9	pek^9
那溪	pai^3	pai^3

	外婆	水坝	霜	瓦	书	砍	下面	带子	哭
侗语	te^1	pe^1	me^1	ŋe^4	le^2	te^5	te^3	tse^1	ŋe^3
那溪	tai^1	pai^1	mai^1	ŋai^4	lai^2	tai^5	tai^3	tsai^1	ŋai^3

续表

	挑	白	大	儿子	口	骨头	额头	草鞋	喜鹊
侗语	tap^9	pak^{10}	mak^9	lak^{10}	pak^{10}	lak^9	$pjak^9$	$ţak^9$	$çak^9$
那溪	ta^2	pa^4	ma^3	la^4	pa^4	la^3	pja^3	$ţa^3$	sa^3

	拿	死	新	袋	姨
侗语	$təi^2$	$təi^1$	$məi^5$	$təi^6$	$wəi^6$
那溪	to^2	to^1	mo^5	to^6	wo^6

	蛆	刺	站
侗语	nun^1	sun^1	jun^1
那溪	$noŋ^1$	$soŋ^1$	$ţoŋ^1$

	家	辣
侗语	jan^2	$ljan^6$
那溪	je^2	lje^6

	鳝鱼	蜘蛛	豆	门	筷子	瞎	只	干
侗语	$ŋo^6$	$ŋo^2$	to^6	to^1	$ço^6$	$ţo^4$	to^2	so^3
那溪	$ŋəu^6$	$ŋəu^2$	$təu^6$	$təu^1$	$tsəu^6$	$ţəu^4$	$təu^2$	$səu^3$

	虎	斗笠	风	水	夜	黑	早	矮
侗语	$məm^4$	$təm^1$	$ləm^2$	$nəm^4$	$ŋəm^5$	$nəm^1$	$səm^1$	$thəm^5$
那溪	$mən^4$	$tən^1$	$lən^2$	$nən^4$	$ŋən^5$	$nən^1$	$sən^1$	$thən^5$

	碓	侗族
侗语	$kəm^1$	$kəm^1$
那溪	kin^1	kin^1

	开	得	树	母	虫	打	舀	蛇	肥
侗语	$khəi^1$	$ləi^3$	$məi^4$	$nəi^4$	nui^2	tui^2	tui^3	sui^2	pui^2
那溪	khu^1	lu^3	mu^4	nu^4	nu^2	tu^2	tu^3	tsu^2	pu^2

四 结语

文化是一个民族创造的物质文明和精神文明的总和。文化具有民族性、地域性和时代性。民族语言既是民族文化的重要组成部分，又是民族文化的载体。如前所述，那溪人在族源、族称、姓氏、节日等文化方面保持着与侗族的一致性，说明那溪话在文化方面同侗语具有渊源关系。那溪话离开侗语中心区已有600余年，但至今同侗语仍有众多同源词，二者的同源率仍高达62%，并且它们之间的语音对应十分整齐。因此，那溪话属于侗语应没有问题了。那么，那溪话应该属于侗语的哪个方言土语呢？从来源上来说，那溪人源自会同高椅等地，理应同靖州新街、锦屏大同、天柱三门塘及会同团结等地一样，都属于侗语北部方言的第三土语。从与会同团结的比较中可看出二者在声调和词汇方面的确较为相似。下面这些词那溪话跟团结相同而跟南部方言的车江话完全不同。

	那溪	团结	车江
蒸	tsau^3	tsau^3	məi^5
他	mən^2	mən^2	mau^6
日子	pən^1	pən^1	mɐn^1
猪	mu^5	mu^5	ŋu^5
沸	pjau^6	pjau^6	lak^9
烤火	phjau^1	phjau^1	phjeŋ^1
肝	sən^1	sən^1	tap^7
胆	tai^3	tan^3	po^5
民族语/碓	kin^1	kən^1	kɐm^1

在声调方面那溪话和天柱三门塘侗语也很相近，它们的舒声调都是六个调，而跟车江侗语差距较大，后者是九个调。

	1	1′	2	3	3′	4	5	5′	6
那 溪	22	22	212	55	55	31	35	35	44
三门塘	13	13	21	23	23	31	45	45	44
车 江	55	35	22	323	13	31	53	453	33

但因那溪话离开侗语区时间太久，它的词汇、语音跟侗语差别已较大，不光跟南部无法用侗语交流，就是同其最接近的北部方言第三土语的会同团结等地也无法用侗语交流。因此，我们认为应将那溪话划为侗语北部方言一个新的土语较为合适。理由如下：

1. 一般而言，在同一语言内，方言间用本族语进行交流较困难；在同一方言内，土语间用本族语进行交流有的可能有困难；在同一土语内用本族语进行交流肯定没有问题。在侗语内，方言间即北部方言同南部方言间用侗语进行交流较为困难，二者间只能用汉语西南官话进行交流，但在同一土语内，用侗语交流肯定没问题；在同一方言内，土语间用侗语交流大都可以，但有的也不行。在南部方言，第一土语即榕江的车江、乐里，三江的林溪、八江，通道的坪坦、陇城及龙胜的平等同第二土语即黎平的尚重、孟彦、茅贡、岩洞、洪州、水口、龙额、中朝，从江的贯洞、下江，三江的和里、良口、富禄、梅林、斗江，融水的寨怀、泗溪、大年，榕江的"天府侗"及罗城的那冷等地，互相间用侗语通话大都没有问题，但这两个土语同第三土语即融水的大云、汪洞、杆洞、聘洞等地就不能用侗语进行对话。在北部方言，第一土语即天柱的高酿、石洞，锦屏的九寨、小江，剑河的磻溪、小广，三穗的款场，同第二土语即锦屏的秀洞、大同、稳江，天柱的"河边侗"即三门塘、白市，靖州的新街（烂泥冲），会同的团结等地，以及第四土语即锦屏的启蒙，这三个土语间用侗语对话也基本没有大的问题，但三者同第三土语即新晃的中寨、李树、贡溪，芷江的罗岩，天柱的注溪、岳寨等地，以及第五土语即镇远的报京之间很难用侗语进行交流；后两者间也不能用侗语进行对话。由于那溪话离开侗语区过于久远，毫无疑问，现在已不能用侗语同侗语的任何一个土语进行交流，所以，应将其划为侗语北部方言的一个新土语。

2. 在侗语中，同一方言各土语间的同源词一般在80%以上，同一土语间的同源词一般在90%以上。而那溪话同侗语的同源词只有60%多。我们以斯瓦迪士"世界共同的、非文化方面的、容易辨认的广阔的概念，在多数语言中有一个单词可以对应的"的百词表进行比较后得出，那溪话的百词表保留率最低，只有78%。

南侗　1. 车江　2. 岩洞　3. 大荣
　　　　94%　　94%　　80%

北侗　1. 石洞　2. 秀洞　3. 李树　4. 启蒙　5. 报京　6. 那溪
　　　　89%　　89%　　88%　　88%　　88%　　78%

另外，那溪还有一部分特有的与侗语不同的词。例如：

	女人	母亲	妹妹	哥	羊	蜂	鹅	臭虫	肥料
那溪	pja^3	to^3	pji^6	tji^1	tsa^1	$phoŋ^1$	$poŋ^1$	pji^1	y^1
侗语	$miek^3$	$nəi^4$	$noŋ^4$	tai^4	lie^3	lau^2	$ŋaŋ^6$	$iŋ^1$	mau^2

	香	软	红	深	做	买	那
那溪	ça¹	min⁵	lən³	ʨin¹	wən³	la⁶	pu³
侗语	taŋ¹	ma³	ja⁵	jɐm¹	we⁴	ʨəi³	ta⁵

第二节 三省坡草苗的语言及其系属

一 三省坡草苗概述

黔湘桂毗邻的三省坡地区，至今仍生活着汉族、侗族、老苗、草苗、瑶族、酸汤人、三撬人、本地人、客家人、船民、那溪人、六甲人、六色人等族群。草苗为苗族的一个支系，分布于黎平、三江、通道、从江四个侗族县交界的三省坡的周边，即贵州省黎平县的水口镇、龙额乡、地坪乡、肇兴乡、永从乡、顺化乡、洪州镇、德顺乡和从江县的洛香乡；广西壮族自治区三江县的同乐乡、独峒乡、林溪镇、八江乡、洋溪乡、良口乡；湖南省通道县的大高坪乡、独坡乡、牙屯堡镇。草苗又分为六十苗（mjiu⁵⁵ ljok²² çəp²²）和四十苗（mjiu⁵⁵ si⁵³ çəp²²）；其中四十苗分布在黎平县的水口镇、肇兴乡、永从乡和从江县的洛香镇。有些草苗人认为花苗（mjiu⁵⁵ qen⁵³）也属于草苗，叫二十苗（mjiu⁴² ȵi⁴² çəp²²）。但大部分草苗人认为花苗不属于草苗，花苗人也说花苗不是草苗。花苗主要分布在黎平县的德顺乡，通道县的锅冲乡、大高坪乡、播阳乡、县溪镇以及靖州县的新厂镇。

草苗（含六十苗、四十苗和花苗）大约有58900人，其中黎平县约有19000人，三江县约有31600人，通道县约有6800人，从江县约有1020人。在"三苗"中，六十苗约有49300人，花苗约有5930人，四十苗约有3620人。黎平县有六十苗、四十苗和花苗；通道县有六十苗和花苗，无四十苗；三江县只有六十苗，无花苗和四十苗；从江县只有四十苗，无六十苗和花苗；靖州县只有花苗和外部苗，无六十苗和四十苗。五县中以三江的草苗人口为最多，其次为黎平，通道再次，从江最少；在"三苗"中，六十苗人口最多，花苗其次，四十苗最少。草苗大都于400余年前的明末清初，从靖州县的三秋（三锹）一带陆续迁到现今住地。

三省坡苗族分为三个支系，即内部苗，又叫内界苗或内亲苗（kaŋ⁴² kau³¹ 或 sen⁵⁵ kau³¹）；中部苗，又叫中界苗或中亲苗（kaŋ⁴² ta⁵³ 或 sən¹ ta⁵³）；外部苗，又叫外界苗或外亲苗（kaŋ⁴² pak³³ 或 sən³³ pak³³）。如此分法，可能与草苗之间的婚姻亲疏关系有关。三省坡苗族的内、中、外三个支系间在黎平岩寨立第四块碑时还是互相通婚的,而在黎平归垒立第五块碑时三个分支已分开,此碑是由草苗建立的,花苗和外部苗已不再参与,以后这三个支系间已不再通婚。从2005年秋至2009年秋,笔者先后对三省坡的草苗进行过八次田野调查,初次揭开了三省坡草苗语言文化的神秘面纱[①]。

花苗和草苗都被外人称为"说侗话唱汉歌"的民族,但花苗和草苗却说他们说的是"苗话"而不是"侗话"。下面我们将对六十苗话与侗语、四十苗话、花苗话的语音及词汇的异同进行比较研究。

二 草苗话侗语声调词汇比较

(一)六十苗、四十苗、二十苗、侗语声调调类调值表

表1　　　　六十苗、四十苗、二十苗、侗语声调调类调值表

调值	秀洞	三门塘	起凡	高宇	大高坪	肯溪	堂华	陇城	程阳
1	13	13	55	55	55	55	55	55	55
1′	22	13	35	13	13	13	35	35	35
2	42	22	13	22	22	22	13	22	22
3	33	23	33	33	33	33	33	33	33
3′	13	23	33	33	33	33	33	33	33
4	31	31	31	31	31	31	31	31	31
5	35	35	53	45	53	45	53	53	53
5′	35	35	53	45	53	45	53	453	453
6	53	44	42	42	42	42	42	33	33
7	55	55	55	55	55	55	55	55	55
7′	35	55	55	55	55	55	55	35	35
9	33	33	33	33	33	33	33	33	33
9′	13	33	33	33	33	33	33	33	33
8	31	22	13	22	22	22	13	31	22
10	31	31	31	31	31	31	31	31	31

说明:表中起凡、大高坪、高宇为六十苗,肯溪为二十苗,堂华为四十苗,秀洞、三门塘、陇城、程阳为侗语;陇城、程阳为南侗方言,秀洞、三门塘为北侗方言。这些语言均为笔者调查记录。

---

① 本调查研究受国家社科基金语言学项目"与侗语有关的三个湖南土话:那溪话、本地话和草苗话"资助(07XYY018)。关于草苗研究的缘起和意义,参见石林《草苗的通婚圈和阶层婚》,《广西民族大学学报》2006年第6期。

（二）六十苗、四十苗、二十苗、侗语词汇表

表 2　　　　　　　　　六十苗、四十苗、二十苗、侗语词汇表

汉语	秀洞	肯溪	大高坪	堂华	起凡	高宇	陇城	三门塘
深山	loŋ^{13}	ta^{33} jəm^{55}	ta^{33} jəm^{55}	ləŋ^{55}	ta^{33} jəm^{55}	ta^{33} jəm^{55}	loŋ^{55}	ta^{33} lau^{42}
池塘	taŋ^{22}	taŋ^{22}	taŋ^{22}	taŋ^{22}	tɐm^{55}	taŋ^{22}	tɐm^{55}	təm^{13}
土	ən^{33}	ən^{33}	ən^{33}	ən^{33}	ən^{33}	ən^{33}	mak^{31}	ən^{23}
被子	jaŋ^{53}	jaŋ^{42}	jaŋ^{42}	jaŋ^{42}	jaŋ^{42}	jaŋ^{42}	tan^{33}	jaŋ^{44}
黄牛	tu^{42}	tu^{22}	tu^{22}	tu^{13}	tu^{13}	tu^{22}	sən^{22}	ljəu^{23}
猴	ləi^{13}	ləi^{55}	ləi^{55}	ləi^{55}	ləi^{55}	ləi^{45}	mun^{33}	ləi^{13}
泥鳅	son^{35}	son^{45}	son^{53}	son^{53}	son^{53}	son^{55}	ŋwet^{31}	tson^{35}
鸡胗		tɐp^{55}	tap^{55}	tap^{55}		tap^{55}	jɐm^{55}	tap^{55}
桃	tau^{42}	ti^{55} tau^{2}	tau^{22}	ti^{55} tau^{22}	tau^{22}	tau^{22}	pɐŋ^{55}	tau^{42}
嘴巴	mu^{55}	mok^{55}	mok^{55}	muk^{55}	mok^{55}	mok^{55}	əp^{55}	mu^{55}
背	əm^{33}	qəm^{33}	kəm^{33}	qɐm^{33}	kəm^{33}		lai^{22}	qəm^{33}
脚后跟	tɕəu^{31}	tɕəu^{31}	tɕəu^{31}	tɕəu^{31}	tɕəu^{31}	tɕəu^{31}	çoŋ^{55}	tɕəu^{31}
鼻涕	mu^{42}	pje^{22}	pje^{22}	pje^{13}	pje^{13}	pje^{22}	muk^{31}	ŋu^{31}
男青年	je^{31}	je^{31}	je^{31}	ke^{22}	je^{31}	je^{31}	pan^{55}	
情人	nəi^{31} je^{35}（石洞）	nəi^{31} je^{45}	nəi^{31} je^{53}	nəi^{31} je^{453}	nəi^{31} je^{53}	nəi^{31} je^{55}	tu^{33}	tu^{33}
鬼师		çəi^{35}	çəi^{13}	çəi^{33}	çəi^{33}	çəi^{33}	çaŋ^{33} tui^{33}	çəi^{13}
帽子	meu^{53}	meu^{42}	meu^{42}	meu^{42}	meu^{453}	meu^{42}	əm^{31}	meu^{13}
碗	tui^{31}	po^{33}	kwaŋ^{33}	po^{33}	tui^{31}	tui^{31}	kwaŋ^{33}	tui^{31}
		tui^{31}						
罐		thəu^{13}	thəu^{13}	thəu^{35}	thəu^{13}	thəu^{13}	piŋ^{22}	thəu^{13}

续表

汉语	秀洞	肯溪	大高坪	堂华	起凡	高宇	陇城	三门塘
桌子	tai^{42}	tai^{22}	tai^{22}	tai^{13}	tai^{13}	tai^{22}	ɕoŋ^{22}	tai^{22}
床	toi^{35}	toi^{45}	toi^{53}	toi^{53}	toi^{53}	toi^{55}	ɕaŋ^{22}	toi^{35}
篮子	khiŋ^{35}	khiŋ^{45}	khiŋ^{53}	khiŋ^{53}	khiŋ^{53}	khiŋ^{55}	muŋ^{55}	khiŋ^{35}
碓子	kəm^{13}（侗族）	kɐm^{45}	kɐm^{55}	kɐm^{55}	kəm^{55}（侗族）	kəm^{44}（侗族）	toi^{53}	kəm^{13}
瘦肉	tsən^{13}	ȶən^{44}	ȶən^{55}	ȶən^{45}	ȶən^{55}	ȶən^{44}	jəm^{55}	nau^{55}
话	soŋ^{22}	soŋ^{13}	soŋ^{13}	soŋ^{35}	li^{31}	soŋ^{13}	ləi^{31}	soŋ^{13}
漏	khoŋ^{13}	qe^{33}	khoŋ^{33}	ləm^{31}	qhoŋ^{33}	qhoŋ^{33}	sut^{33}	
馋		ŋa^{42}	ŋa^{42}	pje^{42}	ŋa^{42}	ŋa^{42}	jak^{33}	ŋo^{44}
怕	kho^{22}	kho^{13}	kho^{13}	kho^{35}	kho^{35}	kho^{13}	jau^{33}	kho^{13}
解（便）	jəŋ^{55}	we^{31}	we^{31}	we^{31}	we^{31}	we^{31}	soŋ^{53}	we^{31}
找	khat^{13}	qhet^{45}	khit^{55}	qhet^{55}	qhet^{55}	qhet^{55}	jəu^{35}	qhet^{55}
背（动）	pe^{53}	pe^{42}	pe^{42}	ɐm^{53}	pe^{42}	pe^{42}	ɐm^{53}	pe^{44}
剪（布）	sin^{33}	sin^{33}	sin^{33}	ȶɐt^{55}	sin^{33}	sin^{33}	kwən^{55}	tsen^{33}
跑	ȶeu^{35}	pjeu^{45}	pjeu^{53}	pjeu^{53}	wi^{35}	wi^{13}	nəŋ^{33}	pjəu^{35}
跪	ȶhui^{13}	ȶhui^{13}	ȶhui^{33}	ȶhui^{33}	ȶhok^{13}	ȶhui^{33}	ȶok^{33}	tsau^{33}
蒸	tsau^{33}	sau^{33}	sau^{33}	sau^{33}	sau^{33}	sau^{33}	məi^{35}	tsau^{33}
直	tiu^{42}	tiu^{22}	tiu^{22}	tiu^{13}	tiu^{13}	tiu^{22}	sɐŋ^{22}	tiu^{22}
钝	a^{42}	qa^{22}	ka^{22}	qa^{13}	qa^{13}	qa^{22}	tap^{13}	qa^{22}
近	ȶhəi^{35}	phjəi^{45}	phjəi^{53}	phjəi^{53}	phjəi^{53}	phjəi^{55}	ȶən^{31}	phjəi^{53}
饿	ȶe^{33}	pjek^{33}	pjek^{33}	pjek^{33}	pjek^{33}	pjek^{33}	jak^{33}	pje^{33}
腻	win^{13}	win^{55}	ȵi^{53}	mən^{53}	win^{55}	win^{44}	ȵi^{55}	wen^{13}
坏	he^{35}	he^{45}	wai^{42}	he^{53}	wai^{42}	he^{55}	ja^{31}	he^{35}
嫩	je^{31}	je^{31}	je^{31}	je^{31}	je^{31}	je^{31}	ȵi^{31}	
聪明		qhiu^{33}	khiu^{33}	qhiu^{33}	qhiu^{33}	qhiu^{33}	kwai^{55}	qhiu^{33}

续表

汉语	秀洞	肯溪	大高坪	堂华	起凡	高宇	陇城	三门塘
个（人）	pu^{13}	pu^{55}	pəu^{55}	pu^{55}	muŋ^{31}	muŋ^{31}	muŋ^{31}	pəu^{13}
还	han^{22}	hai^{22}	hən^{22}	hən^{13}	hən^{22}	hən^{22}	nɐŋ^{55}	han^{22}
柱子	tsau^{13}	sau^{33}	toŋ^{42}	tuŋ^{42}	tuŋ^{42}	tuŋ^{42}	tuŋ^{33}	tsau^{13}
山谷	çəŋ^{22}	hau^{22}	ɬui^{33}	hau^{35}	ɬəm^{42}	kui^{33}	ɬəm^{33}	hau^{22}

三 六十苗、四十苗、二十苗之间的语言差异

从表 1 可看出，黎平起凡、三江高宇、通道大高坪三地的声调基本一致，都有 7 个调位，在单数调中除了 1 调分化为 1 调、1′调外，其余的均未发生分化。在调值方面，后三者都相同，起凡也只有 1′、2 调与另外三者不同，其余的四者都相同。

从表 2 也可看出，四地在语音上的不同主要体现在以下方面。

大高坪有清擦辅音 s 与清边擦音 ɬ 混读现象，但以后者为多，同时大高坪也无小舌辅音 q，以 k 对应 q，高宇无后低元音 ɐ，以 ə 或 a 对应。例如：

	大高坪	起凡	高宇
根	ɬaŋ^{1}	saŋ^{1}	saŋ^{1}
肩	ɬa^{1}	sa^{1}	sa^{1}
肠	ɬai^{3}	sai^{3}	sai^{3}
螃蟹	kaŋ^{4}kəi^{5}	qaŋ^{2}qəi^{5}	qaŋ^{4}qəi^{5}
人	kən^{2}	qən^{2}	qən^{2}
瘦	kaŋ^{4}	qaŋ^{4}	qaŋ^{4}
和	khɐn^{1}	khɐn^{1}	qhən^{1}
毛	mjɐm^{1}	pjɐm^{1}	pjəm^{1}
水	nɐm^{4}	nɐm^{4}	nəm^{4}

在我们所调查的 800 余个词中，草苗三地的词汇差异仅有 1.25% 的不同。

	大高坪	起凡	高宇
池塘	taŋ^{13}	tɐm^{55}	taŋ^{13}
碗	kwaŋ^{33}	tui^{31}	tui^{31}
墓	mo^{42}	wən^{13}	mo^{42}
药	məi^{31}	əm^{33}	əm^{33}
话	soŋ^{35}	li^{31}	soŋ^{13}
跑	pjeu^{53}	wi^{35}	wi^{13}
跪	ʈhui^{33}	ʈhok^{13}	ʈhui^{33}
腻	ȵi^{55}	win^{55}	win^{55}
坏	wai^{42}	wai^{42}	he^{45}
个（人）	pəu^{55}	muŋ^{31}	muŋ^{31}

（一）六十苗与四十苗的语言差异

由于在地域上起凡和堂华较接近，大高坪和高宇又较接近，所以地域接近的两者在语音上更为接近，特别是在声调上，地域接近的两地完全相同。在800个词中，六十苗和四十苗不同的词仅有16个，即二者词汇的差异仅有2%。

	大高坪	高宇	起凡	堂华
深山	ta^{33}jəm^{55}	ta^{33}jəm^{55}	ta^{33}jəm^{55}	ləŋ^{55}
月份	wet^{31}	wet^{31}	wet^{31}	ȵan^{55}
后生	je^{31}	je^{31}	je^{31}	ke^{13}
碗	kwaŋ^{33}	tui^{31}	tui^{31}	po^{33}
漏	khoŋ^{33}	qhoŋ^{33}	qhoŋ^{33}	ləm^{31}
馋	ŋa^{42}	ŋa^{42}	ŋa^{42}	pje^{42}
背（着）	pe^{42}	pe^{42}	pe^{42}	ɐm^{42}
剪	sin^{33}	sin^{33}	sin^{33}	tɐt^{55}
跑	pjeu^{45}	wi^{13}	wi^{35}	pjeu^{42}
腻	ȵi^{55}	win^{55}	win^{55}	mən^{42}
坏	wai^{42}	he^{45}	wai^{42}	he^{42}

续表

	大高坪	高宇	起凡	堂华
个（人）	pəu⁵⁵	muŋ³¹	muŋ³¹	pu⁵⁵
和	khɐn¹³	qhən¹³	khɐn³⁵	qap⁵⁵
瘦	kaŋ³¹	qaŋ³¹	qaŋ³¹	jəm⁵⁵
有	me²²	me²²	me¹³	li³³
没	kwe²²	kwe²²	kwe¹³	ŋe¹³

（二）六十苗与二十苗（花苗）语言的异同

由于大高坪、高宇和起凡的距离较近，所以三者的调类、调值完全相同，而肯溪与起凡的距离较远，二者的调类虽相同，但调值有的并不相同。（请看表1）四地的韵母完全相同，而声母肯溪的轻唇辅音 f 对三地的重唇声母 w，大高坪以舌根清辅音 k 对三地的小舌音辅音 q。

	堂华	起凡	大高坪	高宇	肯溪
花	fa³⁵	wa³⁵	wa¹³	wa¹³	wa¹³
裙	sa³¹	sa³¹	sa³¹	sa³¹	wo⁵⁵
药	əm³³	əm³³	məi³¹	əm³³	məi³¹
漏	ləm³¹	qhoŋ³³	khoŋ³³	qhoŋ³³	qe³³
解（便）	we³¹	we³¹	we³¹	we³¹	jəŋ⁵⁵
咳	khəu⁴² ŋəu³¹	khəu⁴² ŋəu³¹	khəu⁴² həu³¹	khəu⁴² həu³¹	ha³³ lau¹³
田	jha⁴²	ja⁴²	ja⁴²	ja⁴⁵	ça⁵³
山冲	hau¹³	ţəm⁴²	ţəm⁴²	kui³³	hau²²
祖父	qəŋ³³	kəŋ³³	kəŋ³³	kəŋ³³	qu⁵³
坐	sui⁵³	sui⁵³	sui⁵³	sui³⁵	ŋau⁴²
柱	jim⁴²	jim³⁵	jim¹³	jim¹³	sau⁵⁵
扁	pje³³	pje³³	pje³³	pje³³	pjaŋ³³
没	qəi³³	kwe¹³	kwe²²	kwe²²	ŋe²²

四 草苗与侗语的关系

（一）六十苗、四十苗、二十苗和当地侗族的语言交流

六十苗、四十苗、二十苗和当地侗族用各自的"民族语"进行交流时，虽然从所说的话的细微差别中能分辨出谁是哪个族群，但这并未影响大家的顺畅交谈。这在社会语言学看来是正常的，因为这些语言差异正是各社会集团的区别特征之一。南北侗之间还不能用侗语进行交流，就是在南北侗语方言内，有的土语也不能同其他土语进行交流。如南侗第三土语的融水大荣跟南侗任何土语的人都不能用侗语进行交谈。北侗第四土语的镇远报京也不能用侗话和其他地方的侗族人进行对话。这就说明草苗人和当地侗族各用草苗话和侗语交流没有什么障碍，也说明他们的语言差异是很细微的，比土语间的差异还小。

（二）草苗与侗语的词汇差异

在我们所调查的800多个词语中，三种草苗话同当地侗语有近90个词不相同，也就是说草苗话与南侗侗语词汇的相同率高达90%，这是很高的相同率。而南北侗语之间词汇的相同率只有近70%，南侗各土语词汇的相同率也只有90%，北侗各土语词汇的相同率更低，只有80%。

（三）草苗话中有北侗的词汇底层

其实草苗与南侗不相同的这10%的词汇也大都是侗语词汇，只不过是北侗的词汇罢了。我们之前已论证过，三省坡的草苗大都是于明末清初从湖南靖州的三秋先后迁徙过去的。三秋与贵州锦屏县的秀洞、天柱的三门塘一带的侗族相邻，三秋一带的苗族是多语民族，他们大都能讲苗、侗、汉三种语言。草苗这10%与南侗不同的词汇正是北侗词汇留下的底层，从下面的词例即可一目了然。

	秀洞	锅冲	大高坪	堂华	起凡	高宇	陇城	三门塘
土	ən^{33}	ən^{33}	ən^{33}	ən^{33}	ən^{33}	ən^{33}	mak^{31}	ən^{23}
被子	jaŋ^{53}	jaŋ^{42}	jaŋ^{42}	jaŋ^{42}	jaŋ^{42}	jaŋ^{42}	tan^{33}	jaŋ^{44}
日子	pən^{13}	pən^{44}	pən^{55}	pən^{55}	pən^{55}	pən^{45}	mən^{55}	pən^{13}
黄牛	tu^{42}	tu^{22}	tu^{22}	tu^{13}	tu^{13}	tu^{22}	sən^{22}	ljəu^{23}
猴	ləi^{13}	ləi^{55}	ləi^{55}	ləi^{55}	ləi^{55}	ləi^{45}	mun^{33}	ləi^{13}
泥鳅	son^{35}	son^{45}	son^{53}	son^{53}	son^{53}	son^{55}	ŋwet^{31}	tson^{35}

续表

	秀洞	锅冲	大高坪	堂华	起凡	高宇	陇城	三门塘
鸡胗	tap⁵⁵	tɐp⁵⁵	tap⁵⁵	ap⁵⁵	jɐm⁵⁵	tap⁵⁵		
桃	tau⁴²	ti⁵⁵tau²²	tau²²	ti⁵⁵tau²²	tau²²	tau²²	pɐŋ⁵⁵	tau⁴²
嘴巴	mu⁵⁵	mok⁵⁵	mok⁵⁵	muk⁵⁵	mok⁵⁵	mok⁵⁵	əp⁵⁵	mu⁵⁵
背	əm³³	qəm³³	kəm³³	qɐm³³		kəm³³	lai²²	qəm³³
脚后跟	ȶəu³¹	ȶəu³¹	ȶəu³¹	ȶəu³¹	ȶəu³¹	ȶəu³¹	ɕoŋ⁵⁵	ȶəu³¹
鼻涕	mu⁴²	pje²²	pje²²	pje¹³	pje¹³	pje²²	muk³¹	ŋu³¹
男青年	je³¹	je³¹	je³¹	ke²²	je³¹	je³¹	ki³¹	pan⁵⁵
帽子	meu⁵³	meu⁴²	meu⁴²	meu⁴²	meu⁴⁵³	meu⁴²	əm³¹	meu¹³
碗	tui³¹	po³³tui³¹	kwaŋ³³	po³³	tui³¹	tui³¹	kwaŋ³³	tui³¹
罐		thəu¹³	thəu¹³	thəu³⁵	thəu¹³	thəu¹³	piŋ²²	thəu¹³
桌子	tai⁴²	tai²²	tai²²	tai¹³	tai¹³	tai²²	ɕoŋ²²	tai¹³
床	toi³⁵	toi⁴⁵	toi⁵³	toi⁵³	toi⁵³	toi⁵⁵	ɕaŋ²²	toi³⁵
篮子	khiŋ³⁵	khiŋ⁴⁵	khiŋ⁵³	khiŋ⁵³	khiŋ⁵³	khiŋ⁵⁵	muŋ⁵⁵	khiŋ³⁵
碓	kəm¹³	kɐm⁴⁵	kɐm⁵⁵	kɐm⁵⁵	kəm⁵⁵	kəm⁴⁴	toi⁵³	kəm¹³
药	məi³¹	məi³¹	məi³¹	əm³³	əm³³	əm³³	əm³³	sa²²
话	soŋ²²	soŋ¹³	soŋ¹³	soŋ³⁵	li³¹	soŋ¹³	ləi³¹	soŋ¹³
漏	khoŋ¹³	qe³³	khoŋ³³	ləm³¹	qhoŋ³³	qhoŋ³³	sut³³	
馋		ŋa⁴²	ŋa⁴²	pje⁴²	ŋa⁴²	ŋa⁴²	jak³³	ŋo⁴⁴
怕	kho²²	kho¹³	kho¹³	kho³⁵	kho³⁵	kho¹³	jau³³	kho¹³
解（便）	jəŋ⁵⁵	we³¹	we³¹	we³¹	we³¹	we³¹	soŋ⁵³	we³¹
找	khat¹³	qhet⁴⁵	khit⁵⁵	qhet⁵⁵	qhet⁵⁵	qhet⁵⁵	jəu³⁵	qhet⁵⁵
背（动）	pe⁵³	pe⁴²	pe⁴²	ɐm⁵³	pe⁴²	pe⁴²	ɐm⁵³	pe⁴⁴
剪（布）	sin³³	sin³³	sin³³	tɐt⁵⁵	sin³³	sin³³	kwɐn⁵⁵	tsen³³
跑	ȶeu³⁵	pjeu⁴⁵	pjeu⁵³	pjeu⁵³	wi³⁵	wi¹³	nəŋ³³	pjeu³⁵
跪	ȶhui¹³	ȶhui¹³	ȶhui³³	ȶhui³³	ȶhok¹³	ȶhui³³	ȶok³³	ȶhui³³
蒸	tsau³³	sau³³	sau³³	sau³³	sau³³	sau³³	məi³⁵	tsau³³
谢谢	khai¹³	kai³³	khai³³	khai³³	khai³³	khai³³	lje⁵³	qhai³³
直	tiu⁴²	tiu²²	tiu²²	tiu¹³	tiu¹³	tiu²²	sɐŋ²²	tiu²²
钝	a⁴²	qa²²	ka²²	qa¹³	qa¹³	qa²²	tap¹³	qa²²

续表

	秀洞	锅冲	大高坪	堂华	起凡	高宇	陇城	三门塘
近	tɕhəi³⁵	phjəi⁴⁵	phjəi⁵³	phjəi⁵³	phjəi⁵³	phjəi⁵⁵	tɕen³¹	phjəi³⁵
饿	tɕe³³	pjek³³	pjek³³	pjek³³	pjek³³	pjek³³	jak³³	pje³³
腻	win¹³	win⁵⁵	ȵi⁵³	mən⁵³	win⁵⁵	win⁴⁴	ȵi⁵⁵	wen¹³
坏	he³⁵	he⁴⁵	wai⁴²	he⁵³	wai⁴²	he⁵⁵	ja³¹	he³⁵
嫩	je³¹	je³¹	je³¹	je³¹	je³¹	je³¹	ȵi³¹	
聪明		qhiu³³	khiu³³	qhiu³³	qhiu³³	qhiu³³	kwai⁵⁵	qhiu³³
个（人）	pu¹³	pu⁵⁵	pəu⁵⁵	pu⁵⁵	muŋ³¹	muŋ³¹	muŋ³¹	pəu¹³
还	han²²	hai²²	hən²²	hən¹³	hən²²	hən²²	nɐŋ⁵⁵	han²²
和	kun¹³	qhən³⁵	khən¹³	qap⁵⁵	khɐn³⁵	qhən¹³	jən³⁵	qon¹³
柱子	tsau¹³	sau³³	toŋ⁴²	tuŋ⁴²	tuŋ⁴²	tuŋ⁴²	tuŋ³³	tsau¹³
山谷	çəŋ²²	hau²²	tɕui³³	hau³⁵	tɕəm⁴²	kui³³	tɕəm³³	hau²

（四）六十苗、四十苗、二十苗和侗语语法的异同

六十苗、四十苗、二十苗和侗语的语法也基本相同，最主要的不同是人称代词做名词的修饰语时，南侗是人称代词居于名词后，而草苗居于名词之前，这也与北侗相同。例如：

	我	父亲		他	的	黄牛
秀洞	jau²	pu⁴		mau⁶	ti³	tu²
草苗	jau²	pu⁴		mau⁶	ti³	tu²
通道	pu⁴	jau²		sen²	mau⁶	

从以上所论可以看出，虽然草苗认为自己说的话是草苗话而不是侗话，其实草苗话是侗语这是毋庸置疑的，只是有一小部分词汇和语法与南侗不同而已，而这些不同是与北侗相同的。所以，当地人认为草苗是一个"说侗话唱汉歌"的民族也是不无道理的。草苗迁徙到三省坡地区来以后，因此地为侗族的世居地，侗语为当地的强势语，在周边侗语的影响下，草苗遂逐渐转用了侗语，而将自己的母语遗忘了。

五　结语

那么，草苗话究竟属于何种语言呢？从语音语法的角度来分析，草苗话无疑应属侗语。但国际人类学学界、民族学学界、民族语言学学界普遍遵循一个原则：名从主人。关于语言和方言的界定，国内尚未有明确统一的认识。国外学者强调以通解度来区分，但也要考虑说者对民族语的认同，即"名从主人"。这有三种不同的情况：一、两种话的说者如果不经学习对方的话，就可互相理解，通常认为是同一语言的两个方言。二、不同语言的口语通话的程度很低，但有共同的书面文献或有互相理解的中心方言，也有对民族语言的认同，这也是一种语言的不同方言。三、不同话间即使通解度很高，但各有明确的不同语言的身份，应视为不同的语言。

草苗话显然属于第三种情形，它不属于侗语，而是草苗话。草苗人对外大都坚称对苗族有认同感，但内部又坚持其与老苗（即苗族）不同。对于自己的语言，草苗也大都认为他们说的是草苗话，并不是侗话，也不是老苗话。当地侗族也认为草苗说的是草苗话，而不是侗话。作为学者，我们应遵循"名从主人"这一国际学界大都认可的普世原则，尽管在语音学上草苗话的确是侗语的变体，但从社会语言学和语言认同的角度上看，草苗所说的话就是草苗话，而不是侗话。

第三节　湖南通道本地话（平话）音系[*]

一　概况

通道侗族自治县位于湖南省西南部，处在湘、黔、桂三省（区）六县的交界之地，东毗绥宁县、城步苗族自治县，北邻靖州苗族侗族自治县，南连广西三江侗族自治县、龙胜各族自治县，西接黔东南苗族侗族自治州的黎平县，素有"南楚极地""百越襟喉"之称。地理位置在北纬25°52′—26°29′和东经109°25′—110°之间，总面积约为2240平方公里。通道是一个多民族聚居的自治县，世居民族有侗、汉、苗、瑶等。据1990年统计，全县总人口为204232人，其中侗族146936人，占71.95%，汉族40221人，占19.7%，苗族15135

---

[*] 在通道县调查中得到发音人杨锡先生的大力支持和帮助，谨以此对他的去世表示深切的哀悼。本项研究受2007年度国家社会科学基金语言学项目的资助（07XYY018）。

第七章　草苗话、那溪话、本地话与侗语的关系　329

人，占 7.4%。

通道县秦为黔中郡地，汉为镡成县，三国至南朝为舞阳县、龙标县，唐为罗蒙县，五代分属诚州、徽州，宋始称通道县至今。

通道县是个多语多言的县份，侗、汉、苗、瑶都有自己的民族语。通道县汉族的一部分操属西南官话的靖州话，靖州话现在是通道县各民族的族间交际语。侗语为侗族聚居区族间的第二交际语。在该县的銮塘、临口、太平岩、邓口等地还居住着约2.5万"本地人"。"本地人"自称 wən^{22} ȵən^{22}（我们人），他们有自己的语言、习俗和服饰，通婚仅限在"本地人"内部。他们称自己的语言为"平话"。侗族称"本地人"为 ka^{31} pən^{33} ti^{33} 或 ka^{31} ti^{33}（本地客、地客），称其语言为 li^{31} ka^{31} ti^{42}（本地话），称操靖州话的汉族为 ka^{31}（客），称其语言为 li^{31} ka^{31}（客话）。瑶族称本地话为 lo^{33} ŋai^{33}。銮塘、临口、太平岩和邓口这四地的平话略有区别，但以銮塘平话的威信最高，四地人之间交流均用銮塘平话，在唱歌和红白喜事的颂词中也均用銮塘平话。当地侗语的款词、歌词中也夹杂着不少銮塘平话，当然，在銮塘平话中也有不少侗语词汇。本文记录的是銮塘平话。

二　声韵调

（一）声母：22个，包括零声母在内

p	保袍般盘邦旁	ph	怕坡判喷谱
m	麻蛮忙民目	fh	发反方肥费
w	花禾灰回坏围火	t	答单谈当堂灯腾
th	塔滩铁通添土	n	挪脑能年奴南
ȵ	粘央入元人鱼	l	腊兰狼笼里卢
ts	杂茶斩蚕尖钱	tsh	岔切村亲初秋
s	杀生星西事先苏	tɕ	车祝传吉直针精求
tɕh	昌出尺春溪轻丘	ɕ	香常十掀输
k	家江奸街军官茎	kh	概看康确客怪快
x	虾河懈咸复学祸	ŋ	我硬牛牙咬卧
j	爷秧梨医影誉	0	鸦安屋扼爱吴雨云

声母特点

（1）并、定、从、澄、床、禅、群等全浊声母阳平今读不送气清音：皮 pi^{22}、培 poi^{22}、袍 pau^{22}、题 tɿ^{22}、桃 tau^{22}、谭 tan^{22}、齐 tse^{22}、曹 tsau^{22}、钱

tsin²²、池 tçi²²、潮 tçiu²²、沉 tçən²²、愁 tsəu²²、锄 su²²、柴 çai²²、仇 çu²²、辰 çən²²、常 çan²²、其 tçi²²、求 tçu²²、琴 tçən²²

（2）照系除庄组外，大都读 tç、tçh、ç：朱 tçy⁵⁵、柴 çai²²、是 çi⁵³、少 çiu³³、周 tçu²²、闪 çin²²、针 tən⁵⁵、舌 çe²²、船 çon²²、陈 tçən²²；庄组大都读 ts、tsh、s：沙 sa⁵⁵、楚 tshu⁴²、斋 tsai⁵⁵、抄 tshau³⁵、斩 tsan³³、簪 tsan⁵⁵、山 san⁵⁵、虱 se⁵³、窗 tshan³⁵、色 se⁵³、生 sen⁵⁵、争 tsen⁵⁵

（3）精组大都读 ts、tsh、s：挤 tsi⁴²、小 siu³³、秋 tshu³⁵、尖 tsin⁵⁵、心 sən⁵⁵、浅 tshin³³、先 sin⁵⁵、全 tson²²、信 sən⁴²、村 tshən³⁵、笋 sən³³、星 sen⁵⁵、族 tsu²²、从 tsoŋ²²

（4）非组读音较乱：妇 fu⁴²、富 xu⁵³、翻 wien³⁵、反 fien³³、分 wən³⁵、文 wən²²、份 pən⁴²、问 mən⁴²、佛 xo³¹、物 we³¹、方 wan³⁵、房 fan²²、网 man³¹、望 man⁴²、风 xoŋ³⁵

（二）韵母：46 个

a	阿婆禾火歌多罗	ai	外大乃赖寨猜		
au	保报袍毛刀脑	an	安盘帮蛮亡单唐	aŋ	础
o	恶竹木出脱月入	oi	倍培梅灰对退		
on	朋团软双全砖	oŋ	五棚蓬蒙中东通		
e	扼百麦回域洗十	en	彭眼横坑生冷		
əi	爱派美台来最菜	əu	欧偷秀后口某		
ən	恩门灯能人分经				
i	碑皮眉米飞围二儿	ia	巴甲马花家架八		
iai	揩拜坏街界乖	iau	教咬巧缴交	ian	良两秧养羊
io	岳六绿厥缺	ion	拳倦绢犬劝		
ioŋ	荣容勇用戎	ie	扁别笔败买越力	ieu	秒
ien	班板办骗反欢县	iəi	蛋梨	iəu	溜
iən	兵贫明民林军春	iu	桥包票小苗条刘		
in	边千变病棉远念				
ɿ	批肥司西子梯体	ɪe	碟笛踢		
ɪu	调跳虑椒蕉	ɪən	亭顶	ɪn	钉点田定天连垫
ʅ	磁瓷事				
u	无布堡州都鱼路	ua	锅过刮窠阔卧	uai	怀槐淮
uan	官关光广贯宽款	ue	国	uəi	规

uən 捆棍昆困　　　　　uŋ 猛懵
y 芋费泪朱输水贵　　　yən 匀云韵运孕

1. 音值说明

通道平话区分 i：ɿ，i 的发音较高，ɿ的发音较低：
Phi³⁵ 痣：phɿ³⁵ 批　　tiu⁴² 吊：tɿu⁴² 调～动

2. 韵母特点

后鼻音尾不能与其他单元音结合，只能与单元音 o 结合组合成后鼻音韵（aŋ，仅有一例 saŋ³³ 础，为侗语借词，uŋ 也仅有一例，muŋ³¹ 懵懂，为例外）：mon²² 瞒：moŋ²² 蒙，ton⁵⁵ 端：toŋ⁵⁵ 东，tson²² 全：tsoŋ²² 从，son⁵⁵ 酸：soŋ⁵⁵ 松。

（三）声调：8 个

阴平	55	多歌沙家猪堆担三帮
次阴平	35	坡花蛆夫猜贪添滩方
阳平	22	罗茄禾茶扯南论皇各鹤
阴上	33	锁假姐府稳扁反广
阳上	31	我马眼柱武答合蜡十八
阴去	53	过左价代富奋放急黑北祝
次阴去	453	破他祸怕派欠喷空
阳去	42	贺大坐社袋淡旺獭

声调特点

（1）入声已消亡，大多归入阳平，一部分归入阴去，个别归入阴平、次阴平、次阴去和阳去。

（2）平、上、去因声母的阴阳而一分为二：阴平、阳平、阴上、阳上、阴去、阳去；阴平和阴去又因声母的送气而分出次阴平和次阴去；阴上没有再分化。

三　同音字汇

pa　22 婆　53 簸～箕 簸～米 把 门～坝堤～
poi　55 倍　22 培陪赔裴　53 辈背
　　42 焙
pau　55 褒　22 袍　33 保宝　53 报
pon　22 朋
pan　55 邦帮般搬棒　22 盘旁螃傍
　　31 伴　53 半
poŋ　22 棚蓬篷
pe　31 百白帛　53 叉
po　55 波玻　31 剥驳
peu　42 孵

pen	55 烤　22 彭膨　53 射	
pən	55 崩　22 盆　33 本　42 份	
pia	55 巴芭疤　22 琶耙划~船　33 把拿　31 八	
piai	22 排牌　53 拜	
pie	22 牌　33 摆憋扁匾　31 稗别鳖　53 拜笔必痱~子　42 败逼	
pien	55 班扳　33 板版　53 绊扮　42 办	
piən	55 兵冰彬鞸　22 贫凭瓶　33 丙饼	
pi	55 碑卑　22 皮疲脾琵枇匹　53 闭秘泌庇痹　42 被~子备鼻算	
piu	55 包　33 饱　53 豹爆彪	
pin	55 边鞭　22 便~宜平坪评　53 变　42 病便方~	
pu	22 卜　33 补缝　53 布　42 部簿步	
pha	33 坡　453 潘拼	
phau	35 胞	
phan	35 藩　53 判	
pho	31 泼	
phoi	35 胚坯　453 配	
phoŋ	33 捧	
phe	31 拍	
phəi	33 挑　453 派	
phən	453 喷	
phɪ	35 批	
phi	55 鐾　35 痣披	
phia	453 怕帕	
phiu	35 飘　453 票	
phien	453 骗	
phin	35 篇偏	
phu	33 谱　453 堡铺~设铺店~	
ma	55 肉　22 磨~面蟆蚁　31 莫抹~布　42 磨石~	
mau	22 毛矛　53 肺　42 冒帽貌	
man	22 蛮亡忙茫　31 网满　42 亡妄望	
mo	31 木蚁（ma^{22}mo^{31}）	
moi	22 梅媒煤　42 妹	
mon	22 瞒	
moŋ	22 蒙　53 孟　42 梦	
me	31 麦肺墨	
men	33 瓣	
məi	31 美　42 每	
məu	22 谋　31 某亩牡	
mən	55 蝇　22 门　53 闷　42 问	
mia	55 蛙　22 麻　31 马　42 骂	
miau	42 杳	
mie	31 篾　31 尾灭　42 买卖	
mieu	22 藐渺秒　31 卯	
mien	31 免　42 慢	
miən	22 民明	
mi	22 眉楣谜迷密蜜　31 米	
min	22 绵棉名　42 面~条面脸命	
miu	22 苗　42 庙	
mu	22 目穆牧　31 呼　42 戊墓	
muŋ	31 猛懵	
fa	31 缚	
fan	22 房防　33 纺　53 放	
fɪ	22 肥	
fi	35 非飞	

fia	31 发罚	tai	53 带代　42 大~夫大
fien	33 反	tau	55 刀　22 桃逃淘陶萄涛
fən	33 粉　53 粪奋		53 到倒~水倒打~
fu	22 浮　42 妇		42 道盗导
fy	53 费	tan	55 当单担宕　22 檀坛弹~琴
wa	55 窝　22 禾　31 瓦　53 脏污		22 谈潭谭堂螳唐糖塘颤弹子~
	42 画		33 胆　53 当典~渐淡党
wai	42 外	te	53 得德
wan	35 荒慌方　22 王黄簧皇蝗	təi	22 台抬苔　53 戴　42 袋
	33 碗　31 枉　42 旺换	təu	55 兜　22 头投　33 斗抖陡
woi	35 灰		53 斗~争　42 豆逗
won	53 忽	tən	55 登灯敦墩　22 臀橙腾謄藤
we	53 煨　22 回茴　31 物		疼　33 等　31 钝　53 顿扽
	453 域		凳　42 邓
wen	22 横	to	31 奇独读犊犊毒触
wəi	22 围桅　31 委	toi	55 堆　42 对碓兑
wən	55 温瘟　35 昏婚　22 文	ton	55 端　22 团　33 短　31 董懂
	33 稳　42 混相~		453 蜕　42 断段缎
wi	22 围　42 未味位为	toŋ	55 东冬　33 撞　53 冻栋
wia	55 挖　35 花　31 法滑袜		42 动洞
	453 化　42 话	tɪ	55 低　22 题提蹄啼堤　33 底
wiai	42 坏		抵　53 帝　42 地递弟
wie	31 越	tɪau	53 教~书
wien	55 豌剜腕弯湾　35 翻番欢	tɪe	31 碟牒谍滴笛
	22 烦　53 贩　42 犯县饭	tɪən	22 亭停廷庭蜓　33 顶鼎
wiən	42 闰润		42 蜻
wɪn	22 袁园援	tɪn	55 钉　35 点　22 甜田填
win	31 远		53 钉~住订~约　42 枕~上
wu	53 腻		殿垫定
wha	33 火夥	tɪu	53 调音~调~动　453 吐
whən	35 分~开　22 魂	tiu	22 条调　33 鸟雀麻~
ta	55 多　33 打　31 答搭达		53 钓吊

tu	55 都~城 22 处~所徒屠途 33 赌肚 42 度渡许	ŋa	55 沾粘 31 惹
tha	22 坍 31 塔榻塌 453 他 42 獭	ŋan	55 央殃 22 娘 42 让越
		ŋo	31 肉弱进入月
thai	453 太泰	ŋon	22 元原源 42 愿
thau	453 套	ŋoŋ	55 蹲 22 浓
than	35 滩摊贪 33 毯抢 453 炭叹探	ȵe	31 日耳业
		ȵen	22 碾 31 眼
the	31 铁跌帖	ȵəu	55 爪抓 53 皱绉
thəi	35 胎	ȵən	22 壬任姓银人仁 33 撵忍 42 认
thəu	35 透偷	ȵi	22 儿凝疑拟 42 二贰义议艺
thən	35 吞	ȵiu	42 尿
tho	35 拖 31 脱	ȵin	42 念
thoŋ	35 通 33 桶 53 痛	ȵu	22 鱼语 31 女饵纽 53 嗅
thoi	35 推 33 腿 453 退	la	55 拉 22 罗锣箩胭 31 腊蜡 42 取娶讨~饭辣
thI	35 梯 33 体 453 替剃		
thIe	31 踢剔	lai	42 赖癞
thIu	453 跳	lau	22 劳捞牢 31 老
thIn	35 添天 53 听厅汀	lan	55 蓝 22 篮兰拦栏郎廊狼 31 懒 42 滥缆浪
thiu	35 搛~菜 挟~菜		
thu	33 土 453 兔	lo	22 螺 33 啰~唆 31 鹿禄
na	22 挪搓柔揉	loi	22 雷 31 垒 42 累
nai	42 这乃	lon	22 鸾 42 乱
nau	31 脑恼 42 闹	loŋ	55 笼聋
nan	22 难~易南男 42 难灾~	le	31 肋勒
noi	42 内	len	31 冷
non	31 暖 42 软	ləi	22 来
nəi	42 耐奈渗	ləu	22 楼搂 42 漏陋
nən	22 能 42 嫩	lən	22 论~语崙伦沦轮陵凌菱
nI	22 泥 31 你	li	22 泥厘狸犁黎 31 礼李里理鲤 42 利痢
nIn	22 年 31 染		
nu	55 谁哪 22 奴 31 鲁橹	lia	55 瘌跛芒 22 舔舐 53 跨

	42 撒~手	tsəu	22 愁　33 走
lian	22 良凉粮量测~　31 两 42 亮谅辆量数~	tsən	55 尊遵曾姓增　22 曾~经层 53 浸　42 尽
lio	31 六陆绿　42 燎	tsɿ	22 辞　33 子梓姊紫雾（tsau⁵³~）42 挤巳字牸自
lioŋ	22 龙	tsiu	55 焦蕉椒
lie	31 力历栗立	tsin	55 尖煎醒　22 前乾~坤钱 33 井剪　31 净　53 箭
lien	22 怜		
liəu	55 溜	tsʅ	22 磁糍瓷
liən	22 邻鳞　31 林淋邻檩　42 令	tsu	55 租　22 族　33 阻祖组酒 53 做　42 就
liu	22 流刘留榴硫琉　31 柳		
lɪu	42 虑	tsha	35 钗差出~差参~差~别 31 插　453 岔
lɪn	22 连镰簾灵零　33 领　53 练	tshai	35 猜　33 彩采
lu	22 庐驴卢炉芦鸬　42 路露鹭	tshau	35 操~作抄钞　33 炒吵草 453 糙
ly	42 泪		
tsa	55 滓杂　22 茶札紮　31 眨 53 左闸炸油~诈榨炸~弹 42 坐座	tshan	35 参餐窗　33 铲产
		tsho	53 错
		tshoi	35 催　453 脆
tsai	55 斋　42 寨	tshon	35 窜睡
tsau	55 遭糟　22 曹槽　33 早枣 蚤澡　53 罩雾（~tsi³³）42 皂造	tshoŋ	33 怂
		tshe	31 切~开泽择　53 七漆
		tshen	35 撑　453 衬
tsan	55 簪　22 蚕惭藏残　33 盏斩 53 溅葬　42 錾	tshəi	453 蔡菜
		tshəu	453 凑
tso	31 绝作桌浊捉　53 错	tshən	35 村亲~家 亲参~差　42 寸
tsoi	33 嘴　53 醉　42 罪	tshi	35 妻　453 砌
tson	35 疮　22 全	tshin	35 千竿签青　33 浅
tsoŋ	55 聪匆葱囱宗　22 从丛 33 总　53 综踪	tshu	35 初蛆粗秋　33 取娶　453 醋 42 楚
tse	22 齐节　31 接截膝贼即鲫	sa	55 簑沙纱　33 锁　31 杀
tsen	55 争	sai	55 腮鳃筛　22 柴　53 晒赛
tsəi	55 最灾栽　22 随才材财裁 53 再载　42 在		

sau	55 骚臊梢　33 扫~地嫂 53 扫~帚		53 转　42 状
		tɕoŋ	55 中忠　22 穷虫重~复 53 中打~众　42 共
san	55 三山　33 嗓磉　53 散分~ 散~开伞	tɕe	31 吉结着睡~揭直值只灸 53 姪织急
saŋ	33 础		
so	55 唆啰~所　31 雪索吸 53 肃宿	tɕən	55 针今金真巾斤筋蒸精晶睛经 22 沉琴陈尘勤芹承丞情成城诚 33 枕紧准整　42 近阵
soi	453 岁　42 碎		
son	55 酸囟霜双　33 双　53 算蒜 42 旋	tɕi	55 支枝肢之芝正知雉鸡饥几机 饥　22 迟池厨其棋期旗 33 旨指纸止趾纪几~个 53 翅只计髻痔记寄　42 忌
soŋ	55 松嵩　53 送宋		
se	33 洗　31 塞　53 细瑟虱色粟		
sen	55 生牲星	tɕiu	55 朝今~招　22 朝~代潮桥 荞　53 叫　42 赵轿
səu	53 瘦		
sən	55 心辛新薪孙甥　22 寻 33 笋榫省　53 信讯	tɕin	53 占剑见　42 件
		tɕu	55 周州洲猪车~马砲　22 绸 求　33 主煮九久韭　53 救句 锯　42 旧箸柱住
sɿ	55 司丝思西栖犀厕　33 死 53 四肆		
siu	55 萧箫消宵霄硝销　33 小 53 笑少~年	tɕy	55 朱硃珠　22 槌锤　33 矩 53 蛀
sin	55 仙先腥　53 线	tɕha	33 扯
sɿ	42 事	tɕhau	35 超
su	55 苏酥梳疏蔬　22 锄 33 数~着　53 数~学素嗦锈	tɕhan	35 腔昌菖蚕
		tɕho	53 出畜
		tɕhon	35 川穿　33 串闯
tɕa	55 遮　35 车　22 邪茄　33 姐 31 脚　53 借那蔗　42 谢	tɕhoŋ	53 铳
		tɕhe	31 尺　53 吃
tɕan	55 姜章樟张　22 强长生~长 肠场墙详祥　33 蒋奖桨涨掌 53 帐账胀酱将大~浆　453 斜 42 丈仗杖强勉~匠	tɕhən	35 春椿称~呼清　53 称 相~秤
		tɕhi	35 溪欺　33 齿起杞　453 气 汽契
tɕo	53 竹祝粥		
tɕon	55 砖庄装　22 传~达传~记	tɕhin	35 牵轻　33 请　453 欠

tçhu	35 丘抽吹　33 丑　453 臭	ke	55 麻雀（tiu³³ ~）
ça	55 奢赊杉　22 蛇　33 写	ken	55 更　31 革隔　53 间~断
	31 勺~子　53 泻　42 社厦偏~	kəi	55 该　33 改　53 尬盖
çai	55 筛　22 柴豺	kəu	55 勾钩沟　33 狗苟
çau	53 孝	kən	55 跟根　31 滚
çan	55 香乡相箱厢锒　22 常尝裳	kia	55 家傢加　22 爬　31 夹袂
	53 相~貌　42 上		33 假贾姓　53 架嫁价挂卦
ço	31 熟		42 涩甲
çoi	53 税	kiai	55 乖街阶　53 界芥疥届戒块
çon	22 玄船	kiau	55 交胶　33 巧　53 教~育觉
çoŋ	55 胸凶　22 熊雄		睡~缴
çe	22 鞋　31 十拾舌歇血实失石	kio	53 厥
çəu	42 秀绣	kion	22 拳　33 捲　53 眷卷捐倦券
çən	55 深身申伸升兴~旺		42 圈猪~
	22 神辰晨绳塍　53 胜性姓	kie	55 街　33 解~开
	42 剩傻	kien	31 绕缠　53 惯
çi	55 尸狮诗希稀　22 薯时匙	kiəi	53 蛋
	33 屎豉喜　53 戏世	kiən	55 君军　22 裙　42 菌
çiu	55 烧　33 少多~	ki	55 簋　35 亏
çin	55 掀声　22 嫌完　33 闪	ku	55 姑　33 古估牯股鼓盬
	53 扇显现　42 善		42 故固锢顾
çu	55 收休　22 仇酬　33 鼠手首	kua	55 锅熨　35 寡　31 刮　53 过
	守　42 寿受竖树	kuan	55 官棺关光　33 广　53 贯罐
çy	55 输殊墟书舒怯　33 水	kue	53 国
ka	55 哥歌　31 割葛　53 个	kuen	33 茎
kau	55 高篙　33 稿	kuəi	55 规
kan	55 江豇风岗刚纲钢缸奸艰间	kuən	31 绷　53 棍
	中~幹 干肝尴甘柑泔　33 讲	ky	55 龟归簋　33 鬼　53 桂鳜癸
	杆秆赶竿减敢　53 降		贵　42 柜
ko	22 各　31 鸽郭　53 骨谷	khai	453 概
koŋ	55 公蚣工功攻恭	khau	453 靠犒
	53 贡供~给	khan	35 康糠看~见看~守刊

kho	35 哭　31 确壳		42 俸缝一条~
khoŋ	35 空~虚　33 恐孔	xe	31 吓
	453 巷空~缺	xen	22 行~为衡
khe	31 刻克客	xəi	33 海　53 害亥
khen	35 坑	xəu	22 侯喉猴瘊候吼　42 后厚
khəi	35 开	xən	33 很　53 恨
khəu	35 扣寇　33 口叩	xu	35 夫　22 扶芙胡湖狐壶乎瓠
khən	33 肯		33 府斧虎　53 富副　42 户腐
khia	31 掐	xuai	22 怀槐淮
khiai	35 揩　53 怪　453 快筷	ŋa	22 鹅　33 哑　31 我　42 饿
khio	31 缺	ŋau	22 熬
khion	35 圈圆~　33 犬　53 劝	ŋan	33 仰昂　42 雁岸
khiən	33 春	ŋe	31 额
khu	33 枯苦　53 库裤	ŋen	42 硬
khua	33 颗　31 阔	ŋəu	22 牛　31 藕偶
khuan	33 宽款	ŋia	22 牙芽衙　42 轧~棉花
khuən	35 昆崑　53 困	ŋiai	42 隘艾
khy	33 跪	ŋiau	31 咬
xa	35 喇咳虾蛾核果~ 　22 虾~	ŋua	53 卧
	蟆河　31 瞎匣　53 黑	a	55 鸦　31 阿
	42 下夏	an	55 安鞍庵　53 暗案
xai	453 懈	o	31 恶善~恶　53 屋
xau	35 薅　22 豪壕毫　33 好~坏	oŋ	31 五伍午
	453 好爱~耗　42 号号~数	e	55 丑很~　31 扼轭
xan	22 行银~闲寒韩衔咸　33 喊	əi	53 爱
	42 罕旱汉限瘫（~pie⁵³）	əu	55 欧瓯杯　33 呕殴　53 热
xo	35 复~兴　22 鹤　31 和~气		沤怄
	合盒活佛学　53 福腹　453 祸	ən	55 思含
	货　42 贺和~面	ja	55 爷　31 药揖鸭押压野
xoi	35 灰　33 恢　42 会		42 夜也
xoŋ	35 峰蜂锋封风枫疯　22 冯红	jan	55 秧　22 萤羊洋杨扬阳
	洪鸿虹　33 哄~骗　53 奉		31 养痒　42 样

jo	22 撩 31 岳约	jiu	55 妖邀腰 22 摇窑姚 53 要坳 42 鹞
joŋ	55 壅浇 22 荣戎绒融容蓉庸 31 勇涌 42 用	jin	55 冤烟 22 盈赢言燃盐 33 影 53 怨燕厌
je	31 折叶页醃噎 53 乙一	ju	55 忧优 31 有友酉 42 又右佑
jəi	22 梨	jy	55 誉预豫芋 31 舀
jən	55 音阴荫因姻应~当鹰英 22 寅营缩 31 饮引 42 窨印映应响~	u	22 无吴 31 武舞 53 雾 42 误雨
ji	55 秽医於淤医衣依 22 益移夷姨 53 熄倚椅意 42 易	yən	22 匀云 42 韵运孕

参考文献

［1］ Fang Kuei Li：*A Hanbook of Comparative Tai*，The University Press of Hawaii，1997.

［2］ 李方桂：《侗泰族语言概论》，邢公畹编译，载《汉藏语系语言学论文选译》1980年。

［3］ 李方桂：《上古音研究》，商务印书馆1980年版。

［4］ 王力：《汉语史稿》（上册），中华书局1980年版。

［5］ 邢公畹：《论调类在汉台语比较研究上的重要性》，《中国语文》1962年第1期。

［6］ 袁家骅：《壮语/r/的方音对应》，《语言学论丛》第五辑，商务印书馆1963年版。

［7］ 岑麒祥：《历史比较语言学讲话》，湖北人民出版社1981年版。

［8］ 王均、郑国乔：《仫佬语简志》，民族出版社1980年版。

［9］ 梁敏：《侗语简志》，民族出版社1980年版。

［10］ 张均如：《水语简志》，民族出版社1980年版。

［11］ 梁敏：《毛南语简志》，民族出版社1980年版。

［12］ 喻翠容：《布依语简志》，民族出版社1980年版。

［13］ 喻翠容、罗美珍：《傣语简志》，民族出版社1980年版。

［14］ 倪大白：《谈水语全浊声母b和d的来源》，《民族语文》1979年第4期。

［15］ 邢公畹：《三江侗语》，南开大学出版社1985年版。

［18］ 张均如：《原始台语声母类别探索》，《民族语文》1980年第2期。

［19］ 李钊祥：《侗语和老挝语的语音比较研究》，中国社会科学院研究生院1981年硕士论文。

［20］ 徐通锵：《历史语言学》，商务印书馆1991年版。

[21] 本尼迪克特：《再论汉–藏语系》，见《汉藏语言概论》，乐赛月、罗美珍译，中国社会科学院民族研究所语言室，1984 年。

[22] 谢·叶·雅洪托夫：《语言年代学和汉藏语系诸语言》，载《汉语史论集》，北京大学出版社 1986 年版。

[23] 李方桂："Languages and Dialects of China", *Journal of Chinese Linguistics*, Vol. 1, 1973.

[24] 梁敏：《壮侗语族诸语言名词性修饰词组的词序》，《民族语文》1986 年第 5 期。

[25] 梁敏：《临高人——百粤子孙的一支》，《民族研究》1981 年第 4 期。

[26] 梁敏：《侗泰诸族的源流》，《中国民族史研究》（第一集），中央民族学院出版社 1987 年版。

[27] 广东省博物馆：《广东海南岛原始文化遗址》，载《考古学报》1960 年第 2 期。

[28] 《水族简史》编写组：《水族简史》，贵州民族出版社 1985 年版。

[29] 《侗族简史》编写组：《侗族简史》，贵州民族出版社 1985 年版。

[30] 《布依族简史》编写组：《布依族简史》，贵州民族出版社 1984 年版。

[31] 《壮族简史》编写组：《壮族简史》，广西人民出版社 1980 年版。

[32] 赵元任：《语言问题》，商务印书馆 1980 年版。

[33] 张琨：《原始苗瑶歌声调的构拟》，原载《中央研究院历史语言研究所集刊》第 44 本第 4 分册，1973 年，台北；现载《民族语文研究情报资料集》第 1 集，1983 年。

[34] 邢公畹：《红河上游傣雅语》，语文出版社 1989 年版。

[35] 欧阳觉亚、郑贻青：《黎语调查研究》，中国社会科学出版社 1983 年版。

[36] 桥本万太郎：《汉语声调的扩展现象》，原载 *Journal of Chinese Linguistics*, No. 2, 1983，现载《语言研究译丛》第二辑，1988 年。

[37] 邢公畹：《说平声》，《语言论集》，商务印书馆 1983 年版。

[38] 西田龙雄：《声调的形成与语言的变化》，原载日本《言语》1979 年第 8 卷第 11 期；现载《民族语文研究情报资料集》第 3 集，1984 年。

[39] 艾杰瑞（J. Edmondson）：《侗语的声调分裂和浊呼气音变异》，1986，现载《民族语文研究情报资料集》第 9 集，1987 年。

[40] 李方桂：《原始台语的 *kh-和 *x-》，《民族语文》1983 年第 6 期。

[41] 雅克布逊（R. Jakobson）、方特（M. Fant）、哈特（M. Halt），1951,

《语音分析初探——区别性特征及其相互关系》，王力译，载《国外语言学》1981年第3、4期。

[42] 王士元，1967，《声调的音系特征》，刘汉城、张文轩译，《国外语言学》1987年第1期；又见《声调的音位特征》，石锋译，《语言研究译丛》第二辑，天津人民出版社1988年版；《关于区别性特征理论》《关于声调语言》，《语言学论丛》第十一辑，商务印书馆1983年版。

[43] 汕娘·孟宁（Samnieng Muangil）：《关于泰语声调区别性特征的一个新方案》（1985），《民族语文研究情报资料集》第9集，1987年。

[44] 萨丕尔（E. Sapir）：《语言论》（1921），陆卓元译，商务印书馆1985年版。

[45] 吴宗济：《什么叫"区别性特征"》，《国外语言学》1980年第1期；《区别特征》，《中国大百科全书（语言文字）》，中国大百科全书出版社1988年版。

[46] 林焘：《音系学》，《中国大百科全书（语言文字）》，中国大百科全书出版社1988年版。

[47] 叶蜚声、徐通锵：《区别特征》，载《语言学纲要》，北京大学出版社1988年版。

[48] 陆致极：《关于区别特征的层级性》，《国外语言学》1988年第1期。

[49] Joseph H. Greenberg: *Language Typology: A Historical and Analytic Overview*, Walter de Gruyter, 1974.

[50] 沈家煊：《关于词法类型和句法类型》，《民族语文》2006年第6期。

[51] 石林：《侗语汉语语法比较研究》，中央民族大学出版社1997年版。

[52] 纳日碧力戈、龙宇晓：《迈向中国山地民族研究的新天地》，《中国山地民族研究集刊》2013年第1期。

[53] 司马迁：《史记》，中华书局2006年版。

[54] 王明业：《中国的山地》，四川科学技术出版社1989年版。

[55] 格林伯格：《某些主要跟语序有关的语法普遍现象》，陆丙甫、陆致极译，《国外语言学》1984年第2期。

[56] 潘永荣、龙宇晓：《香禾糯命名与分类的语言人类学考察》，《原生态民族文化学刊》2013年第1期。

[57] 索绪尔：《普通语言学教程》，高名凯等译，商务印书馆1999年版。

[58] R. J. 内尔森：《命名和指称：语词与对象的关联》，殷杰等译，上海科

技教育出版社 2007 年版。

[59] 索尔·克里普克:《命名与必然性》,梅文译,上海译文出版社 2005 年版。

[60] 罗常培:《语言与文化》,北京大学出版社 1950 年版。

[61] 罗常培:《论藏缅族的父子连名制》,《边疆人文》1944 年 3 月第一卷第三、四合期。

[62] 罗常培:《论藏缅族的父子连名制》,《边疆人文》1944 年 11 月第二卷第一、二合期。

[63] 马学良:《彝族姓名考源》,《民族语言教学文集》,四川民族出版社 1988 年版。

[64] 范玉梅:《我国少数民族的人名》,《民族研究》1981 年第 5 期。

[65] 何星亮:《图腾名称与姓氏的起源》,《民族研究》1990 年第 5 期。

[66] 徐松石:《泰族壮族粤族考》,中华书局 1946 年版。

[67] 吴伟峰:《壮族图腾概述》,《三月三》1984 年第 1 期。

[68] 梁庭望:《壮族风俗志》,中央民族学院出版社 1987 年版。

[69] 布龙菲尔德:《语言论》,袁家骅等译,商务印书馆 2017 年版。

[70] 巢宗祺:《从语言角度分析八排瑶的姓名》(油印稿),1988 年。

[71] 王泉根:《华夏姓名面面观》,广西人民出版社 1988 年版。

[72] 郑贻青:《黎族的亲属称谓和人名》,《民族语文》1980 年第 3 期。

[73] 桥本万太郎:《语言地理类型学》,余志鸿译,北京大学出版社 1985 年版。

[74] 杨希枚:《联名与姓氏制度的研究》,《中央研究院历史语言研究所集刊》第二十八本,1957 年。

[75] 王钟翰:《清代八旗中的满汉民族成分问题》,《民族研究》1990 年第 4 期。

[76] 纳日碧力戈:《民族姓名的语言制约因素析要》,《民族语文》1990 年第 4 期。

[77] 张锡禄:《白族姓名初探》,《民族学研究》第五辑,民族出版社 1983 年版。

[78] 刘庆华:《满族姓氏述略》,《民族研究》1983 年第 1 期。

[79] 石林、吴文君、龙宇晓:《名物的濒危与语言空心化:以黎平四寨侗语名物系统为例》,《原生态民族文化学刊》2015 年第 1 期。

［80］石林、黄勇:《侗语植物名物研究》,《中国山地民族研究集刊》2016 年第 1 期。
［81］李方桂:《龙州土语》,中央研究院历史语言研究所单刊甲种六十六,1940 年。
［82］李方桂:《武鸣壮语》,清华大学出版社 2005 年版。
［83］邢公畹:《贵州惠水远羊寨仲歌记音》,南开大学文学院边疆人文研究室语言人类学丛刊正集第一种,1942 年。
［84］龙宇晓:《择取生命的符码:西南民族个人命名制》,云南教育出版社 1996 年版。
［85］龙宇晓:《民族名物学发凡:基于中国山地民族物象本体的思考》,《原生态民族文化学刊》2015 年第 1 期。
［86］蒙元耀:《壮语常见植物的命名与分类》,广西民族出版社 2006 年版。
［87］石林:《侗台语比较研究》,天津古籍出版社 1997 年版。
［88］石林:《湘黔桂边区的三个族群方言岛》,中国社会科学出版社 2015 年版。

后　　记

汉族古诗曰：人生天地间，忽如远行客。

侗族谚语道：Jenc jih weex xus, nyenc weex egs.（山岳作主，人为客。）

这是汉侗两个民族人生观的最好诠释。

作为人间匆匆过客，不知不觉间，我无可奈何地走进了古稀之年。在新作问世之际，我将对故乡、亲人、师友的感言、感恩表达出来，如若没有大家对我的关爱、支持、帮助，就不会有我的一切。

人生岂得长无谓，怀古思乡共白头

高坝（Gaos lial），我的故乡，在当地是一个远近闻名的古老侗寨。高坝的肖吴两姓曾经富甲一方，据说天柱、剑河的不少侗乡都留有他们施舍的遗迹。高坝也是出美女的地方，锦屏、剑河、天柱的 momgs geml（侗官）以能娶到高坝的美女而感到庆幸。高坝处在锦屏、剑河、天柱的交界处，周围数十里内都是侗族居住区。下高坝（Jenx dees）属锦屏，上高坝（Jenx ul）属剑河，据说这是为了逃税才这么分的。高坝每年农历七月二十歌场影响远播，锦屏、剑河、天柱交界处甚至黎平、从江、三穗、凯里的数万客人汇聚于此，进行赛歌、斗牛，以纪念高坝肖吴二姓两个青年男女吴承祖、肖玉娘悲惨动人的爱情故事。故乡虽很穷，故乡的一些人"文革"中也曾对我父亲有过极不公平的事，但故乡是我的考妣居地，是生我养我的地方，少年时故乡的美好印象，现仍时时浮现在我的记忆中。我已很久没回高坝了，有机会我一定去看看小时我割草砍柴放牛的地方，瞧瞧我与小伙伴一起游泳捉鱼的小溪，瞅瞅高坝寨脚令人心悸的万丈悬崖洞归易（Dongh guis yil）、震撼人心的德归易（Dees guis yil）瀑布和寨旁的千年古树，我劳作过的高耸入云的岩友千层梯田（Yak ngaic youx），以及深不见底的三堉坡（Jenc samp boul）天池（Deml lemh）、鬼斧神工的八仙洞（Dongh jac）……

哀哀父母，生我劬劳

父亲是地道的侗家人，没有读过书，通过自学可以记人名和账本。父亲为人老实，不善言谈，非常勤俭。经过几十年肩挑串寨卖洋布赚了些钱，大都用来置买稻田和山林。到1949年时，已置有稻田约20亩，山林、油茶林好几片，这样的田产林产，土改时该划为富农了，幸亏家里人口多，才庆幸划了个富裕中农。我的外公是湖南宝庆人，年轻时到高坝做小买卖，后来就留在了高坝。因之，我母亲应也是汉族后裔，但她一句汉话都不会讲。后来，我和弟弟的读书费用，全靠父母卖小猪崽及父亲农闲帮人做裁缝所挣的钱来支持。那时在学校弟弟和我的饭不够吃，父母在家就以瓜菜填饱肚子省下米来给我们，父亲还去搓稻草中的残谷给我们充饥。我去北京读大学的路费也是靠年迈的父亲一针一线用手工帮人缝衣服挣出来的。父母晚年的生活很拮据，那时我们的收入也很低，不能给父母太多的帮助。羊有跪乳之恩，鸦有反哺之义。当我们有条件帮助父母时，疾病却又夺去了他们年迈的生命，人生总是这么令人遗憾啊！

执子之手，与子偕老

我和夫人是在贵州龙里602部队农场相识相爱的。她是重庆人，川大哲学系毕业。高高的身姿，清秀的脸庞，甜美的笑颜，直爽善良的性格，让我们走在了一起。我的岳父大学学纺织，1949年前在成都的纺织厂当工程师，后与人合办了几个厂赚了些钱，在成都、重庆买了几十亩田和多处房产，后来这竟成为"文革"中岳父受迫害的缘由。1949年后，岳父在重庆织染厂当工程师。我们交了朋友后，因我是侗族，父母又是农民，她又是妈妈最疼爱的女儿，我担心岳父母不会同意。但两位老人不是那种势利的人，说只要我们两个幸福就好。1970年我们到黎平的孟彦中学当老师，1979年我到南开读研，1984年一家人才到天津团聚，之前的五年都是夫人一个人带着两个年幼的儿子，在无电无班车的乡下生活，非常辛苦不易，俩儿子年幼时也未能享受父爱。我从南开退休后，受聘到外地的几个大学工作，一混又是近十年，小孙女上学的接送又靠夫人一人。如果在学业及研究工作中，没有夫人和家人的支持帮助，就没有我的今天。因此，我要永远感谢我的夫人及孩子。

饮其流者怀其源，学其成时念吾师

我的导师邢公畹先生是国内侗台语研究泰斗级的学者，是被海外学界喻为"非汉语研究之父"的李方桂教授的得意门生。邢先生曾任南开大学中文系主任、中国语言学会副会长。汉语研究与民族语研究相结合，共时研究与历时研究相结合，传统理论研究与现代理论研究相结合，是邢先生始终坚持的研究方法与实践。邢先生一生在中国语言研究中所取得的成就、贡献与影响，以及他对研究的专注、付出，在南开大学中文系恐无人能及，也恐无人能超越。很庆幸我能成为改革开放后先生的第一批研究生，使我今生能走上民族语言研究之路，成为南开大学等高校的教授，成为一名民族语言学者。没有先生的栽培、关爱、鞭策就没有我的一切。我是先生属意留校工作的唯一研究生。研究生毕业时，我有机会出国或到别的高校学习或工作，感谢先生的厚爱，于是我安心留校工作。先生退休后，让我担任侗台语研究所所长，先生对我的希望、信任很让我感动，但我能力有限，致使由陶云逵教授和先生创办的、在国内很有影响的西南联合大学南开大学文学院边疆人文研究室（1978年后更名为侗台语研究所）后来被边缘化了。我深感愧疚，很对不起先生。

1980年10月，先生带我们四个研究生（张旭、李钊祥、董为光和我）到广西三江去搞语言田野调查，对三江侗语进行调研。这是先生第一次也是最后一次亲自带学生做语言田野调查，这让我们深感荣幸。我们白天记音，晚上就把记的字抄到卡片上，然后排同音字表，并找出记音中的问题，第二天记音前把不明白的问题向发音人请教，每天都循环如此。记音结束后，再把所有的卡片放在床上排出声调、声母、韵母表和同音字表。每天的工作时间都在12个小时以上，星期天也不休息，很辛苦，先生也和我们一样。记得我们是10月初到桂林，我们几个想看看"山水甲天下"的桂林，但先生根本不提此事，我们也就不敢提了，第二天大家匆匆赶往三江。因是土路又坑洼不平，天气又闷热，一到三江，先生就晕倒了。我们赶忙把先生扶到招待所的床上，一个小时后先生才缓过气来，我们也才放下心来。调查中先生对我们的要求很严格，有一同学列了近千组语法例句向发音人调查，先生发现后，当晚狠批了我们一个多小时，说这种投机取巧的做法你们连想都不应该想。侗寨老乡设贵宾级的长桌宴款待我们南开师生，天热有很多饭蝇在饭菜上"狂轰滥炸"，其中一同学就不停用手驱赶，后被先生用怒目给制止了。回招待所后先生还跟我们说，当年李方桂先生带他们（邢先生和张琨先生）去贵州惠水调查时，遇到同样问题，作为洋大博士的他都能泰然处之，我们为什么不能呢？

在三江调查时，先生反复向我们强调，调查结束后，一定要排同音字表，这是检查记音正确与否的最可靠的方法。我几十年的记音实践也体会到这一记音方法的有效性。在三江调查时，个别韵母先生与我的看法不同，经我反复解释，先生最后同意了我的意见，体现了先生宽容大度的胸怀。也许是在三江做田野调查时，先生对我记音能力的认可以及侗语是我母语的信任，后来《三江侗语》一书初稿的撰写以我为主来完成。1982年10月，我刚留校工作，先生又派我赴云南新平漠沙坝去调查傣雅语，回来后先生又让我撰写《红河上游傣雅语》的初稿。

今年是邢先生诞辰105周年纪念年，也是先生逝世15周年纪念年。在这个很值得纪念的日子，我谨以此书献给先生，以表达学生对先生的无限怀念！

海外海内存知己，天涯处处若比邻

1998年4月，我应聘到日本横滨神奈川大学外国语学部（院）中国语学科（系）进行为期两年的讲学。这是由我的南开研究生校友松村文芳教授推荐的，当年松村先生和我都是邢先生的学生。在神大我与中国语学科的各位先生：松村文芳、山口健治、大野浩秋、望月真澄、木山英雄、铃木阳一、彭国跃、泽田由里子度过了愉快难忘的两年。我从他们身上看到了日本教授做事认真和对工作的敬业精神。日本大学老师的工资是比较高的（50岁以上的国立县立大学教授年薪约1000万日元，私立名校约1200万日元）。这与日本大学老师编制少，教师承担工作量大有关。我所在的神大中文系，学生500人左右，教师只有10人，每名教师的周工作量为16节课。日本大学高效严格及人性化的管理工作也给我留下了很深印象。日本大学院、系两级是没有行政人员编制的，校级才有少量教学、后勤、人事等人员编制（校长、部长都仅有一人），这些部门都集中在一个大厅办公（各部门的负责人也没有单独的办公室），只有校长、部长和教师才有单独的办公室。学校的各种规章制度均由老师民主制定，教师职称的晋升也都由全系教师议定后报学校备案即可。日本大学学生到大三时，都分成不同专业的研究小组，每位老师都要指导一个小组的学习。这些小组每两周集中一次对某个问题进行研讨，每学期要到学校的

（夏）休养所或（冬）休养所（日本大学在风景名胜区大都设有保养所，师生到那里修养都很便宜）去共同生活学习两三天。这种学习小组对提高学生的研究水平和增进师生间的友谊很有帮助，从而使师生成为终身的朋友。

在日本大学讲学让我深有感触。大学是国家民主进步的窗口，大学教师是国家的精英；而如果大学教师对学校的管理都没有参与、决定权，对自身的权利都没有发言权，那何来国家的民主进步可言？

2007年9月至2013年1月，我受龙耀宏院长之邀到贵州民族大学民族文化学院工作。这是我人生中非常愉快难忘的五年。民大的学生对老师很尊敬，很有礼貌。"老师"这一民大学生对老师的称呼，较"石林老师"的称呼让我倍感亲切。在侗族，直呼长辈的姓名是极不礼貌的。在课堂上师生间互动式教学，教学相长，亲如朋友。闲暇日，师生一道赴公园山野赏花烧烤摄影，达到健身强体、陶冶生活情趣的目的。寒暑假师生到侗寨鼓楼调查实习，了解民情民意，培养热爱民族、热爱家乡的感情。我经常鼓励我的学生，在学习方面要百尺竿头，更上一层，有条件的要继续完成硕士、博士的学业。不少学生后来也走上了读研之路，找到了更理想的工作。毕业后学生仍与我电话联系，问个好请个安什么的，我们也常在网上探讨一些学习工作中的问题。现在我虽然离开了民大，我的学生也毕业各奔东西了，但他们的音容笑貌仍留在我的记忆中，但愿我们师生间的友谊与世长存。

2013年9月，我受纳日碧力戈、龙宇晓两位平台负责人之邀到贵州师范学院的贵州民族学与人类学高等研究院、中国山地民族研究中心，来继续我热爱的未尽的民族语言文化的研究工作。这是两个学术研究风气很盛、研究条件很好的科研机构。两位领军人都曾在美国高校工作多年，理论素养很高，视野开阔，风华正茂，正当年的知识精英。在这样优良的科研环境下工作，给予年轻人和我的科研压力都很大。没有压力就没有动力，我努力学习老一辈学者生命不息、科研不止的精神。追忆导师邢公畹先生，一直工作到八十八岁高龄，直至得了绝症才停下手中的笔耕工作。跟先生相比我身体尚健，年纪还轻，要继续我未竟的事业，将民族语言文化的研究工作进行下去。在高等研究院和山地民族研究中心工作的日子里，我和年轻人一起打拼。与年轻的师生们一道，暑假冒着炎热酷暑，冬天耐着严寒冬雪，到苗乡侗寨去做田野调查，搜集有用的语言文化资料。

2017年龙宇晓教授主持创建贵州山地研究院之后，又邀请我到该研究院人文社科部担任首席研究员，嘱我并派人员协助我将之前的相关调查研究整理成文成书，直接促成了眼前这部书稿的完成与出版。龙宇晓教授与李钊祥研究员在审读书稿和审校大样过程中，耐心逐条指出了本书稿正文中存在的一些笔误或不当之处，并提出非常具体而良好的修正建议，甚至在很多情况下是直接帮我进行了改正；又承蒙中国社会科学院民族学与人类学研究所原副所长、中国民族语言学会原会长、中国语言学会副会长黄行研究员，国家民委重点研究基地复旦大学民族研究中心主任、教育部长江学者纳日碧力戈教授，拨冗为本书赐序。这些都使本书增色了不少。

吾生也有涯，而知也无涯

总之，没有我曾经执教过的南开大学、（日本）神奈川大学、贵州大学、吉首大学、贵州民族大学和贵州师范学院等各单位师友们的关照帮助，在科研上我难以取得些许的成绩。在此，我向大家致以衷心的谢意！最后，谨以宋代诗人刘克庄的著名诗句与同仁诸君共勉："天若假余金石寿，所为讵肯止于斯。"我将在自己的余生里，继续在中国侗学和侗台语言学的道路上与大家一起学习、探索，希望还能发挥余热，再为民族和国家学术做一点力所能及的贡献。